# Reformation vor Ort

Veröffentlichungen der staatlichen Archivverwaltung des Landes Sachsen-Anhalt, Reihe A: Quellen zur Geschichte Sachsen-Anhalts, Band 21

Schriften des Hessischen Staatsarchivs Marburg, Band 29

Schriften des Thüringischen Hauptstaatsarchivs Weimar, Band 7

Dagmar Blaha | Christopher Spehr (Hrsg.)

# Reformation vor Ort

## Zum Quellenwert von Visitationsprotokollen

Beiträge der Tagung des Projektes »Digitales Archiv der Reformation« und des Lehrstuhls für Kirchengeschichte der Friedrich-Schiller-Universität Jena am 26. und 27. November 2014 in Jena

EVANGELISCHE VERLAGSANSTALT
Leipzig

Bibliographische Information der Deutschen Nationalbibliothek
Die Deutsche Nationalbibliothek verzeichnet diese Publikation in der Deutschen Nationalbibliographie; detaillierte bibliographische Daten sind im Internet über http://dnb.dnb.de abrufbar.


Printed in Germany · H 8030



Das Buch wurde auf alterungsbeständigem Papier gedruckt.

Cover: Zacharias Bähring, Leipzig
Coverbild: Visitationsakten im Ernestinischen Gesamtarchiv (Foto: D. Blaha)
Satz: Makena Plangrafik, Leipzig
Druck und Binden: Hubert & Co., Göttingen

ISBN 978-3-374-04162-6
www.eva-leipzig.de

# Vorwort

Für die Durchsetzung reformatorischen Gedankengutes und die Neuorganisation des Kirchenwesens in den frühneuzeitlichen Territorien waren die ersten landesherrlichen Visitationen von herausragender Bedeutung. Ihre protokollarisch erfassten Ergebnisse sind zu einem großen Teil in den ehemaligen herrschaftlichen Archiven überliefert. In der Frühneuzeitforschung wurde ihnen bisher jedoch nur punktuelle Aufmerksamkeit zuteil. Das Projekt »Digitales Archiv der Reformation – Schriftzeugnisse aus den Archiven Mitteldeutschlands« hat deshalb diese wichtigen Quellen für den mitteldeutschen Raum als zentrale Informationsquelle zur strukturpolitischen Entwicklung und Durchsetzung der Reformation im Zeitraum von 1525 bis 1570 virtuell zusammengeführt und präsentiert sie im Internet.

In einer projektbegleitenden Tagung, die gemeinsam mit dem Lehrstuhl für Kirchengeschichte an der Friedrich-Schiller-Universität Jena im November 2014 durchgeführt wurde, standen diese für die Erforschung der Einführung der Reformation in den Gemeinden zentralen Dokumente im Mittelpunkt der Beratungen. Die Vorträge von erfahrenen Wissenschaftlern und jungen Nachwuchskräften widmeten sich der Bedeutung der ersten landesherrlichen Visitationen unter den reformatorischen Bedingungen, zeigten ihre Wirkung in verschiedenen Gebieten Mitteldeutschlands auf und beleuchteten kritisch den Quellenwert der Visitationsprotokolle für die wissenschaftliche Forschung und die Heimatgeschichtsschreibung. Die Beiträge der Tagung werden im vorliegenden Band vereinigt und so der Öffentlichkeit zur Nachnutzung der gewonnenen Erkenntnisse, kritischen Überprüfung und weiteren Diskussion angeboten. Sie stellen die Visitationsprotokolle als herausragende Quellen für die Erforschung der ›Reformation vor Ort‹ vor, welche allerdings durch weitere Quellen ergänzt werden sollten. Die Niederschriften der Visitationsergebnisse werden hinsichtlich ihrer Bedeutung für Studien zur Neuorganisation des Kirchenwesens in Mitteldeutschland oder zu einzelnen lokalen Ereignissen betrachtet. Außerdem werden der Aussagewert über den Visitationsverlauf sowie sozialgeschichtliche und kulturelle Aspekte anhand der Visitationsakten eruiert. Abschließend wird die Frage untersucht, ob und unter welchen Voraussetzungen eine Präsentation von archivalischen Quellen im Internet sinnvoll ist und welche Anforderungen eine solche digitale Edition für einzelne Zielgruppen erfüllen sollte.

Die Herausgeber danken den Referenten der Tagung noch einmal für ihre Beiträge und dafür, dass sie diese für den vorliegenden Band bearbeitet und bereitgestellt haben. Die redaktionelle Arbeit wurde dankenswerterweise von Tobias Stäbler und Maximilian Rosin (beide Jena) unterstützt. Der Druck konnte dank der großzügigen finanziellen Unterstützung der Bundesbeauftragten für Kultur und Medien, der Sparkassen-Kulturstiftung Hessen-Thüringen sowie der Länder Hessen und Sachsen-Anhalt und des Freistaates Thüringen erfolgen. Schließlich haben wir den Archivleitungen des Hessischen Staatsarchivs Marburg, des Landesarchivs Sachsen-Anhalt und des Thüringischen Hauptstaatsarchivs Weimar zu danken, die diesen Band in ihre Publikationsreihen aufgenommen haben.

*Weimar und Jena im Februar 2016*
*Dagmar Blaha und Christopher Spehr*

# Inhalt

Vorwort

*Christopher Spehr*
Martin Luther und die Entstehung des evangelischen Kirchenwesens ..... 9

*Christoph Volkmar*
Frühe Visitationen als Reformation vor Ort
Quellen, Akteure, Interessenlagen ..... 31

*Joachim Bauer*
Die Bedeutung der kursächsischen Visitationen zwischen 1525 und 1531 für die Neuordnung des Kirchenwesens ..... 57

*Annette Scherer*
Verfahrensweise und Berichterstattung bei den frühen Visitationen im ernestinischen Gebiet ..... 73

*Martin Sladeczek*
Kirchenregiment von unten
Geistliche Beschwerden ernestinischer Landgemeinden vor und während der frühen Visitationen ..... 90

*Stefan Michel*
Eine kursächsische Klostervisitation aus dem Jahr 1526 ..... 107

*Vicky Rothe*
**Die ersten beiden Visitationen im Amt Wittenberg 1528/29 und 1533/34** ... 120

*Antje Gornig*
**Die erste Visitation in Wittenberg im Spiegel städtischer und kirchlicher Quellen** ... 136

*Friedhelm Gleiß*
**Pfarrer auf dem Prüfstand**
Geistliche im Spiegel der ernestinischen Visitationsprotokolle von 1528/29 und 1556 ... 166

*Daniel Gehrt*
**Alte Bilder gegen neue Bücher**
Eine exemplarische Annäherung an den Quellenwert der Spezialvisitation der Superintendentur Weimar 1560 ... 184

*Wolf-Friedrich Schäufele*
**Kirchenvisitationen im hessischen Raum im Reformationsjahrhundert** ... 228

*Christiane Schuchard*
**Entstehung, Überlieferung und Inhalt der brandenburgischen Visitationsakten** ... 250

*Dagmar Blaha*
**Das »Digitale Archiv der Reformation« – Quellen für Bildung und Forschung** ... 262

**Abkürzungsverzeichnis** ... 273
**Personenregister** ... 275
**Ortsregister** ... 280
**Autorenverzeichnis** ... 285

*Christopher Spehr*

# Martin Luther und die Entstehung des evangelischen Kirchenwesens[1]

Luther wollte die katholische Kirche reformieren. Was aber kam, war eine grunderneuerte Kirche. Bereits im Herbst 1518 hatte der Legat des Papstes, Dominikanerkardinal Thommaso de Vio, genannt Cajetan, pointiert und weitsichtig zu Luthers Bußverständnis notiert: »Das heißt eine neue Kirche bauen.«[2] Und wenige Monate später prangerte der Ingolstädter Theologe Johannes Eck Luther als ketzerische Gefahr für die römische Kirche und ihren Papstprimat an.[3]

Während Luther noch bestritt, eine neue Kirche bauen, sondern nur die alte bessern zu wollen, zog sich die kuriale Ketzerschlinge um den Hals des Wittenberger Theologieprofessors. Hatte er anfangs neben der Heiligen Schrift an den kirchlichen Autoritäten Papst, Konzil und Kirchenvätern festgehalten, zerbröselten diese Garanten für die unsichtbare und sichtbare Kirche nach und nach, bis ihm schließlich als einzige Autorität die Heilige Schrift übrig blieb. Papst, Konzil und Kirchenväter könnten irren und hätten

---

1 Die Form des öffentlichen Abendvortrags wurde beibehalten.

2 Thommaso de Vio (Cajetan), Opuscula omnia. Nunc primum summa diligentia castigata, et doctissimorum quorundam virorum ope suo nitori accurate restituta (Lyon 1587), Nachdruck Hildesheim / Zürich / New York 1995, 111a, 8 f: »Hoc enim est novam Ecclesiam construere.«

3 Johannes Eck, Disputatio et excusatio Domini Johannis Eccij Adversus crimi[n]ationes F. Martini Lutter ordinis Eremitarum, [Leipzig 1519].

geirrt, so die ernüchternde Bilanz nach knapp drei Jahren intensiven theologischen Ringens um die wahre Kirche.[4]

Für die römische Kirche war Luther spätestens 1520 ein Ketzer, da er die Grundlagen des spätmittelalterlichen Kirchensystems vom Kopf auf die Füße gestellt hatte. Es folgte im Ketzerprozess gegen den Augustiner-Eremitenmönch die Bannandrohungsbulle, dann die Bannbulle und schließlich – auf Reichsebene und mit kräftiger Unterstützung des päpstlichen Nuntius Hieronymus Aleander – das Wormser Edikt, genauer: die Reichsacht.[5]

Dieses hätte den Wittenberger Querkopf gleichwohl tödlich getroffen, wenn er nicht aktiv durch seine Kollegen und Anhänger verteidigt sowie durch die Politik seines Landesherrn Friedrich des Weisen und dessen Bruder Herzog Johann von Sachsen geschützt worden wäre.

Von dieser offenen Ausgangssituation, in der die Folgen für Luther und seine Anhänger, geschweige denn für die Kirche(n) mit ihren liturgischen und organisatorischen Formen noch völlig unabsehbar waren, hin zu dem sich sukzessiv entwickelnden evangelischen Kirchenwesen in obrigkeitlicher Verantwortung war es ein komplexer, keineswegs geradliniger Weg.

Um die Entstehung des evangelischen Kirchenwesens in der gebotenen Kürze nachzuzeichnen, gilt es im Blick auf Luther nach den bedeutendsten Stationen zu fragen und die Hintergründe blitzlichtartig auszuleuchten. So möchte ich in einem ersten Kapitel Luthers ekklesiologische Grundlagen darlegen (1). Sodann werde ich die Umsetzung der reformatorischen Ideen in die kirchliche Praxis aus Luthers Perspektive thematisieren (2), um schließlich nach den strukturellen und institutionellen Verfestigungen des Kirchenwesens im Umfeld des Wittenberger Theologen zu fragen (3).

Eine terminologische Problemanzeige sei vorweg gestattet: Sie werden sich schon gewundert haben, warum ich den verbreiteten Begriff ›landesherrliches Kirchenregiment‹ ausgespart habe und stattdessen vom ›evangelischen Kirchenwesen‹ spreche. Ich halte die Rede vom ›evangelischen Kirchenwesen‹ für historisch angemessener, weil ein ›landesherrliches Kirchenregiment‹ weder eine Erfindung Luthers noch der Reformation war, sondern bereits in vorreformatorischer Zeit in Grundzügen existierte. Der

---

4 Zu Luthers Reduktionsprozess der kirchlichen Autoritäten vgl. Kurt-Victor Selge, Das Autoritätengefüge der westlichen Christenheit im Lutherkonflikt 1517–1521, in: HZ 23 (1976), 591–617; Christopher Spehr, Luther und das Konzil. Zur Entwicklung eines zentralen Themas in der Reformationszeit (BHTh 153), Tübingen 2010.

5 Vgl. Dokumente zur Causa Lutheri (1517–1521), 2 Bde., hrsg. und kommentiert von Peter Fabisch u. Erwin Iserloh (CCath 41–42), Münster 1988–1991.

Terminus ›landesherrliches Kirchenregiment‹ besagt, dass die weltliche Gewalt, d.h. neben dem Kaiser die weltlichen Territorialherren und städtischen Magistrate, Rechte zur Gestaltung der Kirche beanspruchten und ausübten. Es sei hier beispielsweise an das spätmittelalterliche Patronatswesen und die Kirchenvogtei, aber auch an die Notrechtsdiskussion der Konziliaristen erinnert.[6] An diese rechtlichen Formen des ›landesherrlichen Kirchenregiments‹ konnten in der Reformationszeit sowohl die evangelischen als auch die katholischen Fürsten anknüpfen, wie das Beispiel des reformfreudigen, aber Luther eifrig bekämpfenden Herzogs Georg von Sachsen beweist.[7] Außerdem wurde in jüngerer Zeit die Vorstellung, dass der Landesherr alleiniger Inhaber von Herrschaft im Territorialstaat sei, durch Studien zu den Landständen und dem niederen Adel problematisiert.[8] So zeigte sich für Kursachsen, dass nicht nur die Landesherren die Träger der Reformation waren, sondern auch die Landstände die kirchlichen Reformmaßnahmen initiierten. Beide suchten dem Zerfall des Kirchenwesens und der allgemeinen Ordnung entgegenzuwirken. Die Neuordnung des Kirchenwesens erwies sich als konsensuales Bemühen von Kurfürst und Landständen sowie Wittenberger Theologen.[9] Von einem ausgeprägten landesherrlichen Kirchenregiment in Kursachsen bereits während der Regierungszeit Johanns und Johann Friedrichs zu reden, wird den historischen Begebenheiten folglich nicht ganz gerecht. Der von mir zur Entwicklung und Beschreibung der kirchlichen Organisationsform der (lutherischen) Reformation bevorzugte Begriff ›evangelisches Kirchenwesen‹ ist einerseits herrschaftspolitisch offener und wurzelt andererseits unzweideutig im evangelischen Kirchenverständnis.[10]

---

6 Vgl. Bernd Christian Schneider, Ius Reformandi. Die Entwicklung eines Staatskirchenrechts von seinen Anfängen bis zum Ende des Alten Reichs (JusEcc 68), Tübingen 2001, 18–49.

7 Vgl. Christoph Volkmar, Reform statt Reformation. Die Kirchenpolitik Herzog Georgs von Sachsen 1488–1525 (SMHR 41), Tübingen 2008.

8 Vgl. programmatisch mit weiterführenden Hinweisen Alexander Jendorff, Heroen oder Verräter des Gotteswortes? Eine kritische Bestandsaufnahme des Verhältnisses zwischen Reformationsgeschichte und Adelsgeschichte, in: LuJ 82 (2015), 106–147.

9 Vgl. Siegrid Westphal, Die Ausgestaltung des Kirchenwesens unter Johann Friedrich – ein landesherrliches Kirchenregiment?, in: Volker Leppin, Georg Schmidt u. Sabine Wefers (Hg.), Johann Friedrich I. – der lutherische Kurfürst (SVRG 204), Gütersloh 2006, 261–280.

10 Vgl. auch Armin Kohnle, Luther und das Landeskirchentum, in: Luther 85 (2014), 9–22, der den Terminus um die Begriffe ›Landeskirchentum‹ und ›Staatskirchentum‹

## I. Bibelorientierte Kirchenreform

Ohne Luthers 1520 zur Entfaltung kommendes Kirchenverständnis ist die Entwicklung der Reformation nicht zu verstehen. Sucht man die theologische Grundlegung auszublenden, bleiben nur aspektgeschichtliche Fragmente, die interessante Einzelprobleme beleuchten können, nie aber Luthers theologischen Kern treffen. Er selbst war Theologe, genauer Doktor der Theologie, und blieb es sein Leben lang – auch gegenüber Fürsten und Politikern.

Luthers prozesshaftes Denken, das für uns heute in kaum nachvollziehbarer Gleichzeitigkeit sowohl spätmittelalterlich als auch frühneuzeitlich war, basierte auf der tiefsten religiösen Überzeugung, das Evangelium von Jesus Christus, d. h. die den Sünder befreiende Botschaft von der geschenkten Gnade Gottes, wieder zum Leuchten zu bringen.[11] Von dieser christologisch-rechtfertigungstheologischen Entdeckung her begann Luther die kirchlichen Strukturen zu hinterfragen – und zunehmend zu destruieren. In diesem Prozess gelangte er nicht zuletzt zu der höchst anmaßenden Überzeugung, dass der Papst – genauer das Papsttum – der Antichrist sei.[12]

Sein reformatorisches Kirchenverständnis entfaltete Luther erstmals ausführlich in der gegen den Leipziger Franziskaner Augustin von Alveldt gerichteten Schrift *Von dem Papstthum zu Rom wider den hochberühmten Romanisten zu Leipzig* im Juni 1520.[13] Pointiert betonte er dort die Unterscheidung der »zwo kirchen«: Zuerst sei da die »geystliche, ynnerliche Christenheit.«[14] Sie sei eine »v[e]rsamlung der hertzen in einem glauben«[15], eine »geistlich

---

erweitert, wobei er den Begriff ›evangelisches Kirchenwesen‹ nicht in seine Überlegungen mit einbezieht.

11 Vgl. hierzu exemplarisch Reinhard Schwarz, Luther (KiG 3/I), Göttingen 1986, 28–32; Dietrich Korsch, Art. Glaube und Rechtfertigung, in: Albrecht Beutel (Hg.), Luther Handbuch, Tübingen 2005, 372–381.

12 In einem Brief an Wenzeslaus Link vom 18.12.1518 hatte Luther erstmals den Verdacht geäußert, dass in der Kurie der Antichrist regiere (Brief Luther an Link, in: WA.B 1, 270,11–14 [Nr. 121]). Einige Zeit später fokussierte er diesen Verdacht – noch vorsichtig fragend und in vertraulicher Briefform – auf den Papst selbst (Brief Luther an Spalatin, in: WA.B 1, 359,29f [Nr. 161]). In der folgenden Zeit wurde Luther dieser Verdacht zur Gewissheit, so dass er 1520 in der *Adelsschrift* öffentlich den Papst als »Endchrist« bezeichnen konnte. Vgl. Volker Leppin, Luthers Antichristverständnis vor dem Hintergrund mittelalterlicher Konzeptionen, in: KuD 45 (1999), 48–63.

13 WA 6, (277) 285–324.

14 A. a. O. 296,37–297,2.

15 A. a. O. 293,4.

v[e]rsamlung der seelenn in einem glaubenn«[16] oder eine »gemeynschafft der heyligenn«[17], Gemeinschaft der Glaubenden – *communio sanctorum*. Diese geistliche, unsichtbare Gemeinde lebe in der »leypliche[n], eußerlich[en] Christenheit«[18]. Sie gehörten einer »leyplichen v[e]rsamlung« an, in der sich aber auch zahlreiche Heuchler, Ungläubige und Übeltäter befänden.[19] Analog der anthropologischen Differenzierung des »inneren, geistlichen« vom »äußerlich, leiblichen« Menschen unterschied Luther somit zwischen geistlicher und leiblicher Kirche. Während sich die geistliche aus dem Wort Gottes speise und nur im Glauben wahrzunehmen sei, bilde die leibliche ein *corpus permixtum* aus Frommen und Unfrommen und sei an Städte und Orte gebunden. Für Luther gehörte die Papstkirche unzweifelhaft zur äußeren Kirche, welche durch menschliche Institutionen und Gebräuche bestimmt sei. Die christliche Gemeinde, in der das Wort Gottes gepredigt und die Sakramente stiftungsgemäß gereicht würden, sei nicht an Rom gebunden.[20]

Von diesem geistlichen Kirchenbegriff und den beiden Grundbestandteilen christlichen Seins – Glaube und Liebe – ausgehend, formulierte Luther in seinen anschließend verfassten, sogenannten reformatorischen Hauptschriften des Jahres 1520 die Konsequenzen der geistlich-christlichen Freiheit. Aber anstatt ein rein spiritualistisches Konzept zu entwerfen, war für den Reformator charakteristisch, dass er geistlichen Inhalt und äußere Form stets aufeinander bezogen hielt. Eine über Glaube und Liebe, Predigt und Sakrament hinausgehende neue Ordnung sah er zu diesem Zeitpunkt für nicht notwendig an.

Um aber die verdorbene Christenheit wieder – in Rückbesinnung auf die frühe Kirche der ersten Jahrhunderte – evangeliumsgemäß zu gestalten, wandte er sich an die weltlichen Obrigkeiten. Diese weiterführenden Gedanken entfaltete Luther im Juli 1520 in seiner Programmschrift *An den christlichen Adel deutscher Nation von des christlichen Standes Besserung*, die als Meilenstein der Reformation gilt.[21] Weil Papst und Bischöfe als Reformer der geistlichen Christenheit ausfielen, forderte Luther Kaiser und Adel auf, zur

---

16 A.a.O. 296,5f.

17 A.a.O. 293,1.

18 A.a.O. 297,2f.

19 A.a.O. 294,1–3.

20 Vgl. a.a.O. 292,35–297,35. Zum geistlichen Kirchenbegriff bei Luther vgl. Konrad Hammann, Ecclesia spiritualis. Luthers Kirchenverständnis in den Kontroversen mit Augustin von Alveldt und Ambrosius Catharinus (FKDG 44), Göttingen 1989.

21 WA 6, (381) 404–469. Einen vorzüglichen Kommentar legte kürzlich vor: Thomas Kaufmann, An den christlichen Adel deutscher Nation von des christlichen Standes

Besserung der Christenheit die Hand an den Pflug zu legen. Die theologische Grundlage für diese Inanspruchnahme der weltlichen Obrigkeit entfaltete Luther im gut memorierbaren Bild des dreifach vermauerten Roms. Wie die Mauern von Jericho durch Posaunenstöße einst umgestoßen wurden, so solle auch der dreifache Mauerring um Rom fallen.[22]

Die erste Mauer sieht Luther in der Unterscheidung von Priester- und Laienstand und der damit verbundenen Überordnung der geistlichen über die weltliche Gewalt.[23] Im Gegensatz zu der für das spätmittelalterliche Kirchensystem grundlegenden Trennung von Laien und Geistlichen entwirft Luther das biblisch begründete Bild des »Allgemeinen Priestertums der Gläubigen«: Alle Christen – auch die weltlichen Herrscher – seien durch die Taufe zu Priestern geweiht und somit geistlichen Standes, wie 1. Petr. 2,9 und Apk. 5,10 bewiesen. Unterschiede gebe es lediglich bezüglich des Amtes, das Luther funktional als Predigtamt und nicht mehr sakramental als Weiheamt definiert. Die berufenen kirchlichen Amtsträger versähen ihren Dienst im Auftrag der Gemeinde, seien aber nicht im Besitz besonderer Heilsgnaden. Das Amt selber, nicht die Amtsträger – so Luther an anderer Stelle in der *Adelsschrift* – sei von Gott eingesetzt.[24] Mit seiner Lehre vom Priestertum aller Gläubigen stellte Luther in der Tat die hierarchisch geordnete und dualistisch verfasste Struktur der römischen Kirche auf den Kopf. [25]

Die zweite Mauer bildet für Luther das Monopol der Bibelauslegung, welches die römische Kirche für sich und für ihren Papst als Lehrprimat in Anspruch nimmt.[26] Dem hält Luther entgegen, dass das wahre Bibelverständnis

---

Besserung (Kommentare zu Schriften Luthers 3), Tübingen 2014. Vgl. auch die feine Studie von Albrecht Beutel, Dreifach vermauertes Rom, in: Ref. 42 (1993), 12–18.

22 Vgl. WA 6, 406,21–407,8.

23 Vgl. a.a.O. 407,9–411,7.

24 A.a.O. 440,21 f.

25 Zu den Wendungen ›allgemeines Priestertum der Gläubigen‹ oder ›Priestertum aller Getauften‹, welche Luther in den frühen 1520er Jahren zwar nicht als feststehende Ausdrücke, aber der Sache nach gebrauchte, vgl. vertiefend Harald Goertz, Allgemeines Priestertum und ordiniertes Amt bei Luther (MThSt 46), Marburg 1997; Ders. u. Wilfried Härle, Art. Priester/Priestertum II. Allgemeines Priestertum 1. Systematisch-theologisch, in: TRE 27 (1997), 402–410; hierzu kritisch: Martin Krarup, Ordination in Wittenberg. Die Einsetzung in das kirchliche Amt in Kursachsen zur Zeit der Reformation (BHTh 141), Tübingen 2007, 19–30. Neuerdings, mit Blick auf das Amtsverständnis: Christopher Voigt-Goy, Potestates und ministerium publicum. Eine Studie zur Amtstheologie im Mittelalter und bei Martin Luther (SMHR 78), Tübingen 2014, 136–157.

26 WA 6, 411,8–412,38.

alle Christen durch den Heiligen Geist erkennen könnten. Weil alle Christen zu Priestern geweiht seien, hätten auch alle die Fähigkeit und das Recht, die Bibel in der rechten Weise zu verstehen. Somit habe jeder Laie die Fähigkeit, sich selbst ein Urteil über die christliche Lehre zu bilden.[27]

Die dritte Mauer sieht Luther in dem Anspruch des Papstes, nur er dürfe ein Konzil einberufen und die Konzilsbeschlüsse genehmigen. Dass der Papst über dem Konzil stehe, sei die logische Konsequenz aus den ersten beiden Mauern. Fallen die beiden ersten, so könne auch die dritte Mauer nicht mehr bestehen. In diesem dritten Punkt greift Luther Argumente des Konziliarismus auf, die er im Konzept des »freien, christlichen Konzils« weiter entwickelt und von der Gemeinderegel, Mt. 18,15–17, her bestimmt sieht. Erneut nimmt Luther die weltliche Obrigkeit in die Pflicht, in dieser kirchlichen Notsituation die Initiative zu ergreifen. Zur Besserung der Christenheit empfiehlt er den weltlichen Herrschern, ein allgemeines, freies und christliches Konzil einzuberufen.[28]

Nach diesen theologischen Grundlegungen wendet sich Luther in der *Adelsschrift* konkreten Reformaspekten zu, die von der Forderung nach einer Kurienreform bis hin zu konkreten Plänen einer Universitätsreform reichen. Auch Vorschläge zur Neugestaltung der kirchlichen Praxis und Frömmigkeit – wie beispielsweise die Einführung einer Armenordnung oder Bestimmungen zum Eherecht – ventiliert Luther.[29] Unübersehbar ist, dass er in der *Adelsschrift* an politische und kirchliche Diskussionen anknüpft, wie sie z. B. in den *Gravamina nationis germanicae* (Beschwerden der deutschen Nation) zum Ausdruck kamen. Seit 1458 hatten die Reichsstände auf den Reichstagen der deutschen Nation diese wachsende Mängelliste gegen die römische Kurie vorgetragen – jedoch ohne nennbaren Erfolg.[30] In einer bis dahin unbekannten Deutlichkeit ging Luther nun über die reichsständische Kritik hinaus.

Während Luther in seiner *Adelsschrift* die weltlichen Obrigkeiten zu Hilfe rief, hinterfragte er in der Programmschrift *De captivitate Babylonica ecclesiae*

---

27 Vgl. diese Aspekte vertiefend und auf die reformatorische Bewegung ausweitend: Helmar Junghans, Der Laie als Richter im Glaubensstreit der Reformationszeit, in: LuJ 39 (1972), 31–54.

28 Zum Thema Konzil vgl. Spehr, Luther und das Konzil (s. Anm. 4), 212–227.

29 Vgl. WA 6, 415,7–467,27. Über die literarischen Differenzen zwischen einem von der Forschung herausgearbeiteten zweiten Hauptteil (a. a. O. 415,7–427,29) und einem dritten Hauptteil der *Adelsschrift* (a. a. O. 427,30–467,27) vgl. Kaufmann, An den christlichen Adel (s. Anm. 21), 27–31.

30 Vgl. Eike Wolgast, Art. Gravamina nationis germanicae, in: TRE 14 (1985), 131–133.

*praeludium* vom Spätsommer 1520 die Heilsmittel der Kirche und reduzierte die Sakramente der römischen Kirche von sieben auf drei, bzw. zwei: Taufe und Abendmahl, sowie – mit gewisser Zurückhaltung – die Buße.[31]

Luthers Reformschriften, zu denen auch der Traktat *Von der Freiheit eines Christenmenschen* zu zählen ist,[32] fanden eine ungeheure Verbreitung und wurden in großer Dichte von unterschiedlichen Gesellschaftsschichten begeistert rezipiert oder entgeistert verdammt. Insbesondere durch die *Adelsschrift* wurde die weltliche Obrigkeit, vornehmlich Ritterschaft, niederer Adel und Stadtmagistrate, auf den Wittenberger Reformator aufmerksam. Mit konkreten Änderungsvorschlägen, die Eingriffe in das kirchliche Leben bedeutet hätten, hielt sich Luther gleichwohl noch zurück. Der Geist Gottes werde es schon fügen, so Luthers Hoffnung.

## 2. Evangelischer Gemeindeaufbau

Nachdem Luther während des Wormser Reichstages im April 1521 verhört und über ihn die Reichsacht verhängt worden war, drängten die theoretischen Überlegungen in die Tat. Weil die Wittenberger Autorität auf der Wartburg der reformatorischen Bewegung vorerst entzogen war, begannen seine Mitstreiter, allen voran Philipp Melanchthon und Andreas Bodenstein, genannt Karlstadt, mit der Diskussion und schrittweisen Umsetzung der reformatorischen Erkenntnisse.[33]

---

[31] WA 6, (484) 497–573.

[32] WA 7, (12) 20–38.

[33] Vgl. zu den Wittenberger Ereignissen 1521/22 u. a. Nikolaus Müller, Die Wittenberger Bewegung 1521 und 1522. Die Vorgänge in und um Wittenberg während Luthers Wartburgaufenthalt. Briefe, Akten u. dgl. und Personalien, Leipzig ²1911; Hermann Barge (Hg.), Aktenstücke zur Wittenberger Bewegung Anfang 1522, Leipzig 1912; Ulrich Bubenheimer, Scandalum et ius divinum. Theologische und rechtstheologische Probleme der ersten reformatorischen Innovationen in Wittenberg 1521/22, in: ZSRG.K 90 (1973), 263–342; Ders., Consonantia Theologiae et Iurisprudentiae. Andreas Bodenstein von Karlstadt als Theologe und Jurist zwischen Scholastik und Reformation (JusEcc 24), Tübingen 1977, 243–245; Martin Brecht, Martin Luther, Bd. 2: Ordnung und Abgrenzung der Reformation 1521–1532, Stuttgart 1986, 34–53; Thomas Kaufmann, Geschichte der Reformation, Frankfurt a. M./Leipzig 2009, 379–392. Mit Diskussion neuerer Forschungsansätze jetzt auch Natalie Krentz, Ritualwandel und Deutungshoheit. Die frühe Reformation in der Residenzstadt Wittenberg (1500–1533), Tübingen 2014, 140–214.

## 2.1 Reformatorische Taten

Eine der frühesten Akzentsetzungen war die Eheschließung von Geistlichen. Im Mai und Juni 1521 heirateten die ersten Priester öffentlich, womit sie sich der bischöflichen Jurisdiktion widersetzten und der Verfolgung durch die Bischöfe aussetzten. Zu diesen den Zölibat programmatisch brechenden Pionieren gehörte Bartholomäus Bernhardi, Propst zu Kemberg und vormaliger Rektor der Universität Wittenberg, der hierdurch seine Priesterweihe mitsamt dem durch sie verliehenen »Character indelebilis« (unauslöschliches Prägemal) verwarf und in die Sphäre bürgerlicher Existenz eintrat. Bernhardis Heirat machte das Thema ›Priesterehe‹ populär. Langfristig wurde damit jene Institution geschaffen, die als evangelisches Pfarrhaus für das kirchlich-soziale Leben der örtlichen Gemeinde von größter Bedeutung werden sollte.[34]

Auf der Wartburg widmete sich Luther nun verstärkt Fragen der evangeliumsgemäßen Erneuerung des christlichen Lebens und der gottesdienstlichen Praxis, die für das evangelisch zu reformierende Kirchenwesen von grundlegender Bedeutung waren. Bis zum Sommer 1521 hatte er sich mit der Problematik der Messe und des Altarsakraments theologisch auseinandergesetzt, war aber bis dahin vor praktischen Konsequenzen oder gar einer Umsetzung der Reformen zurückgeschreckt. Stattdessen hatte er beispielsweise die stiftungsgemäße Wiederherstellung des Abendmahls in beiderlei Gestalt von den kirchenleitenden Instanzen eines allgemeinen Konzils oder vom Bischof erwartet.[35] In den Sommermonaten 1521 reifte in Luther dann die Gewissheit, dass er weder von den örtlichen Bischöfen noch von Konzilien Unterstützung am begonnenen Reformwerk erwarten könne. Er sei nun selbst berufen, seine theologischen Grundsätze behutsam in das kirchliche Leben zu transformieren und zur Erneuerung der Messe beizutragen.[36] Daher teilte er Melanchthon am 1. August 1521 mit, er begrüße das in Wittenberg thematisierte Vorhaben, das Abendmahl gemäß Christi Einsetzung in beiderlei Gestalt zu feiern, denn er selbst hätte bei einer Rückkehr nach Wittenberg

---

[34] Vgl. Christopher Spehr, Priesterehe und Kindersegen. Die Anfänge des evangelischen Pfarrhauses in der Reformationszeit, in: Thomas A. Seidel u. Christopher Spehr (Hg.), Das evangelische Pfarrhaus. Mythos und Wirklichkeit, Leipzig 2013, 13–35.

[35] Vgl. Spehr, Luther und das Konzil (s. Anm. 4), 184–194 passim.

[36] Zu Luthers Gottesdienstverständnis vgl. Christopher Spehr, Der Gottesdienst bei Martin Luther. Facetten eines theologischen Grundbegriffs, in: LuJ 79 (2012), 9–37.

dies in Angriff nehmen wollen. Außerdem wolle er in Zukunft keine Privatmessen mehr zelebrieren.[37]

Seine Ordensbrüder unterstützte Luther, indem er sich im Herbst 1521 ausführlich in der Schrift *De abroganda missa privata*,[38] die in der deutschen Fassung *Vom Missbrauch der Messe* lautet,[39] zu Wort meldete.[40] Hierin arbeitete er sein evangelisches Verständnis vom Priestertum und der Messe aus, plädierte für das stiftungsgemäße Halten der Messe nach Christi Vorbild sowie für die Reduzierung der Messfeier auf den Sonntag und empfahl, den römischen Messkanon mit seinen Opfervorstellungen zu unterbinden. Allerdings warnte Luther davor, niemand möge sich ohne begründete Gewissensprüfung von der bisherigen katholisch-kirchlichen Messpraxis, die nach herkömmlichem Verständnis heilsverdienend war, lossagen.[41]

Entgegen Luthers Plädoyers, behutsam und gewaltlos die Umsetzung der Reformvorschläge anzugehen und die im Glauben noch schwachen Menschen mitzunehmen, schuf der Wittenberger Theologieprofessor Karlstadt Tatsachen und sorgte hiermit für Irritationen – nicht nur beim Kurfürsten. Weihnachten 1521 feierte er den ersten evangelischen Messgottesdienst in der Stiftskirche in Straßenkleidung.[42] Die Einsetzungsworte wurden nun laut und in deutscher Sprache gesprochen. Das Abendmahl wurde in beiderlei Gestalt ohne ordnungsgemäße Anmeldung und vorangehende Beichte der Kommunikanten ausgeteilt. Am Neujahrstag 1522 hielt Karlstadt die erste evangelische Messe in der Stadtkirche.[43] Schließlich heiratete Karlstadt

---

[37] Brief Luther an Melanchthon, in: WA.B 2, 372,69–73 (Nr. 372).

[38] WA 8, (398) 411–476.

[39] WA 8, (477) 482–563.

[40] Vgl. a. a. O. 411 f (lateinisch), 482 f (deutsch) (Widmung an die Augustiner zu Wittenberg).

[41] Vgl. zur Messschrift ausführlich: WOLFGANG SIMON, Die Messopfertheologie Martin Luthers. Voraussetzungen, Genese, Gestalt und Rezeption (SMHR 22), Tübingen 2003, 327–385.

[42] Gegensätzliche Angaben finden sich in der Forschungsliteratur über den Ort der Weihnachtsmesse, der häufig mit der Stadtkirche identifiziert wird. Entgegen dieser Behauptung ist aber die Stiftskirche, welche zugleich Schloss- und Universitätskirche war, der Ort, an dem Karlstadt am 25. Dezember seine erste evangelische Messe zelebrierte. Vgl. ULRICH BUBENHEIMER, Luthers Stellung zum Aufruhr in Wittenberg 1520–1522 und die frühreformatorischen Wurzeln des landesherrlichen Kirchenregiments, in: ZSRG.K 102 (1985), 147–214, hier: 171 Anm. 131.

[43] Vgl. BRECHT, Martin Luther (s. Anm. 33), 42–44; KRENTZ, Ritualwandel (s. Anm. 33), 154–169.

am 19. Januar 1522 öffentlich die 15-jährige Anna von Mochau. Aufgrund von Karlstadts provokativen Aktionen, schriftlichen Forderungen der Bürgerschaft nach einer neuen Gottesdienst- und Gemeindeordnung sowie dem radikalen Auftreten der Zwickauer Propheten in Wittenberg wuchs der Entscheidungsdruck innerhalb der Stadt. Am 24. Januar 1522 wurde vom Wittenberger Rat *Ain lobliche ordnu[n]g der Fu(e)rstlichen stat Wittenberg*[44] – die erste evangelische Stadtordnung überhaupt – beschlossen, die einerseits zwar den radikalen Forderungen zur Messreform seitens Karlstadts und des Augustiner-Eremiten Gabriel Zwilling entgegentrat, andererseits aber Bilder und Altäre in den Kirchen abzuschaffen gebot, die Messe in reduzierter Form zu halten empfahl und das Abendmahl in beiderlei Gestalt zu feiern erlaubte. Außerdem wurde in der Stadtordnung die Gestaltung des städtischen Lebens ansatzweise neu geregelt, indem z. B. die Armenfürsorge mit einbezogen und der Gemeine Kasten zum Mittelpunkt des kommunalen Fürsorgewesens ausgebaut wurde.[45] Zudem enthielt die Ordnung polizeiliche Maßnahmen zur Normierung und Disziplinierung des städtischen Lebens, wie beispielsweise die Bekämpfung der Prostitution. Weil sich aber der Kurfürst als Landesherr für die Genehmigung einer solchen Ordnung zuständig sah, der Rat hingegen überwiegend auf die tradierten Rechte gepocht und ohne landesherrliche Rücksichtnahme die Ordnung beschlossen hatte, kassierte Friedrich der Weise kurzerhand die Ordnung, um sie in geänderter Form dann doch zu billigen. Während die Bilderbeseitigung und die Messreform durch die Intervention des Landesherrn und Luthers Eingreifen zurückgenommen wurden, blieben die Maßnahmen hinsichtlich der Armenfürsorge in Kraft. Insgesamt sollte die Wittenberger Stadtordnung für die Gestaltung des evangelischen Kirchenwesens eine grundlegende Rolle spielen.[46]

---

44 Kritische Ausgabe in: Martin Luther, Studienausgabe, Bd. 2, hrsg. von Hans-Ulrich Delius, Leipzig ²1992, 525–529.

45 Vgl. Christopher Spehr, Armut und Armenfürsorge im Kontext der Reformation, in: Ralf Koerrenz u. Benjamin Bunk (Hg.), Armut und Armenfürsorge. Protestantische Perspektiven (Kultur und Bildung 5), Paderborn 2014, 51–73, hier: 64–66.

46 Zu der viel diskutierten Problematik zwischen städtischem und kurfürstlichem Einfluss in Wittenberg im Winter 1521/22 vgl. Bubenheimer, Luthers Stellung (s. Anm. 42), 172–181; Stefan Oehmig, Die Wittenberger Bewegung 1521/22 und ihre Folgen im Lichte alter und neuer Fragestellungen, in: Ders. (Hg.), 700 Jahre Wittenberg. Stadt, Universität, Reformation, Weimar 1995, 97–130; Krentz, Ritualwandel (s. Anm. 33), 200–214, die darauf aufmerksam macht, dass es in Wittenberg einen ›Bildersturm‹, wenn man an diesem sachlich unzutreffenden Begriff festhalten möchte, im Januar/Februar 1522 nur vereinzelt gegeben habe.

Luther selbst war zwischenzeitlich aufgrund der Streitigkeiten zwischen einem gemäßigten kurfürstlichen Kurs und einem radikaleren Reformationskurs von der Wartburg nach Wittenberg zurückgeeilt, um in Wittenberg das öffentliche Predigtamt wieder auszuüben und die Verantwortung für einen maßvollen, die noch im päpstlichen Gesetz gefangenen Gewissen berücksichtigenden Reformkurs in der Stadt zu übernehmen sowie die kirchliche Ordnung wieder herzustellen. Durch seine als *Invokavitpredigten* im März 1522 berühmt gewordene Predigtreihe gelang ihm dieses unter Zurückdrängung Karlstadts. Der Wittenberger Rat bedankte sich bei Luther mit Bier und Wein sowie Tuch für eine neue Kutte.[47]

## 2.2 Gemeinde der Glaubenden

Seine Ekklesiologie entwickelte Luther nach dem offiziellen Bruch mit der römischen Amtskirche nun vom Gemeindebegriff her. Diesen machte er seit 1522 konsequent für seine Vorstellungen vom evangelischen Kirchenwesen fruchtbar.[48] Entsprechend dem dritten Artikel des *Apostolicums* war das Wesen der Kirche *communio* – die »Sammlung« oder der »hauff Christglewbiger leutt«[49], die das Wort Gottes hören und an das Evangelium glauben. Kirche war für Luther somit personal definiert: als Gemeinschaft der an Christus Glaubenden, in der die verborgene Wirklichkeit des Heiligen Geistes gegenwärtig sei. Geschaffen und erhalten werde dieser Zusammenschluss der Gläubigen durch das göttliche Wort. Denn es sei dieses Wort, das Kirche ermögliche, weil es den Glauben im einzelnen Christen wecke und zur Versammlung der Glaubenden befähige.

Wort und Kirche bildeten für Luther ein wechselseitiges Abhängigkeitsverhältnis, weil Gottes Wort nicht ohne Gottes Volk sein könne und umgekehrt. Kirche sei nicht nur durch das Wort konstituiert,[50] sondern auch am Wort Gottes erkennbar, wie Luther in dem im Frühjahr 1523 abgefassten

---

47 Siehe WA 10,3,1–64. Zu den *Invokavitpredigten* vgl. Brecht, Martin Luther (s. Anm. 33), 66–72; Christopher Spehr, Art. Invokavitpredigten, in: Volker Leppin u. Gury Schneider-Ludorff (Hg.), Das Luther-Lexikon, Regensburg 2014, 313f.

48 Zu Luthers Ekklesiologie in den frühen 1520er Jahren vgl. Wilhelm Brunotte, Das geistliche Amt bei Luther, Berlin 1959, 34–95 passim; Wolfgang Stein, Das kirchliche Amt bei Luther (VIEG 73), Wiesbaden 1974, 167–178; Carl Axel Aurelius, Verborgene Kirche. Luthers Kirchenverständnis aufgrund seiner Streitschriften und Exegese 1519–1521, Hannover 1983.

49 Martin Luther, Kirchenpostille (1522), in: WA 10, 1/1,140, 14f.

50 Martin Luther, Ad librum eximii Magistri Nostri Magistri Ambrosii Catharini, defensoris Silvestri Prieratis acerrimi, responsio (1521), in: WA 7, 721,9–14.

Traktat *Daß ein christliche Versammlung oder Gemeine Recht und Macht habe, alle Lehre zu urtheilen und Lehrer zu berufen, ein- und abzusetzen. Grund und Ursach aus der Schrift*[51] betonte: Daran »soll man die Christlich gemeyne gewißlich erkennen: wo das lautter Euangelion gepredigt wirt.«[52] An anderer Stelle zählte Luther zu den Kennzeichen der Kirche (*notae ecclesiae*) Taufe, Abendmahl und Evangelium.[53]

Weil für Luther »Christlich gemeyne on gottis wortt nicht seyn soll noch kan«[54], legte Luther in seiner Vorstellung vom Gemeindeaufbau das Gewicht auf die evangeliumsorientierte Predigt. In jener Phase der Neuausrichtung der institutionellen Gestalt der Kirche suchte er einerseits die Urteilsfähigkeit über rechte und falsche Lehre oder göttliches und menschliches Wort beim einzelnen Glaubenden und in der Gemeinde zu stärken sowie andererseits Anforderungen an fähige Prediger für die Ausübung des Predigtamtes zu entwerfen. Dem Problem der Pfarreinsetzung, welches für das junge evangelische Gemeindewesen von zentraler Bedeutung war, widmete sich Luther 1523 in dem bereits erwähnten Traktat *Daß eine christliche Versammlung oder Gemeine*. Auf Bitten der Leisniger Gemeinde hatte Luther seine Überlegungen niedergeschrieben und war somit deren Wunsch nachgekommen, den Anspruch auf die Predigerwahl durch die Gemeinde argumentativ zu befestigen. Auf die Frage, wie die »lere tzu urteylen, lerer odder seelsorger eyn und ab zu setzen«[55] seien, berief sich Luther entgegen der in der römischen Kirche üblichen institutionell-juridischen Praxis, welche den Bischöfen, Gelehrten und Konzilien diese Aufgabe überließ, auf die gemeindlich-individuelle Urteilspraxis. Diese begründete der Schrifttheologe anhand von Joh. 10,27 und weiteren Bibelstellen.[56]

---

[51] WA 11, (401) 408–416.

[52] WA 11, 408,8–10.

[53] Siehe z.B. WA 7, 720,34–38. Zu den Kennzeichen der Kirche – Wort Gottes und Sakrament –, die Luther in seinen späteren Kirchenschriften um die Schlüsselgewalt, die Berufung und Ordination, das Gebet und Gotteslob, das Erleiden des Kreuzes (WA 50, 628, 16–642, 21) u.a. vermehrte, vgl. Aurelius, Verborgene Kirche (s. Anm. 48), 47–51; Hammann, Ecclesia spiritualis (s. Anm. 20), 96–99 u. 156–161; Gudrun Neebe, Apostolische Kirche. Grundunterscheidungen an Luthers Kirchenbegriff unter besonderer Berücksichtigung seiner Lehre von den notae ecclesiae (TBT 82), Berlin/New York 1997.

[54] WA 11, 411,22f.

[55] A.a.O. 408,29f.

[56] WA 11, 408,29–411,12. Luther berief sich u.a. auf Joh 10,5.8; Mt 7,15; 1Thess 5,21; Mt 20,26; 24,4.

Weil für Luther im biblischen Wort das göttliche Recht enthalten war,[57] berief er sich nun auf das göttliche Recht und betonte: Dort, wo es die geistliche Not erfordere, habe die christliche Gemeinde vom allgemeinen Priestertum her selbstständig für die Wortverkündigung zu sorgen.[58] Folglich eignete Luther der Gemeinde Leisnig und jeder evangelischen Gemeinde das Recht und die Pflicht zu, um des Seelenheils willen sich der unevangelisch-geistlichen Obrigkeit zu entziehen[59] sowie das am Evangelium orientierte Predigtamt selbst verantwortungsvoll einzurichten.[60]

Aus dieser konkret lokalen und überzeitlich-universalen Sichtweise heraus perspektivierte Luther die institutionellen Probleme der Gemeindebildung. Zuerst rückten die Pfarrbesetzung und Gottesdienstordnung in den Fokus. Parallel hierzu mussten sich die Gemeinden die Fragen stellen, wie sie mit dem Kirchengut und mit den Finanzen umgehen und wie sie die Schulen und die Armenpflege strukturieren sollten. Nicht selten wurde Luther zu Rate gezogen.

Es waren diese Anfragen zur Neuordnung des evangelischen Kirchenwesens wie beispielsweise durch die Leisniger Gemeinde, auf die der Reformator produktiv reagierte.[61] In seinen Antworten schloss er sich häufig praktischen Ordnungsvorschlägen an. So unterstützte er die kirchliche Kasseneinrichtung, den sogenannten Gemeinen Kasten, und ventilierte Vorschläge zur Armenpflege. Für die Leisniger Kastenordnung verfasste er den *Radschlag wie die geystlichen gutter zu handeln sind*, der 1523 gemeinsam in der *Ordnung eines gemeinen Kasten* publiziert wurde.[62] Ebenfalls auf Bitten der Leisniger Gemeinde entwarf Luther 1523 den Traktat *Von Ordnung Gottesdiensts in der Gemeine*, in der er liturgische Änderungen des Gottesdienstes empfahl.[63] Ausführlicher ging er auf die Thematik in der im gleichen Jahr für die Wittenberger

---

57 Zum Verhältnis von natürlichem, göttlichem und menschlichem Recht bei Luther vgl. Roland M. Lehmann, Luthers Naturrechtsverständnis, in: ZEvKR 60 (2015), 369–408, hier: 383–390.

58 WA 11, 411,31 f.

59 A.a.O. 411,13–18.

60 A.a.O. 411,22–24; 415,30 f.

61 Vgl. die drei Lutherschriften hervorbringende Anfrage der Leisniger Gemeinde zum Gemeinen Kasten, Pfarreinsetzung und Gottesdienstordnung: Brief Ehrbarmannen, Rat, Einwohner der Stadt Leisnig und der eingepfarrten Dörfer an Luther vom 25.1.1523, in: WA.B 3, 21–23 (Nr. 576) sowie Brief Luther an den Rat von Leisnig vom 29.1.1523, in: WA.B 3, 23 f (Nr. 577).

62 WA 12, (1) 11–30. Vgl. Spehr, Armut (s. Anm. 45), 66–68.

63 WA 12, (31) 35–37.

Gemeinde entworfenen liturgischen Schrift *Formula missae et communionis pro Ecclesia Wuittembergensi* ein.[64] Außerdem wurde Luther nicht müde, weltliche Obrigkeiten zu ermahnen, sich für die Anstellung evangelischer Prediger einzusetzen, und ihnen geeignete Kandidaten zu vermitteln. Die städtische Obrigkeit mahnte Luther im Januar/Februar 1524, schulische Bildung institutionell und inhaltlich zu gewährleisten. Mit seiner Schrift *An die Ratherren aller Städte deutsches Lands, daß sie christliche Schulen aufrichten und halten sollen* plädierte der Reformator für eine qualitativ hochwertige, evangelische Schulbildung, wodurch der persönliche Glaube der Jugend gestärkt und das Wohl der Gemeinde gefördert werden sollte.[65]

Die Einrichtung einer übergemeindlichen Organisation und Ordnungsinstanz nahm Luther in der gemeindlichen Phase des evangelischen Kirchenaufbaus noch ebenso wenig in den Blick wie eine gesamtkirchenleitende Institution. Sein Fokus galt bis 1524/25 der evangelischen Ortsgemeinde und der Ausbreitung des Evangeliums.

## 3. Obrigkeitliche Indienstnahme

Mit der Ausbreitung der Reformation ging die Ausdifferenzierung in verschiedene Reformationsansätze bzw. Reformationstypen einher. Spätestens seit 1522 bekannten sich Herzog Johann von Sachsen und sein Sohn Herzog Johann Friedrich zur evangelischen Lehre und förderten von ihrer Residenz in Weimar aus die Durchsetzung der Reformation – bis hin zur 1522 etablierten ernestinischen Devise V. D. M. I. E (»Verbum Domini Manet In [A]Eternum«). Auf Anraten Spalatins hatte Kurfürst Friedrich dieses Bibelwort ausgewählt, das 1522 erstmals auf Zeichnungen der höfischen Dienstkleidung sowie auf Münzen erschien und während des Reichstags zu Speyer 1526 zum auf die Kleidung genähten Erkennungszeichen der Lutheranhänger avancierte.[66]

---

64 WA 12, (197) 205–220. Vgl. Spehr, Der Gottesdienst (s. Anm. 36), 28–32.

65 WA 15, (9) 27–53. Vgl. Ralf Koerrenz, Schule als strukturelles Arrangement. Eine gegenwartsorientierte Lektüre von Luthers Schulschriften, in: Gerline Huber-Rebenich (Hg.), Lehren und Lernen im Zeitalter der Reformation. Methoden und Funktionen (SMHR 68), Tübingen 2012, 1–19, hier: 11 f; Konrad Hammann, Luthers und Melanchthons Bildungsprogramm. Bildung im Dienst des Evangeliums, in: Christopher Spehr (Hg.): Reformation heute, Bd. 1: Protestantische Bildungsakzente, Leipzig 2014, 15–33, hier: 19–25.

66 Vgl. Christopher Spehr, Michael Haspel u. Wolfgang Holler (Hg.), Weimar und die Reformation. Luthers Obrigkeitslehre und ihre Wirkungen, Leipzig 2016. Zur Hofkleidung vgl. ebd. neben dem Beitrag von Dagmar Blaha, Die Struktur des Weimarer Hofes unter

Johann der Beständige suchte intensiver als sein sich nie aktiv zur Reformation bekennender kurfürstlicher Bruder Friedrich der Weise nach der richtigen evangelischen Lehre. Abgesehen von Luther nahm er auch Karlstadts und Thomas Müntzers reformatorische Konzepte ernst. Allerdings radikalisierten sich diese reformatorischen Bewegungen derart, dass der Kurprinz, Herzog Johann Friedrich, Luther im Juni 1524 bat, zur Beruhigung der Gemeinden und Beseitigung der Schwärmer eine Visitations- und Predigtreise nach Thüringen zu unternehmen.[67] Luther reiste auf Drängen des Herzogs im August 1524 tatsächlich ins mittlere Saaletal, wo er in Jena von der Kanzel der Stadtkirche gegen Karlstadts mystische Theologie predigte, im Schwarzen Bären seinen einstigen Doktorvater abstrafte, in Kahla gegen die Bilderzerstörung lehrte und die Ortschaft Orlamünde visitierte. Auf Luthers Besuch folgte die obrigkeitliche Ausweisung Karlstadts und des Jenaer Reformators Martin Reinhart aus dem Kurfürstentum noch im September 1524.[68]

Zu den frühen, die evangelische Lehre normierenden Formen zählten auch Anfang des Jahres 1525 die von Jakob Strauß, Prediger in Eisenach von 1523 bis 1525, und dem herzoglichen Rat Burkhard Hundt durchgeführten Visitationsversuche im Eisenacher Gebiet.[69]

Mit den Erlebnissen des Bauernkrieges, den Unklarheiten bezüglich des Kirchengutes und der Pfarrbesoldung in evangelischen Gemeinden, der

---

Herzog Johann von Sachsen, besonders Joachim Bauer, Die »Weimarer Reformation« unter Johann dem Beständigen und ihre Bedeutung für die reformatorische und gesellschaftliche Neuordnung in Kursachsen. – Zur Devise V.D.M.I.E: Ingetraut Ludolphy, VDMIAE. Ein »Reim« der Reformationszeit, in: JHKGV 33 (1982), 279–282.

[67] Siehe Brief Johann Friedrich von Sachsen an Luther vom 24.6.1524, in: WA.B 3, 310,44–52 (Nr. 754).

[68] Vgl. Volker Leppin, Stadt und Region im mittleren Saaletal. Zu den Einflüssen Karlstadts auf die Jenaer Reformation, in: Irene Dingel u. Günther Wartenberg (Hg.), Kirche und Regionalbewusstsein in der Frühen Neuzeit. Konfessionell bestimmte Identifikationsprozesse in den Territorien (LStRLO 10), Leipzig 2009, 41–51; Hans-Peter Hasse, Luthers Visitationsreise in Thüringen im August 1524: Jena – Kahla – Neustadt an der Orla – Orlamünde, in: Werner Greiling, Uwe Schirmer u. Ronny Schwalbe (Hg.), Der Altar von Lucas Cranach d.Ä. in Neustadt an der Orla und die Kirchenverhältnisse im Zeitalter der Reformation (Quellen und Forschungen zu Thüringen im Zeitalter der Reformation 3), Köln/Weimar/Wien 2014, 168–202.

[69] Vgl. Rudolf Herrmann, Die Kirchenvisitationen im Ernestinischen Thüringen vor 1528, in: BThKG 1 (1929–1931), 167–230, hier: 167–179; Joachim Rogge, Der Beitrag des Predigers Jakob Strauß zur frühen Reformationsgeschichte (ThA 6), Berlin 1957; Joachim Bauer, Die Bedeutung der kursächsischen Visitationen zwischen 1525 und 1531 für die Neuordnung des evangelischen Kirchenwesens, in diesem Band.

wachsenden Uneinheitlichkeit der Lehre und Gottesdienstordnungen sowie zahlreicher »Gebrechen« war die Notwendigkeit einer ordnenden Instanz der reformatorischen Gemeindeangelegenheiten auf territorialer Ebene nun massiv in Luthers Blick getreten.[70] Weil vielfach untersucht wurde, wie Luther und seine Mitstreiter nach 1525 die Reformation in Kursachsen aufgrund der einschneidend-katastrophalen Erfahrungen in geordnete Bahnen zu lenken suchten, kann an dieser Stelle auf eine vertiefende Behandlung der Thematik verzichtet werden.[71]

Während es Luther 1522 um die Verteidigung der evangelischen Freiheit und ihrer Entfaltung im Gegenüber zum römischen Gesetzesgehorsam gegangen war, sah er sich 1525/26 gegen den schwärmerischen und anderweitigen Missbrauch der Freiheit zu wehren genötigt. Daher empfahl er in theologisch reflektierter Weise situativ-regulative Maßnahmen. Um dem Konsolidierungsprozess des evangelischen Kirchenwesens Orientierung zu bieten, agierte Luther auf zweierlei Weise:

Zum einen setzte er als bedeutendste evangelische Autoritätsperson seine literarischen Arbeiten zur Gestaltung des gottesdienstlichen und christlichen Lebens fort und autorisierte durch Briefe, Gutachten und Reisen gemeindlich-reformatorische Entwicklungen.[72] Zudem heiratete Luther im Juni 1525 und gab seine Zurückhaltung in der Umsetzung der gottesdienstlichen Praxis auf. Am 29. Oktober 1525 feierte er in der Stadtkirche erstmals die Messe

---

70 Vgl. Brief Luther an Nikolaus Hausmann vom 27.9.1525, in: WA.B 3, 582,5–11.

71 Aus der umfänglichen Literatur zur »zweiten Etappe der Gottesdienst- und Gemeindereform« (Schwarz, Luther [s. Anm. 11], 161) mitsamt der kursächsischen Visitationspraxis vgl. u. a. Karl August Hugo Burkhardt, Geschichte der sächsischen Kirchen- und Schulvisitationen von 1524 bis 1545, Leipzig 1879 (Nachdruck Aalen 1981); EKO 1; Herrmann, Die Kirchenvisitationen (s. Anm. 69), 167–230 und BThKG 3 (1933/34), 1–69; Karl Eger, Grundsätze evangelischer Kirchenverfassung bei Luther, in: ThStKr 106 (1934/35), 77–123; Karl Holl, Luther und das landesherrliche Kirchenregiment (1911), in: Ders., Gesammelte Aufsätze zur Kirchengeschichte. I. Luther, Tübingen [7]1948, 326–380; Hans-Walter Krumwiede, Zur Entstehung des landesherrlichen Kirchenregiments in Kursachsen und in Braunschweig-Wolfenbüttel (SKGNS 16), Göttingen 1967; Helmar Junghans, Freiheit und Ordnung bei Luther während der Wittenberger Bewegungen und Visitationen, in: ThLZ 97 (1972), 95–104, hier: 100–104; Schwarz, Luther (s. Anm. 11), 161–166; Heiko Jadatz, Die evangelischen Kirchenvisitationen in Sachsen 1524–1540, in: Harald Marx u. Cecilie Hollberg (Hg.), Glaube und Macht. Sachsen im Europa der Reformationszeit, Dresden 2004, 70–79.

72 Siehe z. B. Martin Luther, Ein Ratschlag, wie in der christlichen Gemeine eine beständige Ordnung solle vorgenommen werden. Oder: Bedenken, wie jetziger Zeit Aufruhr zu stillen wäre (1526), in: WA 19, (436) 440–446.

in deutscher Sprache, die Weihnachten als verbindliche Ordnung für Wittenberg eingeführt wurde. Die hierfür entwickelte Liturgie erschien Anfang 1526 unter dem Titel *Deutsche Messe und Ordnung Gottesdiensts*[73] und fand rasch weite Verbreitung. Kurfürst Johann ordnete Luthers Liturgie 1526 für das Kurfürstentum als verbindlich an. Die Katechismen aus dem Jahr 1529 verfasste Luther für den katechetischen Gebrauch im Haus und in der Kirche.[74]

Zum anderen nahm Luther entsprechend seiner in der Schrift *Von weltlicher Oberkeit, wie weit man ihr Gehorsam schuldig sei*[75] entfalteten Obrigkeitslehre und der Notrechtsargumentation seinen Landesherrn, den seit Friedrichs Tod am 5. Mai 1525 allein regierenden Kurfürst Johann, in die Pflicht. Weil sich die Diözesanbischöfe der Zuwendung zum Evangelium verweigerten und die Schwierigkeiten der personalen und materialen Versorgung der Pfarren und Schulen auf gemeindlicher Ebene nicht mehr lösbar waren, griff Luther den vor allem vom Zwickauer Reformator Nikolaus Hausmann eingebrachten Vorschlag obrigkeitlicher Visitationen auf, welchen der Wittenberger Theologe dem sächsischen Kurfürsten bereits mündlich unterbreitet und schriftlich am 31. Oktober sowie 30. November 1525 wiederholt hatte.[76]

Nachdem der Kurfürst Anfang 1526 im Amt Borna und Amt Tenneberg Visitationen hatte durchführen lassen, die aber zu keiner durchgreifenden Besserung der finanziellen Notlage der Pfarrer geführt hatten,[77] wandte sich Luther im November 1526 erneut an Kurfürst Johann und legte ihm unter Hinweis auf seine christliche Pflicht für die Erziehung der Jugend ein gemeindliches Visitationskonzept vor.[78] Diesen obrigkeitlich-bischöflichen Weg hatte Luther durch das Amt der Visitation als Aufgabe des Ortsbischofs in *Wider den falsch genannten geistlichen Stand des Papsts und der Bischöfe* (1522) theologisch bestimmt[79] und in *De instituendis ministris Ecclesiae ad senatum*

---

73 WA 19, (44) 72–113. Vgl. Spehr, Der Gottesdienst (s. Anm. 36), 32–35.

74 Siehe WA 30, 1 und BSLK 499–733. Vgl. Johannes Schilling, Art. Katechismen, in: Beutel, Luther Handbuch (s. Anm. 11), 305–312.

75 WA 11, (229) 245–281.

76 Brief Luther an Kurfürst Johann vom 31.10.1525, in: WA.B 3, 594–596 (Nr. 937) sowie die Bitte um ein Gutachten zur Abstellung der gemeindlichen Notlage: Brief Kurfürst Johann an Luther vom 7.11.1525, in: WA.B 3, 613f (Nr. 944); Brief Luther an Kurfürst Johann vom 30.11.1525, in: WA.B 3, 628f (Nr. 950).

77 Vgl. Herrmann, Die Kirchenvisitationen (s. Anm. 69), 179–191.

78 Brief Luther an Kurfürst Johann vom 22.11.1526, in: WA.B 4, 133–135 (Nr. 1052) sowie dessen umgehende Antwort zur Umsetzung der Visitationsidee: Brief Kurfürst Johann an Luther vom 26.11.1526, in: WA.B 4, 136–138 (Nr. 1054).

79 Siehe WA 10,2, (93) 105–158, hier: 143,29–144,4.

*Pragensem Bohemiae* (1523) als Aufgabe des Kirchenregimentes vorgeprägt.[80] Ihn sollte er in der folgenden Zeit nicht nur theoretisch profilieren, sondern auch praktisch mitgestalten.[81]

Mit der Inanspruchnahme des Landesherrn für den kirchenordnenden Prozess, dem auf Seiten des Kurfürsten ein religiöses wie landesherrliches Interesse an den Kirchenangelegenheiten korrespondierte und durch den die Reformation begünstigenden Reichsabschied des Speyerer Reichstages 1526 verstärkt wurde, begann die Phase des »territorialen Ausbaus der Reformation«[82].

Der Kurfürst griff Luthers Gedanken einer die ortsgemeindlichen Verhältnisse ordnenden, einen starren kirchlichen Dirigismus aber vermeidenden Besuchspraxis auf. Die kursächsische Rechtsgrundlage für das Visitationswerk schuf er durch die vom kursächsischen Kanzler Gregor von Brück ausgearbeitete und auf den 16. Juni 1527 datierte *Instruction und befelch dorauf die visitatores abgefertiget sein.*[83]

Kurze Zeit später begann im Juli 1527 unter Mitwirkung von Melanchthon die Visitation in Thüringen,[84] der die Visitation im Kurkreis unter Mitarbeit von Luther folgte.[85] Die Notwendigkeit einer die reformatorische Lehre und kirchliche Praxis zusammenfassenden Richtschnur für die Geistlichen und Gemeindepfarrer erkennend, verfasste Melanchthon Visitationsartikel[86], welche im Kreis der kursächsischen Theologen und Räte um Luther kritisch erweitert und korrigiert sowie durch ein autorisierendes Vorwort von Luther ergänzt wurden und als Konsensusdokument unter dem Titel *Unterricht der Visitatoren an die Pfarrherrn im Kurfürstentum Sachsen*[87] 1528 erschienen.

Durch die Visitationstätigkeit wurde die im Mittelalter dem Diözesanbischof zustehende Maßnahme zu einer das evangelische Kirchenwesen obrigkeitlich-kirchenordnenden Angelegenheit. Gleichwohl blieben die Maßnahmen am Gemeindeprinzip orientiert und auf dieses hin ausgerichtet.

---

80 Siehe WA 12, (160) 169–196, hier: 194,4–20.

81 Vgl. u.a. Krumwiede, Entstehung (s. Anm. 71), 60–71.

82 Schwarz, Luther (s. Anm. 11), 156.

83 EKO 1/1, 142–148.

84 Vgl. Joachim Bauer, Landesherrschaft und Reformation. Die ersten Visitationen im Saale-Orla-Raum, in: Greiling, Schirmer u. Schwalbe, Der Altar (s. Anm. 68), 219–232.

85 Vgl. EKO 1/1, 41–45.

86 CR 26, (1) 7–28 mit 95f.

87 Siehe Martin Luther, Studienausgabe, Bd. 3, hrsg. von Hans-Ulrich Delius, Berlin 1983, (402) 406–462.

Eine einheitliche, übergemeindliche Kirchenverfassung für Kursachsen war somit nicht der erste Schritt.[88] Es waren das Amt der Visitatoren und das sich aus Luthers Vorstellung von den Ortsbischöfen entwickelnde Amt der Superintendenten, das den Gemeinden und der Festigung des Wortes Gottes dienen sollte.[89] Über eine kirchenordnende Provinzialsynode oder ein kursächsisches Konzil hingegen äußerte sich weder Luther noch fand es in jenen Jahren durchsetzungsfähige Befürworter im Kurfürstentum. Nicht zuletzt aufgrund von Luthers Einschätzung, dass eine kirchenordnende Tätigkeit der Geistlichen und Visitatoren nur im Zusammenspiel mit der territorial-politischen Gewalt der weltlichen Obrigkeit gelingen konnte, wurde der konziliar-synodale Weg einer kirchenregimentlichen Tätigkeit in der Regierungszeit Johanns und Johann Friedrichs nicht weiter beschritten.

Auch wenn seit 1544 synodale Elemente vornehmlich im albertinischen Sachsen in lutherische Kirchenordnungen Eingang finden sollten,[90] waren mit der Indienstnahme des Landesherrn für die Durchführung der Reformation im ernestinischen Sachsen 1526/27 die Weichen in Richtung einer von den Landständen geforderten und Ende der 1530er Jahre ausgestalteten konsistorialen Kirchenordnung gestellt.[91]

Seit den späten 1520er Jahren geschah der Aufbau des evangelischen Kirchenwesens in den Orten oder Territorien, in denen sich der Stadtrat oder der Territorialherr für den evangelischen Glauben entschieden hatte, mittels Kirchenordnungen. Den Entwurf und die Ausarbeitung dieses obrigkeitlichen Gesetzeswerkes übernahm nicht Luther, sondern andere Reformatoren wie der Wittenberger Stadtkirchenpfarrer Johannes Bugenhagen.[92] Doch das führt uns auf ein neues Feld, das es an anderer Stelle zu bedenken gilt.

---

88 Vgl. Schwarz, Luther (s. Anm. 11), 164.

89 Zum Amt der Superintendenten siehe den Artikel *Von verordnung des Superattendenten*, in: Luther, Studienausgabe 3 (s. Anm. 87), 455,20–456,20. Vgl. auch Ralf Thomas, Aufbau und Umgestaltung des Superintendentialsystems in der sächsischen Landeskirche bis 1815, in: HerChr 10 (1975/76), 99–144.

90 Vgl. EKO 1/1, 71–73.

91 Vgl. a.a.O. 55–58.

92 Vgl. Sabine Arend u. Gerald Dörner (Hg.), Ordnungen für die Kirche – Wirkungen auf die Welt. Evangelische Kirchenordnungen des 16. Jahrhunderts (SMHR 84), Tübingen 2015.

## 4. Zusammenfassung

Fassen wir die aufgezeigten Linien zusammen, so lässt sich Luthers Abkehr von der römischen Kirche und sein Bemühen um den Aufbau eines evangelischen Kirchenwesens in drei Phasen beschreiben.

Die erste Phase reicht vom Reifen seiner theologischen Kritik bis zur Verbannung und Ächtung Luthers im Frühjahr 1521. Bereits im Spätsommer 1520 war der Bruch mit der Papstkirche für Luther unabwendbar geworden, nachdem die Verteidigung seiner christologisch-rechtfertigungstheologischen Erkenntnisse bei den Amtsträgern der Kirche auf heftigen Widerspruch gestoßen war und die Bannandrohungsbulle evoziert hatte. In diesem Prozess entwickelte sich Luthers Problematisierung der kirchlichen Missstände zu einer erstmals 1520 formulierten ekklesiologischen Grundsatzkritik. Zudem erhoffte er sich nun nicht mehr vom Papst und den Bischöfen eine Kirchenreform, sondern rief die weltliche Obrigkeit zur Besserung der Christenheit in den Dienst. Wenngleich seine Überlegungen das theoretische Fundament für den Aufbau eines evangelischen Kirchenwesens bedeuteten, so scheute er sich davor, konkrete Maßnahmen zu dessen Umsetzung zu ergreifen. Diesen Schritt vollzogen Luthers Anhänger während dessen Schutzhaft auf der Wartburg.

Die zweite Phase beginnt mit den reformatorischen Taten, die Luther teils mit Bewunderung, teils mit Bedenken zur Kenntnis nahm. Die Eheschließung von Geistlichen, der Austritt von Mönchen (und Nonnen) aus Klöstern, das Feiern des Abendmahls in beiderlei Gestalt oder die Änderungen der Gottesdienste sorgte für eine wachsende Dynamik der reformatorischen Bewegung. Nachdem Luther von der Wartburg nach Wittenberg zurückgeeilt war und die radikale Tendenzen annehmende Aufbruchssituation in seiner Gemeinde in geordnete Bahnen gelenkt hatte, konzentrierte er sich auf die Einsetzung evangelischer Prediger in den Gemeinden, Vorschläge für eine reformatorische Gottesdienstordnung, die Unterstützung zur Einrichtung des Armen- und Fürsorgewesens und die Förderung der Schulbildung. Seine Aufgabe sah er darin, als Prediger die evangelische Lehre zu verbreiten, einzelne Gemeinden aufgrund ihrer Anfragen zu beraten und die weltliche Obrigkeit zur Unterstützung der gemeindlichen Aufgaben in den Dienst zu nehmen.

Das Krisenjahr der Reformation 1525 eröffnet die dritte Phase in Luthers Bemühen um ein evangelisches Kirchenwesen. Der Tod Friedrichs des Weisen, der Bauernkrieg und die wachsende kirchliche Unordnung ließen den Ruf nach einer territorial gelenkten, einheitlichen Reformation des

Kirchenwesens in Kursachsen und darüber hinaus lauter werden. Dieser Prozess war bereits durch die Indienstnahme der weltlichen Obrigkeit in der ersten Hälfte der 1520er Jahre vorbereitet und durch Luthers Bekämpfung abweichender Reformationstypen – insbesondere Karlstadtscher und Müntzerscher Prägung – bekräftigt worden. Jetzt forderten kursächsische Theologen zusammen mit Luther den neuen Kurfürsten Johann auf, kirchenordnend einzugreifen. Der Wittenberger Theologe sah zudem die Zeit reif für die Realisierung grundlegender reformatorischer Forderungen: Er selber trat in den Stand der Ehe und feierte die Messe in deutscher Sprache. Neben der Einführung einer einheitlichen Gottesdienstordnung war es das Instrument der Kirchenvisitation, durch das der Landesherr das evangelische Kirchenwesen ordnete. Luther begleitete diesen Prozess aktiv, überließ aber die konkrete Realisierung des evangelischen Kirchenwesens den kurfürstlichen Beamten und den neu installierten Superintendenten.

*Christoph Volkmar*

# Frühe Visitationen als Reformation vor Ort

## Quellen, Akteure, Interessenlagen

Die Macht der Visitatoren erfuhren viele Pfarrer in der Reformationszeit am eigenen Leib. Wenn ihre Lehrmeinungen, ihre Amtsführung oder ihr Lebenswandel vor kritischen Kommissionen auf den Prüfstand kamen, konnten Amt und Würden, konnte ihre ganze Existenz von einem Tag auf den anderen in Frage gestellt werden. Auch 500 Jahre später scheint der Einfluss der Visitatoren noch immer ungebrochen. Wie keine andere Quellengattung prägen ihre Aufzeichnungen unser Bild von der Reformation auf der lokalen Ebene. Dies gilt für die viel diskutierten »kirchlichen Zustände« am Ausgang des Mittelalters ebenso wie für die Signaturen des evangelischen Neuanfangs. Für die Reformation vor Ort sind die Beschreibungen der Visitatoren in ihrer Dichte und in ihrer räumlichen Geschlossenheit von zentraler Bedeutung.[1]

---

[1] Impulse für eine systematische Erforschung und Erschließung der Visitationsakten gingen in den 1980er Jahren vor allem von einem von Ernst Walter Zeeden geleiteten Sonderforschungsbereich in Tübingen aus, seither ist es um das Thema ruhiger geworden. Als Einführung in die Thematik vgl. Helga Schnabel-Schüle, Einleitung, in: Ernst Walter Zeeden u. a. (Hg.), Repertorium der Kirchenvisitationsakten aus dem 16. und 17. Jahrhundert in Archiven der Bundesrepublik Deutschland, Bd. 2: Baden-Württemberg, Teilband 2: Der protestantische Südwesten, hrsg. von Helga Schnabel-Schüle, Stuttgart 1987, 15–104; Peter Thaddäus Lang, Die Kirchenvisitationsakten des 16. Jahrhunderts und ihr Quellenwert, in: RoJKG 6 (1987), 133–153 sowie die Beiträge in den Sammelbänden Hansgeorg Molitor u. Ernst Walter Zeeden (Hg.), Die Visitation im Dienst der kirchlichen Reform (KLK 25/26), Münster [2]1977; Ernst Walter Zeeden u. Peter Thaddäus Lang, Kirche und Visitation. Beiträge zur Erforschung des frühneuzeitlichen Visitationswesens in Europa (SMAFN 14), Stuttgart 1984. – Zum aktuellen Forschungsvorhaben, der am Landesarchiv Berlin bearbeiteten Fortsetzung des von Victor Herold begründeten Editionswerks »Die brandenburgischen Kirchenvisitations-Abschiede und -Register des XVI. und XVII. Jahrhunderts«, vgl. Christiane Schuchard, Brandenburgische Visitationsakten des 16. Jahrhunderts. Die Mittelmark, in: Helmut Flachenecker u. Janusz Tandecki

Es nimmt deshalb nicht wunder, dass Visitationsakten in Mitteldeutschland schon seit der Mitte des 19. Jahrhunderts ediert werden. Jedoch sind diese Bemühungen bislang zu keinem befriedigenden Abschluss gelangt.[2]

(Hg.), Quellen kirchlicher Provenienz. Neue Editionsvorhaben und aktuelle EDV-Projekte (Editionswissenschaftliches Kolloquium 2011), Torun 2011, 215–228.

2 Während die Visitationsprotokolle für die Gebiete der heutigen Bundesländer Thüringen, Sachsen und Hessen noch weitgehend ungedruckt sind, kann der Editionsstand für Sachsen-Anhalt als günstiger gelten, auch wenn manche ältere Edition heutigen Standards nur noch bedingt genügt. – Für die ersten Visitationen in Thüringen und Sachsen vgl. noch immer das Werk des Weimarer Archivars Carl August Hugo Burkhardt, Geschichte der sächsischen Kirchen- und Schulvisitationen von 1524 bis 1545, Leipzig 1879, (Nachdruck Aalen 1981). Für Sachsen liegt außerdem eine von Günther Wartenberg auf der Grundlage von Vorarbeiten Karlheinz Blaschkes erarbeitete Übersicht der ungedruckten Visitationsakten vor. Vgl. Helmar Junghans (Hg.), Das Jahrhundert der Reformation in Sachsen. Festgabe zum 450jährigen Bestehen der Evangelisch-Lutherischen Landeskirche Sachsens, Berlin 1989, 225–230 (ebenso in der 2. Auflage, Leipzig 2005, 239–245). Ein daran anschließendes Verzeichnis für die Visitationsakten des 17. Jahrhunderts bietet Anne-Kristin Kupke, Die Kirchen- und Schulvisitationen im 17. Jahrhundert auf dem Gebiet der Evangelisch-Lutherischen Landeskirche Sachsens. Mit einem Repertorium der Visitationsakten (AKThG 30), Leipzig 2010. – Für Hessen vgl. Ernst Walter Zeeden u. a. (Hg.), Repertorium der Kirchenvisitationsakten aus dem 16. und 17. Jahrhundert in Archiven der Bundesrepublik Deutschland, Bd. 1: Hessen, hrsg. von Christa Reinhardt u. Helga Schnabel-Schüle, Stuttgart 1982 (die übrigen Teile Mitteldeutschlands wurden für das Werk nicht bearbeitet). – Für Sachsen-Anhalt vgl. Friedrich Danneil, Protokolle der ersten lutherischen General-Kirchen-Visitation im Erzstifte Magdeburg anno 1562–1564, 3 Hefte, Magdeburg 1864 (beinhaltet die Städte und Dörfer im Holzkreis und im Jerichower Land, es fehlen allerdings die Städte aus dem Saalkreis); Gustav Nebe, Die Kirchenvisitationen des Bisthums Halberstadt in den Jahren 1564 und 1589 (Geschichtsquellen der Provinz Sachsen und angrenzender Gebiete 12), Halle 1880; vgl. zu beiden auch EKO 2: Das Erzbistum Magdeburg und das Bistum Halberstadt, Leipzig 1904, 399–492 (enthält vor allem Auszüge der Visitationsinstruktionen, Verordnungen und die später daraus resultierenden Kirchenordnungen); Julius Müller u. Adolf Parisius, Die Abschiede der in den Jahren 1540–1542 in der Altmark gehaltenen ersten General-Kirchen-Visitation mit Berücksichtigung der in den Jahren 1551, 1579 und 1600 gehaltenen Visitationen, Bd. 1, Teile 1–4, Magdeburg 1889–1898, Bd. 2, Teile 1–4, Magdeburg bzw. Salzwedel 1907–1929; Karl Pallas, Die Registraturen der Kirchenvisitationen im ehemals sächsischen Kurkreise (Geschichtsquellen der Provinz Sachsen und angrenzender Gebiete 41), 7 Teile, Halle 1906–1918; Paul Flemming, Die erste Visitation im Hochstift Merseburg (1544/45), Sonderdruck der Zeitschrift des Vereins für Kirchengeschichte in der Provinz Sachsen 3 (1906) [Magdeburg 1906] (enthält eine Übersicht und Seite 21–66 eine Teiledition); vgl. dazu ein um 1930 entstandenes Register dieser Visitation, das als nicht abgeschlossenes Manuskript der Historischen Kommission in der Bibliothek des

Das Projekt »Digitales Archiv der Reformation« (DigiRef) hat sich deshalb unter anderem zum Ziel gesetzt, die jeweils ersten Visitationsprotokolle aus dem mitteldeutschen »Mutterland der Reformation« durch ein innovatives Konzept aus Erschließung, Digitalisierung und Georeferenzierung aufzubereiten. Dies will zukünftige Editionen nicht ersetzen, aber die Quellen bereits heute für ein breites Publikum vom Fachwissenschaftler bis hin zum gymnasialen Mittelstufenkurs leichter zugänglich machen.[3]

Natürlich dürfen die hochgradig interessengeleiteten Beschreibungen der Visitatoren nicht für treue Abbilder der Realität gehalten werden. Aber auch wo der Historiker mit der gebotenen Zurückhaltung an ihre Auswertung herangeht, wird er sich der Faszination dieser Quellen kaum entziehen können, ihrem verführerischen Versprechen, ein sonst fest verschlossenes Fenster aufzustoßen und einen Rundblick zu eröffnen auf eine längst vergangene Welt.

Umso wichtiger bleibt es, in quellenkritischer Manier danach zu fragen, in welchem Zusammenhang diese ›schönen‹ Quellen entstanden sind, welche Personengruppen bei den Visitationen miteinander in Interaktion traten und welche Interessenlagen sie dabei verfolgten. Dieser Aufgabe stellte sich die im vorliegenden Band dokumentierte Tagung.

Als Einstieg in die Thematik sind im Folgenden drei Punkte zu diskutieren. Zunächst soll im Sinne einer kleinen Besetzungsliste in Erinnerung gerufen werden, welche Akteure uns auf der Bühne der Visitation entgegentreten. Weiterhin wird darauf einzugehen sein, in welchem Maße die ersten Visitationen in Mitteldeutschland, noch ganz Experimentierfelder kirchlicher Neuordnung, durch vorreformatorische Erfahrungshorizonte beeinflusst wurden. Schließlich soll an zwei Beispielen skizziert werden, wie die Visitationsprotokolle durch die Verschränkung mit anderen Quellen aus der Engführung ihrer landesherrlich-landeskirchlichen Perspektive herausgehoben und neu zum Sprechen gebracht werden können.

---

Landesarchivs Sachsen-Anhalt, Standort Magdeburg, aufbewahrt wird (Signatur: HiKo, Ms. Nr. 19).

3 Vgl. Christoph Volkmar u. Vicky Rothe, Schaufenster einer Zeitenwende. Das Digitale Archiv der Reformation, in: Sachsen und Anhalt. Jahrbuch der Historischen Kommission für Sachsen-Anhalt 27 (2015), 253–258 im Vorgriff auf die ausführlichen Informationen der am 3. November 2015 freigeschalteten Projekthomepage unter http://www.reformationsportal.de.

## I. AUF DER BÜHNE DER VISITATION

Nur auf den ersten Blick könnte man Visitationen für eine eindeutige Angelegenheit halten. Dann würde man im Landesherrn das handelnde Subjekt erblicken, der mithilfe der Visitatoren das Herrschaftsobjekt Kirche nach evangelischen Vorstellungen umformte. Die historische Wirklichkeit aber war vielschichtiger, in ihr bewegten sich auf allen Ebenen Akteure mit ganz unterschiedlichen Interessenlagen.

Da waren erstens die *Initiatoren* einer Kirchenvisitation. Der jeweilige Landesherr, unterstützt von seinen weltlichen Räten, beschloss die Visitation als kirchenpolitische Maßnahme und ließ sie durchführen. An der Vorbereitung waren neben den landesherrlichen Juristen in der Regel die führenden Theologen der entstehenden Landeskirchen beteiligt, am Anfang die in der Geschichtsschreibung gern so emphatisch wie amorph als ›Reformatoren‹ bezeichneten Führungsfiguren, später zumeist hohe geistliche Amtsträger wie Generalsuperintendenten oder Hofprediger. Nach dem Vorbild Luthers und Melanchthons im *Unterricht der Visitatoren*[4] von 1528 gaben sie inhaltliche Leitlinien für die Visitationen vor. Mit einem Fragenkatalog schufen sie einen festen Rahmen für das, was auf den Bereisungen in Erfahrung gebracht, diskutiert und verhandelt werden konnte. Damit strukturierten sie die Visitationen als Erfahrungsräume vor.

Die nächste Gruppe von Handlungsträgern waren zweitens die *Visitatoren* selbst. Die durch das Land reisenden Kommissionen setzten sich aus Vertretern ganz unterschiedlicher sozialer und professioneller Herkunft

[4] Nach dem Wittenberger Erstdruck von 1528, ediert in EKO 1/1: Die Ordnungen Luthers. Die ernestinischen und albertinischen Gebiete, Leipzig 1902, 149–174; MARTIN LUTHER, Vorrede zum Unterricht der Visitatoren an die Pfarrherren im Kurfürstentum zu Sachsen (1528), in: WA 26, 195–201. – Die Entstehung des Werkes und die Autorenfrage stehen im Mittelpunkt eines aktuellen DFG-Projektes von Joachim Bauer und Stefan Michel. Vgl. dazu STEFAN MICHEL, Der »Unterricht der Visitatoren« (1528). Die erste Kirchenordnung der von Wittenberg ausgehenden Reformation? Beobachtungen zur Entstehung und Funktion eines Wittenberger Gruppentextes, in: IRENE DINGEL u. ARMIN KOHNLE (Hg.), Gute Ordnung. Ordnungsmodelle und Ordnungsvorstellungen in der Reformationszeit (LStRLO 25), Leipzig 2014, 153–167 und den Bericht zum interdisziplinären Arbeitsgespräch »Der ›Unterricht der Visitatoren‹ und die Durchsetzung der Reformation in Kursachsen«, Jena, 18.03.2015–20.03.2015: http://www.hsozkult.de/conferencereport/id/tagungsberichte-5957 (Stand: 24.08.2015).

zusammen.[5] Wenn auch alle Visitatoren durch den Landesherrn berufen wurden, standen sie doch für verschiedene Interessengruppen. Ihren Auftrag konnten sie nur erfüllen, wenn sie in den Kommissionen zu Formen der Zusammenarbeit fanden.

Prototypisch ist die Zweiteilung der Kommissionen in Theologen einerseits und Juristen andererseits. Fragt man weniger nach akademischer Ausbildung und mehr nach sozialen Hierarchien, kann zwischen dem Klerus einerseits und den Amtsträgern der landesherrlichen Verwaltung andererseits unterschieden werden. Die evangelischen Visitationen bewegen sich damit letztlich im Mainstream der Kirchengeschichte, in der kirchliche Verwaltung – von der abendländischen Doppelspitze von Papst und Kaiser bis hin zur paritätischen Besetzung evangelischer Konsistorien – häufig in einem Zusammenspiel von geistlichem und weltlichem Personal organisiert wurde.[6]

Ausgehend von dieser Doppelkompetenz lässt sich das Personal der Visitationskommissionen noch weiter differenzieren: Wir treffen auf der geistlichen Seite führende ›Reformatoren‹, Hofprediger und später auch Konsistorialräte, daneben Superintendenten und Pfarrer sowie (wenn auch eher selten) evangelische Prälaten. Für die weltliche Seite werden fürstliche Hofräte, Kanzleibeamte und insbesondere Amtleute aktiv – Letztere waren offenbar wegen ihrer Kenntnis der lokalen Verhältnisse besonders wertvoll. Ebenfalls der weltlichen Seite zuzuordnen, aber zugleich vom Personal des Landesherrn abzuschichten sind die Vertreter der Stände, wobei seltener ein Bürgermeister oder ein Ratssyndikus, viel häufiger hingegen ortskundige und lokal vernetzte Angehörige des landsässigen Adels begegnen.

Ergab sich die Dynamik der Visitationen also nicht zuletzt aus dem zum Erfolg verdammten Zusammenspiel ganz unterschiedlicher Funktionsträger, so muss eine moderne Betrachtung drittens die *Visitierten* selbst als Akteure ernstnehmen. Exemplarisch kann die Instruktion der ersten kursächsischen Visitation von 1528/31 herangezogen werden, nach der die Visitatoren in jedem Amt den Klerus einschließlich der Schulmeister, die adligen Gerichtsherren, Bürgermeister und Schultheiße sowie ausgewählte Vertreter der Gemeinden vorladen sollten.[7]

---

5 Für Beispiele siehe unten, Abschnitt 3 und vergleiche die Projektergebnisse von DigiRef: http://www.reformationsportal.de/visitationsakten.html (Stand: 28.01.2016).

6 Siehe unten, Abschnitt 2.

7 Vgl. Pallas, Registraturen Abt. 1 (s. Anm. 2), 9.

An erster Stelle ist hier natürlich die Geistlichkeit zu nennen, und zwar in ihrer ganzen sozialen Breite: vom Pfarrer über die Kapläne und Vikare bis hin zu den Küstern und Schulmeistern, von den Dom- und Stiftsherren bis hin zu den Angehörigen der Männer- und Frauenkonvente, wo diese noch existierten.

In das Blickfeld der Visitatoren rückten aber neben dem Klerus auch die Gemeinden. Das Interesse galt der Zahl der Kommunikanten und der wirtschaftlichen Verhältnisse vor Ort, dem Verhältnis der Gläubigen zum Pfarrer, ihrer geistlichen Bildung und Frömmigkeit sowie nicht zuletzt dem, was als religiöses Fehlverhalten wahrgenommen wurde, Gotteslästerung etwa, aber auch heterodoxe Volksfrömmigkeit.

Schließlich kamen die Visitatoren, wollten sie die örtlichen Kirchenverhältnisse wirklich ergründen, nicht an den Patronatsherren vorbei. Denn das Kirchenpatronat lebte wie sein wichtigster Kern, das Besetzungsrecht, ungeschmälert über die Reformation hinaus fort.[8] Als eigenständige politische Kräfte traten den landesherrlichen Visitatoren dabei zuvorderst adlige Gerichtsherren und städtische Magistrate gegenüber. Eine geringere Rolle spielten hingegen jene Patronatsrechte, die in der Hand des Landesherrn bzw. seiner Amtleute lagen oder zu den Rechtstiteln von Klöstern zählten. Denn während die Amtleute ohnehin Teil der landesherrlichen Verwaltung waren, konnten die Klöster ihre Patronatsrechte – die zumeist in der Sonderform der Inkorporation vorlagen – kaum mehr durchsetzen, seit sie durch die Einführung der Reformation selbst in ihrer Existenz bedroht waren.

Wo aber die Patronate in der Hand der Städte oder des landsässigen Adels lagen, konnten diese bei den Visitationen ein gewichtiges Wort mitsprechen. Nicht nur waren sie im Besitz maßgeblicher Informationen etwa über das Kirchengut, sondern sie besaßen über ihr Besetzungsrecht erheblichen Einfluss auf die Ortskirche, den sie für oder wider die Reformation geltend machen

---

8 Vgl. Jörn Sieglerschmidt, Territorialstaat und Kirchenregiment. Studien zur Rechtsdogmatik des Kirchenpatronatsrechts im 15. und 16. Jahrhundert (FKRG 15), Köln/Wien 1987; Ernst Walter Zeeden, Katholische Überlieferungen in den lutherischen Kirchenordnungen des 16. Jahrhunderts, in: Ders., Konfessionsbildung. Studien zur Reformation, Gegenreformation und katholischen Reform (SMAFN 15), Stuttgart 1985, 113–191, hier: 160–170; Georg Arndt, Das Kirchenpatronat in Thüringen (ZVThG.B [NF] 10), Jena 1927; Ders., Zur Geschichte des Kirchenpatronats in der Provinz Sachsen, Prenzlau 1923; Ders., Die Pfarrbesetzung im Fürstentum Halberstadt, in: ZVKGS 4 (1907), 204–262; ZVKGS 5 (1908), 19–52, 186–222; ZVGKS 6 (1909), 91–124, 181–211; ZVKGS 7 (1910), 108–125, 216–244; ZVKGS 8 (1911), 119–127, 225–244; ZVKGS 9 (1912), 92–114, 207–225; ZVKGS 10 (1913), 42–51, 158–169.

konnten. Letztlich standen sie damit in struktureller Konkurrenz zum landesherrlichen Kirchenregiment, das mit den Visitationen oft erstmals echte Präsenz vor Ort zeigte. Auf das sich hier andeutende Konfliktpotential ist noch zurückzukommen.[9]

Den kurzen Rundblick abschließend sei darauf hingewiesen, dass Geistlichkeit, Patronatsherren und Gemeinde nicht nur dort Akteure waren, wo sie selbst visitiert wurden. Sie konnten zugleich auch als Zeugen und Berichterstatter in ihrer Nachbarschaft aktiv werden und etwa über zielgerichtete Suppliken und Beschwerden eine eigene Agenda in die Verhandlungen einbringen.[10]

Dies führt zu den Erfahrungshorizonten, die die Akteure an die Visitationen herantrugen. Im Projekt »Digitales Archiv der Reformation« werden die jeweils ersten Visitationen in den mitteldeutschen Territorien bearbeitet. Auch wenn damit, bedingt durch den unterschiedlichen Fortschritt der Reformation, ein Zeitraum von mehr als vierzig Jahren abgedeckt wird, so wurde doch im jeweiligen Territorium stets wieder Neuland betreten. Visitatoren wie Visitierte standen vor einer Herausforderung, für die keine unmittelbaren Erfahrungswerte vorlagen. Woran orientierten sie sich also?

Sicherlich zuerst an den landesherrlichen Instruktionen, in der Hoffnung, dass diese mehr als grobe Richtlinien boten. Aber darüber hinaus? Gab es Wege des Wissenstransfers, durch die die Erfahrungen der frühen Visitationen etwa in Kursachsen auf andere Territorien übertragen werden konnten? Oder müssen wir vielleicht stärker nach individuellen Vorerfahrungen fragen, die Visitatoren und Visitierte aus anderen Kontexten mitbrachten? Hier wäre bei landesherrlichen Räten etwa an landesherrliche Kommissionen zu denken, an Erfahrungen mit Schiedsgerichten oder an die eigene Herrschaftspraxis. Bei den Theologen dürften hingegen ganz andere Erfahrungen prägend gewesen sein. Knüpften sie an das Muster universitärer Disputationen an oder eher an die Abnahme der Beichte vor der Osterkommunion?

Auch die Visitierten wurden vor eine neuartige Situation gestellt. Oder doch nicht? Unterschied sich für Bauern, die über die Zinseinnahmen des Pfarrers Auskunft gaben, die Situation grundsätzlich von der Aufnahme eines herrschaftlichen Urbars? Die visitierten Geistlichen jedenfalls dürften das neuartige Forum, vor dem sie ihr Handeln in allen Lebensbereichen einer sonst fernen Landesobrigkeit offenbaren mussten, mit Argwohn betrachtet

---

9 Siehe unten, Abschnitt 3.

10 Siehe unten, Abschnitt 3.

haben. Nicht minder herausfordernd konnte sich die Situation für manchen selbstbewussten adligen Gerichtsherrn gestalten, der sich in seinem lokalen Herrschaftsbereich plötzlich landesherrlichen Emissären gegenübersah, die Rechte dokumentierten, Forderungen aufstellten, Entscheidungen trafen.

Nehmen wir all diese Aspekte zusammen, dann waren die ersten evangelischen Kirchenvisitationen alles andere als eindimensionale, dröge Bestandsaufnahmen. Wir können sie vielmehr als Experimentierfelder begreifen, auf denen Vertreter von Kirche und Welt, aber auch von zentralen und lokalen Herrschaftsebenen in neuer Form aufeinandertrafen und die zukünftige kirchliche Ordnung aushandelten.[11]

## 2. Die vorreformatorischen Visitationen in Mitteldeutschland als Vorbild

Bekanntlich war es Martin Luther, der in seiner Vorrede zum *Unterricht der Visitatoren* im Jahr 1528 die Geschichte des Visitationswesens Revue passieren ließ, um dann insbesondere mit der ortskirchlichen Hierarchie ins Gericht zu gehen. Die Bischöfe, so lautet seine zentrale These, hätten das ihnen anvertraute Aufsichtsamt aus Fürstendünkel vernachlässigt. An Vikare übertragen und später den Offizialen überlassen, sei die Visitation als Reforminstrument zugrunde gegangen, ja pervertiert worden, weil sie am Ende nur noch korrupten Offizialen nutzte, die armen Pfarrern Geld abpressten.[12]

Es empfiehlt sich, Martin Luther auch hier nicht als neutralen Beobachter, sondern als verstärkenden Resonanzkörper der spätmittelalterlichen

---

[11] Erst langsam bricht sich in der evangelischen Kirchengeschichtsforschung die Erkenntnis Bahn, dass der Aufbau des evangelischen Kirchenwesens ein längerer und ergebnisoffener Aushandlungsprozess gewesen ist. Vgl. dazu jetzt die Beiträge in Johannes Wischmeyer (Hg.), Zwischen Ekklesiologie und Administration. Modelle territorialer Kirchenleitung und Religionsverwaltung im Jahrhundert der europäischen Reformationen (Veröffentlichungen des Instituts für Europäische Geschichte Mainz, Beiheft 100), Göttingen 2013. Einen ähnlichen Ansatz verfolgt ein aktuelles DFG-Projekt von Arne Butt unter dem Titel »Kirchenherrschaft als Aushandlungsprozess. Die Arbeit des Konsistoriums im Fürstentum Braunschweig-Wolfenbüttel von 1568 bis 1617«. Vgl. dazu Arne Butt, ›Wir sehen nicht gerne unordnung‹. Protestantische Kirchenleitungsmodelle und Ordnungsprinzipien in Konsistorialordnungen des 16. Jahrhunderts, in: Dingel/Kohnle, Gute Ordnung (s. Anm. 4), 49–64.

[12] Vgl. Luther, Vorrede (s. Anm. 4).

Reformdebatte zu lesen. Mit der Lust kreativer Zerstörung überspitzte er die alten Zustände, um den Boden für einen Neuanfang zu bereiten.

Tatsächlich war es um die Visitationen in der Vorreformation nicht gut bestellt. Für das Erzbistum Mainz etwa wird die letzte bischöfliche Pfarrvisitation zum Jahr 1354 berichtet. Auch diese konnte wegen der immensen Größe der Diözese und wegen der Verdichtung des Pfarreinetzes seit der Stauferzeit nur von Vikaren des Erzbischofs durchgeführt werden.[13] Es war deshalb schon ein Zeichen für besondere Reformanstrengungen, wenn ein Nikolaus von Kues als Bischof von Brixen 1452 selbst entlegene Bergdörfer wie die Dolomitensiedlung Vigo di Fassa persönlich visitierte.[14] Vorreformatorische Visitationsprotokolle sind nur in Einzelfällen überliefert. Besser untersucht sind das Visitationsprotokoll für das Bistum Eichstätt aus dem Jahr 1480 und die beiden Regensburger Protokolle von 1508 und 1526.[15]

Aber war der evangelische Neuanfang deshalb wirklich so voraussetzungslos, wie ihn Luther darstellen möchte? Wie so häufig in der Reformationsgeschichte verspricht ein Blick in die Vorreformation einigen

---

13 Vgl. Georg May, Geistliche Ämter und kirchliche Strukturen, in: Friedhelm Jürgensmeier (Hg.), Handbuch der Mainzer Kirchengeschichte, Bd. 2 (Beiträge zur Mainzer Kirchengeschichte 6), Würzburg 1997, 447–592, hier: 455; Zur Verdichtung des Pfarreinetzes vgl. Enno Bünz, Die Pfarrei in der Stauferzeit. Romanische Stadt- und Dorfkirchen aus historischer Sicht (Vorträge im Europäischen Romanik Zentrum 3), Halle 2014, 33–38.

14 Vgl. Hermann J. Hallauer, Nikolaus von Kues als Bischof und Landesfürst, in: Ders., Nikolaus von Kues. Bischof von Brixen 1450–1464. Gesammelte Aufsätze (Veröffentlichungen der Hofburg Brixen 1), Bozen 2002, 3–36, hier: 10.

15 Eine Übersicht über die bekannten vorreformatorischen Visitationsakten jetzt bei Wolfgang Petke, Die Pfarrei. Ein Institut von langer Dauer als Forschungsaufgabe, in: Enno Bünz u. Klaus-Joachim Lorenzen-Schmidt (Hg.), Klerus, Kirche und Frömmigkeit im spätmittelalterlichen Schleswig-Holstein (Studien zur Wirtschafts- und Sozialgeschichte Schleswig-Holsteins 41), Neumünster 2006, 17–49, hier: 28, Anm. 43. – Zu Eichstätt vgl. Franz Xaver Buchner, Kirchliche Zustände in der Diözese Eichstätt am Ausgange des 15. Jahrhunderts. Ein Beitrag zur Diözesan- und Lokalgeschichte nach den Visitationsprotokollen von Vogt, in: Ders., Klerus, Kirche und Frömmigkeit im spätmittelalterlichen Bistum Eichstätt. Ausgewählte Aufsätze, hrsg. von Enno Bünz und Klaus Walter Littger (SUBE 36), St. Ottilien 1997, 83–198; Enno Bünz, Klerus, Kirche und Frömmigkeit im spätmittelalterlichen Bistum Eichstätt. Überlieferung, Forschungsstand, Perspektiven, a.a.O. 31–74; Peter Thaddäus Lang, Würfel, Wein und Wettersegen. Klerus und Gläubige im Bistum Eichstätt am Vorabend der Reformation, in: Volker Press u. Dieter Stievermann (Hg.), Martin Luther. Probleme seiner Zeit (SMAFN 16), Stuttgart 1986, 219–243.

Erkenntnisgewinn. In Mitteldeutschland hat es in den Jahrzehnten vor der Reformation immerhin die eine oder andere Klostervisitation gegeben, die von landesherrlicher Seite her initiiert wurde, etwa 1496/98 im Erzstift Magdeburg und im Hochstift Halberstadt[16] oder in mehreren Anläufen im albertinischen Sachsen unter Herzog Georg.[17]

Im Rahmen des Projektes »Digitales Archiv der Reformation« wird exemplarisch die albertinische Klostervisitation in Thüringen im Jahr 1535 bearbeitet. Dort kamen zunächst nur weltliche Visitatoren zum Einsatz, nämlich die Juristen und Räte Dr. Melchior von Ossa und Dr. Georg von Breitenbach. Hierfür war offenbar die Ausrichtung der Visitation ausschlaggebend, die auf den Zustand der nach dem Bauernkrieg zerrütteten Klosterwirtschaften abhob. Erst bei der Fortsetzung im Jahre 1538 wurde mit Abt Hilarius von Chemnitz ein geistlicher Visitator hinzugezogen.[18]

Besondere Aufmerksamkeit verdienen in diesem Zusammenhang die Pfarrvisitationen der Bischöfe von Meißen und Merseburg in den Jahren 1522/24. Sie stehen nicht nur zeitlich und räumlich, sondern auch vom Anlass her in unmittelbarem Zusammenhang mit der frühen Reformation. Die beiden sächsischen Bischöfe, die eigentlich zum Hegemonialverband der albertischen Herzöge zählten, wurden damals in jenen Randbereichen ihrer Diözesen aktiv, die politisch zu Kursachsen gehörten. Anlass für ihr Eingreifen war die dort aufkommende evangelische Bewegung, die sie mittels Visitationen allerdings nicht fördern, sondern zurückdrängen wollten. Bischof Adolf von Merseburg verstand seine im Frühjahr 1524 in den kursächsischen Ämtern Grimma, Colditz und Borna unternommene Visitation ausdrücklich als Maßnahme gegen die Reformation und versuchte evangelische Prediger

---

16 Vgl. Moritz Riemer, Berichte über Visitationen von Nonnenklöstern des Bistums Halberstadt und des Erzbistums Magdeburg aus den Jahren 1496–1498, in: ZVKGS 20 (1924), 92–105.

17 Vgl. Christoph Volkmar, Reform statt Reformation. Die Kirchenpolitik Herzog Georgs von Sachsen, 1488–1525 (SMHR 41), Tübingen 2008, 259–263, 517, sowie 73 zu früheren Visitationen.

18 Vgl. Felician Gess, Die Klostervisitationen des Herzog Georg von Sachsen, Leipzig 1888; Heiko Jadatz, Zwischen Reform und Bewahrung. Altgläubige Visitationsordnungen des 16. Jahrhunderts in Sachsen, in: Dingel u. Kohnle, Gute Ordnung (s. Anm. 4), 141–151, hier: 145–150; die Quellen jetzt ediert bzw. regestriert in: Felician Gess (Hg.), Akten und Briefe zur Kirchenpolitik Herzog Georgs von Sachsen, Bd. 1: 1517–1524, Bd. 2: 1525–1527 (Schriften der Königlich Sächsischen Kommission für Geschichte 10, 22), Leipzig/Berlin 1905/17; fortgesetzt durch: Heiko Jadatz u. Christian Winter (Hg.), Bd. 3: 1528–1534, Bd. 4: 1535–1539, Köln/Weimar/Wien 2010/12, hier: Bd. 4.

abzusetzen.[19] Dass sich Visitationen als Machtinstrument der alten Kirche gegen die evangelische Bewegung richten konnten, hatte auch die Visitationsreise des Prager Dompropstes Ernst von Schleinitz durch Nordböhmen im Dezember 1523 erwiesen.[20]

Gegen die Visitation in der Hand seiner Gegner richtete sich Luthers 1522 publizierte Schrift *Wider den falschgenannten Stand des Papstes und der Bischöfe,* die die Disziplinargewalt der Ordinarien als nicht schriftgemäß verwarf. In Kursachsen vermochten die Ernestiner die bischöfliche Visitation zwar nicht zu verhindern, stellten Adolfs Kommissaren aber lutherfreundliche Amtleute an die Seite, die jede disziplinarische Maßnahme des Bischofs gegen evangelische Geistliche zu vereiteln wussten.[21]

Einer dieser kurfürstlichen Diener war der Bornaer Geleitsmann Michael von der Straßen.[22] Keine zwei Jahre später trat er im Januar 1526 an der Seite von Georg Spalatin als evangelischer Visitator des Amtes Borna in Erscheinung.[23] Zumindest dieser kursächsische Funktionsträger wusste also aus eigener Anschauung, wie eine bischöfliche Pfarrvisitation aussah und konnte seine Erfahrungen jetzt in den Dienst der Reformation stellen – ein Kulturtransfer der besonderen Art. Es wäre spannend zu erfahren, wie die beiden so unterschiedlich konnotierten Besuche von der Straßens im Bornaer Land wahrgenommen wurden.

---

19 Die Quellen sind ediert a. a. O. Bd. 1–2. Vgl. dazu Karl Pallas, Briefe und Akten zur Visitationsreise des Bischofs Johannes VII. von Meißen im Kurfürstentum Sachsen 1522, in: ARG 5 (1907/08), 217–312; Ders., Die Visitationsreise des Bischofs Johann VII. von Meißen im Kurfürstentum Sachsen 1522, in: ZVKGS 6 (1909), 25–80; Ders., Die Versuche des Bischofs Adolf von Merseburg, den kirchlichen Neuerungen innerhalb seiner Diözese entgegenzutreten, und das Verhalten des Kurfürsten Friedrichs des Weisen und seines Bruders Herzog Johann dazu, 1522–1525, in: a. a. O. 23 (1927), 1–54; Jadatz, Visitationsordnungen (s. Anm. 18), 141–145; zum Kontext vgl. Volkmar, Reform (s. Anm. 17), 190–225, 515–520.

20 Vgl. Hartmut Kühne, Lehrer – Priester – Prediger. Michael Coelius' Weg in die Reformation (1492–1530), in: Siegfried Bräuer u. Armin Kohnle (Hg.), Von Grafen und Predigern. Zur Reformationsgeschichte des Mansfelder Landes (Schriften der Stiftung Luthergedenkstätten in Sachsen-Anhalt 17), Leipzig 2014, 155–195, hier: 169–183. – Zu den wenig bekannten Verbindungen zwischen sächsischen und böhmischen Luthergegnern, insbesondere des Prager Administrators Dr. Johann Žak, seines Dompropstes und Nachfolgers Ernst von Schleinitz, der auch Meißner Dompropst war, und Herzog Georg von Sachsen vgl. Volkmar, Reform (s. Anm. 17), 454 f, 463 f, 568 f.

21 Vgl. a. a. O. 519.

22 Vgl. Jadatz, Visitationsordnungen (s. Anm. 18), 142.

23 Vgl. Michel, Unterricht (s. Anm. 4), 157.

Vor allem strukturell konnten die evangelischen Visitationen also auf vorreformatorische Vorbilder zurückgreifen und von ihnen Nützliches übernehmen, etwa das Muster der weltlich-geistlichen Mischung von Kommissionen.[24] So hat Stefan Michel jüngst darauf hingewiesen, dass Martin Luther in seinen Vorschlägen zur Visitation in Kursachsen von 1525 zunächst nur weltliche Adlige und Amtmänner als Visitatoren vorsah.[25] Als dann die erste allgemeine Kirchenvisitation tatsächlich in Angriff genommen wurde, entschied sich die evangelische Seite aber für gemischte Kommissionen. So wurden am 13. Februar 1527 Philipp Melanchthon und Dr. Hieronymus Schurff von der Wittenberger Universität sowie die landesherrlichen Räte Hans von der Planitz und Asmus von Haubitz als Visitatoren berufen, wobei Melanchthon allein die Rolle des Theologen einnahm.[26]

Auch einer Kommission unter Luthers persönlichem Vorsitz, die 1528 den Kurkreis inspizierte, gehörten außer dem Reformator nur Verwaltungsleute an: der Wittenberger Hauptmann Hans von Metsch, der Bürgermeister Benedikt Pauli und der Landrentmeister Hans von Taubenheim.[27] Mit Heiko Jadatz kann festgehalten werden, evangelische Visitationen und altgläubige Vorläufer in Mitteldeutschland seien sich »in Inhalt und Vorgehensweise doch sehr ähnlich« gewesen.[28]

## 3. Zur Kontextualisierung der Visitationsprotokolle durch lokale Quellen

Wo sich die personelle Zusammensetzung der Visitationskommissionen rekonstruieren lässt, erlaubt dies Aussagen über die Kräfteverhältnisse in dem Gremium und letztlich – dies wäre zumindest meine These – auch zur Umsetzung der Reformation vor Ort. Das Personaltableau selbst wird also zur Quelle.

---

[24] Vgl. Volkmar, Reform (s. Anm. 17), 259–263; Jadatz, Visitationsordnungen (s. Anm. 18), 145–150.

[25] Vgl. Michel, Unterricht (s. Anm. 4), 157–161.

[26] Vgl. Pallas, Registraturen Abt. 1 (s. Anm. 2), 7.

[27] Vgl. a.a.O. 7, 13; vgl. auch Heiko Jadatz, Wittenberger Reform im Leipziger Land. Dorfgemeinden im Spiegel der evangelischen Kirchenvisitationen des 16. Jahrhunderts (HerChr.S 10), Leipzig 2007, 52–55.

[28] Jadatz, Visitationsordnungen (s. Anm. 18), 151.

Recht gut informiert sind wir über das Erzstift Magdeburg. In die erste Visitationskommission, die nach der Hinwendung des Erzstifts zur Reformation um den Jahreswechsel 1561/62 eingerichtet wurde, berief Erzbischof Sigismund neun Personen.[29]

Drei von ihnen waren Theologen: Magister Sebastian Boetius (1515–1573)[30], Pfarrer und Superintendent zu Halle, der zugleich als Vorsteher der Kommission anzusprechen sein dürfte,[31] Magister Valentin Sporer[32], Pfarrer und Superintendent von Calbe sowie Magister Jacob Prätorius (1526–1569)[33], Pfarrer in der Magdeburger Neustadt.

Es fällt auf, dass keiner dieser Theologen einen herausragenden Status am erzbischöflichen Hof besaß, etwa als Hofprediger. Vermissen wird man auch die Geistlichkeit der als Hochburg des orthodoxen Luthertums weithin berühmten Altstadt Magdeburg, etwa einen D. Tilemann Heshusius, der dort bis zu seiner Absetzung im Herbst 1562 als Superintendent und Pfarrer der Johanniskirche wirkte.[34] Hierfür dürfte die Magdeburger Stiftsfehde ursächlich gewesen sein. Der jahrzehntelange Konflikt zwischen der Altstadt einerseits und Erzbischof sowie Domkapitel andererseits hatte bekanntlich Weiterungen bis hin zur Reichsacht und der militärischen Belagerung Magdeburgs durch die Truppen des Kurfürsten Moritz von Sachsen 1550/51 nach sich gezogen, die auch ein umfangreiches publizistisches Echo fanden.[35]

---

[29] Vgl. Visitationsinstruktion für das Erzstift Magdeburg [nach 1561 Dezember 5/ vor 1562 Januar 14], EKO 2, 407–411. – Eine Monographie zur Reformation im Erzstift Magdeburg fehlt. Als Übersicht vgl. Franz Schrader, Magdeburg, in: Anton Schindling u. Walter Ziegler (Hg.), Die Territorien des Reichs im Zeitalter der Reformation und der Konfessionalisierung. Land und Konfession 1500–1650, 7 Bde. (KLK 49–53, 56, 57), Münster 1989–1997, Bd. 2, 69–86.

[30] Zur Person vgl. http://d-nb.info/gnd/120165694 (Stand: 26.08.2015).

[31] Dies vermutet Friedrich Danneil, weil Boetius bei allen Visitationsstationen anwesend war. Vgl. Danneil, Protokolle (s. Anm. 2), Bd. 2, XVIII.

[32] Zur Person vgl. http://d-nb.info/gnd/1054444455 (Stand: 26.08.2015).

[33] Zur Person vgl. http://d-nb.info/gnd/136621163 (Stand: 26.08.2015).

[34] Vgl. Pfarrerbuch der Kirchenprovinz Sachsen, 10 Bde., Leipzig 2003–2009, hier: Bd. 10, 434; Hartmut Kühne, Nikolaus von Amsdorf im Streit zwischen dem Magdeburger Rat und lutherischen Theologen um die Amtsenthebung des Tilemann Heshusius, in: Irene Dingel (Hg.), Nikolaus von Amsdorf (1483–1565) zwischen Reformation und Politik, Leipzig 2008, 281–306.

[35] Vgl. Thomas Kaufmann, Das Ende der Reformation. Magdeburgs »Herrgotts Kanzlei« (1548–1551/52) (BHTh 123), Tübingen 2003. – Im Projekt DigiRef werden zentrale Dokumente zur Auseinandersetzung um Magdeburg, die von Vicky Rothe bearbeitet wurden, online präsentiert: http://www.reformationsportal.de.

Obwohl der konfessionelle Gegensatz mit dem Übergang des Erzstiftes ins lutherische Lager nicht mehr bestand, war die politische Fehde noch nicht beigelegt. Dies leistete erst ein Vertrag zwischen Stadt und Erzbischof vom 26. März 1562, dem im Juli die Lossprechung aus der Reichsacht folgte. Deshalb hat sich Magdeburg der zum Jahreswechsel 1561/62 in Angriff genommenen Visitation noch grundsätzlich verweigert.[36]

In der erzbischöflichen Visitationskommission stellten neben den Theologen die Landstände die größte Gruppe. Es handelte sich ausschließlich um Angehörige der Ritterschaft. Andreas von Meyendorf (1522–1583),[37] Joachim von Alvensleben (1514–1588),[38] Christoph von Trotha (gest. 1568?) und Moritz von Arnim (ca. 1520–1584)[39] waren exponierte Vertreter der ständischen Interessen. Sie besaßen juristische Bildung und Erfahrungen im erzbischöflichen Hofdienst. Zum aktiven Personal der Landesherrschaft

---

36 Vgl. Gustav Hertel u. Friedrich Hülsse, Geschichte der Stadt Magdeburg, 2 Bde., Magdeburg 1885, hier: Bd. 2, 1–19.

37 Zur Person vgl. Fritz Schwerin, Fünf Edelleute aus vorigen Tagen. Aus den auf dieselben gehaltenen Leichenpredigten und anderen Quellen zusammengestellt, Halle 1859, 92–125; Hellmut Kretzschmar, Andreas von Meyendorffs Meinungen vom Staat und von den Ständen nach seinem Landbuch (1578), in: Otto Korn (Hg.), Zur Geschichte und Kultur des Elbe-Saale-Raumes. Festschrift für Walter Möllenberg, Burg bei Magdeburg 1939, 231–245; Inge Mager, Die Konkordienformel im Fürstentum Braunschweig-Wolfenbüttel. Entstehungsbeitrag, Rezeption, Geltung, Göttingen 1993, 46f; http://d-nb.info/gnd/119760940 (Stand: 25.08.2015).

38 Zur Person vgl. Siegmund Wilhelm Wohlbrück, Geschichtliche Nachrichten von dem Geschlechte von Alvensleben und dessen Gütern, 3 Bde., Berlin 1819/29, hier: Bd. 2, 416–463; Werner Arnold, Adelsbildung in Mitteldeutschland. Joachim von Alvensleben und seine Bibliothek, in: Ders. (Hg.), Bibliotheken und Bücher im Zeitalter der Renaissance (WARF 16), Wiesbaden 1997, 167–194, wieder abgedruckt in: Berthold Heinecke u. Hartmut Hecht (Hg.), Am Mittelpunkt der zwischen Hannover und Berlin vorfallenden Mitteilungen. Gottfried Wilhelm Leibniz in Hundisburg, Hundisburg 2006, 75–95. – Für neuere Forschungsergebnisse zu Joachim von Alvensleben vgl. zukünftig Christoph Volkmar, Landadel und Reformation im mittleren Elberaum (Arbeitstitel) und dazu mit ersten Ergebnissen Ders., Archivalische Quellen zu Adelsbibliotheken. Das Beispiel Joachim von Alvensleben, in: Reimar von Alvensleben u. Berthold Heinecke (Hg.), Lesen, Sammeln, Bewahren. Die Bibliothek Joachim von Alvenslebens (1514–1588) und die Erforschung frühneuzeitlicher Bildersammlungen (ZfBB.S), Frankfurt a. M. 2016, 49–78.

39 Zur Person vgl. Werner Konstantin von Arnswaldt u. Ernst Devrient (Bearb.), Das Geschlecht von Armin, 2. Teil: Geschichte der Familie, 2 Bde., Prenzlau 1922/23, Bd. 1, 405–410, allerdings ohne Erwähnung seiner Visitatorentätigkeit.

gehörte Moritz von Arnim, der als Hauptmann zum Giebichenstein zugleich eines der einflussreichsten Ämter im Erzstift innehatte.

Dies schlägt die Brücke zu den Vertretern der landesherrlichen Verwaltung. Neben von Arnim, der eine ganz typische Doppelrolle[40] als Landstand und Funktionsträger des Fürsten einnahm, ist eigentlich nur Dr. Anton Freudemann (gest. 1587) als Vertreter des Erzbischofs anzusprechen. Der aus Halle gebürtige und 1551/53 an der Universität Rostock eingeschriebene Jurist war Syndikus und Salzgraf in Halle und stand noch 1578 in erzbischöflichen Diensten.[41]

Nur eine subalterne Rolle füllte das letzte Mitglied der Kommission aus, der Kanzleischreiber Bartholomäus Ude (gest. 1586).[42] Zwar war er neben dem Hallenser Superintendenten als Einziger bei allen Stationen der Visitation anwesend,[43] doch dies vermutlich deshalb, weil er, wie es in der Instruktion heißt, als ihr »secretario« fungieren sollte.[44]

---

40 Vgl. dazu Uwe Schirmer, Untersuchungen zur Herrschaftspraxis der Kurfürsten und Herzöge von Sachsen. Institutionen und Funktionseliten (1485–1513), in: Ders. u. Jörg Rogge (Hg.), Hochadelige Herrschaft im Mitteldeutschen Raum (1200–1600). Formen, Legitimation, Repräsentation (Quellen und Forschungen zur sächsischen Geschichte 23), Stuttgart 2003, 305–378; Christian Hesse, Amtsträger der Fürsten im spätmittelalterlichen Reich. Die Funktionseliten der lokalen Verwaltung in Bayern-Landshut, Hessen, Sachsen und Württemberg 1350–1515 (Schriftenreihe der Historischen Kommission bei der Bayerischen Akademie der Wissenschaften 70), Göttingen 2005; Christoph Volkmar, Landesherrschaft und territoriale Funktionseliten um 1500: Württemberg und Sachsen im Vergleich, in: Sönke Lorenz u. Peter Rückert (Hg.), Auf dem Weg zur politischen Partizipation? Landstände und Herrschaft im deutschen Südwesten (Veröffentlichungen der Kommission für geschichtliche Landeskunde in Baden-Württemberg, Reihe B: Forschungen 182), Stuttgart 2010, 45–62; Ders., Territoriale Funktionseliten, Ständebildung und politische Partizipation im Machtbereich der Wettiner, in: Oliver Auge u. Burkhard Büsing (Hg.), Der Vertrag von Ripen 1460 und die Anfänge der politischen Partizipation in Schleswig-Holstein, im Reich und in Nordeuropa (KiHiSt 43), Ostfildern 2012, 373–385.

41 Zur Person vgl. http://d-nb.info/gnd/131467948 (Stand: 15.06.2015); http://matrikel.uni-rostock.de/gnd/131467948 (Stand: 15.06.2015); zur Tätigkeit Freudemanns für den Erzbischof im Kontext der Annahme der Konkordienformel im Erzstift vgl. zukünftig Volkmar, Landadel (s. Anm. 38).

42 Zur Person vgl. http://d-nb.info/gnd/105220614X (Stand: 15.06.2015).

43 Dies ist ein Ergebnis des Projekts DigiRef, in dem die Protokolle zur Visitation von 1562/64 für die Onlinepräsentation erschlossen wurden, http://www.reformationsportal.de/schaufenster.html, Button ›Kirchenvisitation‹.

44 Vgl. Visitationsinstruktion 1561/62 (s. Anm. 29), 407–411.

Als gut zwanzig Jahre später Administrator Joachim Friedrich von Brandenburg (reg. 1566–1598) an der Spitze des Erzstiftes stand, folgte 1583/84 die zweite Generalvisitation. Zum Leiter des Unternehmens wurde Peter Ulner (1523–1595)[45] berufen, der evangelische Abt von Kloster Berge – nach unserer Typologie ein Theologe, aber zugleich ein geistlicher Landstand als Vorsteher eines altehrwürdigen, mit großem Grundbesitz ausgestatteten und nun unter evangelischen Vorzeichen fortgeführten Benediktinerkonvents.[46] Als Gastgeber und Strippenzieher im Hintergrund hatte sich Ulner große Verdienste um die Konkordienformel erworben, die als *Bergisches Buch* im Mai 1578 vor den Toren Magdeburgs ausgehandelt worden war.[47] Ulner war auch insofern eine naheliegende Wahl, denn im Zuge der Visitation wurden die Pfarrer des Erzstiftes dazu angehalten, die Konkordienformel zu unterzeichnen, wovon zahlreiche eigenhändige Erklärungen in einer Visitationsakte zeugen.[48]

Die von Ulner geleitete Kommission umfasste nicht weniger als 20 Mitglieder. An ihrer Spitze standen vier Theologen. Deren Ränge waren jetzt deutlich prominenter besetzt. Neben dem Abt von Kloster Berge können auch der erzbischöfliche Hofprediger Johann Schultheiß, der Magdeburger Domprediger D. Siegfried Sack (1527–1596)[49] und der Hallenser Pfarrer D. Johann Olearius (1546–1623)[50] als geistliche Schwergewichte gelten. Erneut eher schwach vertreten waren die landesherrlichen Beamten, genannt

---

45 Zur Person vgl. http://d-nb.info/gnd/118763563 (Stand: 26.08.2015).

46 Vgl. Christof Römer, Das Kloster Berge bei Magdeburg und seine Dörfer 968–1565. Ein Beitrag zur Geschichte des Erzstiftes Magdeburg (VMPIG 30 [= StGS 10]), Göttingen 1970; Ders., Art. Magdeburg. St. Johannis, auch Berge, in: Monika Lücke u. Christof Römer (Bearb.), Die Mönchsklöster der Benediktiner in Mecklenburg-Vorpommern, Sachsen-Anhalt, Thüringen und Sachsen (GermBen 10), St. Ottilien 2012, 805–899.

47 Vgl. Udo Sträter, Die »Formula Concordiae«, in: Carsten Lange (Hg.), Kloster Berge, Klosterbergegarten, Gesellschaftshaus, Telemann-Zentrum. Zu Geschichte, Gegenwart und Zukunft eines Magdeburger Areals (Beiträge zur Regional- und Landeskultur Sachsen-Anhalts 35), Halle 2004, 31–41.

48 Vgl. Landesarchiv Sachsen-Anhalt (im Folgenden: LASA), A 2, Nr. 511, fol. 29–34, 46 (»Subscriptiones formulae concordiae 1584«), vgl. dazu Visitationsinstruktion für das Erzstift Magdeburg, 1583 Mai 25, EKO 2, 418–426, hier: 419.

49 Zur Person vgl. http://d-nb.info/gnd/119813092 (Stand: 25.08.2015).

50 Zur Person vgl. Hans-Peter Hasse, Art. Johannes Olearius (Kupfermann), in: RGG[4] 6 (2001), 547 f; Markus Friedrich, Johannes Olearius (1546–1623). Ein strenger Lutheraner als Superintendent Halles, in: Werner Freitag (Hg.), Mitteldeutsche Lebensbilder. Menschen im Zeitalter der Reformation, Köln/Weimar/Wien 2004, 201–234.

werden nur die schon bekannten Dr. Anton Freudemann und Bartholomäus Ude. Die Ritterschaft hingegen stellte nicht weniger als 14 Vertreter, darunter Veteranen wie Joachim von Alvensleben.[51]

Der an dieser Stelle schon von den Zahlen her sichtbar werdende ständische Einfluss kommt auch darin zum Ausdruck, dass die Zusammensetzung der Kommission auf einen Vorschlag der Landstände zurückging. Schon am 6. Mai 1582 hatten diese dem Administrator eine Liste überreicht mit den »namen der jenigen, so der grosse ausschos der visitation beizuwonen furgeschlagen«. Ein Vergleich mit der Visitationsinstruktion zeigt, dass der ständische Vorschlag in Gänze übernommen wurde. Selbst die landesherrlichen Räte Freudemann und Ude, beide Veteranen der Visitation von 1562/64, waren durch die Stände vorgeschlagen worden, wenngleich mit dem Zusatz »doch nach unseres gnedigsten hern gefallen«.[52]

Bemerkenswert erscheint ferner, dass die ständische Vorschlagsliste schon in ihrem Aufbau ganz auf Proporz abhebt. In drei Kapiteln handelt sie »erstlich von Theologen«, geht dann zu den »verordenten zu Hofe« über und nennt schließlich »die vom Adel«, die als ortskundige und lokal vernetzte Herrschaftsträger in den Kommissionen tätig werden sollen und deshalb nochmals nach Saalkreis, Holzkreis, Jerichower und Jüterboger Kreis differenziert werden.[53] So belegt die Quelle eindrücklich, dass bereits die Zeitgenossen die Visitationen als ein wohlorchestriertes Zusammenspiel der Interessengruppen von lutherischer Geistlichkeit, Landesherrschaft und Landständen wahrnahmen.

Angesichts des großen Umfangs der Visitationskommission wurde 1583 auch ausdrücklich vorgegeben, was schon 1562/64 Praxis gewesen war: Die Mitglieder sollten »unter sich ordnung machen [...], wie sie jederzeit mit einander abwechseln«.[54] Vor Ort trat also jeweils nur eine kleinere Gruppe von Visitatoren in Erscheinung. Für die wechselnde Zusammensetzung setzte der Administrator folgenden Schlüssel fest: »zum wenigsten zweine theologen, einer von unsern rethen und einer oder zwene von der ritterschaft.«[55]

---

51 Vgl. Visitationsinstruktion, 1583 (s. Anm. 48).

52 »Vortzeichnus der personen, so zu der visitation im ertzstifft Magdeburg zu verordnen sein möchten«, 1582 Mai 6 (mit Streichungen und Ergänzungen einer zweiten Hand), LASA, A 2, Nr. 511, fol. 71 f.

53 Ebd.

54 Visitationsinstruktion, 1583 (s. Anm. 48), 418.

55 Ebd.

Leider fehlen in den Visitationsprotokollen von 1583/84[56] die durchgängigen Angaben zum Personaltableau vor Ort, die die Aufzeichnungen von 1562/64 so wertvoll machen. Umso hilfreicher sind ergänzende Quellenfunde wie jener Briefwechsel, der sich über den Besuch der Visitatoren auf Schloss Harbke erhalten hat, einem am Westrand der Börde gelegenen Stammgut des weitverzweigten Geschlechts derer von Veltheim.[57]

Ein am 17. August 1584 im erzbischöflichen Amtsschloss Dreileben ausgefertigtes Schreiben kündigte das Eintreffen der Visitatoren in Harbke für den Abend des 26. Augusts an.[58] Es erreichte die von Veltheim auf denkbar kurzem Wege. Denn einer der Harbker Mitbesitzer, der in Derenburg am Harz residierende Achaz von Veltheim (1538–1588)[59], war selbst Mitglied der Visitationskommission, die in Dreileben ihre achte von insgesamt zehn Rundreisen begann.[60] Offenbar erhielt er die Ladung von seinen Kommissionskollegen persönlich überreicht. Noch in Dreileben setzte er am Folgetag eine Instruktion an seinen Harbker Verwalter Berndt Sander auf, mit dem er das »schreiben von den hern visitatorn, welchs ich erbrochen« übersandte und detaillierte Anweisungen beifügte, wie man sich auf die Bereisung vorzubereiten habe und welche Gemächer im erst kürzlich fertiggestellten Harbker Renaissanceschloss für die Visitatoren herzurichten seien.[61]

---

56 Vgl. LASA, A 12 Gen., Nr. 2437a – Nr. 2441.

57 Vgl. LASA, H 95 Gutsarchiv Harbke, Nr. 1991. – Zum Gutsarchiv Harbke vgl. Jörg Brückner, Andreas Erb u. Christoph Volkmar (Bearb.), Adelsarchive im Landeshauptarchiv Sachsen-Anhalt. Übersicht über die Bestände (Veröffentlichungen der staatlichen Archivverwaltung des Landes Sachsen-Anhalt, Reihe A: Quellen zur Geschichte Sachsen-Anhalts 20), Magdeburg 2012, 149–151.

58 Vgl. Ladung der Visitatoren an die von Veltheim zu Harbke, Dreileben, 1584 August 17, LASA, H 95, Nr. 1991, fol. 10f.

59 Zur Person vgl. Georg Schmidt, Das Geschlecht von Veltheim, 2. Teil: Die Stammreihe des Geschlechts von der Teilung der Linien an, Halle 1912, 142–154 (Nr. 134). Zu seiner Rolle bei der Etablierung der Reformation in Harbke vgl. zukünftig Volkmar, Landadel (s. Anm. 38).

60 Die achte Reise begann am 16./17. August in Dreileben und endete am 9. September 1584 in Haldensleben. Dies ergibt sich aus einem in den landesherrlichen Akten zur Visitation von 1583/84 erhaltenen Itinerar, das die insgesamt zehn Reisen der Kampagne auflistet. Vgl. Itinerar zur Visitation von 1583/84, LASA, A 2, Nr. 511, fol. 147–186, hier: fol. 163r–165r. – Leider fehlen gerade für die achte Reise nähere Angaben über die Zusammensetzung der Kommission, lediglich die Ab- und Anreisen von Achaz von Veltheim und August von der Asseburg finden Erwähnung (siehe dazu unten, Anm. 65).

61 Instruktion des Achaz von Veltheim für Berndt Sander, Verwalter zu Harbke, Dreileben, 1584 August 18, LASA, H 95, Nr. 1991, fol. 7–9. – Zum Harbker Schlossbau von

Nur so erfahren wir, was sonst sicher eher mündlich besprochen worden wäre, dass sich nämlich die Magdeburger Theologen Ulner und Sack eine »gemalte stuben« im Obergeschoss teilen mussten, während August von der Asseburg (1545–1604) als Vertreter der Landstände die benachbarte Stube allein bewohnen sollte. Im Untergeschoss kam in einer weiteren Stube der Hallenser Theologe Olearius unter, »daneben losirett« in der vierten Stube der zum Hofrat aufgestiegene Bartholomäus Ude samt seinem namentlich nicht genannten Sekretär, wobei Letzterer mit einem »rolbett« vorlieb nehmen musste.[62]

Zumindest in diesem Fall belegt die Zusammensetzung der Visitationskommission die Umsetzung der landesherrlichen Proporzvorgaben. Drei Theologen, ein Hofrat und ein Vertreter der Ritterschaft übernahmen den Besuch in Harbke, hinzu trat als sechste Person ein Sekretär. Allerdings war August von der Asseburg zwar ein angesehener Adelsmann, der als Senior seines Geschlechts auf den Rittergütern Neindorf und Falkenstein saß und auch Visitationserfahrungen vorweisen konnte.[63] Doch ist sein Name weder in der ständischen Vorschlagsliste noch in der erzbischöflichen Visitationsinstruktion vermerkt.[64]

Vieles spricht daher dafür, dass August von der Asseburg kein reguläres Mitglied der Visitationskommission war, sondern als Vertreter für Achaz von Veltheim anzusprechen ist. Dieser durfte als einer der Harbker Patronatsherrn womöglich nicht gleichzeitig Visitierter und Visitator sein. So verließ Achaz von Veltheim die Visitationskommission am 21. August in der Bördestadt Seehausen und wurde am 22. August in Altenweddingen durch August von der Asseburg ersetzt, der sich seinerseits am 29. August in Wormsdorf wieder aus der Kommission verabschiedete.[65]

---

1572/79 vgl. Die Kunstdenkmale des Kreises Haldensleben, bearb. von Marie-Luise Harksen unter Mitwirkung von Walter Engels, Hermann Goern [u. Berent Schwineköper] (Die Kunstdenkmale im Bezirk Magdeburg 1), Leipzig 1961, 362–366.

62 Instruktion Achaz von Veltheim, 1584 (s. Anm. 61).

63 August von der Asseburg wurde 1588 als Kommissionsmitglied der zweiten Generalvisitation im Hochstift Halberstadt bestallt und soll nach Ausweis seiner Leichenpredigt auch im Herzogtum Braunschweig-Lüneburg als Visitator tätig geworden sein. Vgl. EKO 2, 464, 466; Simon Viehoff, Ein christliche Leichpredigt [...] Augusti von der Asseburg, Helmstedt: Jacobus Lucius 1604, D IIr (benutztes Exemplar: LASA, Slg. 6 Vd 2, Nr. 74).

64 Vgl. Vortzeichnus, 1582 (s. Anm. 52); Visitationsinstruktion, 1583 (s. Anm. 48).

65 Vgl. Itinerar, 1583/84 (s. Anm. 60), fol. 163r–fol. 164r.

Warum gerade der Asseburger und nicht einer der regulär für den Holzkreis nominierten Adligen[66] in das etwas entlegene Harbke hinzugezogen wurde, wird nicht ganz klar. Doch womöglich wählten die Visitatoren auch hier einen kurzen Weg und ließen sich von Achaz einfach einen bereitwilligen Vertreter vorschlagen. Zumindest bestand zwischen ihm und August von der Asseburg eine enge familiäre Verbindung, seit dieser 1574 Gertrud von Veltheim, eine Schwester von Achaz, geheiratet hatte.[67] Auffällig ist ebenfalls, dass die Rückfragen, die die Visitatoren nach ihrem Besuch in Harbke anstelle eines Visitationsabschiedes an Achaz richteten, durch August von der Asseburg zugestellt wurden.[68]

Sehr lebensnah liest sich im Übrigen, wie der erfahrene Visitator Achaz von Veltheim die Gemeinde Harbke auf den Besuch der Kommission vorbereitete. Das Ankündigungsschreiben der Visitatoren sollte nicht nur den veltheimschen Vettern mitgeteilt, sondern allen Untertanen durch Verlesung von der Kanzel abgekündigt werden. Während sich die beiden Pfarrer auf eine theologische Prüfung gefasst machen und dafür eine lateinische Predigt vorbereiten sollten, waren die Untertanen gehalten, sich am Tage der Visitation, dem 27. August 1584, »morgens frue umb 6 uhr vor dem hause Harbke einzustellen«, um sich »von den hern visitatorn der christlichen lehre und kirchengebrechen halber« befragen zu lassen. Die sämtlich auswärts wohnenden Mitbesitzer des Schlosses sollten persönlich in Harbke erscheinen und schon vorab ihre jeweiligen Untertanen bei Strafe ermahnen, »ihren cathechismum mit vleis zu lernen«. Seinen eigenen und einen weiteren Verwalter betraute Achaz schließlich mit der Aufgabe, ein aktuelles Verzeichnis der Kirchengüter aufzustellen und die Kirchenrechnung zu prüfen. Um dies in der knappen Frist vor der Visitation zu bewerkstelligen, musste eiligst ein Sondertermin mit Pfarrern, Gutsverwaltern und Kirchenältesten anberaumt werden. Dazu sollten sich die lokalen Honoratioren am folgenden Sonntag

---

[66] Dies waren neben dem mehrfach erwähnten Joachim von Alvensleben auch Gebhard von Alvensleben (1543–1609) zu Friedeburg und Daniel von der Schulenburg zu Altenhausen. Vgl. Vortzeichnus, 1582 (s. Anm. 52); Visitationsinstruktion, 1583 (s. Anm. 48).

[67] Zu Gertrud von Veltheim (gest. 1574) vgl. das Biogramm bei Schmidt, Veltheim (s. Anm. 59), 161f (Nr. 146).

[68] Vgl. Rückfragen der Visitatoren an Achaz von Veltheim als Zettel bei einem Schreiben des August von der Asseburg an dens., Neindorf, 1584 Oktober 29, LASA, H 95, Nr. 1991, fol. 2–3. Eine Abschrift dieser Rückfragen beschließt das Harbker Visitationsprotokoll von 1584. Vgl. LASA, A 12 Gen., Nr. 2439, fol. 172v.

nach der Mittagspredigt zusammenfinden. Kurzum, im eher beschaulichen Harbke sorgte die bevorstehende Visitation für rege Betriebsamkeit.[69]

Was lässt sich nun aus der exemplarischen Analyse der ersten magdeburgischen Visitationen ableiten? Zumindest wohl zweierlei. Erstens, dass der Aufbau der Visitationskommissionen tatsächlich nach Proporz erfolgte, der hier sogar explizit in den Quellen benannt wird. Und zweitens, dass ihre Zusammensetzung, eben weil sie Ergebnis genauen Abwägens war, als Hinweis auf die politischen Kräfte gelten darf, die die Reformation in einem Territorium vorantrieben. Die in den Magdeburger Kommissionen augenscheinlich schwache Stellung von Hoftheologen und Hofbeamten sowie die starke Position der Landstände korrespondieren jedenfalls auffallend mit den Machtverhältnissen bei der Durchsetzung der Reformation im Erzstift, einem Prozess, der seit den späten Tagen Kardinal Albrechts von Brandenburg maßgeblich von den Landständen und insbesondere von der Ritterschaft getragen wurde.[70]

In einem zweiten Fallbeispiel sollen die Visitationen abschließend als Handlungsraum lokaler Akteure in den Blick genommen werden. Natürlich setzte der Landesherr den Ausgangsimpuls, wenn er eine Visitationskommission für sein Territorium einberief. Doch die Visitierten im Lande waren nicht einfach nur zu disziplinierende Objekte. Sie konnten sich als Protagonisten oder Antagonisten der Reformation vor Ort erweisen.[71]

Dabei ist es wichtig zu sehen, dass die Visitationen auf der lokalen Ebene durchaus Abwehrreflexe hervorriefen. Dies gilt nicht nur für romtreue Geistliche, die häufig auf verlorenem Posten standen, sondern unter ganz anderen Vorzeichen für potente lokale Herrschaftsträger. Deren Reaktion konnte bis hin zur offenen Verweigerung gehen. So wurde einer der frühen Visitationsversuche in Kursachsen, im Januar 1525 im Amt Eisenach unternommen, auch wegen des Widerstands der lokalen Gerichtsherren vorzeitig abgebrochen.[72] Zur reflexhaften Abwehr landesherrlicher Machtansprüche mag hier auch eine Zurückhaltung von konservativ geprägten Landadligen gegenüber

---

[69] Instruktion Achaz von Veltheim, 1584 (s. Anm. 61).

[70] Vgl. EKO 2, 400f; zukünftig dazu Volkmar, Landadel (s. Anm. 38).

[71] Vgl. Helga Schnabel-Schüle, Landesvisitationen und Kirchenvisitationen als Mittel der Kommunikation zwischen Herrscher und Untertanen, in: Heinz Duchhardt u. Gert Melville (Hg.), Im Spannungsfeld von Recht und Ritual. Soziale Kommunikation im Mittelalter und in der Frühen Neuzeit (Norm und Struktur 7), Köln 1997, 173–186.

[72] Vgl. Michel, Unterricht (s. Anm. 4), 157.

den Neuerungen der Reformation getreten sein.[73] Aber letztlich ging es weniger um Religion als um Politik. Dies zeigt der oben angesprochene Fall der Altstadt Magdeburg, die 1562 ihre Tore vor den Visitatoren verschlossen hielt, nicht aus Gegnerschaft zur Reformation, sondern wegen eines schwelenden Herrschaftskonflikts mit dem Landesherrn.

In jedem Falle war das systematische Eindringen des Fürsten in die kirchlichen Verhältnisse vor Ort eine gegen altes Herkommen gerichtete Intensivierung seiner Herrschaft. Nicht umsonst gelten die evangelischen Kirchenvisitationen als Fanal für die Ausbreitung des frühneuzeitlichen Territorialstaates.[74] Wenn Luther in der Vorrede zum *Unterricht der Visitatoren* rechtfertigend argumentierte, die landesherrliche Visitation trete an die Stelle der alten bischöflichen Aufsichtsrechte, so war dies eine Übertragungsleistung, die sich eben keineswegs von selbst verstand. Die Ausweitung landesherrlicher Aufsicht weckte Befürchtungen lokaler Herrschaftsträger, die sicher nicht ganz unbegründet waren. So erklärte etwa ein Gutachten des Leipziger Superintendenten Johannes Pfeffinger zur Generalvisitation von 1555/56 die Patronatsherren ausdrücklich zur Zielgruppe von Disziplinierungen, denn bei ihnen liege »der hundt begraben«.[75]

Eine Zumutung war die Visitation auch für den Adel in der Altmark am Nordrand jenes Raumes, den das Projekt »Digitales Archiv der Reformation« erfasst. Die Altmark war eine residenzferne Landschaft mit einem selbstbewussten Adel. Dessen Führungsschicht, die sogenannten ›schlossgesessenen

---

[73] Vgl. CHRISTOPH VOLKMAR, Was hatte der Niederadel in Mitteldeutschland durch die Reformation zu verlieren?, in: WERNER GREILING, ARMIN KOHNLE u. UWE SCHIRMER (Hg.), Negative Implikationen der Reformation? Gesellschaftliche Transformationsprozesse 1470–1620 (Quellen und Forschungen zu Thüringen im Zeitalter der Reformation 4), Köln/Weimar/Wien 2015, 373–400.

[74] Als einflussreichen Beitrag zu dieser Perspektive vgl. KARLHEINZ BLASCHKE, Wechselwirkungen zwischen der Reformation und dem Aufbau des Territorialstaates, in: Der Staat 9 (1970), 347–364, wieder abgedruckt in: DERS., Beiträge zur Verfassungs- und Verwaltungsgeschichte Sachsens. Ausgewählte Aufsätze, hrsg. von UWE SCHIRMER u. ANDRÉ THIEME (Schriften zur Sächsischen Geschichte und Volkskunde 5), Leipzig 2002, 435–452; als englische Fassung unter dem Titel: The Reformation and the Rise of the Territorial State, in: JAMES D. TRACY (Hg.), Luther and the Modern State in Germany (SCES 7), Kirksville (MO) 1986, 61–76.

[75] Zitiert nach JADATZ, Wittenberger Reform (s. Anm. 27), 105.

Geschlechter‹, war es keinesfalls gewohnt, Agenten des Landesherrn in ihren Gerichtsherrschaften zu dulden.[76]

Als 1541 die kurbrandenburgische Visitationskommission in Beetzendorf am Stammsitz derer von der Schulenburg[77] eintraf, bewahrheiteten sich für dieses stolze Geschlecht gleich die schlimmsten Befürchtungen. Nicht dass die Visitatoren die kirchlichen Verhältnisse vor Ort rigoros umgestaltet hätten. Aber allein ihre Präsenz reichte aus, um die eingespielten Machtverhältnisse zu erschüttern. Plötzlich wagte sich nämlich ein anderer lokaler Akteur aus der Deckung. Der Pfarrer aus dem benachbarten Neudorf erhob in Beetzendorf vor den Visitatoren die Klage, »es habe allhie einen Kaland gegeben, den hätten die Junker und Bauern 2 Jahre lang zu sich genommen und den Priestern ihr Einkommen verboten.«[78]

Er brachte damit ans Licht, dass die Schulenburg noch 1539, also im Jahr des offiziellen Übertritts Kurfürst Joachims II. zur Reformation, das Vermögen der örtlichen Priesterbruderschaft eingezogen hatten. Der seit 1445 nachweisbare Kaland, dem auch der klageführende Neudorfer Pfarrer angehört haben dürfte, besaß in Beetzendorf immerhin drei Häuser und ein nicht unbeträchtliches Geldvermögen. Erhaltene Urkunden über Rentengeschäfte des Kalands mit den Schulenburg legen nahe, dass sich diese mit der Aufhebung der Bruderschaft zugleich einiger eigener Zahlungsverpflichtungen elegant entledigt haben könnten.[79] Die Visitatoren jedenfalls reagierten verschnupft und verlangten in einem Schreiben an die Schlossherren, das Kirchenvermögen zurückzuerstatten.[80]

Die Bühne, die die Visitation bot, hatten in Beetzendorf lokale Akteure betreten, um dort einen Klassiker der Reformationszeit zur Aufführung zu bringen unter dem Titel: Was geschieht mit den Kirchengütern? Der Kampf

---

76 Vgl. Lieselott Enders, Die Altmark. Geschichte einer kurmärkischen Landschaft in der Frühneuzeit (Veröffentlichungen des Brandenburgischen Landeshauptarchivs 56), Berlin 2008; Peter-Michael Hahn, Fürstliche Territorialhoheit und lokale Adelsgewalt. Die herrschaftliche Durchdringung des ländlichen Raumes zwischen Elbe und Aller 1300–1700 (VHKB 72), Berlin/New York 1989.

77 Vgl. Georg Schmidt, Das Geschlecht von der Schulenburg, 3 Bde., Beetzendorf 1898–1908.

78 Müller u. Parisius, Abschiede, Bd. 2, Teil 1 (s. Anm. 2), 48 f.

79 Vgl. Volkmar, Landadel (s. Anm. 38); Ders., Mächtig fromm? Zur Religiosität im niederen Adel um 1500, in: Enno Bünz u. Hartmut Kühne (Hg.), Alltag und Frömmigkeit am Vorabend der Reformation in Mitteldeutschland (Schriften zur sächsischen Geschichte und Volkskunde 50), Leipzig 2015, 169–188.

80 Müller u. Parisius, Abschiede, Bd. 2, Teil 1 (s. Anm. 2), 48 f.

um die Deutungshoheit zwischen niederträchtigem Kirchenraub hier und schriftgemäßer Umwidmung zur höheren Ehre Gottes dort war eröffnet. Er tobte bekanntlich nicht nur zwischen Landesherrn und niederem Adel, sondern beschäftigte die Akteure bis hin zur Reichsebene.[81]

Die Thematik der Säkularisationen kann hier ebensowenig verfolgt werden wie der weitere Verlauf der Visitationen in Beetzendorf. Ein Ausblick aber erscheint wichtig: Für die ressourcenstarken Schulenburg war der Beginn der landesherrlichen Kirchenvisitationen nicht das Ende, sondern viel eher ein Ansporn zum Ausbau der eigenen Patronatsherrschaft. Der Präsenz landesherrlicher Visitationen in den Jahren 1541, 1551, 1579 und 1600 setzten sie die Intensivierung eigener Kirchenaufsicht entgegen. Die wichtigste strukturelle Neuerung im Zuge der Reformation, nämlich die seit Langem verfolgte Erhebung Beetzendorfs zu einer eigenständigen Pfarrei, kam ganz ohne Beteiligung der Visitatoren zustande. Außerdem regelte ein Beetzendorfer Burgfrieden 1572 die Besetzung der Pfarreien in der Gerichtsherrschaft und im gleichen Jahr erließ das Geschlecht eine eigene Kirchen- und Gerichtsordnung.[82]

In Vorbereitung dieser normativen Texte hatte die Familie 1570 sogar eine Visitationskommission berufen, als deren Vorsitzender ein Prälat aus der Sippschaft, der nachmalige Magdeburger Domdekan Levin von der Schulenburg (1528–1587)[83] fungierte. An den Beschlüssen war auch Christoph von der Schulenburg (1513–1580)[84] beteiligt, der als Propst des nahe

---

81 Vgl. Christopher Ocker, Church Robbers and Reformers in Germany, 1525–1547. Confiscation and Religious Purpose in the Holy Roman Empire (SMRT 104), Leiden 2006; Helga Maria Kühn, Die Einziehung des Geistlichen Gutes im Albertinischen Sachsen 1539–1553 (MDF 43), Köln/Graz 1966.

82 Vgl. dazu zukünftig Volkmar, Landadel (s. Anm. 38). – Die wichtigsten Quellen bei Müller u. Parisius, Abschiede, Bd. 2, Teil 1 (s. Anm. 2), 44–50; Adolph Friedrich Riedel (Hg.), Codex Diplomaticus Brandenburgensis, 1. Hauptteil, 25 Bde., Berlin 1838–1863, hier: Bd. 5, 277–500 und Bd. 6, 232–338.

83 Zur Person vgl. Schmidt, Schulenburg, Bd. 2 (s. Anm. 77), 284–288 (Nr. 255); Gottfried Wentz u. Berent Schwineköper (Bearb.), Das Erzbistum Magdeburg, Teil 1: Das Domstift St. Moritz in Magdeburg (GermSac, Die Bistümer der Kirchenprovinz Magdeburg 1,1), Berlin u. a. 1972, 841 (Nachträge); zu Bestattung und Epitaph vgl. Heiko Brandl u. Christian Forster (Bearb.), Der Dom zu Magdeburg, Bd. 1: Architektur, Bd. 2: Ausstattung (Die Bau- und Kunstdenkmäler von Sachsen-Anhalt 1 [= Beiträge zur Denkmalkunde 6]), Regensburg/Halle 2011, Bd. 2, 719–722.

84 Zur Person vgl. Schmidt, Schulenburg, Bd. 2 (s. Anm. 77), 258–261 (Nr. 221); Eberhard Borrmann u. Joachim Stephan, Art. Diesdorf, in: Brandenburgisches Klosterbuch.

gelegenen Augustiner-Chorfrauenstifts Diesdorf amtierte und zuvor einige Jahre Bischof von Ratzeburg gewesen war. Später wurden in Beetzendorf jährliche Konvente der schulenburgischen Patronatspfarrer unter Vorsitz des Seniors der Familie die Regel und im 17. Jahrhundert sollte es dem Geschlecht schließlich gelingen, die Aufsicht des Superintendenten von Altstadt Salzwedel abzuschütteln und die Geistlichkeit ihrer Herrschaft in einer eigenen Superintendentur zu organisieren.[85]

Das Fallbeispiel Beetzendorf bietet so ein wertvolles Korrektiv gegen eine zu enge Orientierung an den Visitationsprotokollen, nicht zuletzt da hier komplimentäre Quellen das Wirken lokaler Akteure auf und hinter der Bühne der Visitation erkennen lassen. Auch die Frage, was mit dem Beetzendorfer Kaland geschah, lässt sich nur jenseits der Visitationsakten klären. Keineswegs bewirkte die Ermahnung der Visitatoren einen sofortigen Gesinnungswandel. Erst 43 Jahre später wurde auf einem Familientag im Jahr 1584 beschlossen, die zwischenzeitlich von verschiedenen Familienmitgliedern genutzten Kalandshäuser abzureißen und auf dem freiwerdenden Bauplatz ein neues Schulgebäude zu errichten. Dessen Obergeschoss sollte fortan den Sitzungssaal des schulenburgischen Gesamtgerichts beherbergen. Das Geschlecht gab das Vermögen des Kalands also nicht etwa zurück, sondern führte es im Sinne der Reformation einer gemeinnützigen Verwendung zu, die in der Schule mittelbar, und im Gerichtslokal auch unmittelbar der Infrastruktur seiner eigenen Herrschaft zugute kam. Trotz des landesherrlichen Drucks entschieden die Schulenburg letztlich selbst über die Verwendung des Kirchenguts und festigten damit ihren Anspruch auf lokale Kirchenherrschaft.[86]

## 4. Fazit

Ein akteurszentrierter Blick auf die frühen Visitationen in Mitteldeutschland legt die vielfältigen Interessenlagen und Konflikte offen, die sich hinter dem nüchternen Berichtston der Visitationsprotokolle verbergen. So lässt sich das Zerrbild einer vermeintlich statischen Bestandsaufnahme auflösen in eine

---

Handbuch der Klöster, Stifte und Kommenden bis zur Mitte des 16. Jahrhunderts, hrsg. von Heinz-Dieter Heimann, Klaus Neitmann, Winfried Schich u.a. (Brandenburgische Historische Studien 14), 2 Bde., Berlin 2007, Bd. 1, 412–424.

85 Vgl. dazu zukünftig Volkmar, Landadel (s. Anm. 38).

86 Vgl. ebd.

Analyse dynamischer Prozesse. Dies gelingt immer dann besonders gut, wenn die Quellenbasis der Visitationsprotokolle und mit ihnen die Perspektive der Visitatoren um komplementäre Überlieferung von lokalen Akteuren erweitert werden kann. Das Projekt »Digitales Archiv der Reformation« bereitet für einen solchen Forschungsansatz den Boden, indem es nicht nur die frühen Visitationsprotokolle flächendeckend für Mitteldeutschland bereitstellt, sondern die Akteure der Visitationen erschließt und sie über Personendatensätze der GND referenziert. Obgleich auf der Bühne der Visitation schon längst kein Schauspiel mehr gegeben wird, steht die Forschung dennoch erst am Anfang. Oder wie es bei Bertolt Brecht heißt: »Vorhang zu und alle Fragen offen«.[87]

---

[87] Bertolt Brecht, Der gute Mensch von Sezuan, Frankfurt a.M. 1964, 144.

*Joachim Bauer*

# Die Bedeutung der kursächsischen Visitationen zwischen 1525 und 1531 für die Neuordnung des evangelischen Kirchenwesens

Am Anfang der lutherischen Landeskirche stand die Visitation. Das gilt in erster Linie für Kursachsen, das sogenannte Geburtsland der Reformation. An dieser Stelle kann lediglich an die lange Geschichte der Visitationen und an die Praktiken, die es im Machtbereich der Wettiner hinsichtlich des sogenannten landesherrlichen Kirchenregiments schon vor der Reformation gab, erinnert werden. Zu verweisen ist hier auf die Arbeiten von Paul Kirn[1] und Wilhelm Wintruff[2]. Zuletzt haben Enno Bünz und Christoph Volkmar herausgestellt, dass es bei den Wettinern eine Tradition gab, die »den Kampf gegen die Missstände in der Kirche als Aufgabe der weltlichen Fürsten begriff.«[3]

Grundlegend bleiben für unser Thema die Quellensammlungen und älteren Untersuchungen von Carl Eduard Förstemann, Carl August Hugo Burkhardt, Karl Pallas, Emil Sehling, Arno Heerdegen, Rudolph Herrmann und

1 Vgl. Paul Kirn, Friedrich der Weise und die Kirche. Seine Kirchenpolitik vor und nach Luthers Hervortreten im Jahre 1517. Dargestellt nach den Akten im Thüringischen Staatsarchiv zu Weimar (Beiträge zur Kulturgeschichte des Mittelalters und der Renaissance 30), Leipzig 1926.

2 Vgl. Wilhelm Wintruff, Landesherrliche Kirchenpolitik in Thüringen am Ausgang des Mittelalters, Halle (Saale) 1914.

3 Enno Bünz u. Christoph Volkmar, Das landesherrliche Kirchenregiment in Sachsen vor der Reformation, in: Enno Bünz, Stefan Rhein u. Günther Wartenberg (Hg.), Glaube und Macht. Theologie, Politik und Kunst im Jahrhundert der Reformation (Schriften der Stiftung Luthergedenkstätten in Sachsen-Anhalt 5), Leipzig 2005, 89–109, hier: 107; vgl. auch ELA 1, 35–40; Woldemar Goerlitz, Staat und Stände unter den Herzögen Albrecht und Georg 1485–1539, Leipzig/Berlin 1928; Manfred Schulze, Fürsten und Reformation. Geistliche Reformpolitik weltlicher Fürsten vor der Reformation (SuR. NR 2), Tübingen 1991.

Joachim Rogge,[4] wenngleich die dahinterstehenden historiographischen Konstruktionen bisweilen kritisch zu hinterfragen sind, denn ihre Intentionen gründen im lutherisch-protestantischen Deutschland des 19. Jahrhunderts. Die Forschung steht noch immer vor der Aufgabe, die im ernestinischen Kursachsen seit dem Januar 1525 durchgeführten Visitationen in einen inhaltlich schlüssigen Zusammenhang zu bringen. In der Regel versucht die Historiographie ihre historischen Ursprünge in einen direkten Bezug zu Luthers Wirken zu bringen. Die Stellung des Reformators zur Visitation dient somit als Maßstab, andere Initiativen werden kaum als eigenständige Reformationskonzepte wahrgenommen. Die wissenschaftlichen Wertungen hinsichtlich der Anfänge visitatorischen Handelns klaffen jedoch weit auseinander. So wird einerseits betont, dass Luther vor 1525 praktisch kaum das Instrument der Visitation im Blick hatte, denn es galt ihm als Zwangsmittel der Obrigkeit.[5] Andererseits wird nach wie vor Luthers Aufenthalt in Thüringen im August 1524 als Visitationsreise bezeichnet.[6]

---

[4] Vgl. u.a. Carl Eduard Förstemann (Hg.), Neues Urkundenbuch zur Geschichte der evangelischen Kirchen-Reformation, Bd. 1, Hamburg 1842; Carl August Hugo Burkhardt, Geschichte der sächsischen Kirchen- und Schulvisitationen von 1525 bis 1545, Leipzig 1879; Karl Pallas (Hg.), Die Registraturen der Kirchenvisitationen im ehemaligen sächsischen Kurkreise, Halle 1906ff; EKO 1/1; Arno Heerdegen, Geschichte der allgemeinen Kirchenvisitationen in den ernestinischen Landen im Jahre 1554/55 (ZVThK.B 6), Jena 1914; Rudolf Herrmann, Die Kirchenvisitationen im Ernestinischen Thüringen vor 1528, in: BThKG 1/2 (1930), 167–179; Ders., Thüringische Kirchengeschichte, Bd. 2, Weimar 1947; Joachim Rogge, Der Beitrag des Predigers Jakob Strauß zur frühen Reformationsgeschichte (ThA 6), Berlin 1957.

[5] Zuletzt vgl. u.a. Heiko Jadatz, Die evangelischen Kirchenvisitationen in Sachsen 1524–1540, in: Harald Marx (Hg.), Glaube und Macht. Sachsen im Europa der Reformationszeit. 2. Sächsische Landesausstellung Torgau, Schloss Hartenfels 2004. Eine Ausstellung des Freistaates Sachsen (24. Mai bis 10. Oktober 2004). Ausgerichtet durch die Staatlichen Kunstsammlungen Dresden, Dresden 2004, 70; Ernst Koch, Visitationen im Dienste der Reformation, in: Sparkassen-Kulturstiftung Hessen-Thüringen (Hg.), Stätten der Reformation in Hessen und Thüringen. Kulturelle Entdeckungen, Frankfurt a.M. 2014, 150. Zum ersten Vorstoß Luthers vgl. den Brief Luthers an Kurfürst Johann vom 30.11.1525, in: WA.B 3, 628 (Nr. 949).

[6] Zuletzt vgl. u.a. Hans-Peter Hasse, Luthers Visitationsreise in Thüringen im August 1524. Jena – Kahla – Neustadt an der Orla – Orlamünde, in: Werner Greiling, Uwe Schirmer u. Ronny Schwalbe (Hg.), Der Altar von Lucas Cranach d.Ä. in Neustadt an der Orla und die Kirchenverhältnisse im Zeitalter der Reformation (Quellen und Forschungen zu Thüringen im Zeitalter der Reformation 3), Köln/Weimar/Wien 2014, 168–202.

Im Folgenden sollen Beobachtungen aus der Quellenlektüre mit Überlegungen zur kursächsischen Kirchenpolitik und deren normativer Wirkung auf andere Territorien verbunden und aus dieser Perspektive heraus auf die Bedeutung der kursächsischen Visitationen geschlossen werden. Als Ausgangspunkt gilt die Annahme, dass bis hin zu den Visitationen von 1528/31 eine stufenweise Konzipierung jenes Instrumentariums vonstatten ging, das uns heute als ›reformatorische‹ Visitation gilt.

## I. Die ersten kursächsischen Visitationen von Eisenach bis Borna 1525–1526

Als eigentlicher Ausgangspunkt für die kursächsischen Visitationen wird ein Brief des Kurprinzen Johann Friedrich vom 24. Juni 1524[7] angenommen, in dem er Luther unter dem Eindruck des sogenannten Schwärmertums zur Visitation im thüringischen Teil Kursachsens bewegen wollte. Über Luthers Antwort wissen wir nichts.[8] Der Visitationsgedanke wurde zeitgleich noch von anderen aufgegriffen. Aus dem Herbst 1524 stammt ein umfangreiches Schreiben des Zwickauer Predigers Nikolaus Hausmann, gerichtet an die ernestinische Landesherrschaft, in dem er u. a. über die katastrophalen Zustände in den Kirchen und Schulen klagte. Es folgten weitere Schreiben an Herzog Johann im Mai 1524 und an Luther im Sommer 1525.[9] Auch Georg Spalatin bedrängte Kurfürst Friedrich im Mai 1525, also mitten im Bauernkrieg. Die Ursache für den Aufruhr liege darin, »das man gotts wort verhindert und das wir pfaffen, munchen und nunnen der abgotischen und gotteslesterlichen gottsdienst nicht absteen wollen, welche fursten und andere obere aus gotts gebot [...] abzutun schuld seind«.[10] Sachlich betrachtet handelt es sich meist um das Anzeigen von Gebrechen, verbunden mit Erwartungen auf Hinweise, wie sich die Obrigkeit gegenüber den als katastrophal empfundenen kirchlichen Zuständen verhalten sollte. Diese individuell verfassten Schreiben tragen ›offiziellen‹ Charakter, jedoch mit deutlichen asymmetrischen Zügen

---

7 Vgl. WA.B 3, 310 (Nr. 754).

8 Vgl. Herrmann, Kirchenvisitationen (s. Anm. 4), 176; Burkhardt, Kirchen- und Schulvisitationen (s. Anm. 4), 3; EKO 1/1, 33.

9 Vgl. WA 26, 177; EKO 1/1, 34; Burkhardt, Kirchen- und Schulvisitationen (s. Anm. 4), 5 f.

10 Walther Peter Fuchs (Hg.), Akten zur Geschichte des Bauernkriegs in Mitteldeutschland, Bd. 2 (Aus den Schriften der Sächsischen Kommission für Geschichte 41), Jena 1942, 162 (Nr. 1260).

zwischen Sender und Empfänger. Es sind untertänige Bittstellungen, gerichtet an die Herrschaft.

In einer ganz anderen verbindlichen Weise waren diese Missstände auf dem kursächsischen Landtag 1523 in den ständischen Beschwerden zur Sprache gekommen. So warf die Geistlichkeit den kursächsischen Beamten Übergriffe und Unterstützung von Revolten gegen sie vor. Es fehle der landesherrliche Schutz.[11] Ein Teil der Ritterschaft argumentierte in den Eingaben hingegen im Sinne der eben erschienenen und Herzog Johann gewidmeten Lutherschen Obrigkeitsschrift.[12] Man solle jene, das reine göttliche Wort verkündende Prediger vor Verfolgung durch die Bischöfe schützen, aufrührerische Geistliche hingegen ermahnen oder bestrafen. Die Sache sei von landesherrlich beauftragten Geistlichen, Amtleuten und Adligen zu überwachen. Zudem müsse die Landesherrschaft sich um erledigte geistliche Güter kümmern sowie den Umgang mit entlaufenen Mönchen und Nonnen regeln. Vor allem sei das Volk mit christlichen Predigern zu versorgen, denn nur das verhindere möglichen Aufruhr.[13]

Einige praktische Erfahrungen konnten die Landesherren zwischen 1522 und 1524 sammeln, u. a. als die Bischöfe von Meißen und Merseburg der Reformationsgefahr begegnen wollten und den Schutz und die Unterstützung ernestinischer Landesherrschaft bei der Durchführung von Visitationen erbaten.[14] Auch auf städtische Übergriffe in Patronatsrechte, Pfarreigentum, Pfarrstrukturen, wie sie in Wittenberg und nachfolgend in vielen Städten im Ernestinischen vorfielen, sowie auf das eigene, vor allem von Herzog Johann verfolgte Bestreben um Anstellung von geeigneten Geistlichen auf eigenen Patronatsstellen, kann hier verwiesen werden.[15]

---

[11] Vgl. ELA 1, 154 (Nr. 283); ThHStAW, EGA, Reg Q, Nr. 18, Bl. 122–124; vgl. weitere Beschwerden über Übergriffe der Amtleute und Aufwiegelung der Untertanen gegen Geistlichkeit, a. a. O. Bl. 127–129; Nr. 19, Bl. 9 r – 11 r.

[12] Luther, Von weltlicher Obrigkeit, wie weit man ihr Gehorsam schuldig sei, in: WA 11, 229–281.

[13] Vgl. ELA 1, 160 (Nr. 292); ThHStAW, EGA, Reg Q, Nr. 18, Bl. 105–106; Nr. 19, Bl. 24 r – 25 v.

[14] Vgl. u. a. Karl Pallas, Die Versuche des Bischofs Adolf von Merseburg, den kirchlichen Neuerungen innerhalb seiner Diözese entgegen zu treten, und das Verhalten des Kurfürsten Friedrichs d. W. und seines Bruders Herzogs Johann dazu 1522–1525, in: ZVKGS 23 (1927), 1–54; Ders., Briefe und Akten zur Visitationsreise Johannes VII. von Meißen im Kurfürstentum Sachsen 1522, in: ARG 5 (1908), 1–97.

[15] Vgl. u. a. Stefan Oehmig, Die Wittenberger Bewegung 1521/22 und ihre Folgen im Lichte alter und neuer Fragestellungen, in: Stefan Oehmig (Hg.), 700 Jahre Wittenberg.

Rudolf Herrmann, einer der besten Kenner der territorialen Reformation, zog deshalb wohl den Schluss, dass die Visitationen vor 1528 »von den Zeitgenossen selbst als vorbereitende Tätigkeit empfunden« worden waren.[16] Doch was bedeutet »vorbereitend«, wer bereitet wen und worauf vor – Luther und Spalatin Herzog Johann auf reformatorische Umgestaltung und ein landesherrliches Kirchenregiment? Oder handelt es sich vielmehr um einen herrschaftlichen Gestaltungsprozess, der anknüpfend an bewährte Regierungspraxis nun systematisch auf die kirchlichen Bereiche übertragen wurde? Dazu einige Überlegungen, die am Beispiel der Eisenacher Visitation aufgezeigt werden sollen.

Die tatsächliche Initiative zu dieser Visitation ging, daran gibt es keinen Zweifel, von Herzog Johann aus, der sich seit 1523, unterstützt von Kanzler Gregor Brück, Beamten, Räten und Geistlichen reformatorischen Veränderungen widmete. Eine Willensbildung ist klar erkennbar und das Handlungsspektrum reicht von ständigen Konsultationen zwischen Geistlichen und Beamten/Räten am Weimarer Hof bis zu geplanten Disputationen über alternative Reformationskonzepte. Zwischen 1522 und 1524 sind Bemühungen Herzog Johanns auszumachen, die unterschiedlichen Reformationsansätze einer Prüfung zu unterziehen und Prediger, Pfarrer, Amtleute und Räte dabei einzubinden. Schon an einer frühen Disputation in Weimar, ausgetragen zwischen dem Hofprediger Stein und den Weimarer Franziskanern im Dezember 1522, nahmen der Eisenacher Prediger Jakob Strauß und eventuell auch Thomas Müntzer teil. Die Kontroverse wurde, vielleicht sogar auf Drängen des Herzogs, in Erfurt zum Druck gebracht. Strauß schrieb dafür eine Einleitung.[17] Hingewiesen sei auch auf die von Herzog Johann auf den

---

Stadt, Universität, Reformation, Weimar 1995, 99f, 128–130; Natalie Krentz, Auf den Spuren der Erinnerung. Wie die ›Wittenberger Bewegung‹ zu einem Ereignis wurde, in: ZHF 36,4 (2009), 563–595; Norbert Schnitzler, Wittenberg 1522. Reformation am Scheideweg, in: Cécile Dupeux u.a. (Hg.), Bildersturm. Wahnsinn oder Gottes Wille?, Zürich 2000, 68–74; Hans-Christoph Rublack, Martin Luther und die städtische soziale Erfahrung, in: Volker Press u. Dieter Stievermann (Hg.), Martin Luther. Probleme seiner Zeit, Stuttgart 1986, 88–123; Joachim Emig, Volker Leppin u. Uwe Schirmer (Hg.), Vor- und Frühreformation in Thüringischen Städten (1470–1525/30), Köln/Weimar/Wien 2013; Rudolf Herrmann, Die Prediger im ausgehenden Mittelalter und ihre Bedeutung für die Einführung der Reformation im Ernestinischen Thüringen, in: BThKG 1/1 (1929), 20–68.

16 Herrmann, Kirchenvisitationen (s. Anm. 4), 167.

17 Vgl. Ernst Müller, Martin Luther und Weimar (Tradition und Gegenwart. Weimarer Schriften 6), Weimar 1983, 28; Thomas Müntzer, in: ThMA 3, Leipzig 2004, 267; Rogge, Strauß (s. Anm. 4), 34–36; Günter Vogler, Thomas Müntzer, Berlin 1989, 119.

24. August 1524 in Weimar anberaumte Zusammenkunft zwischen Luther, Melanchthon, Karlstadt, Stein, Strauß, Müntzer sowie lokalen Beamten und Obrigkeiten aus Allstedt. Sie kam nicht mehr zustande, gibt jedoch bis heute der Forschung Rätsel auf.[18]

Der Vorstoß vom Januar 1525, als Herzog Johann den Eisenacher Prediger Strauß und den herzoglichen Rat Burkhard Hundt mit der ersten, evangelisch ausgerichteten Visitation im Eisenacher Gebiet beauftragte, lässt erneut seinen Gestaltungswillen hervortreten.[19] Dass Johann sich intensiv mit den reformatorischen Konzepten beschäftigte, ist nicht nur aus den Klagen seines Sohnes Johann Friedrich zu schließen. Der Kurprinz hatte im Sommer 1524 Luther und seinem vormaligen Erzieher Veit Warbeck sein Leid über die Affinität Johanns gegenüber Steins Vorliebe für die mosaische Gesetzgebung als Grundlage weltlichen Regiments und über zu große Toleranz gegenüber den »Schwärmern« geklagt.[20] Die Durchsicht der Hofrechnungen belegt, dass Herzog Johann von seinem Hofprediger Wolfgang Stein tatsächlich auch mit theologischer Literatur versorgt wurde. Es handelt sich um Texte des Alten und Neuen Testaments sowie Martin Luthers Epistel *Sanct Petri gepredigt vnd ausgelegt*, gedruckt bei Schirlentz in Wittenberg 1523.[21]

---

18 Vgl. dazu Joachim Bauer, Die »Weimarer Reformation« unter Johann dem Beständigen und ihre Bedeutung für die reformatorische und gesellschaftliche Neuordnung in Kursachsen, in: Christopher Spehr, Michael Haspel u. Wolfgang Holler (Hg.), Weimar und die Reformation. Luthers Obrigkeitslehre und ihre Wirkungen, Leipzig 2016, 59–82; Ders., Landesherrschaft und Reformation. Die ersten Visitationen im Saale-Orla-Raum, in: Greiling, Schirmer u. Schwalbe (Hg.), Der Altar (s. Anm. 6), 219–232, hier: 220.

19 Vgl. ThHStAW, EGA, Reg Ii 132, Bl. 133; Herrmann, Kirchenvisitationen (s. Anm. 4), 167–179; Rogge, Strauß (s. Anm. 4), 86–90; Joachim Bauer, Reformation und ernestinischer Territorialstaat in Thüringen, in: Jürgen John (Hg.), Kleinstaaten und Kultur in Thüringen vom 16. bis 20. Jahrhundert, Weimar/Köln/Wien 1994, 37–73, hier: 48–52; [Georg Witzel], Von der christlichen Kyrchen wider Jodukum Koch, der sich nennet Justum Jonam, [Leipzig] 1534; Georg Witzels historia, von glaubwirdigen, mir newlich inn den worten wie volget zugeschrieben, in: Georg Theodor Strobel, Beyträge zur Litteratur, besonders des sechszehnten Jahrhunderts, Bd. 2/1, Nürnberg 1786, 209–271; zu den Bemühungen Johanns in dieser frühen Zeit vgl. Stefan Michel, Eine kursächsische Klostervisitation aus dem Jahr 1526. In diesem Band, 107–119.

20 Vgl. WA.B 3, 309 (Nr. 754 und 311 [Beilage]).

21 Dieser Umstand ist bisher nur für die Rechnungslegungen von Kurfürst Friedrich aufgezeigt, und vor allem auf Spalatins Doppelfunktion als Hofprediger und Bibliothekar bezogen worden, vgl. Rainer Hambrecht u. Helmar Junghans, Eintragungen in kursächsischen Rechnungsbüchern zu Wittenberger Reformatoren und Georg Spalatin von 1519 bis 1553 (Teil 2), in: LuJ 56 (1989), 68–129, bes. 74–80; für Herzog Johann vgl. u.a.

Vier Fragen, die direkt auf den Charakter der Eisenacher Visitation zielen, müssen immer noch als umstritten gelten:

1. Warum fand die erste Visitation in Eisenach statt?
2. Warum wurden als Visitatoren Strauß und Hundt eingesetzt?
3. Woher kam das Konzept für die Visitationshandlungen?
4. Geschah die Visitation im Einvernehmen mit den Wittenberger Theologen und Kurfürst Friedrich?

Eisenach bildete ein Ballungsgebiet geistlichen Besitzes im Herrschaftsbereich Herzog Johanns. Die Brisanz, die von hier ausging, ist allein am Wucherstreit, den maßgeblich Jakob Strauß austrug, abzulesen.[22] Zudem verdichteten sich die Klagen der Untertanen und Stände, die schon Gegenstand der Reichstags- und Landtagsverhandlungen von 1523[23] waren, und die damit verbundenen herrschaftlichen Befürchtungen vor Aufruhr seit Mai 1524 unter dem Eindruck der ausgebrochenen Unruhen in Forchheim. Die ernestinischen Besitzungen in Franken waren unmittelbar betroffen.[24] Dass der Eisenacher Prediger am Weimarer Hofe oft zurate gezogen wurde, lässt sich ebenfalls aus den Hofrechnungen schließen.[25] Eine persönliche Bekanntschaft mit dem Herzog ist sehr wahrscheinlich. Auch die in Eisenach von Strauß verfassten Schriften zur Taufe, zur Heiligenverehrung, zur Pfaffenehe,

ThHStAW, EGA, Reg. Bb 5213, Bl. 4r, 21.12.1522: »2 gulden fur vier bucher des newen testaments hat magister Wolffgang Steyn meym gnedigen herrn erkaufft«; Reg. Bb 5215, Bl. 203v, 1.8.1523: »2 gulden fur drey bucher des alten testaments, ides umb 14 gr vor m[einen] g[nädigsten] h[errn]«, Bl. 347v, 31.10.1523: »6 gulden 17 gr 9 d fur etliche bucher, hat magister Wolffgang Stein m[einem] g[nädigsten] h[errn] durch Johann Rietesel erkauff[en] lassen«, Bl. 430, 5.12.1523: »4 gr 4 d fur ein teutszsch buch epistula petri [einem] g[nädigsten] h[errn]«. VD16 L 4593; vgl. JOSEF BENZING u. HELMUT CLAUS, Lutherbibliographie, Baden-Baden ²1989, Nr. 1726.

22 Grundlegend dazu ROGGE, Strauß (s. Anm. 4), 37–41.

23 Vgl. ADOLF WREDE (Bearb.), Deutsche Reichstagsakten unter Kaiser Karl V. (DRTA. JR 3), Gotha 1901.

24 Vgl. u.a. WALTHER PETER FUCHS (Hg.), Akten zur Geschichte des Bauernkriegs in Mitteldeutschland (AGBM 2), Jena 1942, 33f, (Nr. 1118 u. 1119); GÜNTER VOGLER, Bäuerliche und Städtische Aufstände zwischen Harz und Thüringer Wald, in: DERS. (Hg.), Bauernkrieg zwischen Harz und Thüringer Wald (Historische Mitteilungen. Beiheft 69), Stuttgart 2008, 65–90.

25 Für das Jahr 1523 vgl. ThHStAW, EGA, Reg. Bb 5213, Bl. 44v, 54v, 145v, 241v; Reg. Bb 5215 Bl. 192, 208.

zum Fegefeuer und Kirchenbann oder das Memorandum an Johann Friedrich über den evangelischen Predigerstand hinterließen Wirkung.[26]

Aufschlussreich ist ein Bericht des Eisenacher Schultheißen Johann Oswalt und des Rates von Wysensehe (Weißensee) an das Landesregiment vom 14. Januar 1524, der die komplexe wirtschaftlich-soziale Lage in Eisenach mitten im Wucherstreit offenlegt. Er war angefertigt worden, nachdem Herzog Johann darauf gedrungen hatte, dass die Zinsverweigerer zur Pflicht ermahnt werden sollten.[27] Der Herzog berief eine Kommission ein, die in Eisenach die Verhältnisse zu prüfen hatte. Herzog Johann nahm dabei für Strauß Partei.[28]

Betrachtet man auf diesem Hintergrund die Eisenacher Visitation, die zwischen dem 10. und 14. Januar 1525 durch Strauß und den in Finanzangelegenheiten äußerst erfahrenen Burkhardt Hundt durchgeführt wurde, liegt folgender Schluss nahe:

Ausgangspunkt für die Visitation waren lokale Konflikte, die sowohl wirtschaftlich-soziale Spannungen als auch kirchliche und theologische Kontroversen zum Gegenstand hatten. Diese wurden durch die örtlichen Herrschaftsträger bzw. herzoglichen Beamten und den örtlich wirkenden Geistlichen dem Landesherrn zur Regelung bzw. Entscheidung vorgetragen. Herzog Johann reagierte darauf, indem er einen seiner Beamten, der nicht in diesem Gebiet die Regierungsverantwortung trug, den Auftrag erteilte, den Eisenacher Prediger bei der genauen Untersuchung der Missstände zu unterstützen. Dieses Prinzip, das schon 1518 bei der Behebung von Konflikten am Wittenberger Allerheiligenstift[29] (Georg Spalatin, Fabian Feilitzsch) zur Anwendung kam, sollte Bestand haben. Was für Eisenach vom Landesherrn genau angeordnet wurde, ist nicht überliefert. Indirekte Schlüsse lässt jedoch ein Schreiben von Strauß zu, datiert auf den 15. Januar 1525 und direkt an den Herzog gerichtet. Der Herzog habe ihm befohlen, »allein nach Vormugen des Wort Gottis, die christlichen Prediger und Versammlunge [...] samt er Burchardt Hundt [...]«[30], zu visitieren. Details über Probleme mit Adel und Amtleuten wollten Hundt bzw. er selbst noch mündlich oder schriftlich

---

[26] Vgl. Rogge, Strauß (s. Anm. 4), 37–61.

[27] Vgl. ThHStAW, EGA, Reg. Ii 126; Rogge, Strauß (s. Anm. 4), 74f.

[28] Vgl. ThHStAW, EGA, Reg. Ll 195; Reg. Ii 126; zusammenfassend Rogge, Strauß (s. Anm. 4), 75–78.

[29] Vgl. dazu ThHStAW, EGA, Reg. Gg 980b, Bl. 122–133. Für diesen Hinweis danke ich Stefan Michel herzlich.

[30] Herrmann, Kirchenvisitationen (s. Anm. 4), 167 (Nr. 1a).

vortragen. Auch erfahren wir, dass ein Kanzleischreiben Brücks Anweisungen hinsichtlich der Unterbrechung der Visitation um die Fastnachtszeit geliefert habe. Ebenfalls erwähnt werden Konflikte mit dem Nikolauskloster (Benediktinerinnen) und ein Netzwerk, das offensichtlich zwischen dem Amtmann, der Äbtissin und dem Abt zu Reinhardsbrunn bestand.

Die Visitation in Eisenach war auf die Beseitigung von »Gebrechen« orientiert. Sie ist ein weiterer Schritt auf dem Wege herrschaftlicher Entscheidungsfindung im reformatorischen Gestaltungsprozess, jedoch auch begleitet von den seit 1523 gehegten Befürchtungen vor möglichem Aufstand und getragen von einem verantwortungsorientierten Selbstverständnis weltlicher Obrigkeit. Eine Engführung auf die Wittenberger Reformation und Luther war zu diesem Zeitpunkt am Weimarer Hof nicht erfolgt.

Schon für März 1525 sah der Herzog eine Fortsetzung vor, wie aus seinem von Gregor Brück entworfenen Anschreiben, gerichtet an den Kurfürsten sowie an Amtleute, Schultheißen, Bürgermeister, Heimbürgen der Dorfschaften und Prediger der Ämter Wartburg, Hausbreitenbach, Saltzungen, Creuzburg und Gerstungen, hervorgeht. Sich erneut auf die Wiederverkündung des göttlichen Worts und Evangeliums berufend, monierte der Herzog, dass etliche falsche Prediger »neben den guten mit eindringen« und sich unterstehen, falsche Lehren dem Volke zu verkünden. Das Heil der Untertanen im Blick behaltend und Frieden und Eintracht suchend, habe er deshalb Strauß befohlen, die Prediger »im Wort Gottes zu besuchen, visitiren« und zu unterweisen, gegebenenfalls zu tadeln und zu strafen. Die herzoglichen Beamten sollten Strauß unterstützen und schützen.[31] Diese Argumentation Johanns knüpft direkt an das 1523 erlassene Reichsmandat an. Danach sollte die Obrigkeit ihre Prediger auffordern, in den Predigten das zu vermeiden, »was zu bewegung ungehorsam, uneinigkeit und aufrur im heiligen reich oder die christenmenschen in irrung füren ursach geben möge«.[32]

Die Umsetzung dieses Befehls und die Fortsetzung der Visitation sind mit den vorliegenden Quellen nicht zu belegen. Herrmann hält sie aber für wahrscheinlich.[33] Einen Monat später hatte jedenfalls der Aufstand auch das Gebiet um Eisenach ergriffen und eine andere Situation geschaffen.

Im Amt Tenneberg, dem nächsten thüringischen Visitationsort im März 1526, lassen sich ebenfalls große lokale Spannungen ausmachen. Bei der

---

31 A.a.O. 169 (Nr. 1b).

32 Vgl. das Mandat des Reichsregiments, in: Wrede, Reichstagsakten (s. Anm. 23), 447–452 (Nr. 84); Zitat 449.

33 Vgl. Herrmann, Kirchenvisitationen (s. Anm. 4), 177.

Durchsicht der in Gotha lagernden Akten wird deutlich, dass der Amtmann Dietzmann Goldacker Anfang März 1525 auch über fremde Prediger in Waltershausen klagte. Weitere Konflikte aus den Jahren 1525 und 1526 sind überliefert.[34] Die von Friedrich Myconius und Johannes Draco durchgeführte Visitation richtete sich, soweit aus den vorliegenden Quellen geschlossen werden kann, ausschließlich auf die bemängelte Predigttätigkeit und Seelsorge der Geistlichen, die materielle Ausstattung der Pfarren blieb noch unberücksichtigt.[35]

Inwieweit Luther, der sich nunmehr mit einer Visitationsforderung am 31. Oktober 1525[36] an Kurfürst Johann gewandt hatte, direkten Einfluss nehmen konnte, ist fraglich. Vielmehr scheint auch Myconius sein eigenes Reformationsprogramm umgesetzt zu haben, wie aus dem vorgelegten Bericht und seinen angefügten Vorschlägen (»Consilium«) zu weiteren Maßnahmen hervorgeht.[37] Noch zuvor, im Januar 1526, fand im Amt Borna eine weitere Visitation statt, ausgeführt von Spalatin und dem Geleitsmann Michael von der Strassen.[38]

Die skizzenhaft vorgetragenen Beobachtungen finden eine Entsprechung in den überlieferten Quellen. Es handelt sich in erster Linie um herzogliche Befehle, behördliches Schriftgut und um Berichte (Mitteilungs-, Berichtsschreiben), die direkt an den Herzog gesandt wurden. Zwei Beispiele sollen hier angeführt werden. Das als Visitationsinstruktion gewertete und oben erwähnte Schreiben Johanns vom 17. März 1525 zur Fortführung der Eisenacher Visitation ist ganz im Kurialstil der Weisungen (Befehle) verfasst. Es handelt sich in der Überlieferung wohl um einen Mandats-Entwurf, der Vorlage für einen Druck war. Auf der Rückseite ist die Aufschrift »Visitacionsbrief«

---

34 Vgl. u.a. ThStA Gotha, Geheimes Archiv, XX III Nr. 2i (Bericht des Amtmanns von Tenneberg, Dietzmann Goldacker, an Kf. Johann über fremde Prediger. Walterhausen, 2.3.1525); Coburger Festungsarchiv, Nr. 200, Bl. 216 (Berichte über Pfaffenstürme und Bauernunruhen im Gothaer Land, das Auftreten von Predigern und den Erlass der Strafgelder für Walthershausen); ThHStAW, Reg. Ll, 861. Für Hinweise bin ich Stefan Michel dankbar.

35 Vgl. Hermann, Kirchenvisitationen (s. Anm. 4), 180f.

36 Vgl. WA.B 3, 594–596 (Nr. 937).

37 Vgl. Hermann, Kirchenvisitationen (s. Anm. 4), 179–191; zum Bericht des Myconius vgl. Paul Drews, Der Bericht des Mykonius über die Visitation des Amts Tenneberg im März 1526, in: ARG 3 (1905/06), 1–17; Ernst Koch, »Mit Gottes und der Landesfürsten Hülf«. Die Reformation in der Residenzstadt Gotha und ihrer Umgebung (Beiträge zur Reformationsgeschichte in Thüringen 1), Jena 2015.

38 Vgl. Burkhardt, Kirchen- und Schulvisitationen (s. Anm. 4), 10–12.

zu lesen, was auf einen späteren Archivierungsgang hinweist.[39] Demgegenüber wird man das Schreiben des Predigers Strauß an Herzog Johann vom 15. Januar 1525 als Berichtsschreiben im Protokollstil bezeichnen können. Es trägt Siegelspuren, ist eine behändigte Ausfertigung und ist im Adressbereich mit der Aufschrift »An furstlich Gnaden eigen Hend« versehen.[40] Auch die Schreiben der Visitatoren in Borna und Tenneberg können als Berichte im Protokollstil angesehen werden. Derartige Schriftwechsel durchliefen die Kanzlei täglich und gehörten zum Verwaltungs- und Regierungsgeschäft, vor allem auch, wenn es um »Gebrechen« ging.

## 2. Der Reichstag von 1526, der Unterricht der Visitatoren und die kursächsischen Visitationen zwischen 1527 und 1531

Die flächendeckende Umsetzung eines Reformationskonzeptes durch die ernestinische Landesherrschaft begann nach dem Reichstag von 1526. Dieser Prozess, der auf Dauer und auf grundlegende »moralisch-religiöse Besserung der Gesellschaft«[41] ausgerichtet war, wurde auch in anderen Territorien des Reichs als begehbarer Weg angenommen. Er galt seit der Veröffentlichung des *Unterrichts der Visitatoren* 1528 als Richtschnur, nahm aber bereits mit der Visitation von 1527 deutliche Konturen an. Das kursächsische Vorgehen hatte damit schon vor 1529 eine politische Wirkung auf die später als »Protestanten« bezeichnete Gruppe. Nur ein Beispiel sei hier angeführt: Als den Markgrafen Georg von Brandenburg 1528 Klagen über die kirchlichen Verhältnisse in seinen fränkischen Besitzungen erreichten, ersuchte er den Prior des Klosters Heilsbronn, Johann Schopper, um Rat. Dieser übergab ihm als Antwort ein Exemplar des *Unterrichts der Visitatoren* mit dem Hinweis, dass das Büchlein dem Markgrafen bei der Aufrichtung eines christlichen Lebens in seinen Landen sehr dienlich sein werde. Er könne ihm nichts Besseres als Antwort liefern, denn sollte er von solchen Dingen nach Erscheinen des *Unterrichts* schreiben müssen, wäre das so viel, »als ob ich bei scheinender

39 Vgl. ThHStAW, EGA, Reg. Ii 132, Bl. 1–2.

40 Vgl. ThHStAW, EGA, Reg. Ii 133, Bl. 1–2.

41 Päivi Räisänen, Ketzer im Dorf. Visitationsverfahren, Täuferbekämpfung und lokale Handlungsmuster im frühneuzeitlichen Württemberg (Konflikte und Kultur 21), Konstanz 2011, 16.

Sonnen ein liecht angeprennet«.[42] Im Mai 1528 war die erste Visitation in Franken bereits Geschichte.

Die im Reichsabschied festgeschriebene Formel, dass sich bis zu einem künftigen Konzil oder einer Nationalversammlung jeder Stand hinsichtlich des Wormser Edikts von 1521 so zu verhalten habe, wie er es »gegen Got und *k[ai]*s*[er]*l*[icher]* M*[aieste]*t hofft und vertrauet zu verantwurten«, machte ein reichsrechtlich abgesichertes Vorgehen möglich.[43] Zudem schlug sich der Diskurs über die Ursachen des Bauernaufstandes hier nieder. Es ging, wie schon 1522/23, wieder um Maßnahmen zur Verhinderung künftiger »Empörung« sowie um die Fürsorgepflicht der Obrigkeit.[44] Auf Veranlassung Kurfürst Johanns oder seines Umfeldes wurden nach seiner Rückkehr aus Speyer sofort Verhandlungen über eine landesweite Visitation noch vor dem 22. November 1526 in Torgau angesetzt.[45] Beteiligt waren Kanzler Brück, die kurfürstlichen Räte Hans von Gräfendorf bzw. Niclas vom Ende[46] sowie Luther und die vier Dekane der Wittenberger Universität.[47] Am 13. Februar 1527 beauftragte Johann die für die Visitation abgeordneten kurfürstlichen Beamten,[48] nachdem er zuvor die von der Universität vorgeschlagenen

---

42 Zitiert nach Karl Schornbaum (Bearb.), Die erste Brandenburgische Kirchenvisitation 1528 (EKGB 10), München 1928, 1 f.

43 Rosemarie Aulinger (Bearb.), Der Reichstag zu Augsburg 1525, der Reichstag zu Speyer 1526, der Fürstentag zu Esslingen 1526 (DRTA.JR, Deutsche Reichstagsakten unter Kaiser Karl V. 5/6), München 2011, 881, Reichsabschied § 4; zum Reichstag vgl. Walter Friedensburg, Die Reformation und der Speierer Reichstag von 1526, in: LuJ 8 (1926), 120–195; Ders., Der Reichstag zu Speyer 1526 in Zusammenhang der politischen und kirchlichen Entwicklung Deutschlands im Reformationszeitalter (Historische Untersuchungen 5), Nachdruck Nieuwkoop 1970; Rainer Wohlfeil, Der Speierer Reichstag von 1526, in: BPfKG 43 (1976), 5–20; Armin Kohnle, Reichstag und Reformation. Kaiserliche und ständische Religionspolitik von den Anfängen der Causa Lutheri bis zum Nürnberger Religionsfrieden (QFRG 72), Heidelberg 2001.

44 Vgl. Aulinger, Reichstag (s. Anm. 43), 884 f.

45 Vgl. Herrmann, Kirchenvisitationen (s. Anm. 4), 201 f.

46 So in dem Schreiben des Kurfürsten Johann an Luther vom 26. November 1526, vgl. WA.B 4, 136 (Nr. 1054); sowie des Rektors, der Magister und Doktoren an Kurfürst Johann vom 6. Dezember 1526, vgl. Hermann, Kirchenvisitationen (s. Anm. 4), 192 Nr. c und die Angabe im Schreiben Luthers an den Kurfürsten Johann vom 22. November 1526, vgl. WA.B 4, 133 (Nr. 1052).

47 Vgl. WA.B 4, 133 (Nr. 1052), 136 (Nr. 1054).

48 Vgl. ThHStAW, EGA, Reg. Ii 166 Bl. 3–4; Herrmann, Kirchenvisitationen (s. Anm. 4), 193 (Nr. f).

Professoren Schurff und Melanchthon bestätigt hatte.[49] Eine knappe aufschlussreiche Begründung für den Visitationsauftrag liefert Johann in einem an den Wittenberger Hauptmann Hans Metzsch gerichteten Befehl: Durch schlechte Einkommensverhältnisse der Pfarrer und den schlechten Zustand der Schulen sei eine Reformation vonnöten.[50] Damit war ein weiteres zentrales Merkmal kursächsischer Visitationen in Angriff genommen: die Neuordnung der Pfarreien. Und noch ein Aspekt, nämlich das Auftauchen von Täufern in Franken, scheinen die Abfassung der Visitationsinstruktion erheblich beeinflusst und zudem ihre Abfassung in die Länge gezogen zu haben. Instruktion und ein gedrucktes Ausschreiben an den Adel ergingen erst am 16. Juni 1527. Die Täuferfrage verschärfte schließlich die Überprüfungen im Saaletal, wo man noch auf Karlstadtanhänger gestoßen war.[51] Zeitgleich wurden vor den Visitationsverhandlungen ganz offensichtlich ›Zettel‹ an Amtleute und Schosser sowie an den schriftsässigen Adel versandt, die den genauen Rahmen für die Visitation festlegten und Verzeichnisse über die Einkünfte der Pfarreien abforderten.[52] Das ganze Unternehmen wies nun eine sichtbare Professionalität auf.

Doch erst während der Visitationsverhandlungen wurde die ganze Dimension des Vorhabens deutlich. Noch am 3. August 1527 lobte Kurfürst Johann unter nochmaligem Verweis auf die Visitationsinstruktion das engagierte Vorgehen der Visitatoren im Saaletal. Sie sollten auch den Amtleuten befehlen, rechtlich zu verfahren.[53] Auf Bitten der Visitatoren unterbrach der Kurfürst jedoch schon am 13. August die Visitationshandlungen in Eisenberg. Grund waren massive Einwände und Klagen, die vor allem von Melanchthon und Schurf dem Landesherrn vorgetragen wurden. Man müsse die Dinge erst weiter beratschlagen.[54] Im Resultat entstand der *Unterricht der Visitatoren,* über dessen Entstehung und Intention an anderer Stelle noch zu berichten sein wird. Er normierte das Visitationsprojekt und machte es damit

---

[49] Vgl. ThHStAW, EGA, Reg. Ii 166 Bl. 1; Hermann, Kirchenvisitationen (s. Anm. 4), 192 (Nr. c).

[50] Vgl. ThHStAW, EGA, Reg. Ii 166 Bl. 3–4; Herrmann, Kirchenvisitationen (s. Anm. 4), 193 (Nr. f).

[51] Vgl. Joachim Bauer, Landesherrschaft und Reformation. Die ersten Visitationen im Saale-Orla-Raum, in: Greiling, Schirmer u. Schwalbe (Hg.), Der Altar (s. Anm. 6), 219–232.

[52] Vgl. Entwurf der Zettel ThHStAW, EGA, Reg. Ii 192, Bl. 2; Reg Ii 204, Herrmann, Kirchenvisitationen (s. Anm. 4), 199 (Nr. aa), 204.

[53] Vgl. ThHStAW, EGA, Reg. Ii 193 Bl. 1–2v; Herrmann, Kirchenvisitationen (s. Anm. 4), 197 (Nr. t).

[54] Vgl. Herrmann, Kirchenvisitationen (s. Anm. 4), 200 (Nr. gg).

gebrauchsfähig weit über Kursachsen hinaus. 1528 wurden nicht nur zwei Ausgaben in Wittenberg besorgt, an deren Finanzierung der Kurfürst maßgeblich beteiligt war.[55] Aufgelegt wurde auch in Nürnberg, Marburg, Magdeburg und Erfurt, später in Dresden und Roskilde im Dänischen. Das Ganze setzte sich über eine Jenaer Ausgabe 1554 bis zur bekannten Leipziger von 1570 fort.[56] Die Gesamtauflage hat bislang niemand ermittelt.

Neben der Überprüfung der Geistlichen, der Neuordnung der Pfarreien und der Lehrnormierung, um nicht zu sagen einsetzenden Bekenntnisbildung im *Unterricht der Visitatoren*, hatte der Landesherr seit 1526 systematisch auf die Kontrolle der Klöster, u.a. auch durch die Einsetzung von Sequestratoren, hingewirkt. Im Unterschied zu Kasimir von Brandenburg-Ansbach, der schon im Mai 1525 eine Säkularisierung angeordnet hatte, mied Johann diesen Weg der Enteignung. Dennoch versuchte auch er die Rückkehr entflohener Mönche und Nonnen zu unterbinden und noch verbliebene Klosterinsassen mit Abfindungen zum Klosteraustritt zu bewegen. Die Verweigerung von landesherrlichem Schutz war angesichts der Bauernkriegsereignisse wirkungsvoll. Die noch intakten Einrichtungen wurden streng überwacht und reglementiert.[57] Ganz wesentlich war die systematische Gründung und Organisation Gemeiner Kästen in den Städten zur Unterhaltung der Kirchen, des Personals und zur Versorgung von Bedürftigen.[58] Und schließlich ist die Einsetzung der Superintendenten anzuführen, was hier nur beiläufig unter Verweis auf einen mustergültigen Aufsatz von Ralf Thomas geschehen kann.[59] Ihnen oblag nicht nur die Aufgabe, in Ehesachen zu entscheiden – ein Problem, das bislang zwar stets in theologischen Traktaten Thema war, jedoch einer praktischen Lösung bedurfte. »Und damit die prediger pfarner, und die ander personen, scheu haben, sich ungerundter lehr, ader anderer ungleicheit [...] zuentkegen, zuunterstehen ader furzunemen, so achten wir noth sein, das in etzlichen und den furnembsten stetten die pfarner zu

---

55 Vgl. ThHStAW, EGA, Reg. Bb 4344, Bl. 44r Torgau, Mittwoch nach Laetare 1528 (25.3.) Bezahlung einer Rechnung für Hans Lufft für 750 Exemplare des UdV.

56 Die Druckgeschichte wird demnächst im Kontext des DFG-Projektes »Unterricht der Visitatoren« publiziert.

57 Vgl. zusammenfassend Joachim Bauer, Reformation und ernestinischer Territorialstaat in Thüringen, in: Jürgen John (Hg.), Kleinstaaten (s. Anm. 19), 59–64; Stefan Michel, Klostervisitation, in diesem Band, 107–119.

58 Vgl. Joachim Bauer, Gemeine Kästen in Kursachsen 1525–1531, in: Jahrbuch für Feudalismus 12 (1989), 207–227.

59 Vgl. Ralf Thomas, Aufbau und Umgestaltung des Superintendentialsystems in der sächsischen Landeskirche bis 1815, in: HerChr 10 (1975/76), 99–144.

superintendenten und aufseher verordent, und denselbigen befholen werde,. in die umliegende kreisse, der stett dar innen sie seint, aufsehen und aufmercken zu haben«.[60] Damit war ein mit landesherrlicher Befugnis ausgestatteter kirchlicher Beamter berufen worden.

Die landesweite Visitation der Jahre 1528 bis 1531 setzte schließlich das nun aus den kurz skizzierten Teilen zusammengefügte Visitationswerk konsequent um und wurde zum Ausgangspunkt einer neuen kursächsischen lutherischen Landeskirche mit einer Vorbildwirkung weit über das Territorium hinaus.

Kommen wir aber nochmals am Schluss auf die Visitationsquellen zurück. Die hier für die zweite Phase beschriebene Entwicklung lässt sich wiederum an den Akten nachzeichnen. In den Blick kommt eine konsequente Aktenbildung, wie wir sie vor allem aus späteren Verwaltungsgängen der Frühen Neuzeit kennen. Aus den einzelnen Vorgängen und Quellenstücken der landesweiten Visitation von 1528/31[61] und 1533/35[62] vollzieht dies wohl vor allem Spalatin in der Funktion des Registrators (»zu den Akten nehmen«)[63], unterstützt durch »konzipierende Sekretäre«, »Kanzlisten« bzw. Schreiber, die u.a. die Reinschriften erledigten. Was folgt, ist eine Bewertung und Zuordnung der einzelnen Schriftstücke, u.a. nachvollziehbar an Spalatins handschriftlichen Bemerkungen sowie die Zusammenfassung der Ergebnisse nach Visitationsbezirken geordnet bzw. nach Visitationsorten verzeichnet und schließlich die Anlage von Registern. Aus den Aufzeichnungen der Visitatoren entstehen Zusammenfassungen im Protokollstil. Sie bilden die Grundlage für die weitere Verwaltung und Kontrolle in der Landeskirche und stehen in dieser frühen Zeit vermutlich in der Kanzlei zum sofortigen Gebrauch zur Verfügung. Sie enthalten nunmehr alles Wesentliche, was für jeden Ort bzw. jede Pfarrei angeordnet wurde. Es ist wohl berechtigt festzustellen, dass nun eine neue landesbehördliche Form der Ablage in Gang kam, gerichtet nicht nur auf Informationsspeicherung, sondern vor allem auf den fortlaufenden Arbeitsgebrauch. Bekannte Nachfolger im ernestinischen Archivwesen, wie Bernhard Röse und Carl August Hugo Burkhardt, konnten

---

60 Visitationsinstruktion Abschnitt 35 und 36, EKO, 1/1, 146.

61 Vgl. u.a. ThHStAW, EGA, Reg. Ii 1–3.

62 Vgl. u.a. ThHStAW, EGA, Reg Ii 5, 6, 7, 9.

63 Vgl. Gerhard Schmid, Akten, in: Friedrich Beck u. Eckart Henning (Hg.), Die archivalischen Quellen. Eine Einführung in ihre Benutzung (Veröffentlichungen des Brandenburgischen Landeshauptarchivs 29), Weimar 1994, 51–85.

auf diesem Fundament aufbauen und den uns heute überlieferten Bestand weiter erschließen und verzeichnen.[64]

[64] Vgl. Dagmar Blaha, Wissen und Macht. Zur Genese und Funktion des Ernestinischen Gesamtarchivs in Weimar, in: Jahrbuch der Klassik Stiftung Weimar, Göttingen 2016, 17–34, hier: 27–29, 32; Stefan Michel, Klostervisitation, in diesem Band, 107–119.

*Annette Scherer*

# Verfahrensweise und Bericht-erstattung bei den frühen Visitationen im ernestinischen Gebiet

## 1. Einleitung

### 1.1 Fragestellung

Visitationsakten sind für viele Forschungsvorhaben eine dankbare Quelle. Insbesondere die Aufzeichnungen der Visitatoren bzw. der sie begleitenden Schreiber über die visitierten Gemeinden und kirchlichen Einrichtungen enthalten mitunter Informationen zu einer Vielzahl an Themen. Allerdings sind die Vergleichbarkeit und die Aussagekraft solcher Visitationsberichte und -protokolle jeweils kritisch zu hinterfragen, denn die Art des Visitierens und die jeweilige Aufzeichnungspraxis bestimmten notwendigerweise die uns heute vorliegenden Ergebnisse der Visitationen mit. Prüften die Visitatoren z. B. die Lehrkenntnisse der Pfarrer durch Examen und Probepredigten während des Visitationsgeschehens selbst oder verließen sie sich auf die Aussagen Dritter? Versuchten sie, erhaltene Informationen durch die Vorladung weiterer Personen zu hinterfragen? Oder wurden beispielsweise die Antworten der Befragten wörtlich oder nur zusammenfassend notiert?

Für einzelne Untersuchungsräume liegen bereits Arbeiten vor, die einen genaueren Blick auf die Visitationsabläufe bzw. die im Zuge der Visitationen abgelaufenen Kommunikationsprozesse und im Zusammenhang damit auch auf die Entstehungsprozesse der Visitationsakten werfen. So ist auf die Studie Katharina Friebs zur oberpfälzischen Visitationstätigkeit im späten

16. Jahrhundert hinzuweisen.[1] In ihrer Arbeit betrachtet Frieb die Visitationsakten in ihrer Funktion als Medien und Wissensspeicher und verweist zugleich darauf, dass »in der Forschung [selten] explizit nach dem Wesen des Kommunikationsnetzes oder gar nach den sich daraus ergebenden Konsequenzen auf die Aussagekraft der schriftlichen Aufzeichnungen gefragt worden [ist].«[2] Zu nennen ist des Weiteren die Arbeit Anne-Kristin Kupkes zu den Kirchen- und Schulvisitationen im 17. Jahrhundert im Kurfürstentum Sachsen.[3] Ausgehend davon, dass im 17. Jahrhundert nur vier Visitationen landesweit stattfanden, fragt sie nach dem Stellenwert, den die Institution der Visitation für das landesherrliche Kirchenregiment einnahm. Sie wirft in diesem Zusammenhang aber auch die Frage nach den »formalen und strukturellen Merkmale[n]« der Visitationen und den bestimmenden und beeinflussenden Faktoren für »den Ablauf, die Auswertung und die Wirkung der Visitation« auf und widmet dieser Thematik ein eigenes Kapitel.[4]

Im Folgenden soll das Aktenmaterial der frühen ernestinischen Visitationen – beginnend mit der Visitationstätigkeit des Predigers Jakob Strauß im Jahr 1525, endend mit der ersten landesweiten Visitation von 1528 bis 1531 – in Hinblick darauf, was sich aus diesem über die Visitationsabläufe und über den Entstehungskontext und die Struktur der Akten selbst erschließen lässt, untersucht werden. Ein Blick auf diese frühen ernestinischen Visitationen scheint lohnenswert, da dem ernestinischen Kursachsen eine Vorreiterrolle beim Aufbau eines nachreformatorischen Visitationswesens zufiel und die kursächsische Visitationstätigkeit auch von anderen protestantischen Obrigkeiten als Vorbild herangezogen wurde.[5] Zur besseren Nachvollziehbarkeit soll ein kurzer Überblick über die betrachteten Visitationen und das jeweils herangezogene Quellenmaterial vorausgeschickt werden, bevor im Anschluss vergleichend auf die Organisation der Visitationen, die beteiligten Akteure und die Vorgehensweise der Visitatoren sowie auf Form und Inhalt der Berichterstattung der Visitatoren eingegangen werden wird.

---

1 Katharina Frieb, Kirchenvisitation und Kommunikation. Die Akten zu den Visitationen in der Kuroberpfalz unter Ludwig VI. (1576–1583) (Schriftenreihe zur bayerischen Landesgeschichte 143), München 2006.

2 A.a.O. 1.

3 Anne-Kristin Kupke, Die Kirchen- und Schulvisitationen im 17. Jahrhundert auf dem Gebiet der Evangelisch-Lutherischen Landeskirche Sachsens. Mit einem Repertorium der Visitationsakten (AKThG 30), Leipzig 2010.

4 A.a.O. 19.

5 Vgl. Harm Klueting, Das Konfessionelle Zeitalter 1525–1648 (UTB 1556), Stuttgart 1989, 152f.

## 1.2 Untersuchungsgegenstand

Am 10. Januar 1525 hatte der Prediger Jakob Strauß gemeinsam mit dem ihm zur Seite gestellten herzoglichen Rat Burkhard Hundt im herzoglichen Auftrag mit einer Visitation im Eisenacher Gebiet begonnen. Die Visitation sollte, wie aus dem überlieferten Schreiben des Visitators Strauß an Herzog Johann vom 15. Januar 1525 hervorgeht, wegen äußerer Umstände nach nur fünf Tagen bis Anfang März unterbrochen werden.[6] Ein uns des Weiteren erhaltener Befehl Herzog Johanns vom 17. März 1525 an die Amtleute, Schultheißen, Bürgermeister, Prediger, Gemeindevorsteher und Gemeinden bezeugt, dass Strauß nach dieser Unterbrechung in der Tat den Auftrag erhielt, die Ämter Wartburg, Hausbreitenbach, Saltzungen, Creuzburg und Gerstungen zu visitieren,[7] wenngleich Belege über eine tatsächliche Umsetzung dieses Vorhabens nicht überliefert sind.

Im darauffolgenden Jahr fanden im Kurfürstentum Visitationen einzelner Ämter statt. Belegen lassen sich anhand des überlieferten Aktenmaterials Visitationen im Amt Borna und im Amt Tenneberg.[8] Zur Visitation des Amtes Borna, die Georg Spalatin und der »glaitsman« Michael von der Strassen am 8. Januar 1526 durchführten, sind zwei Schreiben und ein kurzer Bericht erhalten.[9] Ein Bericht des Visitators Friedrich Myconius gibt über die Visitation des Amtes Tenneberg Auskunft. Gemeinsam mit Myconius visitierten der Theologe Johannes Draconites und der Amtmann von Waltershausen, Diezmann Goldacker. Die Visitation fand von Anfang bis Ende März 1526 in Waltershausen statt.[10]

Im Juli 1527 wurde eine Visitation in Weida begonnen, wegen äußerer Umstände aber im August unterbrochen, dann Mitte September in Altenburg fortgesetzt und nach der dortigen Visitation des Amtes Altenburg schließlich

---

[6] Vgl. ThHStAW, EGA, Reg. Ii 133, Bl. 1r. Grund für die Unterbrechung war die nicht weiter konkretisierte Verhinderung des Mitvisitators Burkhard Hundt. Vgl. ebd.

[7] ThHStAW, EGA, Reg. Ii 132.

[8] Nicht auszuschließen ist, dass Visitationen weiterer Ämter stattfanden. Mehlhose schreibt, man habe 1526 eine erste Visitation im Kurfürstentum Sachsen durchgeführt. Das Territorium sei hierzu in Visitationsbezirke unterteilt worden. Vgl. Philipp Mehlhose, Beiträge zur Reformationsgeschichte der Ephorie Borna, Leipzig [1917], 46. Ähnlich bei Carl August Hugo Burkhardt, Geschichte der sächsischen Kirchen- und Schulvisitationen von 1524 bis 1545, Leipzig 1879, 10: »[...] das steht fest, dass nun sofort Visitationen in den einzelnen Landestheilen versucht wurden, von denen freilich bis jetzt nur zwei sich quellenmässig verfolgen lassen.«

[9] ThHStAW, EGA, Reg. Ii 161.

[10] Vgl. ThStAGo, Oberkonsistorium Loc. 19 Nr. 1, Bl. 1v–7v.

endgültig eingestellt.[11] Als Visitatoren waren Hans von der Planitz, Hieronymus Schurff, Asmus von Haubitz und Philipp Melanchthon ernannt worden.[12] Bei der Visitation in Altenburg trat jedoch Georg Spalatin als Visitator an die Stelle Schurffs.[13] Als wichtige Quellen zur Visitation des Jahres 1527 sind die Visitationsinstruktion, die im Übrigen leicht überarbeitet auch bei der folgenden Visitation genutzt wurde,[14] und zwei Berichte der Visitatoren zu nennen.[15] Weitere Schriftstücke geben unter anderem über die Vorbereitung, die Unterbrechung und die Rahmenbedingungen der Visitation Auskunft.[16]

In den Jahren 1528 bis 1531 fand schließlich eine erste landesweite Visitation im Kurfürstentum Sachsen statt. Für diese wurde das Herrschaftsgebiet in mehrere Visitationsbezirke unterteilt und für jeden dieser Visitationskreise eine Visitationskommission eingesetzt. Angesichts der umfangreichen Überlieferung zu dieser Visitation wird sich die folgende Auswertung auf das Aktenmaterial zu einem Visitationskreis, nämlich Thüringen an der Saale, beschränken.[17] Dieser wurde vom 2. Mai bis zum 19. Juni 1529 durch

---

[11] Der Beginn der Visitation in Weida ist vermutlich zwischen Anfang und Mitte Juli 1527 zu datieren. Hinweise hierauf sowie auf weitere zeitliche Abläufe geben: ThHStAW, EGA, Reg. Ii 198. ThHStAW, EGA, Reg. Ii 522, Bl. 18r–30r. Am 3. August 1527 erklärte Kurfürst Johann sein Einverständnis, die Visitation nach Abschluss der Visitation der Kreise Jena und Eisenberg zu unterbrechen. Vgl. ThHStAW, EGA, Reg. Ii 193. Am 3. September 1527 erhielt der Amtmann von Altenburg die Mitteilung, dass die Visitatoren am 15. September in Altenburg eintreffen und die Pfarrer am 16. und (orientiert an der Zahl der Vorzuladenden) eventuell auch am 17. September vorgeladen werden sollten. Vgl. ThHStAW, EGA, Reg. Ii 204. Am 17. September 1527 wurde Spalatin der Entscheid des Kurfürsten, die Visitation einzustellen, mitgeteilt. Am 19. September antworteten die Visitatoren, dass die Verhöre und Verhandlungen in Altenburg beendet seien, aber die Verhandlungen mit dem dortigen Rat voraussichtlich noch zwei Tage dauern würden. Vgl. ThHStAW, EGA, Reg. Ii 201.

[12] Vgl. ThHStAW, EGA, Reg. Ii 191, Bl. 2r.

[13] Vgl. ThHStAW, EGA, Reg. Ii 205.

[14] ThHStAW, EGA, Reg. Ii 191. Sehling stellt fest, dass die leicht überarbeitete Visitationsinstruktion von 1527 auch bei der folgenden Visitation genutzt wurde. So schreibt er, dass die überlieferten Instruktionen für die Visitation in Franken vom September 1528 fast wörtlich mit der Instruktion von 1527 übereinstimmen würden. Vgl. EKO 1/1, 40.

[15] ThHStAW, EGA, Reg. Ii 522, Bl. 18r–30r. ThHStAW, EGA, Reg. Ii 198, Bl. 5r–13v.

[16] Siehe zur Quellenlage überblicksmäßig die Darstellung bei Rudolf Herrmann, Die Kirchenvisitationen im Ernestinischen Thüringen vor 1528, in: BThKG 1 (1929–1931), 167–230, hier: 191–200, 209–229.

[17] Insbesondere wird der für den Visitationskreis überlieferte Aktenband (ThHStAW, EGA, Reg. Ii 3) mit Visitationsbefunden, Anordnungen der Visitatoren, Einkommensverzeichnissen

Ewald von Brandenstein, Christoph von der Planitz, Anton Musa und Georg Spalatin visitiert.[18]

## 2. Organisation, Ablauf und Akteure der Visitationen

### 2.1 Visitationstyp

Die Visitation von 1525 war vermutlich als Visitationsreise angelegt,[19] wohingegen es sich bei den anderen hier betrachteten Visitationen um Mittelpunktvisitationen handelte.[20] Die zu visitierenden Personen eines bestimmten Gebiets wurden bei diesen an bestimmten Tagen an zentrale Orte bestellt. Die vorhandenen Ausschreiben von 1527 und 1528 informieren genauer über die diesbezügliche Vorgehensweise. So kündigten die Ausschreiben Adligen, Amtleuten und Schössern bzw. Räten der Städte die Visitation an. Die einzelnen Adressaten wurden dann noch einmal gesondert durch die Visitatoren darüber in Kenntnis gesetzt, an welchem Ort und an welchem Tag sie jeweils zur Visitation zu erscheinen hatten. Aufgabe der Adressaten

---

und einem Bericht des Rats der Stadt Saalfeld als Grundlage für die Untersuchung herangezogen werden.

18 Vgl. zu den Visitatoren und zum Datum ihres Eintreffens am ersten Visitationsort Jena ThHStAW, EGA, Reg. Ii 458, Bl. 4r. Vgl. zur Abreise der Visitatoren vom vierten und letzten Visitationsort Saalfeld ThHStAW, EGA, Reg. Ii 457, Bl. 1r. Weitere Visitationsorte waren Neustadt an der Orla und Pößneck. Vgl. ThHStAW, EGA, Reg. Ii 3, Bl. 41r, 64r.

19 Dies lässt sich aus Strauß' Schreiben vom 15. Januar 1525 vermuten. Strauß schreibt hier, »[...] das [er] mit der reyß biß auff die fastnacht stillhalten wurde [...].« ThHStAW, EGA, Reg. Ii 133, Bl. 1r. Wie viele Gemeinden in welchem Umkreis in welchem Zeitraum visitiert wurden, lässt sich aus dem überlieferten Aktenmaterial jedoch nicht erschließen. Zur Unterscheidung der Visitationstypen siehe allgemein Peter Thaddäus Lang, Visitationsprotokolle und andere Quellen zur Frömmigkeitsgeschichte, in: Michael Maurer (Hg.), Aufriß der Historischen Wissenschaften, Bd. 4: Quellen, Stuttgart 2002, 302–324, hier: 308f.

20 Ein Brief der Visitatoren des Amtes Borna vom 8. Januar 1526 gibt darüber Auskunft, dass diese »die pfarrer des ampts Bornn uff heut dato fur [sich] erforderttt.« ThHStAW, EGA, Reg. Ii 161, Bl. 6r. Myconius gibt in seinem Bericht Waltershausen als Visitationsort an. Vgl. ThStAGo, Oberkonsistorium Loc. 19 Nr. 1, Bl. 7v. Die Visitationsorte der Visitation von 1527 sind ersichtlich aus: ThHStAW, EGA, Reg. Ii 522, Bl. 18r–30r. ThHStAW, EGA, Reg. Ii 198, Bl. 5r. ThHStAW, EGA, Reg. Ii 204. Siehe zu den Visitationsorten des Visitationskreises Thüringen an der Saale im Jahr 1529 z.B. ThHStAW, EGA, Reg. Ii 3, Bl. 12r–104v.

war es, auch die des Weiteren zu visitierenden Personen ihres jeweiligen Zuständigkeitsbereichs, also z. B. die Pfarrer, über den genannten Termin zu informieren und diese vorzuladen.[21]

Zur landesweiten Visitation von 1528 bis 1531 ist anzumerken, dass das zu visitierende Gebiet in einzelne Visitationskreise unterteilt wurde. Die ursprüngliche Idee, das ganze Land durch eine einzige Kommission visitieren zu lassen, war vom Kurfürsten zuvor als wenig praktikabel verworfen worden.[22] Letztlich wurden sechs Visitationsbezirke gebildet und jeweils Visitatoren und Visitationsorte für diese festgelegt. Mit der Visitation wurde in den einzelnen Bezirken zeitversetzt begonnen.[23]

Kaum etwas erfahren wir im Übrigen darüber, in welchen Räumlichkeiten die Verhöre an den jeweiligen Visitationsorten stattfanden. Für die Visitation in Jena im Jahr 1529 lässt sich anhand der Visitationsrechnung erschließen, dass die Visitatoren offenbar im Rathaus tagten.[24] Einzelne Dinge wurden, wie es scheint, aber auch beim gemeinsamen Essen geregelt. So ist in der Visitationsrechnung für Jena von einem Mittagessen der Visitatoren mit den Schössern, Bürgermeistern und Stadtschreibern, bei welchem diesen ein Beschluss mitgeteilt und ein weiterer Befehl erteilt wurde, die Rede.[25]

---

[21] Vgl. ThHStAW, EGA, Reg. Ii 192, Bl. 3r [Ausschreiben vom 16. Juni 1527] und ThStAGo, Geheimes Archiv KK 2 Vol. I, Bl. 182r–183v [Zwei Ausschreiben vom 6. September 1528].

[22] Der am 22. März 1528 im Druck erschienene *Unterricht der Visitatoren an die Pfarrherren im Kurfürstentum Sachsen* sprach noch von vier zur Visitation des Landes bestimmten Personen. Vgl. EKO 1/1, 39, 150–151. Einem Schreiben des Kurfürsten vom 25. Juli 1528 ist zu entnehmen, dass dieser zu diesem Zeitpunkt die Unterteilung in vier Visitationskreise, in denen die Visitation gleichzeitig beginnen sollte, plante. Vgl. ThHStAW, EGA, Reg. Ii 228. Im Übrigen hatte bereits am 30. November 1525 Luther in einem Brief an Kurfürst Johann im Kontext der Frage nach der Finanzierung der Geistlichen angeregt, alle Pfarreien des Landes überprüfen zu lassen und hierfür das Kurfürstentum in vier oder fünf Teile zu unterteilen und in jeden Landesteil zwei Personen zu entsenden, die sich über die Güter der Pfarreien erkundigen sollten. Vgl. WA.B 3, 628–629 (Nr. 950).

[23] Vgl. zu den Visitationskreisen, Visitationsorten und Visitatoren ThHStAW, EGA, Reg. Ii 234, Bl. 4r–10v. Angaben zu den Zeiträumen der Visitationen in den einzelnen Kreisen finden sich überblicksmäßig z. B. bei Burkhardt, Schulvisitationen (s. Anm. 8), XXVII.

[24] So wird zumindest »des raths thurknecht« erwähnt, »der yn die zceit teglichen das rathauß uff- und zugeschlossenn, uff die hern fur der stuben gewarthet und die leuthe auß und ein gefordert.« ThHStAW, EGA, Reg. Ii 458, Bl. 4v.

[25] So ist in der Rechnung, den 23. Mai 1529 betreffend, angeführt: »[...] ein malczeit zcu mittag incluß den schosser, funff burgermeister und stadschreiber zcu gaste gehapt,

## 2.2 Visitatoren

Bei allen betrachteten Visitationen wirkten jeweils geistliche und weltliche Visitatoren zusammen, wenngleich bei den Visitationen vor 1527 wahrscheinlich die Theologen die jeweils mit der eigentlichen Visitationsarbeit Beauftragten waren. So fielen beispielsweise dem Amtmann von Waltershausen bei der Visitation des Amtes Tenneberg Funktionen wie das Vorladen und die offizielle Belehrung der zu Befragenden, nicht aber das Abhalten der Verhöre selbst zu.[26] Bei den späteren Visitationen scheint die Ernennung weltlicher und geistlicher Visitatoren dann vor allem die Vereinigung verschiedener Kompetenzen zum Ziel gehabt zu haben. So hatte Luther in einem Schreiben vom 22. November 1526 an Kurfürst Johann empfohlen, das Kurfürstentum durch vier Personen visitieren zu lassen. Zwei der Visitatoren sollten sich dabei auf die Regelung der Finanzangelegenheiten und die beiden anderen auf theologische Fragen und die Befragung der vorzuladenden Personen verstehen.[27] Bei den nachfolgenden Visitationen wurden dann in der Tat Visitationskommissionen eingesetzt, die jeweils aus Juristen bzw. Verwaltungsbeamten und Theologen bestanden.[28]

Über weitere an der Visitationshandlung beteiligte Personen ist leider wenig in Erfahrung zu bringen. In der Visitationsrechnung von 1529 für den Visitationsort Saalfeld heißt es, dass die Visitatoren mit sieben Knechten, zwei Schreibern und einem Boten in der Stadt eingetroffen seien.[29] Ein Schreiber war offenbar bei den Visitationen der Jahre 1525 und 1526 nicht

---

doselbist yn der beschlusß dieser sachen uß bevehl seyner churf. gnaden eroffnet und weitter befehl gethan, wes sich der rath furder gegen iren burgern hallten soll.« Ebd.

26 Vgl. ThStAGo, Oberkonsistorium Loc. 19 Nr. 1, Bl. 2r.

27 Vgl. ThStAA, Archivaliensammlung Z, Nr. 58, Bl. 2r.

28 Angaben zur Zusammensetzung der Visitationskommissionen für alle Visitationskreise bei der ersten landesweiten Visitation bei Karl Pallas (Bearb.), Die Registraturen der Kirchenvisitationen im ehemals sächsischen Kurkreise. Allgemeiner Teil, Halle 1906, 13.

29 Vgl. ThHStAW, EGA, Reg. Ii 457, Bl. 1r. Auch der kurfürstliche Erlass vom 26. September 1528 spricht zumindest davon, dass ein Schreiber bei der Visitation anwesend sein sollte. Vgl. ThHStAW, EGA, Reg. Ii 234, Bl. 12r.

anwesend.[30] 1527 hatten die Visitatoren zumindest darum gebeten, einen solchen gestellt zu bekommen.[31]

### 2.3 Zu befragende Personen und Vorgehensweise der Visitatoren

Befragt werden sollten im Januar und im März 1525 sowohl die Geistlichen als auch die Gemeinden. Allerdings sollten im März die Prediger im Mittelpunkt der Überprüfungen stehen.[32] Ein Schriftstück zur Visitation des Amtes Borna im Jahr 1526 spricht hingegen lediglich von einer Vorladung und einem Verhör der Pfarrer.[33] Jedoch lassen Vermerke im Visitationsbericht zum Ruf einiger Geistlicher vermuten, dass über das Verhör der Pfarrer hinaus noch weitere Kommunikation über das Verhalten derselben stattgefunden haben mag.[34]

Zur Visitation im Amt Tenneberg wurden 1526 neben den Pfarrern aus jeder Gemeinde auch zwei Gemeindemitglieder, die über den Lebenswandel und die Tauglichkeit ihrer Geistlichen Auskunft geben sollten, vorgeladen.[35] Der zu dieser Visitation vorliegende Bericht ist im Übrigen die einzige der hier betrachteten Visitationsniederschriften, die explizit auch über die Vorgehensweise der betreffenden Visitatoren informiert: Auf die besagte Befragung der Gemeindemitglieder folgte eine (binnen einer Frist von vier Tagen vorzubereitende) öffentliche Probepredigt der Geistlichen zu einem

---

[30] Berichte über die Ergebnisse der Visitation von 1525 sind nicht überliefert, dem Schreiben des Predigers Strauß ist jedoch zu entnehmen, dass er und sein Mitvisitator wohl selbst über einzelne Begebenheiten schriftlich oder auch mündlich berichten wollten. Vgl. ThHStAW, EGA, Reg. Ii 133, Bl. 1r. Auch Myconius verfasste seinen Bericht selbst und gibt in diesem zudem Hinweise darauf, dass auch sein Mitvisitator Draconites einen Bericht verfasst habe. Vgl. z. B. ThStAGo, Oberkonsistorium Loc. 19 Nr. 1, Bl. 3v. Auch zur Visitation des Amtes Borna im Jahr 1526 gibt es zumindest keinen Hinweis auf einen Schreiber. Vgl. ThHStAW, EGA, Reg. Ii 161.

[31] Vgl. ThHStAW, EGA, Reg. Ii 198, Bl. 1ar–4v. Zumindest aus der Kanzlei wurde ihnen jedoch kein Schreiber gestellt. Vgl. ebd.

[32] Strauß sollte im Januar 1525 »die christlichen prediger undt vorsamlunge[n]« überprüfen. ThHStAW, EGA, Reg. Ii 133, Bl. 1r. Im März sollten v. a. die Prediger überprüft werden, um mögliche »falsche prediger« zu identifizieren. Vgl. ThHStAW, EGA, Reg. Ii 132, Bl. 1r–1v.

[33] Vgl. ThHStAW, EGA, Reg. Ii 161, Bl. 6r.

[34] Vgl. a. a. O. Bl. 2r–3v. Hier finden sich Vermerke zu einzelnen Pfarrern, wie z. B. »Sol doch ein böß gerücht habenn.« oder »[...], dan er sol sonst dem euangelion entkeg[en] sein.«, die offenbar auf die Aussagen Dritter oder aufs Hörensagen verweisen.

[35] Vgl. ThStAGo, Oberkonsistorium Loc. 19 Nr. 1, Bl. 1v–2r.

vorgegebenen Thema. Beendet wurde die Überprüfung mit einem Verhör der Pfarrer über die wichtigsten Glaubensgrundsätze, um auszuschließen, dass die Probepredigten womöglich nur blind einstudiert waren, wobei jeder Geistliche von jedem der beiden Visitatoren gesondert verhört wurde.[36] Angaben dazu, ob es – wie für andere Visitationen feststellbar – bestimmte Rituale, die z.B. Beginn und Ende der Visitationshandlung anzeigten, gab, finden sich aber leider auch in Myconius' ausführlichem Bericht nicht.[37]

Ausgehend von Myconius' Bericht lässt sich im Übrigen feststellen, dass die Visitatoren durchaus recht unterschiedliche Ansätze zur Ausführung ihres Auftrags wählten. Vergleicht man beispielsweise die beiden Visitationen von 1526 miteinander, so fällt das weit gründlichere Vorgehen der Visitatoren im Amt Tenneberg auf. Wurden im Amt Borna innerhalb eines Tages über 20 Geistliche verhört, so erstreckte sich die Überprüfung der etwa halb so vielen Geistlichen im Amt Tenneberg insgesamt über einen Zeitraum von etwa drei Wochen.[38] Der Grund für die weit längere Dauer der Visitation im Amt Tenneberg muss in der oben geschilderten Vorgehensweise der Visitatoren gesucht werden. So legten diese Wert darauf, die Informationen, die sie erhielten, über die parallele Befragung mehrerer Personen und die Kombination von Verhör und Probepredigt jeweils gegenzuprüfen.

Die Visitationsinstruktion von 1527, die auch bei der nachfolgenden landesweiten Visitation mit leichten Abänderungen Verwendung fand, spricht

---

36 Vgl. a.a.O. Bl. 1v–7v.

37 Auch das andere hier betrachtete Aktenmaterial lässt diese Frage unbeantwortet. Verweisen lässt sich zu diesem Aspekt allgemein z.B. auf Stefan Brakensiek, Legitimation durch Verfahren? Visitationen, Supplikationen, Berichte und Enquêten im frühmodernen Fürstenstaat, in: Barbara Stollberg-Rilinger u. André Krischer (Hg.), Herstellung und Darstellung von Entscheidungen. Verfahren, Verwalten und Verhandeln in der Vormoderne (ZHF.B 44), Berlin 2010, 363–377, hier: 366f. Kupke stellt z.B. in Bezug auf einzelne Visitationen fest, dass bei diesen von einem formalisierten Ablauf ausgegangen werden kann, der u.a. auch die feierliche Eröffnung der Visitation umfasste. Vgl. Kupke, Landeskirche (s. Anm. 3), 192.

38 Im Amt Borna wurden 25 Gemeinden mit 23 Geistlichen (22 Pfarrer und ein Kaplan) überprüft. Der Pfarrer von Prießnitz erschien nicht, der Pfarrer von Trages betreute die Gemeinde Mölbis mit. Vgl. ThHStAW, EGA, Reg. Ii 161, Bl. 2r–3v. Im Amt Tenneberg wurden zwölf Geistliche und je zwei Gemeindevertreter, die über die Geistlichen Auskunft geben sollten, vorgeladen. Zum Verhör der Pfarrer ist im Bericht des Weiteren angemerkt, dass am ersten Tag sechs Geistliche verhört wurden. Dabei verhörten Myconius und Draconites je drei Pfarrer, die sie dann noch einmal zum jeweils anderen schickten. Vgl. ThStAGo, Oberkonsistorium Loc. 19 Nr. 1, Bl. 1v–7v.

schließlich davon, dass die Amtleute, Schösser, Pfarrer, Prediger, Kapläne, Schulmeister, Adligen, Bürgermeister, Schultheißen und Heimbürgen vorzuladen seien.[39] Die Ausschreiben von 1528 nennen darüber hinaus noch Mitglieder der Stadträte, Pröpste, Komture, Verwalter und Vorsteher der Stifte und Klöster sowie Richter der Gemeinden.[40] Es darf angesichts der Zahl der überprüften Gemeinden bezweifelt werden, dass all diese Personen tatsächlich einzeln verhört wurden. Die herangezogenen Niederschriften von 1529 lassen erkennen, dass an manchen Tagen Verhöre – wohl vor allem der Pfarrer bzw. über die Pfarrer – stattfanden, andere Tage eher zur Regelung bestimmter gemeindespezifischer Sachverhalte oder zur Bekanntmachung von Anordnungen für einzelne Gemeinden genutzt wurden.[41] Womöglich wurde die Anwesenheit mancher vorgeladener Personen vor allem bei den Bekanntmachungen erwartet.[42] Prinzipiell ist zu vermuten, dass bei der Visitation von 1527 sowie bei der ersten landesweiten Visitation die Zahl der am Tag verhörten Personen und damit womöglich auch die Gründlichkeit des Vorgehens der Visitatoren eher den Verhältnissen bei der Visitation des Amtes Borna als denen bei der Visitation des Amtes Tenneberg geähnelt haben wird.[43] Teilweise wurden die zu prüfenden Sachverhalte von den Visitatoren offenbar auch gar nicht unmittelbar durch eine Befragung geklärt. So liegt beispielsweise ein Bericht des Saalfelder Rats von 1529 vor, der auf die von den Visitatoren »furgehaltenn artickel« – offenbar die laut Instruktion abzufragenden Gegenstände – antwortet.[44] Einkommensverzeichnisse

39 Vgl. ThHStAW, EGA, Reg. Ii 191, Bl. 2r–2v. Zur Instruktion siehe auch oben Anm. 14.

40 Vgl. ThStAGo, Geheimes Archiv KK 2 Vol. I, Bl. 182r–183v.

41 Vgl. ThHStAW, EGA, Reg. Ii 3, Bl. 12r–104v.

42 Ein Hinweis auf eine Bekanntmachung der Visitatoren gegenüber mehreren Personen z. B. in ThHStAW, EGA, Reg. Ii 458, Bl. 4v.

43 Im Jahr 1527 standen den Visitatoren an jedem Visitationsort jeweils nur wenige Tage zur Verfügung, um sich mit allen an den jeweiligen Ort vorgeladenen Personen zu befassen. Vgl. hierzu ThHStAW, EGA, Reg. Ii 522, Bl. 18r–30r; ThHStAW, EGA, Reg. Ii 204. Auch bei der ersten landesweiten Visitation dürfte dies ähnlich gewesen sein. Im Protokoll für den 4. Mai 1529 heißt es z. B., es sei »neben etlicher pfarrer verhor auch mit etlichen vom adel und dorfschafften gehandelt word[en].« Es finden sich nachstehend Informationen zu acht Orten und neun Geistlichen. Mit einem Adligen wurden Absprachen getroffen. Vgl. ThHStAW, EGA, Reg. Ii 3, Bl. 14r–15v.

44 A. a. O. Bl. 495r–504r. Ein solcher Bericht des Saalfelder Rats liegt im Übrigen ebenfalls aus der Visitation von 1527 vor. Dieser Bericht von 1527 ist modernisiert wiedergegeben bei Moritz Mitzenheim, Die erste Kirchen- und Schulvisitation in Saalfeld im

brachten die Visitierten teils gleich zur Visitation mit.[45] Zeit nahmen sich die Visitatoren jedoch sowohl bei der Visitation von 1527 als auch bei der des Visitationskreises Thüringen an der Saale von 1529, einzelne Personen, die wegen verschiedener in der Visitationsinstruktion benannter Delikte verdächtigt wurden, zusätzlich vorzuladen. 1529 widmeten sich die Visitatoren an einzelnen Tagen sogar ausschließlich der Abhandlung von Eheangelegenheiten.[46] Letztlich ist aber auch festzuhalten, dass nicht alle Sachverhalte unmittelbar von den Visitatoren vor Ort abschließend geklärt wurden. So gaben die Visitatoren mitunter weitere Erkundigungen zu bestimmten Angelegenheiten in Auftrag.[47]

Vereinzelt lassen sich in den betrachteten Visitationsakten im Übrigen auch Hinweise darauf finden, dass vorgeladene Personen die Visitation nutzten, um eigene Anliegen vorzubringen. So baten beispielsweise die Gemeindevertreter aus Aspach und Boilstädt 1526 jeweils um einen anderen Pfarrer.[48] Aus einem Schreiben zur Visitation des Amtes Borna lässt sich – um nur ein weiteres Beispiel zu nennen – erschließen, dass sich einige Geistliche über die nachlässige Abgabenleistung ihrer Pfarrkinder beklagt hatten.[49] Das Visitationsverfahren wurde also nicht nur als ein Instrument der Informationserhebung von Seiten der Obrigkeit genutzt. Interessant wäre es zu prüfen, ob es bei späteren Visitationen – als das Verfahren bereits weitgreifender bekannt war – eventuell zu einer stärkeren Instrumentalisierung des Verfahrens durch die Visitierten selbst gekommen ist.[50]

---

Jahre 1527, Saalfeld (Saale) 1927, 8–12. Siehe zur Frage der Datierung des Berichts auch Herrmann, Kirchenvisitationen (s. Anm. 16), 224.

45 Z. B. liegt für die Visitation in Altenburg im Jahr 1527 eine dementsprechende Handlungsanweisung für die Pfarrer vor. Vgl. ThHStAW, EGA, Reg. Ii 204, Bl. 1r.

46 Beispiele für die Vorladung Einzelner finden sich für 1527 z. B. in ThHStAW, EGA, Reg. Ii 198, Bl. 5v–6v, Beispiele für 1529 z. B. in ThHStAW, EGA, Reg. Ii 3, Bl. 98v–99r. Ein Hinweis auf das Verhandeln von Eheangelegenheiten durch die Visitatoren findet sich z. B. in ThHStAW, EGA, Reg. Ii 3, Bl. 33v.

47 Vgl. z. B. ThHStAW, EGA, Reg. Ii 522, Bl. 23r.

48 Vgl. ThStAGo, Oberkonsistorium Loc. 19 Nr. 1, Bl. 3r–3v.

49 Vgl. ThHStAW, EGA, Reg. Ii 161, Bl. 6r.

50 Zu denken wäre beispielsweise an das Austragen innerdörflicher Konflikte – z. B. zwischen den Gemeindemitgliedern oder zwischen den Pfarrern und ihren Gemeinden – im Rahmen der Visitationen. Verwiesen werden kann hierzu z. B. auf: Rudolf Schlögl, Bedingungen dörflicher Kommunikation. Gemeindliche Öffentlichkeit und Visitation im 16. Jahrhundert, in: Werner Rösener (Hg.), Kommunikation in der ländlichen Gesellschaft vom Mittelalter bis zur Moderne (VMPIG 156), Göttingen 2000, 241–261; Jay

## 3. Zu prüfende Sachverhalte und Berichterstattung

Hinweise darauf, welche Punkte von den Visitatoren jeweils überprüft wurden, lassen sich in erster Linie den Handlungsanweisungen und Fragstücken für die Visitatoren entnehmen. Solche finden sich allerdings nicht für alle betrachteten Visitationen. Für 1525 stoßen wir nur auf den allgemeinen Vermerk, dass dem Visitator Strauß das Wort Gottes als Richtlinie für seine Tätigkeit dienen sollte.[51] Zur Visitation des Amtes Borna im Jahr 1526 heißt es lediglich, dass die Visitatoren, dem kurfürstlichen Befehl gemäß, die Pfarrer verhört und sich dabei nach dem Leben eines jeden erkundigt hätten.[52] Der knappe Visitationsbericht enthält schließlich zu jeder überprüften Pfarrei Angaben zu den jeweiligen Patronatsverhältnissen, darüber, ob die Geistlichen das Evangelium predigten und noch alte Zeremonien abhielten, sowie über deren Lebenswandel, insbesondere deren Familienstand.[53] Womöglich lag den Befragungen also ein dementsprechendes Frageraster zugrunde. Konkrete Fragstücke finden sich hingegen zur 1526 abgehaltenen Visitation des Amtes Tenneberg. Aufgabe der Visitatoren war es, laut des in Myconius' Bericht zitierten kurfürstlichen Befehls an den Amtmann, die Tauglichkeit, den Lebenswandel und die theologischen Kenntnisse der Pfarrer zu prüfen.[54] Weitere offizielle Handlungsanweisungen oder Fragstücke für die Visitatoren scheint es hingegen nicht gegeben zu haben, denn Myconius sah sich veranlasst, in seinem Bericht auch die von ihm genutzten Fragenkataloge zu benennen. Bei der Befragung der Gemeindevertreter über ihre Pfarrer orientierten sich die Visitatoren demnach am Idealbild des Bischofs, welches Paulus in seinen Briefen an Timotheus und Titus entwirft.[55] Die für das Verhör der Pfarrer genutzten Fragstücke gibt Myconius in seinem Bericht explizit wieder. Diese zielten vor allem auf eine Überprüfung der Lehrkenntnisse der Geistlichen, umfassten aber auch die gleichzeitig die Lebensweise der

Goodale, Pfarrer als Außenseiter. Landpfarrer und religiöses Leben in Sachsen zur Reformationszeit, in: Historische Anthropologie. Kultur, Gesellschaft, Alltag 7 (1999), 191–211.

51 Vgl. ThHStAW, EGA, Reg. Ii 133, Bl. 1r.

52 Vgl. ThHStAW, EGA, Reg. Ii 161, Bl. 6r.

53 Vgl. a. a. O. Bl. 2r–3v.

54 Vgl. ThStAGo, Oberkonsistorium Loc. 19 Nr. 1, Bl. 2r.

55 »Alßo haben wir sie gefragt von allen stuck[en], die Paul[us] und Petr[us] von eyne[m] bischoff beger[e]n, wie zu Timotheo und Tito Paul[us] schreybt.«; ThStAGo, Oberkonsistorium Loc. 19 Nr. 1, Bl. 2r. Siehe 1Tim 3,1–4; Tit 1,7–9.

Pfarrer betreffende Frage, ob auch Geistlichen das Heiraten erlaubt sei.[56] Zur Visitation von 1527 liegt schließlich eine umfassende Visitationsinstruktion vor, die leicht überarbeitet bei der darauffolgenden landesweiten Visitation ebenfalls genutzt wurde. Die Instruktion enthält Handlungsanweisungen für die Visitatoren (z. B. dazu, wie mit bestimmten Personen verfahren oder wie gewisse Sachverhalte geregelt werden sollten) und gibt (zwar keine konkreten Fragstücke, aber) die Gegenstände, nach denen die Visitatoren sich vor Ort erkundigen sollten, vor.[57]

Das Vorliegen bestimmter Themenvorgaben und Fragstücke muss aber nicht zwangsläufig auch deren Einhaltung bzw. Nutzung durch die Visitatoren bedeutet haben. Im Fall des Predigers Myconius ist wohl davon auszugehen, dass dieser die von ihm selbst verzeichneten Fragstücke auch genutzt haben wird. Gleicht man die Visitationsniederschriften von 1527 und die Aufzeichnungen für den Visitationskreis Thüringen an der Saale von 1529 mit der Instruktion ab, so lässt sich feststellen, dass die Visitatoren sich offenbar weitestgehend an diese hielten. So finden sich die in den Berichten von 1527 aufgegriffenen Themen auch unter den in der Instruktion genannten Punkten, nach welchen sich die Visitatoren in den einzelnen Gemeinden erkundigen sollten. Konkret nachvollziehen lässt sich dies anhand einzelner in der Instruktion enthaltener Anweisungen an die Visitatoren, die sich auf bestimmte Orte beziehen. Beispielsweise gaben die Visitatoren in einem ihrer Berichte von 1527 pflichtgemäß über die personelle Situation in Neustadt an der Orla und über die Verhältnisse im Kloster Cronschwitz Auskunft.[58] Die Schilderung des Umgangs mit Personen, deren Glaubenshaltung als

---

56 Vgl. ThStAGo, Oberkonsistorium Loc. 19 Nr. 1, Bl. 4r–4v.

57 ThHStAW, EGA, Reg. Ii 191. Siehe zur Instruktion auch Anm. 14. Zu den in der landesweiten Visitation zu prüfenden Punkten lässt sich des Weiteren auch auf die beiden Ausschreiben zur Visitation von 1528 verweisen. ThStAGo, Geheimes Archiv KK 2 Vol. I, Bl. 182r–183v. Die dort aufgelisteten Fragen entsprechen nahezu den in der Instruktion aufgeführten Untersuchungsgegenständen. Teils finden sich wortgleiche Formulierungen. Ein überlieferter Fragenkatalog von 1527 ähnelt gleichsam in Bezug auf die abzufragenden Gegenstände der Instruktion, weicht aber von deren Wortlaut erkennbar ab. Siehe MBW.T 3, 99 (Nr. 561a). Scheible und Thüringer vermuten, es handle sich bei diesen Fragstücken um die Artikel, welche die Visitatoren dem Saalfelder Rat 1527 zur Beantwortung hatten zukommen lassen. Vgl. MBW 9 (Addenda und Konkordanzen), bearb. von Heinz Scheible u. Walter Thüringer, Stuttgart-Bad Cannstatt 1998, 79 (Nr. 561a). Siehe zum Bericht des Saalfelder Rats von 1527 Anm. 44.

58 Vgl. die entsprechenden Stellen der Instruktion und des Berichts: ThHStAW, EGA, Reg. Ii 191, Bl. 9v, 15r–15v; ThHStAW, EGA, Reg. Ii 522, Bl. 21r–23r.

verdächtig galt, zeigt zudem, dass die Visitatoren offenbar auch den in der Instruktion festgelegten Vorgehensweisen folgten.[59] Für die herangezogenen Niederschriften von 1529 lässt sich desgleichen eine Übereinstimmung der dort aufgegriffenen Themen mit in der Instruktion benannten Punkten feststellen – dies gilt sowohl für die Aufzeichnungen über die Visitation in den einzelnen Gemeinden als auch für den von den Visitatoren angeforderten Bericht des Saalfelder Rats.[60] Allerdings muss angemerkt werden, dass die überlieferten Niederschriften von 1527 und 1529 thematisch zwar über eine gemeinsame Schnittmenge mit der Visitationsinstruktion verfügen, aber nicht über alle laut Instruktion abzufragenden Themen Auskunft geben. Auch spiegeln die Aufzeichnungen keineswegs die Verhöre der Befragten wider. Wessen Aussagen und damit auch wessen Werturteile in den Visitationsakten wiedergegeben sind, lässt sich daher im Einzelfall nur selten feststellen. Gleiches lässt sich im Übrigen auch für Myconius' Bericht feststellen, in welchem die Antworten der verhörten Gemeindemitglieder nur kurz zusammengefasst werden und in dem auf die Aufzeichnung der Antworten der Geistlichen zugunsten eines zusammenfassenden Urteils über dieselben ganz verzichtet wird. Auch hier handelt es sich folglich um eine Auswahl und eine Interpretation des Gesagten durch den Visitator. Die überlieferten Schriftstücke zur Visitation des Amtes Borna von 1526 und zur Visitation von 1525 gewähren gleichermaßen kaum Einblicke in die vor Ort stattgefundene Kommunikation.

Detaillierte, direkt während der Befragungen angefertigte Mitschriften der Visitatoren oder Schreiber wird es womöglich gegeben haben. Dass diese nicht überliefert sind, mag mit der Intention der Berichterstattung zusammenhängen. So weist die Instruktion von 1527 die Visitatoren an, die von ihnen verrichteten Dinge kurz zu verzeichnen und dem Kurfürsten zu übersenden, damit dieser über die Verordnungen und Verrichtungen der Visitatoren desto besser wachen und möglichen diesbezüglichen Bittstellern entsprechend antworten könne.[61] Ähnlich formuliert es auch ein kurfürstliches Schreiben vom 26. September 1528, welches sich an einzelne Visitatoren richtet.[62] Dementsprechend enthalten z. B. die beiden aus dem Jahr 1527 überlieferten Berichte vor allem eine Auflistung der Dinge, die die Visitatoren

---

59 Vgl. entsprechende Stellen der Instruktion und des Berichts: ThHStAW, EGA, Reg. Ii 191, Bl. 5v–6r; ThHStAW, EGA, Reg. Ii 198, Bl. 5v–6r.

60 Vgl. ThHStAW, EGA, Reg. Ii 3, Bl. 12r–104v, 495r–504r.

61 Vgl. ThHStAW, EGA, Reg. Ii 191, Bl. 16r.

62 Vgl. ThHStAW, EGA, Reg. Ii 234, Bl. 12r.

vor Ort geregelt und angeordnet haben. Nur vereinzelt finden sich kurze Angaben zur Qualifikation der verhörten Geistlichen bzw. ein knappes allgemeines Urteil über die Geistlichen und die Gemeinden. Etwas ausführlicher wird über die Sachverhalte berichtet, die dem Kurfürsten offenbar nicht nur zur Kenntnisnahme oder Billigung, sondern zur weiteren Entscheidung vorgelegt werden sollten, oder über solche Sachverhalte, die während des Visitationsgeschehens noch nicht abschließend geregelt werden konnten.[63] Anzumerken ist allerdings, dass die Berichte einen Hinweis darauf geben, dass von den Visitatoren zusätzlich gesonderte Verzeichnisse erstellt wurden – eines über die Pfarreinkommen und eines über die verhörten Pfarrer und deren Eignung.[64] Der zur ersten landesweiten Visitation exemplarisch herangezogene Aktenband von 1529 unterscheidet sich von den Berichten von 1527 insofern, als hier recht konsequent die Lehensherren und die Geistlichen der überprüften Pfarreien – Letztere jeweils mit einem knappen Urteil zu ihrer Person – benannt werden. Gleichwohl sind darüber hinaus auch hier vor allem Anordnungen, welche die Visitatoren für einzelne Gemeinden getroffen haben, vermerkt. Einkommensverzeichnisse sowie ein Verzeichnis im Rahmen der Visitation getroffener Vereinbarungen finden sich gesondert.[65]

Zu den Visitationen vor 1527 liegen keine genaueren Informationen über die Intention oder eine Reglementierung der Berichterstattung vor. Aus dem Schreiben des Predigers Jakob Strauß lässt sich erschließen, dass 1525 womöglich kein geschlossener Bericht über die Visitation geplant war, sondern Strauß und sein Mitvisitator Burkhard Hundt eher über einzelne Begebenheiten schriftlich oder auch mündlich berichten wollten.[66] Dies verweist erneut auf die Ausschnitthaftigkeit der uns vorliegenden Visitationsniederschriften, zum anderen aber auch auf die Problematik, dass wir über die Gegenstände einer (parallel laufenden) mündlichen Berichterstattung natürlicherweise nicht unterrichtet sind. Aus Myconius' Bericht zur Visitation des Amtes Tenneberg von 1526 erfahren wir, dass die beiden geistlichen Visitatoren, dem kurfürstlichen Befehl an den Amtmann gemäß, ein Gutachten verfassen und

63 Vgl. ThHStAW, EGA, Reg. Ii 522, Bl. 18r–30r; ThHStAW, EGA, Reg. Ii 198, Bl. 5r–13v.

64 Vgl. ThHStAW, EGA, Reg. Ii 522, Bl. 29r; ThHStAW, EGA, Reg. Ii 198, Bl. 12r. Diese Verzeichnisse sind jedoch nicht überliefert.

65 Vgl. ThHStAW, EGA, Reg. Ii 3.

66 »[...] und in hoffnung bin, bemelter er Burchart Hundt soll solchs auch e. f. g. nit bergen. Doch will ichs hernach muntlich oder schrifftlichen e. f. g. nit verhalten. [...] So wirt auch er Burchart Hundt e. g. der füre halben unterricht thun und wie schwerlich ichs itzt habe von dem schulteißen mögen bekom[m]en.« ThHStAW, EGA, Reg. Ii 133, Bl. 1r.

über die Ergebnisse der Visitation berichten sollten.[67] Form und Inhalt der Berichterstattung werden jedoch nicht weiter vorgeschrieben. Zur im gleichen Jahr stattgefundenen Visitation des Amtes Borna finden sich hingegen keine vergleichbaren Angaben. Dass sich das Vorgehen der Visitatoren im Amt Tenneberg und im Amt Borna sehr unterschiedlich gestaltete, wurde jedoch bereits weiter oben vermerkt. Auch die überlieferten Berichte sind insofern strukturell und inhaltlich nicht unmittelbar miteinander vergleichbar. Dass im Übrigen auch bei der landesweiten Visitation von 1528 bis 1531 nicht von einer einheitlichen Gestaltung der Akten für die eingerichteten Visitationskreise ausgegangen werden kann, zeigt ein Blick in einen weiteren aus dieser Visitation überlieferten Aktenband. Die dortigen Aufzeichnungen unterscheiden sich von den im Vorangegangenen betrachteten Niederschriften zur Visitation des Kreises Thüringen an der Saale in Bezug auf die (im vergleichsweise herangezogenen Band streng nach Pfarreien erfolgte) Strukturierung und die (dort umfangreicheren) Inhalte.[68] Sicherlich darf ein Grund für solche Unterschiede im Einsatz verschiedener Visitationskommissionen gesehen werden. Die Maßstäbe – sowohl in Bezug auf die Schwerpunktsetzungen während der Befragungen als auch hinsichtlich der Frage, welche Sachverhalte es aufzuzeichnen galt und welche nicht – und die Vorgehensweise einzelner Visitatoren dürften sich mitunter stark unterschieden haben.

## 4. Ergebnis und Ausblick

Zusammenfassend lässt sich feststellen, dass insbesondere bei den Visitationen vor 1527 die Gestaltung der Visitationsverfahren weit stärker im Ermessen der Visitatoren, denen zu dieser Zeit noch keine Instruktion als Grundlage für ihre Arbeit zur Verfügung stand, lag. So zeigt beispielsweise

---

[67] Vgl. ThStAGo, Oberkonsistorium Loc. 19 Nr. 1, Bl. 2r. Myconius gibt in seinem Bericht Hinweise darauf, dass auch sein Mitvisitator einen Bericht verfasst haben wird, welcher jedoch nicht überliefert ist. Z.B. a.a.O. Bl. 3v: »[...], verseh mich, der doctor were durch seyn schrift churfurstlich durchleuchtigkeyt gnuglich [...] unterichte[n] durch seyn eygen schrifft.«

[68] Herangezogen wurde der Aktenband HStAD, 10088, Loc. 10598/4. Dieser Band betrifft die erste landesweite Visitation von 1528 bis 1531 in den Visitationskreisen Kurkreis und Meißen (Ämter Schweinitz, Lochau [Annaburg], Schlieben, Liebenwerda, Bitterfeld, Gräfenhainichen, Düben, Belzig, Gommern, Wittenberg, Torgau, Leisnig, Colditz, Grimma, Eilenburg).

der Vergleich der beiden Visitationen von 1526, dass die Visitatoren des Amtes Tenneberg weit umfassendere Überprüfungen anstellten als die Visitatoren des Amtes Borna. Konkrete Anweisungen zur Gestaltung der Verhöre oder klar ausformulierte Fragen an die Visitierten finden sich allerdings auch in der Visitationsinstruktion von 1527 nicht, so dass den Visitatoren bei den Visitationen von 1527 und von 1528 bis 1531 auch weiterhin ein gewisser Spielraum bei der Ausführung des Visitationsauftrags blieb. Der Handlungsspielraum, den die Visitatoren bei ihrem Vorgehen hatten, ist neben den unterschiedlichen Ansprüchen an die Berichterstattung und der stark selektiven Aufzeichnungspraxis ein Grund dafür, dass sich die hier betrachteten Visitationsniederschriften sowohl strukturell als auch inhaltlich teils merklich voneinander unterscheiden. Ob der Mangel an Homogenität der Visitationsberichte und -protokolle bei späteren Visitationen – womöglich infolge klarerer Anweisungen für und Verständigungen über das Verfahren und die Berichterstattung – abnahm und es zu einer größeren Standardisierung der Texte kam, bleibt zu prüfen.

Die betrachteten Visitationsaufzeichnungen erlauben nur bedingt, in das Visitationsgeschehen vor Ort Einblick zu nehmen. Über die Abläufe der Verhöre (d. h. darüber, welche Personen zu welchen Sachverhalten befragt wurden und welche Antworten sie gaben) lässt sich beispielsweise nur wenig erschließen. Folglich lassen sich tiefergehende Fragestellungen zu den Kommunikationsstrukturen und den am Visitationsgeschehen beteiligten Akteuren anhand des untersuchten Aktenmaterials nicht oder nur schwer beantworten. Gleichwohl scheint eine genauere Betrachtung solcher kommunikations- und akteursbezogener Aspekte vielversprechend. Zu denken wäre z. B. an eine umfassendere Untersuchung der Frage nach der Nutzung der Visitation durch die Visitierten selbst. So ist bereits für die frühen ernestinischen Visitationen anhand einzelner Aktenstellen erkennbar, dass die vorgeladenen Personen die Visitationen auch zum Vorbringen eigener Anliegen nutzten. Über die Untersuchung der Frage, ob es im Laufe der Zeit zu einer stärkeren Instrumentalisierung des Visitationsverfahrens durch die Visitierten selbst gekommen ist, ließen sich beispielsweise zugleich auch Hinweise auf die Akzeptanz des Verfahrens bei den Visitierten gewinnen.

*Martin Sladeczek*

# Kirchenregiment von unten

## Geistliche Beschwerden ernestinischer Landgemeinden vor und während der frühen Visitationen

Im Rahmen der ersten Visitationen wurde in Thüringen in vielen Fällen die bisherige Pfarrlandkarte geändert.[1] Gemeinden wurden zusammengelegt, v. a. um die finanzielle Ausstattung der Pfarreien zu verbessern.[2] Diese pauschale Feststellung lässt sich sowohl auf die ernestinischen, die albertinischen als auch auf die schwarzburgischen Gebiete anwenden. Vielerorts trafen die Visitatoren auf sehr ungenügend ausgestattete Pfarreien, in deren Orten auch keine weiteren geistlichen Lehen oder Ähnliches vorhanden waren, die zur Steigerung des Pfarreieinkommens hätten verwendet werden können.[3] In den meisten Fällen waren dies arme Dörfer, so dass auch den Bauern keine Zulage aus dem Kirchen- oder Gemeindegut zugemutet werden konnte.[4] So blieb nur, mehrere Orte zu einer Pfarrei zu vereinen. Diese Entwicklung begann mit den ersten Visitationen, fand im ernestinischen Gebiet aber ihren Höhepunkt mit der Visitation von 1533/34.[5] Im albertinischen

---

1 Vgl. zur vorreformatorischen Situation die Karte zur Pfarreiorganisation um 1500 im thüringischen Teil des Mainzer Erzbistums bei Enno Bünz, Karte Nr. 1.1: Die Pfarreiorganisation um 1500, in: Hartmut Kühne, Enno Bünz u. Thomas T. Müller (Hg.), Alltag und Frömmigkeit am Vorabend der Reformation in Mitteldeutschland. Katalog zur Ausstellung »Umsonst ist der Tod«, Petersberg 2013, 33–40, bes. 34 f. Wenn auch die meisten Fälle Zusammenschlagungen waren, so wurden doch auch einige Großpfarreien, etwa Neunhofen und Krölpa, teilweise aufgespalten. Zu Neunhofen: Enno Bünz, Die Bürger von Neustadt an der Orla und ihre Kirchen am Vorabend der Reformation, in: Werner Greiling, Uwe Schirmer u. Ronny Schwalbe (Hg.), Der Altar von Lucas Cranach d. Ä. in Neustadt an der Orla und die Kirchenverhältnisse im Zeitalter der Reformation (Quellen und Forschungen zu Thüringen im Zeitalter der Reformation 3), Köln u. a. 2014, 59–99, hier: 66–73.

2 EKO 1/1, 145 u. 185.

3 A. a. O. 144.

4 Ebd.

5 Das Visitationsprotokoll unter: ThHStAW, EGA, Reg. Ii 4. Zulagen aus den Klostergütern, die in großer Zahl erscheinen, wurden wohl erst in letzter Instanz gewährt, vgl.

Gebiet kam es bereits bei der ersten Visitation 1539 zu vielen Änderungen,[6] bei der schwarzburgischen Visitation 1533 wurden lediglich drei Dörfer zu Filialen.[7]

So traf es auch die beiden ernestinischen Dörfer Lindig und Löbschütz bei Kahla, direkt östlich der Saale gelegen, die nach dem Tod ihres Pfarrers keinen neuen Geistlichen erhielten, in die Kahlaer Stadtkirche eingepfarrt wurden und vom dortigen Kaplan geistlich versehen werden sollten.[8] Jedoch stieß diese Entscheidung auf wenig Begeisterung in den beiden Gemeinden. Sie wandten sich 1535 mit einer Supplik direkt an den Kurfürsten Johann Friedrich und listeten ihm ihre Beschwerdepunkte zu dieser Entscheidung auf:[9] Die »armen elenden vorlassene Menschen«,[10] wie sie sich selbst bezeichneten, wüssten nicht, wie sie nachts bei einer tödlichen Krankheit zum Pfarrer gelangen sollten, wenn die Tore der Stadt verschlossen waren. Auch würden Kinder im Winter wohl oft ungetauft sterben. Das alles stehe in keinem Verhältnis zu den hohen Abgaben, die sie nach Kahla leisteten. Der Schosser des Amtes Leuchtenburg und der Neustädter Superintendent hätten lediglich auf den gültigen Visitationsbeschluss verwiesen, so dass sie sich gezwungen sahen, sich direkt an ihren gnädigen Herren, den Kurfürsten, zu wenden mit der Bitte, wieder einen eigenen Pfarrer zu erhalten. Nichts geschah.

Vier Jahre darauf, im September 1539, schrieben die Dörfer erneut an ihren Landesherrn und beschwerten sich über den Kahlaer Pfarrer, der sie nicht ordentlich versehen würde.[11] Daraufhin wurde dieser angewiesen, seine Pflichten ordnungsgemäß auszuführen, bis die Dörfer wieder einen eigenen Pfarrer erhalten würden. Es kam aber keineswegs zu einer sofortigen Änderung; dies hätte neben der Armut der Gemeinden wohl schon der allgemeine Pfarrermangel verhindert. 1545 beschwerten sich erneut mehrere Kahlaer Filialen wegen mangelnder geistlicher Versorgung. Nach einigen Verhandlungen sollte nun ein Kaplan eingesetzt werden, der Lindig, Löbschütz und

---

RUDOLF HERRMANN, Thüringische Kirchengeschichte, Bd. 2, Weimar 1947, 122. Ebenso war es vorgesehen: EKO 1/1, 185.

6 Das Visitationsprotokoll unter: LASA MD, A 29a, II, Nr. 1b.

7 Das Visitationsprotokoll unter: ThStAR, Kanzlei Arnstadt, 2983.

8 ThHStAW, EGA, Reg. Ii 4, Bd. 2, Bl. 286v.

9 ThHStAW, EGA, Reg. Ii 883, Bl. 3r–4r.

10 A.a.O. Bl. 3r.

11 ThHStAW, EGA, Reg. Ii 1223.

ein weiteres Filialdorf versehen sollte.[12] Seit der Visitation 1533 war es also nicht zur Einrichtung der geplanten Kaplanei gekommen.

Die Beharrlichkeit der beiden Dörfer führte zwar nicht zu direkten Ergebnissen, aber sie nutzten ihre Möglichkeiten, Einfluss auf die Visitationsbeschlüsse auszuüben. Neben den eigentlichen Visitationen, bei denen es ebenfalls zu Beratungen mit den Gesandten der Dörfer kam, waren Suppliken an den Hof oder an die jeweiligen Amtsverwalter und Superintendenten die beste Möglichkeit, auf eigene Interessen aufmerksam zu machen.

Nachfolgend sollen diese Prinzipien anhand einiger Beispiele aus dem ernestinischen Gebiet verdeutlicht werden. Gewählt wurden häufiger auftretende Kritikpunkte; dies betrifft Klagen gegen den Pfarrer, Bitten um Bauunterstützung, die Umwandlung geistlicher Lehen und die bereits angesprochenen Veränderungen der Pfarrlandkarte. Selbstverständlich kann nicht die ausgesprochen große Bandbreite der Beschwerdepunkte, etwa zu den Zinsen, der Kirchenausstattung oder den jeweiligen Niederadligen, dargestellt werden.[13] Jede Gemeinde befand sich schließlich in einem Netz komplexer politischer und kirchlicher Beziehungen und Rechte. Abschließend soll der Einfluss des Dorfes auf die Visitationen und die kirchliche Struktur vor Ort bewertet werden.

## I. Gemeinde und Kirche im Spätmittelalter

Für die bäuerliche Gemeinde des Spätmittelalters war die Dorfkirche Zentrum des kirchlichen und gesellschaftlichen Lebens. Neben der Pfarrversorgung stifteten die Einwohner eines Dorfes hier Begängnisse, Fronleichnamsmessen

---

[12] ThHStAW, EGA, Reg. Ll 57, v.a. Bl. 6r–7r. Das dritte Filial, Bibra, drohte im Rahmen dieser Verhandlungen, dass man sich, wenn keine ordentliche Versorgung erfolgen sollte, mit dem Pfarrer des benachbarten Eichenberg einigen würde (a.a.O. Bl. 8v). Auch dieses Dorf wollte also die geistliche Versorgung in die eigene Hand nehmen und keineswegs nur die Visitationsbeschlüsse abwarten.

[13] Die Niederadligen als Gerichtsherren vor Ort hatten in vielen Konfliktfällen eine große Bedeutung. Sie selbst beschwerten sich gegen Gemeinden und Pfarrer. Ebenso waren sie auch Ziel der Beschwerden der Gemeinden. Es finden sich aber auch Fälle, in denen eine Gemeinde und ein Niederadliger sich gemeinsam über ihren Pfarrer beschwerten. Gemeinsame Suppliken entstanden dabei natürlich aus gemeinsamen Interessen. Eine umfangreichere Thematisierung dieser Fragen wird im Rahmen der Dissertation des Autors zu »Vorreformation und Reformation auf dem Land in Thüringen« erfolgen.

oder gar Vikarien.[14] In einigen Dorfkirchen gab es auch Kalande und Bruderschaften.[15] Über die Kirchenfabrik, das laienverwaltete Kirchengut, betreuten die Bauern selbst Einkommen und Ausgaben der Kirche. Die Vorsteher dieses Kirchgutes, die Alterleute, wie sie in Thüringen meist hießen, sammelten Geld für den Kirchenbau und seine Ausstattung sowie die Unterhaltung des Kirchhofes und des Beinhauses.[16] So finanzierten die Dörfer auch Paramente, Kleinodien, Heiligenfiguren oder Altarretabel oft gemeinsam.

Neben dieser bauunterhaltenden Funktion hatte die gemeindliche Verwaltung der Kirche auch ein starkes soziales Moment. Man bearbeitete gemeinsam die Kirchländereien, wusch gemeinsam zu Festtagen die Paramente und die Kleinodien, man schmauste bei vielen Gelegenheiten.[17] Oft gehörten auch Back- oder Brauhäuser eines Dorfes zum Kirchgut. Die genossenschaftliche Verwaltung hatte aber ihre Grenzen: Die Positionen der Alterleute und die Heimbürgenämter wurden wie städtische Posten von den reicheren Familien kontrolliert.[18]

Wurde dieses kirchliche Leben und somit das Seelenheil der Dorfbewohner bedroht, wehrte sich die Gemeinschaft. So beschwerten sich viele Gemeinden im 15. Jahrhundert über verschiedene Probleme des kirchlichen

---

[14] Ein sprechendes Beispiel bietet die Gemeinde Hörselgau mit der Stiftung einer Frühmessvikarie durch die Gemeinde 1453; vgl. FRIEDRICH JOHANNES PERTHES, Bilder aus dem kirchlichen und sozialen Leben im Bereich des jetzigen Herzogtums Gotha zur Zeit unmittelbar vor und bei Beginn der Reformation, in: ZVThG 21 (1902), 1–104, hier: 27 ff. Zu den Verhältnissen in Württemberg: ROSI FUHRMANN, Kirche und Dorf. Religiöse Bedürfnisse und kirchliche Stiftung auf dem Lande vor der Reformation (Quellen und Forschungen zur Agrargeschichte 40), Stuttgart u. a. 1995.

[15] Z. B. die Annenbruderschaft in Beutnitz, vgl. HEINZ WIESSNER, Das Bistum Naumburg, Bd. 1/1 (GermSac.NF 35/1), Berlin 1997, 422.

[16] ENNO BÜNZ, Memoria auf dem Dorf. Pfarrkirche, Friedhof und Beinhaus als Stätten bäuerlicher Erinnerungskultur im Spätmittelalter, in: WERNER RÖSENER (Hg.), Tradition und Erinnerung in Adelsherrschaft und bäuerlicher Gesellschaft (Formen der Erinnerung 17), Göttingen 2003, 261–305; RAINER MÜLLER, Mittelalterliche Dorfkirchen in Thüringen, dargestellt anhand des Gebietes des ehemaligen Archidiakonats St. Marien zu Erfurt (Arbeitshefte des Thüringischen Landesamtes für Denkmalpflege, NF 2), Erfurt 2001, 60 f.

[17] Vgl. MARTIN SLADECZEK, Prinzipien der Rechnungsführung städtischer und dörflicher Kirchenfabriken in Thüringen im 15. und 16. Jahrhundert, in: GUDRUN GLEBA u. NIELS PETERSEN (Hg.), Wirtschafts- und Rechnungsbücher des Mittelalters und der Frühen Neuzeit. Formen und Methoden der Rechnungslegung: Städte, Klöster, Kaufleute, Göttingen 2015, 103–118.

[18] A. a. O. 116.

Lebens. Aus den thüringischen Teilen der Erzdiözese Mainz wandten sie sich dazu in aller Regel an das Geistliche Gericht in Erfurt.[19] In vielen Fällen betraf dies Streitigkeiten mit dem Pfarrer oder anderen Geistlichen. Die Gemeinden beklagten, dass diese nicht vor Ort seien oder ihren Pflichten, etwa dem Halten der Messe, nicht hinreichend nachkämen.[20] Obwohl das Geistliche Gericht auch in der Praxis keine Klage gegen einen Geistlichen vor einem weltlichen Gericht zuließ,[21] häuften sich bereits im 15. Jahrhundert die Fälle, in denen sich Gemeinden bei geistlichen Beschwerden an ihren jeweiligen Landesherrn wandten. So beschwerte sich 1498 die Gemeinde Rothenstein über ihren Pfarrer wegen nicht gehaltener Messen.[22] Ebenso beschwerten sich die Gemeinde Heilingen und der dortige Niederadlige Jörg von Kochberg über ihren Pfarrer, weil er verschiedenen Verpflichtungen nicht nachkam. Sie baten den Kurfürsten ausdrücklich um einen anderen Pfarrer, nachdem ihnen der Inhaber des Patronates, der Pfarrer von Orlamünde, nicht geholfen hatte.[23] Desgleichen gab es seit 1503 einen langjährigen Streit unbekannten Inhalts zwischen der Gemeinde Haarhausen im Amt Wachsenburg und dem dortigen Vikar Hermann Stackelbeck, für dessen Lösung letztendlich 1516 Herzog Johann beide Parteien nach Weimar lud.[24]

Entsprechende Beispiele lassen sich auch für Dörfer des Erfurter Landgebietes anführen.[25] 1485 wies der Erfurter Rat nach einer Klage der Einwohner des Dorfes Ermstedt den dortigen Pfarrer an, das ihm vom Rat verliehene Pfarrlehen selbst und nicht durch einen Mietling zu besetzen.[26] Sollten die Leute des Dorfes weiterhin Grund zur Klage haben, würde der Rat ihm das Lehen entziehen.[27] Ebenso wurde dem Pfarrer der Bonifatiuskirche in Niederzimmern befohlen, den Gottesdienst zu mehren und nicht zu mindern.[28]

---

19 Zum Gericht grundlegend: Georg May, Die geistliche Gerichtsbarkeit des Erzbischofs von Mainz im Thüringen des späten Mittelalters. Das Generalgericht zu Erfurt, Leipzig 1956. Für die anderen Diözesen des wettinischen Herrschaftsbereiches waren natürlich die entsprechenden geistlichen Gerichte zuständig.

20 Einige Beispiele a. a. O. 139–142.

21 A. a. O. 140.

22 ThHStAW, EGA, Reg. Ll 690.

23 ThHStAW, EGA, Reg. Ll 387.

24 ThHStAW, EGA, Reg. Ll 419.

25 Vgl. Ulman Weiss, Die frommen Bürger von Erfurt. Die Stadt und ihre Kirche im Spätmittelalter und in der Reformationszeit, Weimar 1988, 67–70.

26 StA EF, 1-1/ XXI, 1b-1b, Bd. 2, liber communium 1483–1487, Bl. 168v.

27 A. a. O. Bl. 174r.

28 StA EF, 1-1/ XXI, 1b-1b, Bd. 4, liber communium 1509–1511, Bl. 59v.

Ausgangspunkt war auch hier eine Klageschrift der Heimbürgen, Alterleute und der ganzen Gemeinde. Einige solcher Fälle liefen auch parallel vor Geistlichem Gericht und einem weltlichen Herrschaftsträger, an den sich oft die Bauern des Dorfes zusätzlich wandten. Sehr wahrscheinlich vermuteten sie das Geistliche Gericht eher als Interessenvertreter der Geistlichkeit. Diese Entwicklung *von unten* unterstützte unwillkürlich das Ziel der Landesherren im Zuge des Ausbaues ihres Kirchenregimentes auch einen stärkeren Einfluss auf die Geistlichen Gerichte auszuüben bzw. ihre Macht einzuschränken.[29] Weiterhin erhoben sie den Anspruch, eine disziplinierende Gewalt über den Niederklerus auszuüben.[30] Wie gezeigt, wurde ihnen dies jedoch oft von den Untertanen angetragen.

Reziprok zur zunehmenden Rezeption der Lehre Luthers in den thüringischen Gebieten in den frühen 1520er Jahren schwand die Akzeptanz der geistlichen Gerichtsbarkeit in der Bevölkerung.[31] Zwar wurde das Gericht aus den albertinischen Gebieten oder von römisch gesinnten Geistlichen noch angerufen, seine Stellung als Standardinstanz für den gesamten thüringischen Teil des Mainzer Erzbistums verlor es innerhalb kürzester Zeit bereits vor dem Bauernkrieg. Durch die Nichtanrufung des Geistlichen Gerichts schuf die Bevölkerung, also in erster Linie die Bauern, die Basis für

---

[29] Vgl. Enno Bünz u. Christoph Volkmar, Das landesherrliche Kirchenregiment in Sachsen vor der Reformation, in: Enno Bünz, Stefan Rhein u. Günther Wartenberg (Hg.), Glaube und Macht. Theologie, Politik und Kunst im Jahrhundert der Reformation (Schriften der Stiftung Luthergedenkstätten in Sachsen-Anhalt 5), Leipzig 2005, 89–109, hier: 101; Wilhelm Wintruff, Landesherrliche Kirchenpolitik in Thüringen am Ausgang des Mittelalters (Forschungen zur thüringisch-sächsischen Geschichte 5), Halle (Saale) 1914, 4–20 und 40–52; Paul Kirn, Friedrich der Weise und die Kirche. Seine Kirchenpolitik vor und nach Luthers Hervortreten im Jahre 1517, Leipzig 1926, 36–71. Weiterhin zum landesherrlichen Kirchenregiment: Karl Pallas, Die Entstehung des landesherrlichen Kirchenregiments in Kursachsen vor der Reformation, in: NMAHF 24 (1910), 129–171. Christoph Volkmar sah auch bei dem albertinischen Herzog Georg in den Suppliken eine nicht unerhebliche Legitimationsquelle für bestimmte Eingriffe in kirchliche Kompetenzen; Christoph Volkmar, Reform statt Reformation. Die Kirchenpolitik Herzog Georgs von Sachsen 1488–1525, Tübingen 2008, v. a. 334–336.

[30] Vgl. Bünz u. Volkmar, Kirchenregiment (s. Anm. 29), 106; Wintruff, Kirchenpolitik (s. Anm. 29), 79–81.

[31] Georg May, Die Organisation von Gerichtsbarkeit und Verwaltung in der Erzdiözese Mainz vom hohen Mittelalter bis zum Ende der Reichskirche, Bd. 2: Die Kommissariate (QMRKG 111), Koblenz 2004, 750–759.

eine starke Ausweitung des landesherrlichen Kirchenregiments bereits vor den Visitationen. Der Widerstand des Geistlichen Gerichts war gebrochen.[32]

Für die Gemeinden wurden der Kurfürst bzw. seine Lokalverwaltung, also die Amtmänner und Schosser, die einzigen Adressaten kirchlicher Beschwerden. Bereits in den Jahren vor dem Bauernkrieg kann eine starke Zunahme der geistlichen Kritikpunkte festgestellt werden. Oft betraf dies nun auch reformatorisch motivierte Fragen wie Zinsen für gestiftete Messen[33] oder die altgläubige Art des Gottesdienstes, die der Pfarrer im Ort hielt.[34]

Durch die Bestimmungen der Visitationsinstruktionen, also z. B. zusätzliche Abgaben der Gemeinden, die Baulast für das Pfarrhaus oder der Umgang mit den geistlichen Lehen, vermehrten sich die Kritikpunkte vor allem in finanziellen Fragen.[35] Gleichzeitig wurde der Weg der geistlichen Beschwerden in der entstehenden Landeskirche institutionalisiert. Ab 1528 lässt sich ein deutlicher Anstieg der Beschwerdeschriften feststellen. Auch in der kurfürstlichen Kanzlei wurde dies bemerkt: 1531 klagte Kurfürst Johann in einem Ausschreiben über die vielen »unnottürftige[n] Klagschrift[en] so an unsern hof gelangen«.[36] Beschwerden sollten zunächst anderen Befehlshabern oder Inhabern der Gerichtsbarkeit vorgebracht werden, da der Hof anderenfalls keine Zeit für wichtige »notturft« des Landes habe.[37] Allein diese Forderung fand wenig Gehör. Auch in den folgenden Jahren stieg die Zahl der Suppliken weiter an. Die Visitationen ab den dreißiger Jahren griffen immer stärker in die kirchlichen Finanzen ein und betrafen so an vielen Stellen zusätzlich gemeindliche Interessen, etwa im Umgang mit den geistlichen Lehen oder in der Frage der Pfarreinkommen. Wurden der Kurfürst und sein Hof bis zu

---

32 Bis zur Reformation konnten die Wettiner die geistliche Gerichtsbarkeit kaum einschränken, vgl. Bünz u. Volkmar, Kirchenregiment (s. Anm. 29), 102.

33 Vgl. die Beschwerde der Gemeinden Uelleben und Aspach gegen einen Zins an den Pfarrer von Boilstädt im Frühjahr 1523; ThStAGo, Geheimes Archiv, XXIII, 1a.

34 So etwa die Bauern von Hartroda, Kakau und Dobra, die Ende 1524 einen Pfarrer forderten, der ihnen das Evangelium vorzutragen wüsste. Der damalige Pfarrer taufte nicht deutsch und reichte das Sakrament nicht unter beiderlei Gestalt; ThHStAW, EGA, Reg. Ll 378.

35 Selbstverständlich fallen auch die Beschwerdekataloge des Bauernkrieges in diesen Zusammenhang, sie sollen aber an dieser Stelle nicht beachtet werden. Für das ernestinische Gebiet z. B. die Beschwerden der Versammlung zu Ichtershausen: AGBM 2, 144 f (Nr. 1232). Vgl. Volker Graupner, Die Dorfgemeinden und ihre Artikel im Bauernkrieg, in: Günter Vogler (Hg.), Bauernkrieg zwischen Harz und Thüringer Wald (Historische Mitteilungen im Auftrage der Ranke-Gesellschaft 69), Stuttgart 2008, 347–361.

36 EKO 1/1, 182.

37 Ebd.

den Visitationen eher als geistlicher Schutzherr oder als gerichtliche Instanz angerufen, so wurden die Gemeinden nun oft auch gegen die Regelungen der landesherrlichen Kirche vorstellig.

## 2. Klagen gegen den Pfarrer

1533 beschwerte sich die südöstlich von Gera gelegene Gemeinde Wolfersdorf über ihren Pfarrer. Dieser sei nicht immer vor Ort, halte das heilige Sakrament zu unbekannten Zeiten ab, auch nachts, lasse die Pfarrländereien verkommen und halte die Messe nicht wie üblich, nicht wie »an andern orternn Im furstenthum«.[38] Diese *übliche Messe* begegnet in den dörflichen Beschwerden öfter. Die Gemeinden waren gut über die Zustände in anderen Orten informiert und meldeten, wenn ihr Pfarrer sich unüblich verhielt. Bereits 1525 informierten die Bauern von Niedergrunstedt bei Weimar den dortigen Schosser darüber, dass ihr Pfarrer die Messe nicht wie in Weimar in der Stadtkirche halte.[39] 1549 beschwerten sich die Dörfer der Pfarrei Uhlstädt bei Rudolstadt, dass ihr Pfarrer die Predigten nicht wie in anderen Orten, und nicht wie ihm die letzte Visitation auferlegt hatte, halte.[40] Die Gemeinden machten auf schwarze Schafe unter den Pfarrern aufmerksam und trugen so einen Teil zur flächendeckenden Beseitigung von Abweichungen in der Lehre bei. Über den Zeitpunkt des Gottesdienstes beschwerte sich auch die Gemeinde Gräfenwarth: Die Predigt werde nicht zu bequemer Zeit mitgeteilt, sondern so, dass der Kaplan »tzu morgens kombt, do noch etlich leuth yn betten lygen, auch kein bewost davon haben, etliche tzeit kombt ehr nachmittag und etliche mal bleibt ehr gantz außen.«[41] Solcherlei Beschwerden führten neben der genauen Prüfung des jeweiligen Falles zu einem Problembewusstsein.[42] Beispielsweise findet sich in der Visitationsinstruktion von 1569 ein Passus, dass die Visitatoren »sonderlich darauf sehen, das die

---

38 ThHStAW, EGA, Reg. Ii 663, Bl. 1r–1v.

39 ThHStAW, EGA, Reg. Ii 148.

40 ThHStAW, EGA, Reg. Ii 2207, Bl. 2r–2v.

41 ThHStAW, EGA, Reg. Ii 855. Wichtig zu betonen ist, dass Gräfenwarth zu dieser Zeit noch durch einen Kaplan aus dem Kloster Saalburg versorgt wurde, was wohl erheblich zu den Mängeln beitrug.

42 Leider sind in vielen Fällen die getroffenen Entscheidungen nicht überliefert.

pfarrkinder, die auf den zugehörigen filialen wohnen, nicht zu unbequemer zeit besucht werden.«[43]

Häufiger beschwerten sich die Bauern aber über Pfarrer, die das Pfarrgut nicht gut verwalteten. In einigen Fällen verzinsten sie die Äcker und Gärten zu gering oder pflegten die Ländereien nicht. Dem erwähnten Pfarrer von Uhlstädt wurde z. B. vorgeworfen, die Möbel des Pfarrhauses, die die Gemeinde gestellt hatte, verheizt zu haben.[44] In vielen Fällen drehte sich dieser Streit aber um das Pfarrhaus selbst:

Sofern es in den 1520er Jahren in einem Dorf überhaupt ein Pfarrhaus gab, befand sich dieses oft in einem sehr schlechten Zustand.[45] Seit der ersten Visitation war es eine feste Regelung, dass die Gemeinden für den Bau des Pfarrhauses aufkommen mussten.[46] In der Visitationsinstruktion von 1532 erfährt diese Regelung aber eine bedeutende Einschränkung: Wenn die Gemeinden dazu finanziell nicht in der Lage wären, sollte geprüft werden, woher die Gelder für einen Neubau des Pfarrhauses genommen werden könnten. Dies betraf auch das Pfarrgut.[47] Und weiter: »Was aber daruber tegliche zufellige noturft und die gemeine besserung als an ofen, fenstern, thüren, dachung und anderm dergleichen belangen thut, [...], soll durch ainen iden pfarrer [...] in wesen unterhalten werden.«[48] Diese Neuerung im Vergleich zur Instruktion von 1527 ist wohl nur darauf zurückzuführen, dass bei den ersten Visitationen festgestellt wurde, dass viele Gemeinden dazu nicht in der Lage waren, bzw. dass die Gesandten vieler Gemeinden in der Visitation selbst auf dieses Problem aufmerksam machten. In einigen Fällen beschwerten sich die Bauern nun über den ungenügenden Umgang des Pfarrers mit dem Haus.[49] Gleichzeitig beschwerten sich viele Pfarrer über den Zustand des Pfarrhauses und baten, der Gemeinde zu verfügen, das Haus zu

---

43 EKO 1/1, 243.

44 ThHStAW, EGA, Reg. Ii 2207, Bl. 2r–2v.

45 Bereits in den Visitationsprotokollen werden sehr viele baufällige Pfarrhäuser beschrieben. Zusätzlich beschwerten sich viele Pfarrer über ihre Behausungen. So beschrieb der Pfarrer von Großenlupnitz sein Haus als »Eyne Elende bawefelligk behaussen das for an dem Dorffleyn lygeth«; ThHStAW, EGA, Reg. Ii 439, Bl. 1r.

46 EKO 1/1, 145 f. Hier bereits mit dem Hinweis, dass der Kurfürst in Extremfällen eine Hilfe zum Bau, z. B. Holz, geben kann.

47 EKO 1/1, 185.

48 Ebd.

49 So wurde dem Pfarrer von Rothenstein 1534 auferlegt, die Badestube und die Küche, die er aus dem Pfarrhaus gebrochen hatte, wiederaufzubauen; ThHStAW, EGA, Reg. Ii 4, Bl. 147v.

bessern. Der Pfarrer von Jenaprießnitz berief sich dabei 1539 auf die Visitationsordnung.[50]

Hier zeigt sich, dass die Regelungen der Visitationsordnungen viele Differenzen heraufbeschworen. Die Pfarrer versuchten, einen Neubau zu initiieren, damit die Gemeinde die Kosten tragen müsste; die Gemeinde versuchte, es auf die Unterhaltspflicht des Pfarrers abzuwälzen. Außerdem waren die Bauern nicht gewohnt, die volle Baulast des Pfarrhauses inne zu haben.[51] Einige Gemeinden verwiesen auch auf die Höhe ihrer Abgaben, so etwa die Bauern von Ramsla, nördlich von Weimar, die sich trotz Strafandrohung 1529 beharrlich weigerten das Pfarrhaus zu bauen, da sie ihm bereits 5 Schock Groschen zusätzlich zahlten, die allerdings aus einer Messstiftung stammten.[52] Dennoch wurden in den folgenden Jahrzehnten viele Pfarrhäuser neu gebaut, und die gemeindliche Baulast entwickelte sich immer mehr zum akzeptierten Normalzustand. Sie umfasste auch die Nebengebäude, also Scheune und Stall, sowie die Mauer des Pfarrhofs, eventuell einen Brunnen und ein »necessarium«[53]. Oft musste den Bauern die Ausführung der Nebengebäude zusätzlich verfügt werden.[54] Das Pfarrhaus des 16. Jahrhunderts war in erster Linie ein Wirtschaftshof. Die Ländereien und die nötigen Nebengebäude dienten neben dem Geldeinkommen zur Versorgung des Pfarrers, der das Land in den meisten Fällen selbst bewirtschaftete.[55]

Der Wunsch der Gemeinden, die Kirche und auch das Pfarrhaus im Dorf zu lassen, zeigt sich an den vielen Weigerungen der Filialdörfer, sich am Bau des Pfarrhauses zu beteiligen. Die übliche Regelung sah vor, dass das Dorf, in dem das Pfarrhaus stand, zwei Drittel und das Filialdorf ein Drittel der Baukosten tragen sollte. Diese Regelung wurde in der Visitation

---

50 ThHStAW, EGA, Reg. Ii 1211; vgl. EKO 1/1, 185 u. 188.

51 Herrmann, Kirchengeschichte, Bd. 2 (s. Anm. 5), 123.

52 ThHStAW, EGA, Reg. Ii 443.

53 So 1540 in Oberweimar: ThHStAW, EGA, Reg. Bb 3171, Bl. 5r.

54 So etwa ein Zaun in Neukirchen (ThHStAW, EGA, Reg. Ii 4, Bd. I, Bl. 90r), ein Stall in Ruhla (a.a.O. Bl. 127v), ein Keller in Eischleben (a.a.O. Bl. 288v), eine Scheune in Löbstedt (ThHStAW, EGA, Reg. Ii 4, Bd. II, Bl. 132v) oder ein Brunnen in Maua (a.a.O. Bl. 150r).

55 Vgl. Susan C. Karant-Nunn, Luther's Pastors. The Reformation in the Ernestine Countryside (TAPhS 69/8), Philadelphia 1979, 31–35. Zum mittelalterlichen Zustand: Ernst Koch, Die Bedeutung der Pfarrkirche für die mittelalterliche Dorfgesellschaft, in: Sven Ostritz (Hg.), Mittelalterliche Kirchen in Thüringen. Beiträge der Tagung »Archäologische und bauhistorische Untersuchungen an und in Kirchen Thüringens«, Weimar, 16.–17.3.2009 (Alt-Thüringen 43), Langenweißbach 2014, 329.

1533/34 angewendet, etwa zwischen Hainichen und seinem Filial Stiebritz.[56] Gehörten zu einer Pfarrei mehr als zwei Dörfer, sollten diese das Pfarrhaus entsprechend gemeinsam finanzieren.[57] Dennoch weigerten sich viele Filialdörfer, dieses Drittel zu bezahlen und mussten erneut durch Visitatoren oder Amtmänner angehalten werden.[58] Ein sprechendes Beispiel für diese Problematik bietet das Dorf Kleinrettbach, zwischen Erfurt und Gotha gelegen. Es war Bestandteil des Erfurter Landgebietes, kirchlich aber Filial des Dorfes Gamstädt, das im ernestinischen Amt Gotha lag.

Bereits im Visitationsprotokoll 1533 wurde festgestellt, dass die Leute von Kleinrettbach ihren Anteil nicht zahlen wollten. Deshalb sollte dem Erfurter Rat geschrieben werden, der sie dazu auffordern sollte.[59] Der weitere Schriftverkehr geriet wohl etwas ins Stocken; im Frühjahr 1536 aber beantworteten die Heimbürgen und Alterleute des Dorfes ein unbekanntes Schreiben des Erfurter Rates mit der Bitte, sie gegen weitere Forderungen seitens der Visitatoren zu schützen.[60] Der Rat leitete diese Antwort an den zuständigen Superintendenten Friedrich Myconius und den Gothaer Schosser mit dem Zusatz weiter, er könne nicht erkennen, dass eine finanzielle Beteiligung der Kleinrettbacher billig wäre.[61] Interessant ist zusätzlich, dass die Bauern sich in einem weiteren Schreiben aus dem Juli 1536 auf das Alte Herkommen beriefen: Ihre Vorfahren hätten nichts zum Pfarrhof beigetragen und sie hätten Sorge, sich mit einer Einwilligung unbillig gegen ihre Nachkommen zu verhalten.[62] Man erkennt ein bäuerliches Rechtsverständnis, eine Angst vor einer gewohnheitsrechtlichen Entwicklung.

Der Rat leitete auch dieses Gesuch an Myconius weiter, der sich, bar jeder Handhabe, an Kurfürst Johann Friedrich wandte.[63] Die Antwort aus der kurfürstlichen Kanzlei fiel etwas überraschend aus. Obschon es nicht unbillig sei, dass die Kleinrettbacher ihren Filialbeitrag leisteten, sollten sie finanziell verschont werden, und es sollte mit ihnen verhandelt werden, dass sie

---

56 ThHStAW, EGA, Reg. Ii 4, Bd. 2, Bl. 130v.

57 So z. B. die sechs Dörfer, die zur Pfarrei Renthendorf gehörten; a. a. O. Bl. 339r.

58 Zwei Beispiele: Das Dorf Weißen verweigerte 1536 die Beteiligung am Pfarrhausbau in Uhlstädt (ThHStAW, EGA, Reg. Ii 1028), das Dorf Tröbsdorf 1550 die selbige für das Pfarrhaus in Gaberndorf (ThHStAW, EGA, Reg. Ii 2241).

59 ThHStAW, EGA, Reg. Ii 4, Bd. 1, Bl. 211v.

60 ThHStAW, EGA, Reg. Ii 976, Bl. 1r.

61 A. a. O. Bl. 2r.

62 A. a. O. Bl. 3r.

63 A. a. O. Bl. 5r.

stattdessen einige Fuhren zum Bau freiwillig beisteuern mögen.[64] Die Bauern von Kleinrettbach verstanden es also – man könnte sagen: bauernschlau –, ihre politische Situation einzusetzen und den Erfurter Rat als Schutzherrn gegen die Forderungen der Visitatoren zu verwenden. In anderen, weniger komplexen Fällen hatten die Dörfer freilich wenig Aussicht, sich der Zahlungen erfolgreich zu erwehren, jedenfalls ist kein weiterer Fall bekannt, in dem die Gemeinde nichts zahlen musste.

## 3. BAUUNTERSTÜTZUNG

Diese zusätzlichen Kosten für die Baulast des Pfarrhauses veranlassten viele Gemeinden dazu, zwar ihre prinzipielle Zuständigkeit anzuerkennen, aber auf ihre Armut zu verweisen und um Hilfe bei dem Bau zu bitten. In vielen Fällen waren dies direkte Holzgesuche, dazu drei Beispiele:

Bereits nach der Visitation von 1529 schrieb die bei Gotha gelegene Gemeinde Bufleben an Herzog Johann Friedrich, dass sie kein Holz für den Bau des Pfarrhauses hätten. Der Herzog schickte den Tenneberger Amtmann Christoph Goldacker in das Dorf, der den »baufälligen, verdorbenen« Zustand der Behausung bestätigte und nach Rat eines Zimmermanns 45 Stämme für einen Neubau ansetzte.[65]

1543 wandte sich die ganze Gemeinde zu Boilstädt bei Gotha wegen ihrer baufälligen Kirche an die Visitatoren, welche »an vielen ortern gancz gefarlichen tzum nidderfallen in sorgen stehet«.[66] Sie baten ganz dezidiert um Stämme aus dem Tenneberger Burgholz. Die Visitatoren bestätigten den schlechten Zustand der Kirche und reichten das Ansinnen an die kurfürstliche Kanzlei weiter.[67] Nun wurde der Amtmann zu Schwarzwald angewiesen,

---

64 A. a. O. Bl. 6r. Die zögerliche Haltung des Kurfürsten bzw. der Kanzlei ist wohl auf die Erfahrungen in anderen Streitfällen, die Erfurter Dörfer betrafen, zurückzuführen. Ein größerer Rechtsstreit wäre wegen des vergleichsweise kleinen Anlasses ohnehin nicht vertretbar gewesen.

65 ThHStAW, EGA, Reg. Ii 395. In der Visitationsinstruktion 1532 wurde auf die Möglichkeit fürstlicher Bauhilfe hingewiesen, vgl. oben Anm. 46. Vgl. die zweite Bitte der Einwohner von Bufleben um Holz, diesmal wegen ihrer baufälligen Kirche, aus dem Jahr 1559; MARTIN SLADECZEK, Ein unbekannter Entwurf des Baumeisters Nickel Gromann für den Kirchturm in Bufleben, in: ZTG 69 (2015), 233–240.

66 ThHStAW, EGA, Reg. Ii 1764, Bl. 1r–1v.

67 A. a. O. Bl. 3r.

den Bauern einen Platz zum Schlagen der Stämme anzuordnen.[68] Auch die Boilstädter erhielten ihr gewünschtes Holz. Der hohe Holzpreis dieser Jahre zeigt sich auch in der Bitte der Einwohner von Thalbürgel von 1563. Sie baten um das Holz des Dachwerks des aufgelassenen Teils der Klosterkirche, um damit die geforderte Pfarrscheune errichten zu können.[69]

Ganz ähnlich unterstützten einige Gemeinden Zulagegesuche ihrer Pfarrer – und das aus zwei Gründen: Sie hofften erstens, weniger selbst beitragen zu müssen und zweitens wussten sie um die schlechte Ausstattung ihrer Pfarrei. Sie waren besorgt, ob sie überhaupt einen Pfarrer fänden, der für einen geringen Lohn zu ihnen ziehen würde. Auch hier zeigt sich das Interesse der Gemeinden, ihre Kirche und einen Pfarrer zu behalten und dafür die Voraussetzungen zu schaffen.

## 4. Umwandlung der geistlichen Zinsen

Auch das Problem der Verwendung der geistlichen Lehen betraf in erster Linie finanzielle Interessen der Gemeinden. 1528 beschwerten sich die Dörfer Dreitzsch und Molbitz, ehemalige Filialen der Großpfarrei Neunhofen im Orlagau, aus denen mittlerweile eine eigene Pfarrei gebildet worden war,[70] über die ungenügende Ausstattung ihrer Pfarrei und die gegenstandlosen Abgaben, die sie gleichzeitig weiterhin nach Neunhofen zahlen müssten, weil sie auf dieser vorreformatorischen Pfarrsituation beruhten.[71] Die Bauern verstanden schlicht nicht, warum sie ohne Gegenleistung Geld an andere Pfarrer zahlen mussten.

Ebenso beschwerten sich die Gemeinden Hohenkirchen und Herrenhof, südlich von Gotha, 1535 über Zinsen einer Stiftungsmesse, die sie noch immer nach Schwabhausen zahlen müssten.[72] Gleichzeitig hatten die Visitatoren ihnen nach einer vorausgegangenen Klage das Gut einer Kapelle des Klosters Georgenthal zugestanden, das sie bisher noch nicht erhalten hätten. Sie baten schlicht um die Umsetzung der Visitationsbeschlüsse.

---

[68] A. a. O. Bl. 2r.

[69] ThHStAW, EGA, Reg. Ii 2800, Bl. 2r–2v.

[70] Zum Prozess der teilweisen Auflösung der Großpfarrei Neunhofen vgl. Bünz, Neustadt (s. Anm. 1), 67–70.

[71] ThHStAW, EGA, Reg. Ii 255.

[72] ThHStAW, EGA, Reg. Ii 925.

Beide Beispiele zeigen, dass die Dörfer auch die Umwandlung der geistlichen Zinsen nicht widerspruchslos hinnahmen. Sie akzeptierten zwar das Prinzip der Visitationen, versuchten aber auch an dieser Stelle das bestmögliche für ihre Pfarrei und die Finanzen der Gemeinde zu erreichen. Eigeninitiativen wurden von den Visitatoren dabei aber prinzipiell nicht geduldet. Die Bauern von Reinstädt hatten vor 1533 mit ihrem Vikar bereits eine Regelung für die weitere Verwendung der wiederkäuflichen Zinse der Vikarie getroffen.[73] Diese Regelung wurde aber von den Visitatoren aufgehoben.

## 5. Einpfarrungen und Ähnliches

Es sei an das eingangs erwähnte Beispiel der Beschwerde der Dörfer Lindig und Löbschütz gegen ihre Einpfarrung nach Kahla erinnert. Üblicherweise waren die Aussichten der Dörfer, etwas an dem Zuschnitt der Pfarreien zu ändern, sehr schlecht. Zwei Beispiele: 1551 beschwerte sich die Gemeinde Wichmar im Amt Camburg über die Ablösung des Filials Würchhausen, das ihr erst in der albertinischen Visitation 1540 zugeschlagen worden war.[74] Grund für die Abtrennung war die Beschwerde des Adligen in Würchhausen, der anführte, er müsse für den Gottesdienst in Wichmar die Saale überqueren. Die Wichmarer Bauern beschwerten sich, weil sich ohne das Einkommen aus Würchhausen kein Pfarrer in Wichmar halten könne. Sie betonen in ihrer Beschwerde, dass der Junker die Saale beinahe täglich zur Bewirtschaftung seiner Weinberge queren könne und wenn ihn das Wasser bei der Bestellung nicht hindere, »werden e[uer] f[ürstliche] g[naden] gnedig erachten, das ynen solchs zum gebrauch Gottes Worts und der Sacrament viel weniger auffhalten kan«.[75] Trotz dieses nicht von der Hand zu weisenden Argumentes fiel die Antwort der herzoglichen Kanzlei knapp aus, die Entscheidung wurde nach Bedenken getroffen und sie sollten es dabei bewenden lassen.[76]

Die zweite Beschwerde betrifft gar die Auflösung des gesamten Kirchgutes in Wilsdorf und seine Zuschlagung zur Kirche in Dornburg. Bei der Kontrolle der Kirchenrechnung durch den Dornburger Schosser 1551 wurde kein neuer Kirchenvorstand eingesetzt und verfügt, dass der Besitz der

73 ThHStAW, EGA, Reg. Ii 4, Bd. II, Bl. 271r–271v.

74 ThHStAW, EGA, Reg. Ii 2318, Bl. 1r–2r.

75 A.a.O. Bl. 1v.

76 A.a.O. Bl. 3r.

Kirchenfabrik als Zulage zum Dornburger Pfarrgut kommen sollte.[77] Die Gemeinde verwies erfolglos auf die Funktion des Kirchgutes zur Unterhaltung ihrer Kapelle mit den Glocken und der Hilfe für arme Nachbarn. Die Entscheidung wurde damit verteidigt, dass in Dornburg sehr großer Bedarf herrsche und der Weg dorthin sehr kurz sei. Zusätzlich sollten sie sich nicht beschweren, schließlich hätten die verbliebenen sieben Bauern in Wilsdorf die Kapelle bereits nur noch als Scheune benutzt.[78]

## 6. Resümee

Bereits in der älteren Forschung wurde der dörflichen Gemeinde des Öfteren ein Versinken in der politischen Bedeutungslosigkeit nach dem Bauernkrieg unterstellt. Diese Entwicklung gipfelte in dem Diktum der dreihundertjährigen »Dumpfheit« der Bauern bei Günther Franz.[79] Nach Franz standen die Bauern nach 1525 »der Reformation gleichgültig, wenn nicht feindselig gegenüber.«[80] Wenngleich diese These auch viel Kritik erfahren hat,[81] ist sie nicht »überzeugend widerlegt worden«[82] und findet noch oft Eingang in Überblicksdarstellungen.[83] Für den ernestinischen Raum konnte gezeigt werden, dass die Bauern keineswegs ›gleichgültig‹ oder ›feindselig‹ waren.

---

77 ThHStAW, EGA, Reg. Ii 2322.

78 A. a. O. Bl. 3r–4r.

79 Günther Franz, Der deutsche Bauernkrieg, Darmstadt [12]1984, 299. Zur älteren Forschungsgeschichte in dieser Frage: Peter Blickle, Die politische Entmündigung des Bauern. Kritik und Revision einer These, in: Ders. (Hg.), Revolte und Revolution in Europa. Referate und Protokolle des internationalen Symposiums zur Erinnerung an den Bauernkrieg 1525 (HZ.B [NF] 4), München 1975, 298–312, hier: 298–303.

80 Franz, Bauernkrieg (s. Anm. 79), 299.

81 Einige Beispiele bei Peter Blickle, Die Revolution von 1525, München [4]2004, 274–277. Mit Bezug auf soziale Konflikte: Winfried Schulze, Die veränderte Bedeutung sozialer Konflikte im 16. und 17. Jahrhundert, in: Hans-Ulrich Wehler (Hg.), Der deutsche Bauernkrieg 1524–1526 (GeGe.S 1), Göttingen 1975, 277–302; Uwe Schirmer, Die Entmündigung der bäuerlichen Gemeinden als »negative Implikation« der Reformation?, in: Werner Greiling, Armin Kohnle u. Uwe Schirmer (Hg.), Negative Implikationen der Reformation? Gesellschaftliche Transformationsprozesse 1470–1620 (Quellen und Forschungen zu Thüringen im Zeitalter der Reformation 4), Köln u. a. 2015, 163–200.

82 Blickle, Revolution (s. Anm. 81), 274.

83 Als Beispiel kann Bernd Moeller dienen, der zwar auf die Verbesserungen für die Bauern in einigen Gebieten des Reiches nach 1525 aufmerksam macht, aber zu folgendem Schluss kommt: »Die große Mehrheit der Bauern hingegen verfiel in der Folge erneut

Bereits vor der Reformation stützten Laien das landesherrliche Kirchenregiment durch Suppliken in geistlichen Fragen. Selbstverständlich war es nur ein implizites Stützen und nicht die Intention der Bevölkerung das Kirchenregiment auszubauen, aber über einen längeren Zeitraum wurde so die Stellung der geistlichen Gerichtsbarkeit eingeschränkt. Dieser Prozess wurde durch die einsetzende Reformation enorm beschleunigt. Innerhalb kürzester Zeit verloren die Geistlichen Gerichte ihre Funktion. Der ernestinische Landesherr war nun einziger Adressat kirchlicher Beschwerden. Mit der Entstehung landesherrlicher Visitationen wurden die Beschwerdemöglichkeiten der Laien verbessert. Gleichzeitig wurden durch die Instruktionen neue Kritikpunkte geschaffen.

Die dörflichen Gemeinden hatten selbstverständlich keinen entscheidenden Einfluss auf die Instruktionen oder die Beschlüsse der Visitationen. Ihre Schreiben waren aber auch keineswegs per se vergebens. Die Belange der Laien wurden ernst genommen, selbst wenn die zentralen Fragen, etwa die Versorgung der Pfarrer, in den frühen Visitationen wichtiger waren. Zumindest wurde jede einzelne Beschwerde geprüft. Wenn die Visitatoren keine sichere Entscheidung treffen konnten, schrieben sie Rückfragen an den Hof. In vielen Fällen wurden zudem Visitatoren oder Amtleute zur genauen Einschätzung in den jeweiligen Ort gesandt. Die höchsten Erfolgsaussichten, natürlich im Rahmen der Ordnungen, gab es bei Kritik am Pfarrer und bei bestimmten finanziellen Fragen, bei den Bauhilfen, den Zulagen oder der Verwendung kirchlicher Ausstattung für einen gemeinen Nutzen. Eher geringe Hoffnungen konnten sich die Bauern bei den prinzipiellen Fragen wie der Baulast des Pfarrhauses oder den Änderungen der Pfarrverhältnisse machen. An einigen kleinen Stellen konnte eine Rückwirkung der Suppliken auf spätere Visitationsordnungen gezeigt werden.

Wenn die bäuerlichen Gemeinden das Kirchenregiment auch nicht entscheidend getragen haben, so haben sie doch an ihm partizipiert. Mit Sicherheit ist es aber verfehlt, der bäuerlichen Gemeinde eine gänzliche Passivität in kirchlichen Fragen in den Jahren nach dem Bauernkrieg zu unterstellen. Abschließend soll die Frage nach der Bedeutung der nicht vorhandenen Suppliken aufgeworfen werden: Kann ex negativo davon ausgegangen werden, dass die Gemeinden bestimmte Beschlüsse der Visitationen unterstützten,

---

der politischen Lethargie, so wie sie auch im geistigen und im religiösen Bereich wieder ebenso stumm wurden wie vor 1524.«, BERND MOELLER, Deutschland im Zeitalter der Reformation (Deutsche Geschichte 4), Göttingen [4]1999, 101.

wenn dagegen keine Beschwerden geführt wurden?[84] Dies muss weitergehend untersucht werden, um ein umfassendes Bild vom Verhältnis der Bevölkerung zur entstehenden Landeskirche zu gewinnen.

[84] Wenngleich von umfassenden Quellenverlusten auszugehen ist, lässt die Vielzahl der direkt und indirekt überlieferten Suppliken zu den angesprochenen Themen die Möglichkeit vollständiger Überlieferungslücken bei bestimmten anderen Fragen unwahrscheinlich wirken.

*Stefan Michel*

# Eine kursächsische Klostervisitation aus dem Jahr 1526

*Für Ernst Koch zum 85. Geburtstag*

In der bisherigen reformationsgeschichtlichen Forschung erfuhren die Kirchenvisitationen im Kurfürstentum Sachsen große Aufmerksamkeit. Die ernestinischen Klöster wurden dabei allerdings übersehen oder erst im Zusammenhang mit der nach 1531 einsetzenden Sequestration der Klostergüter einer genaueren Betrachtung gewürdigt. Allerdings gab es auch im Zuge der ersten Visitationen in Thüringen 1526 durch kursächsische Hofbeamte Versuche, den Umgang mit dem Klostergut im Sinne der Reformation zu regeln. Der folgende Beitrag geht der Frage nach, wie es dazu kam, dass diese Visitation der Klöster von der Forschung übersehen wurde. Ferner soll sie in ihren historischen Kontext eingezeichnet und kurz in ihrer Wirkung charakterisiert werden.

## 1. Die Rekonstruktion der ersten ernestinischen Kirchenvisitationen durch Carl August Hugo Burkhardt

Jegliches historische Wissen ist eine Konstruktion, die auf der Grundlage von verschiedenen Quellen, Vermutungen und Wahrscheinlichkeiten beruht. Historisches Wissen ist deshalb nur in Ausnahmefällen absolutes Wissen. Manche auf den ersten Blick scheinbar feststehende Fakten sind in Wahrheit höchst spekulativ. Sie wurden oft nach den subjektiven Vorstellungen und Wünschen eines Historikers geformt oder unter Umständen sogar aufgrund von Fehlinterpretation oder Unkenntnis vorliegender Quellen gebildet.

Im Hinblick auf die kursächsischen Visitationen, für die es seit 1525 Quellenbelege gibt, gilt dies in gleichem Maße: Das Wissen um diese Visitationen beruht auf Voranahmen und der Rekonstruktion der historischen

Zusammenhänge durch den Weimarer Archivar Carl August Hugo Burkhardt (1830–1910).[1] Burkhardt ordnete im 19. Jahrhundert die Bestände des Ernestinischen Gesamtarchivs in Weimar. Dabei stieß er auch auf die Unterlagen zu den kursächsischen Visitationen, die sich bis heute im Bestand Reg. Ii befinden. Auf dieser Quellengrundlage arbeitete er seit 1873 an der Abfassung seines verdienstvollen Buches *Geschichte der sächsischen Kirchen- und Schulvisitationen von 1524–1545*, das 1879 erschien.[2] Zum Zeitpunkt des Erscheinens stellte dieses Buch einen großen Fortschritt gegenüber den bisherigen Darstellungen dar, weil es dem Weimarer Archivar gelungen war, auf der Grundlage umfänglicher Quellenrecherchen eine chronologische Geschichte der ernestinischen Visitationen vorzulegen, die es bis dahin nicht gegeben hatte. Der Jenaer Kirchenhistoriker Karl August von Hase (1800–1890) redete Burkhardt deshalb in einem Brief auch zu Recht als »kundigsten Wächter und Kenner der Reformations-Urkunden« an.[3] Allerdings handelt es sich bei diesem Buch – nicht mehr und nicht weniger – um eine historische Darstellung im Sinne einer Rekonstruktion von Geschichte durch einen Historiker. Nach und nach formierte sich gerade gegen die ersten Abschnitte von Burkhardts Buch Kritik, die jedoch heute nahezu vergessen zu sein scheint, so dass es in neueren Publikationen wieder als »grundlegend« bezeichnet wird.[4]

Ein möglicher Grund für den stetigen Rückgriff auf Burkhardt liegt nicht ausschließlich am Mangel einer besseren Darstellung der besonders schwierig überlieferten Frühphase der ernestinischen Visitationen, sondern

---

[1] Vgl. Dagmar Blaha u. Frank Boblenz, Carl August Hugo Burkhardt (1830–1910), in: Lebensbilder Thüringer Archivare, hrsg. vom Vorstand des Thüringer Archivarverbandes zum 50. Thüringischen Archivtag, Rudolstadt 2001, 28–37.

[2] Vgl. Carl August Hugo Burkhardt, Geschichte der sächsischen Kirchen- und Schulvisitationen von 1524–1545, Leipzig 1879 (Nachdruck Aalen 1981). Burkhardts Materialien haben sich im Thüringischen Hauptstaatsarchiv Weimar erhalten und dokumentieren sowohl seinen unermüdlichen Fleiß als auch seinen ambitionierten Plan, eine »Geschichte der deutschen Kirchen- und Schulvisitationen im Zeitalter der Reformation« vorzulegen. Der Band zu den ernestinischen Visitationen sollte nur den Auftakt zu dieser Reihe bilden. Vgl. ThHStAW, Historische Schriften und Drucke, F 1507 und F 1507a.

[3] Vgl. ThHStAW, Historische Schriften und Drucke, F 1507 (unfoliiert): Brief vom 10.3.1874.

[4] So Natalie Krentz, Ritualwandel und Deutungshoheit. Die frühe Reformation in der Residenzstadt Wittenberg (1500–1533) (SMHR 74), Tübingen 2014, 347 Anm. 93. Vgl. auch den unreflektierten Rückgriff auf Burkhardts Darstellung bei Heiko Jadatz, Wittenberger Reformation im Leipziger Land. Dorfgemeinden im Spiegel der evangelischen Kirchenvisitationen des 16. Jahrhunderts (HerChr.S 10), Leipzig 2007, passim.

am entlegenen Publikationsort des Überblicks über *Die Kirchenvisitationen im Ernestinischen Thüringen vor 1528* von Rudolf Herrmann (1875–1952).[5] Herrmann war das gesamte Quellenmaterial der Frühzeit der ernestinischen Visitationen nochmals durchgegangen und hatte es teilweise anders bewertet als Burkhardt. Er kam dadurch zu einem deutlich differenzierteren Bild, da er zum Zeitpunkt seiner Untersuchung 50 Jahre nach Burkhardt beispielsweise auf weitere Editionen und neuere Forschungen zurückgreifen konnte, die es 1879 noch nicht gegeben hatte. Nur wenige Kenner der thüringischen Kirchengeschichte, zu denen beispielsweise Reinhold Jauernig (1893–1966) gehörte,[6] rezipierten fortan die alternative Darstellung Herrmanns.

Das Hauptproblem der Darstellungen sowohl Burkhardts als auch Herrmanns liegt darin, dass sie vom Maßstab späterer Visitationen auf die früheren zurückschlossen. Dabei übersahen sie aber, dass sowohl die Entscheidungsträger am kurfürstlichen Hof als auch die als Visitatoren eingesetzten Theologen und kurfürstlichen Amtleute über keinerlei Erfahrungen verfügten, wie eine Visitation durchgeführt werden sollte. Luther war zwar in seiner Funktion als Distriktsvikar der Augustinereremiten zu Visitationen beispielsweise 1516 in Neustadt an der Orla gewesen,[7] doch verliefen diese vorreformatorischen Visitationen unter anderen Vorzeichen. Insofern sollte bei einer Beurteilung der frühen reformatorischen Visitationen im Gebiet um Eisenach im Frühjahr 1525 sowie in Borna und Tenneberg im Frühjahr 1526 eher von Versuchen ausgegangen werden. Möglicherweise reagierten diese frühen ernestinischen Visitationsversuche auch nur auf konkrete lokale Missstände. Die hier gesammelten Erfahrungen flossen in den Visitationsversuch von 1527 ein, dem dann die erste flächendeckende Visitation des Kurfürstentums zwischen 1528 und 1533 folgte.

Weiterhin übersahen die bisherigen Darstellungen von Burkhardt und Herrmann, dass es 1526 einen weiteren Visitationsversuch gegeben hatte.

---

5 Vgl. Rudolf Herrmann, Die Kirchenvisitationen im Ernestinischen Thüringen vor 1528, in: BThKG 1 (1929–1931), 167–230 und BThKG 3 (1933–1935), 1–69. Herrmann schreibt sehr vorsichtig (a.a.O. 1, 167): »Aber dieses Buch [sc. Burkhardt, Geschichte der sächsischen Kirchen- und Schulvisitationen] ist 1879 erschienen. Seitdem haben sich neue Gesichtspunkte durchgesetzt, neuer Quellenstoff ist ans Tageslicht gekommen.«

6 Vgl. Reinhold Jauernig, Die Einführung der Reformation in den Reußischen Landen. Festschrift zum Reformationsjubiläum 1933 (BThKG 2 [4]), Gotha 1932/1933, 78 Anm. 1: »Die Darstellung bei Burkhardt ist überholt durch R. Herrmann«.

7 Vgl. Enno Bünz, Martin Luthers Orden in Neustadt an der Orla. Das Kloster der Augustiner-Eremiten und seine Mönche (Beiträge zur Geschichte und Stadtkultur 13), Jena 2007, 85–88.

Er richtete sich jedoch nicht auf die Pfarreien des Kurfürstentums, sondern auf eine Reihe thüringischer Klöster, die durch den Bauernkrieg in Mitleidenschaft gezogen worden waren. Dieser Visitationsversuch soll nun nach einer Einordnung in seinen historischen Kontext näher dargestellt werden.

## 2. Hintergründe der Klostervisitation von 1526

Nach dem Tod des sächsischen Kurfürsten Friedrich des Weisen (1463–1525) am 5. Mai 1525 gelangte sein jüngerer Bruder Johann der Beständige (1468–1532) an die alleinige Regierung, an der er grundsätzlich bereits seit 1486 und besonders seit der Mutschierung von 1513 für den thüringisch-vogtländischen Teil des Herzogtums beteiligt war.[8] Er stand nun vor der Aufgabe, eine Reihe von anstehenden Reformen durchführen zu müssen. Dazu zählte unter anderem die Reform des Hofgerichts, der Ämter, der Universität Wittenberg und des Münzwesens.[9] Ein Teil der Reformen – so die wirtschaftliche Stabilisierung der Pfarreien – hing mit der Wittenberger Reformation zusammen, durch die es zu einer Wandlung bis dahin geltender Normen und Zuständigkeiten gekommen war.

Aus Bernhard Opfermanns (1913–1995) nach wie vor maßgeblicher Darstellung der *Thüringischen Klöster vor 1800* ist zu entnehmen, dass bereits 1525 die Aufhebung zahlreicher Klöster im ehemaligen Territorium der Ernestiner begann,[10] worauf in den Jahren 1526 bis 1534 eine Welle von Aufhebungen der noch bestehenden Klöster folgte,[11] die schließlich ab 1531 in

8 Vgl. Ernst Müller, Die Mutschierung von 1513 im ernestinischen Sachsen, in: JbRG 14 (1987), 173–182; Jörg Rogge, Herrschaftsweitergabe, Konfliktregelung und Familienorganisation im fürstlichen Hochadel. Das Beispiel der Wettiner von der Mitte des 13. bis zum Beginn des 16. Jahrhunderts (MGMA 49), Stuttgart 2002, 291–301.

9 Vgl. Ernst Müller, Zur Neuordnung des Kirchenwesens im Kurfürstentum Sachsen um 1525, in: JbRG11 (1984), 174–186.

10 Vgl. Bernhard Opfermann, Die thüringischen Klöster vor 1800. Eine Übersicht, Leipzig/Heiligenstadt 1959, 38 (Zisterzienserinnen in Jena); vgl. auch Robert Hermann, Verzeichniß der in den Sachsen-Ernestinischen, Schwarzburgischen und Reußischen Landen, sowie den K. Preuß. Kreisen Schleusingen und Schmalkalden bis zur Reformation vorhanden gewesenen Stifter, Klöster und Ordenshäuser, in: ZVThG 7 (1870), 1–75.

11 Dies betrifft z. B. das Benediktinerkloster Thalbürgel, vgl. Opfermann, Die thüringischen Klöster (s. Anm. 10), 13.

die Sequestration mündete.[12] Völlig überraschend verlief diese Entwicklung offenbar nicht, da eine Reihe vorangegangener Ereignisse diese Entwicklung forcierte. So hatte es bereits vor 1525 einige Ausschreitungen gegen die Franziskaner – z.B. in Altenburg – gegeben, die schließlich in Klosterstürmen – z.B. in Zwickau und Torgau – gipfelten,[13] die wiederum bald zur völligen Vertreibung der Barfüßer führten. Hinzu kam, dass im Bauernkrieg Klöster – wie Reinhardsbrunn oder Georgenthal – in Mitleidenschaft gezogen wurden, so dass ihr Besitz durch Kurfürst Johann von Sachsen in Verwahrung genommen wurde.[14] Dieser ab 1525 zu beobachtende Prozess stellt eine bis dahin völlig neue historische Situation dar: Flächendeckend wurden in Mitteldeutschland Klöster aufgelöst, weil sie offenbar die Berechtigung für die von ihnen jahrhundertelang erfüllten Funktionen verloren hatten. Dabei wurde dieser Auflösungsprozess nicht durch den Willen des »gemeinen Mannes« herbeigeführt,[15] sondern sowohl durch theologische Einsichten der Reformatoren als auch kirchenpolitische Maßnahmen der kursächsischen Obrigkeit vorangetrieben.

Der Auflösung vieler Klöster war eine Veränderung der theologischen Rahmenbedingungen für ihren Bestand vorausgegangen, weil Martin Luther seit 1521 sowohl die Berechtigung der Mönchsgelübde als auch seit 1523 die geistliche Bedeutung der Klöster bestritt.[16] Luther schlug zwar keine Vertreibung von Mönchen und Nonnen vor, sprach sich aber für einen Austritt der

---

12 Vgl. Alfred Hilpert, Die Sequestration der geistlichen Güter in den kursächsischen Landkreisen Meißen, Vogtland und Sachsen 1531 bis 1543, Plauen 1911 (zugleich in: Mitteilungen des Altertumsvereins zu Plauen 22 [1912], 1–135).

13 Vgl. Ferdinand Doelle, Der Klostersturm von Torgau im Jahre 1525 (FS.B 14), Münster 1931; Ders., Reformationsgeschichtliches aus Kursachsen. Vertreibung der Franziskaner aus Altenburg und Zwickau (FS.B 15), Münster 1933.

14 Vgl. AGBM 2, 675 (Nr. 1879), 706–710 (Nr. 1919).

15 Vgl. Robert Hermann Lutz, Wer war der gemeine Mann? Der dritte Stand in der Krise des Spätmittelalters, München/Wien 1979.

16 An dieser Stelle sind vor allem zwei Schriften Luthers zu nennen: *De votis monasticis* (WA 8, [564] 573–669) und seine Vorrede zur Leisniger Kastenordnung (WA 12, [1] 11–15). Vgl. Bernhard Lohse, Mönchtum und Reformation. Luthers Auseinandersetzung mit dem Mönchsideal des Mittelalters (FKDG 12), Göttingen 1963; Heinz-Meinolf Stamm, Luthers Stellung zum Ordensleben (VIEG 101), Wiesbaden 1980; Wolf-Friedrich Schäufele, »... iam sum monachus et non monachus«. Martin Luthers doppelter Abschied vom Mönchtum, in: Dietrich Korsch u. Volker Leppin (Hg.), Martin Luther – Biographie und Theologie (SMHR 53), Tübingen 2010, 119–139; Athina Lexutt, Volker Mantey u. Volkmar Ortmann (Hg.), Reformation und Mönchtum. Aspekte eines Verhältnisses über Luther hinaus (SMHR 43), Tübingen 2008.

Klosterinsassen aus. Die Obrigkeit könne durch ein Verbot der Aufnahme von Novizen regulierend eingreifen.[17] Diese Gedanken wurden schnell von Luthers Anhängern aufgegriffen und weitergetragen und führten – befördert durch zahlreiche Flugschriften, die das Klosterleben in polemischer Weise darstellten – zu einer Welle von Klosteraustritten,[18] so dass eine Reihe von Klöstern im Territorium der Ernestiner um ihren Fortbestand bangen mussten.[19] Mönche und Nonnen waren ›ausgelaufen‹, so dass häufig nur noch wenige Insassen ein Kloster bevölkerten. Abgaben wurden kaum noch entrichtet, weil die Klosteruntertanen die von den Reformatoren propagierte Freiheit als Freiheit von Diensten, Zehnten, Fronen oder Zinsen verstanden. Deshalb gerieten zahlreiche Konvente in wirtschaftliche Not. Andererseits bedrohten die Übergriffe im Bauernkrieg neben dem Auslaufen von Nonnen und Mönchen den Bestand der Klöster.[20] Dabei wurden nicht nur Klostergüter geplündert, sondern teilweise auch Klosterurkunden entwendet, die Gerechtsame, Zinsverschreibungen oder Privilegien dokumentierten. All diese Probleme gelangten an den kursächsischen Hof, der um Hilfe und Einschreiten ersucht wurde, dazu aber vielfach aufgrund der Fülle der anfallenden Klagen bald nicht mehr in der Lage war.[21] Weder die Amtmänner noch eigens damit beauftragte Räte konnten die zahlreichen Problemfälle lösen.

Dass die Klosterfrage am kurfürstlichen Hof intensiv bedacht wurde, belegt ein von Luther unterzeichnetes Gutachten der Wittenberger Theologen vom Herbst 1525.[22] Darin verwies er darauf, dass kein Zwang ausgeübt werden dürfe. Vielmehr stehe es den »geistlichen Personen« frei, in ihren

---

[17] Außerdem sind eine Reihe von Bittgesuchen Luthers bekannt, in denen er sich für ehemalige Mönche einsetzte, die in wirtschaftliche Not geraten waren, z. B. WA.B 4, 34 f (Nr. 983); WA.B 8, 332 f (Nr. 3279).

[18] Vgl. Johannes Schilling, Klöster und Mönche in der hessischen Reformation (QFRG 67), Gütersloh 1997, 120–158; Antje Rüttgardt, Klosteraustritte in der frühen Reformation. Studien zu Flugschriften der Jahre 1522 bis 1524 (QFRG 79), Gütersloh 2007.

[19] Vgl. Enno Bünz, Das Ende der Klöster in Sachsen. Vom »Auslaufen« der Mönche bis zur Säkularisierung (1521–1543), in: Harald Marx u. Cecilie Hollberg (Hg.), Glaube und Macht. Sachsen im Europa der Reformationszeit. Aufsätze, Dresden 2004, 80–90.

[20] Vgl. Manfred Straube, Reformation, Bauernkrieg und »Klosterstürme«, in: Günter Vogler (Hg.), Bauernkrieg zwischen Harz und Thüringer Wald (Historische Mitteilungen. Beiheft 69), Stuttgart 2008, 381–395.

[21] Vgl. die dichte Überlieferung von entsprechenden Eingaben in den Beständen des Ernestinischen Gesamtarchivs im Thüringischen Hauptstaatsarchiv Weimar in Reg. Ii, Reg. Ll und vor allem Reg. Kk.

[22] Vgl. WA.B 3, 580 f (Nr. 925).

Klöstern zu bleiben – oder sogar nach dem Bauernkrieg in diese zurückzukehren – oder sie zu verlassen. In beiden Fällen sei aus dem Klostervermögen für ihren Unterhalt zu sorgen. Für die im Kloster verbleibenden Mönche oder Nonnen seien aber Prediger anzustellen, »die sie vnterrichten, bis sie absterben vnnd bekert werden«. Ihnen sollte außerdem verboten werden, Messen zu lesen und Novizen oder Ordensangehörige aus anderen Konventen aufzunehmen. Damit war bereits im Herbst 1525 eine Linie vorgegeben, die die ernestinische Klosterpolitik der nächsten Jahre bestimmte. Der Umsetzung von Luthers Vorschlägen ging 1526 eine erste Bestandsaufnahme voraus.

## 3. Eine kursächsische Klostervisitation von 1526

Vor Ostern 1526 schritten die beiden Hofräte Nickel vom Ende, Hofmarschall, und Hans von Gräfendorf zu einer Prüfung der wirtschaftlichen Verhältnisse einiger thüringischer Klöster. Schwerpunkt ihrer Prüfung lag auf dem Vermögen und Einkommen der Klöster. Dazu unternahmen sie eine Reise, die sie in den Nonnenklöstern Eisenberg, Petersberg und Lausnitz (Klosterlausnitz), die zusammengelegt werden sollten, begannen. Am 17. März 1526 trafen sie im Benediktinerkloster Bürgel ein, wo sie sich drei Tage aufhielten. Hier bestätigten sie die im Herbst 1525 in Jena vereinbarte Abfindung Abt Michaels von Bürgel[23] und besprachen den Verbleib oder den Austritt einiger Mönche mit dem noch vorhandenen Konvent.[24] Wie auch an anderen Orten verzeichneten sie die Klosterkleinodien und das sonstige Vermögen.[25] Anschließend zogen sie weiter nach Jena, wo die verbliebenen Nonnen ihr Jungfrauenkloster nicht verlassen wollten.[26] Deshalb wandten die beiden Hofräte sich weiter zum Benediktinerinnenkloster Heusdorf bei Apolda, wo sie am 22. März eintrafen. Gräfendorf und vom Ende verhandelten mit dem Klostervorsteher über die Aufnahme von Nonnen aus Oberweimar und fertigten ein Klosterinventar an.[27] Am 24. März waren sie wahrscheinlich wieder

---

[23] ThHStAW, EGA, Reg. Oo 874a, Bl. 43r–44v; vgl. Joachim Bauer, Reformation und ernestinischer Territorialstaat in Thüringen, in: Jürgen John (Hg.), Kleinstaaten und Kultur in Thüringen vom 16. bis zum 20. Jahrhundert, Weimar/Köln/Wien 1994, 37–73, hier: 61.

[24] ThHStAW, EGA, Reg. Oo 874a, Bl. 45r–48v.

[25] A.a.O. Bl. 49r–65v (Verzeichnis mit Bericht).

[26] A.a.O. Bl. 66r: Jena: »Zu Jhene seind noch etliche Jungffrawenn die werden wie bisher bescheenn mit zimlicher costung vnnd cleidung vnderhalten.«

[27] A.a.O. Bl. 67rv (Bericht), Bl. 68r–71v (Inventar).

im Schloss in Weimar, um am 25. März von dort aus nach Oberweimar zu fahren. Am 25. März prüften sie die Oberweimarer Klosterrechnung[28] und fertigen 16 Nonnen ab, die je 34 Taler erhielten, von denen sie je vier Taler für ein neues Kleid verwenden sollten.[29] Am 28. März hielten sich die beiden Hofräte in Reinhardsbrunn auf, wo sie die Klosterrechnungen von Eisenach, Gotha, Creuzburg, Reinhardsbrunn, Georgenthal, Ichtershausen und Ettersburg prüften. Die vor ihnen erschienenen Klostervorsteher wiesen sie an, sich um einen ausreichenden Unterhalt der Nonnen zu kümmern.[30] Ein solches Vorgehen wurde zudem durch den Austritt der Äbte mit entsprechender Abfindung aus den Konventen Reinhardsbrunn, Georgenthal und Bürgel erleichtert.[31] Die Sorge der beiden Verwaltungsbeamten bei ihrer Reise durch thüringische Klöster galt vor allem den Frauenklöstern, da es die Nonnen deutlich schwerer hatten, ihre Klöster zu verlassen, als die Mönche, die leichter in einen weltlichen Beruf hineinfanden.

Interessant an der Reise Gräfendorfs und vom Endes ist, dass zeitgleich – ca. vom 11. bis zum 30. März – eine Visitation der Pfarrer des Amtes Tenneberg durch den Gothaer Pfarrer Friedrich Myconius (1490–1546), den Walthershausener Pfarrer Johann Draconites (1494–1566) und den Tenneberger Amtmann Dietzmann Goldacker (gest. 1528) stattfand.[32] Wie Myconius beriefen sich Gräfendorf und vom Ende auf einen Befehl ihres Landesherrn, in dessen Namen sie rechtliche Neuordnungen vornahmen. Dies berechtigt zu der These, dass es sich bei der Reise der beiden Hofräte um eine Visitation der wirtschaftlichen Verhältnisse der Klöster gehandelt habe, die sie nicht aus freien Stücken, sondern in kurfürstlichem Auftrag vornahmen. Diese These wird nicht nur durch den Verlauf ihrer Reise gestützt. Vielmehr verweisen weitere Details auf die Berechtigung zu dieser Annahme: Sie führten ein sehr detailliertes Protokoll, in dem sie ihre Ergebnisse und Entscheidungen festhielten, die dem Hof zur Kenntnisnahme mitgeteilt wurden. Der Protokollant verwendete an einer Stelle sogar das Wort »visitieren«, strich es aber wieder.[33] Insofern könnte es sich bei Gräfendorfs und vom Endes Klosterreise um eine gezielte Vorbereitung einer flächendeckenden

---

28 A.a.O. Bl. 75r.

29 ThHStAW, EGA, Reg. Oo 874a, Bl. 72r.

30 ThHStAW, EGA, Reg. Oo 874a, Bl. 82r–139r.

31 Vgl. WA.B 3, 581 Anm. 1.

32 Vgl. PAUL DREWS, Der Bericht des Myconius über die Visitation des Amtes Tenneberg im März 1526, in: ARG 3 (1905/06), 1–17.

33 Vgl. ThHStAW, EGA, Reg. Oo 874a, Bl. 2r.

Visitation des gesamten Territoriums gehandelt haben, wobei ihre Reise kein Eingreifen in die geistlichen Angelegenheiten der Klöster darstellte, sondern eine – wie im Spätmittelalter üblich – Prüfung der äußeren Verhältnisse. Sie verfolgten dementsprechend auch keine geistlichen Ziele, so dass sie auf eine Mitwirkung einer bischöflichen Instanz verzichten konnten.

Bei der Aufnahme der Klostergüter blieben Gräfendorf und vom Ende jedoch nicht stehen, sondern sie gingen sogar noch einen Schritt weiter und damit über das bis dahin Übliche hinaus. Dabei kam ihnen entgegen, dass Kurfürst Johann 1525 zum Schutz von Klostergütern seinen Amtmännern befohlen hatte, Kleinodien in Verwahrung zu nehmen oder unter ihren Schutz zu stellen,[34] um sie vor anderweitiger Enteignung als Folge des Bauernkrieges zu schützen. Tatsächlich bestand erheblicher Bedarf für dieses Vorgehen, weil bereits einige Städte oder Adlige damit begonnen hatten,[35] Klostergut,[36] vor allem Kleinodien, zu entwenden. Kurfürst Johann wollte aber den Überblick behalten und ordnete deshalb eine Verzeichnung des Klosterguts an.[37] Allerdings gelangten nach dem Ende des Bauernkrieges kaum sichergestellte Kleinodien an die Klöster oder Städte zurück. Gerade wertvolle liturgische Geräte, die überzählig waren und für die keine Verwendung mehr bestand, wurden eingezogen. Andere Ausstattungsstücke, wie Gewänder, wurden den Städten übergeben und ihr Verkaufserlös nicht selten für die Einrichtung eines Gemeinen Kastens verwendet.[38]

---

[34] Vgl. ThHStAW, EGA, Reg. Aa 1159–1190 (der Bestand enthält verschiedene Klosterinventare); Reg. Bb 3339–4060 (besonders ab 1532). Für die Klöster Brehna (3413; 3414), Buch (3423), Kapellendorf (3454–3458), Eisenach (3510–3515), Ettersberg (3595), Frankenhausen (3613–3616), Crimmitschau (3681–3683), Mönchröden (3725; 3726), Nauendorf (3731; 3732), Oberellen (3816-3819), Saalfeld (3965), Sitzenrode (3975) oder Veilsdorf (4003–4005) setzt die Rechnungsüberlieferung schon zwischen 1525 bzw. 1527 ein.

[35] Vgl. z. B. ThHStAW, EGA, Reg. Kk 222 (Wiederherausgabe der von Heinrich d. Ä. von Gera im Bauernaufstand verwahrten Kleinodien des Klosters, 1525/26).

[36] Zur Diskussion um das Kirchengut im Allgemeinen vgl. Hans Lehnert, Kirchengut und Reformation. Eine kirchenrechtsgeschichtliche Studie, Erlangen 1935; Michael Beyer, Martin Luther und das Kirchengut. Ekklesiologische und sozialethische Aspekte der Reformation, (Diss. masch.) Leipzig 1984; Karl Trüdinger, Luthers Briefe und Gutachten an weltliche Obrigkeiten zur Durchführung der Reformation (RST 111), Münster 1975, 59–68, 85–87.

[37] Vgl. ThHStAW, EGA, Reg. Aa 1159–1173.

[38] Vgl. Joachim Bauer, Gemeine Kästen in Kursachsen 1525–1531, in: JbGF 12 (1989), 207–227.

Diesen Einzug der Kleinodien überwachten wieder Nickel vom Ende und Hans von Gräfendorf.[39] Wahrscheinlich hatten sie sogar veranlasst, dass die Kleinodien aus den Klöstern Eisenberg, Petersberg, Thalbürgel, Klosterlausnitz, Roda (Stadtroda), Neustadt an der Orla, Orlamünde, Ziegenhain, Jena, Eisenach, Reinhardsbrunn, Georgenthal und Creuzburg Ende 1526 oder Anfang 1527 im Franziskanerkloster Weimar gesammelt, zerlegt und gewogen wurden.[40] Ferner hielten sie fest, dass sie befohlen hätten, »die cleinoter zu plawenn vnd zum heiligen Creutz zu Gotha fürderlich gein Weymar furen zelassen.«[41] Der Ertrag aus dem Verkauf des auf diese Weise gewonnenen Edelmetalls floss offenbar direkt in den Staatshaushalt des Kurfürstentums und diente zur Tilgung von Schulden.[42] Allerdings entsprach dieses Vorgehen nicht den Vorstellungen aller Reformatoren, wie ein Gutachten von Friedrich Myconius vom Frühjahr 1527 belegt.[43] Er wünschte sich eine stärkere Verwendung der Gelder vor Ort, z. B. für den Ausbau von Schulen.

Gräfendorf und vom Ende könnten durch einen Brief Luthers, mit dem sie in engem Austausch standen,[44] zu ihrem Vorgehen in Sachen Klostergut ermutigt worden sein. Am 12. November 1526 hatte jener eindringlich an den Kurfürsten geschrieben, dass es »der Oberkeit geboten ist«, für die Jugend zu sorgen. Aus dieser Pflicht leitete er die Notwendigkeit ab, Lehrer und Prediger anzustellen.[45] Ferner schärfte er dem Kurfürsten folgenden Grundsatz ein: »Nu aber ynn E. C. f. g. furstenthum Bepstlich vnd geystlicher zwang vnd ordnung aus ist, Vnd alle kloster vnd Stifft E. C. f. g. als dem

---

[39] Vgl. ThHStAW, EGA, Reg. Aa 1173, Bl. 83f; ERNST MÜLLER, Die Entlassung des ernestinischen Kämmerers Johann Rietesel im Jahre 1532 und die Auflösung des Wittenberger Heiligtums. Ein Beitrag zur Biographie des Kurfürsten Johann des Beständigen von Sachsen, in: ARG 80 (1989), 213–239, bes. 226f.

[40] 1532 musste sich Nickel vom Ende bei der Regierungsübernahme durch Johann Friedrich von Sachsen dafür rechtfertigen. Gräfendorf, der inzwischen gestorben war, konnte keine Auskunft mehr geben. Vgl. ThHStAW, EGA, Reg. Aa 2240, 25r–29v, bes. 27v; 30r–32r.

[41] ThHStAW, EGA, Reg. Aa 1173, Bl. 84r.

[42] Vgl. MÜLLER, Entlassung (s. Anm. 39), 226f; UWE SCHIRMER, Kursächsische Staatsfinanzen (1456–1656). Strukturen – Verfassung – Funktionseliten (Quellen und Forschungen zur sächsischen Geschichte 28), Leipzig/Stuttgart 2006, 374f.

[43] Vgl. ERNST KOCH, Wohin mit den Mönchen? Eine unbekannte Quelle zur frühen Reformation in Gotha und in Westthüringen, in: ARG 102 (2011), 88–102.

[44] Vgl. WA.B 4, 133,26.

[45] WA.B 4, 133–135 (Nr. 1052).

obersten heubt ynn die hende fallen, komen zu gleich mit auch die pflicht vnd beschwerde, solche ding zu ordnen.«[46]

Eine solche neue Ordnung sei durch eine Visitation des Kurfürstentums, die von Gregor Brück und Nickel vom Ende begrüßt würde, zu erreichen. Da die Klostergüter zu geistlichen Zwecken gestiftet worden seien, sollten sie auch in Zukunft für solche Zwecke gebraucht werden. Dieses Stiftungsziel sei wohl am besten einzuhalten, wenn Lehrer und Pfarrer aus diesen Mitteln bezahlt würden. »Was danach vbrig ist, mag E. C. f. g. zur lands notturfft odder an arme leute wenden.«[47]

Nicht nur dieser Brief Luthers belegt, dass zeitgleich zur Zerlegung von Kleinodien aus thüringischen Klöstern die Vorbereitungen für die Kirchenvisitation vom Sommer 1527 stattfanden. In der Visitationsinstruktion vom Juni 1527 legte Kurfürst Johann unter Rückgriff auf bekannte Probleme möglichst genau fest,[48] worauf die Visitatoren zu achten hatten: Neben dem Zustand der Pfarreien sollten auch Erkundigungen über die wirtschaftlichen Verhältnisse der Klöster eingeholt werden.[49] Damit wurde die seit 1525 eingeschlagene Linie der verstärkten wirtschaftlichen Kontrolle der Klöster fortgeführt. Allerdings wurde nun auch der Akzent der geistlichen Beeinflussung der Konvente durch Prediger verstärkt. Durch die Förderung der Evangeliumspredigt in den Klöstern sollte die Reformation auch hier vorangetrieben werden. Dies kommt einer stärkeren Einmischung in geistliche Angelegenheiten der Klöster gleich.

Dass Nickel vom Ende, diesmal unterstützt vom Weimarer Rentschreiber Günther Herwagen (gest. nach 1547), gut wirtschaften konnte, belegt eine Aufstellung, die er vor der Einsetzung der Sequestrationskommission 1530 im Auftrag Johanns von Sachsens anfertigte.[50] Das Verzeichnis betrifft die Klöster Allendorf, Bürgel, Eisenach (Kartäuser, Zisterzienserinnen, Prediger, Benediktinerinnen), Eisenberg, Ettersburg, Frankenhausen, Georgenthal,

---

46 A.a.O. 133,21–24.

47 A.a.O. 134,50f.

48 Der Text, der in einer Ausfertigung für Hans Edler von der Planitz im Ratsarchiv Grimma (Abt. III, Abschn. 1, Nr. 2) und einer Abschrift für die kursächsische Kanzlei im Thüringischen Hauptstaatsarchiv Weimar (Reg. Ii 191) überliefert ist, wurde mehrfach ediert: EKO 1/1, 142–148 (Nr. 1); MBW.T 3, 80–94 (Nr. 558).

49 EKO 1/1, 144 = MBW.T 3, 85,146–149 (Nr. 558): »Item, dieweil sich in etzlichen unsern stetten Augustiner, Franciscer, Prediger und dergleichen betler closter, dergleichen auch thumereien vorlediget, was dieselben zugehorigen guter, gebeuden und zinß gehabt.«

50 ThHStAW, EGA, Reg. Oo 875a (Vermögen und Einkommen der Thüringischen Klöster, 1530).

Gotha (Augustiner, Zisterzienserinnen), Ichtershausen, Jena (Zisterzienserinnen), Johannistal, Kapellendorf, Creuzburg, Crimmitschau (Karthause), Lausnitz, Neustadt, Oberellen, Oberweimar, Orlamünde, Petersberg, Reinhardsbrunn und Stadtroda. Große Gewinne konnte er freilich noch nicht erwirtschaften, weil viele Nonnen und Mönche, die in ihren Klöstern verbleiben wollten, ernährt und die, die ausgetreten waren, abgefunden werden mussten. Gleichwohl scheint vom Ende in seinem Vorgehen Luthers Ratschlag gefolgt zu sein.

## 4. Resümee und Ausblick

Die geschilderte Visitationsreise Nickel vom Endes und Hans von Gräfendorfs führt vor Augen, dass es am kurfürstlichen Hof Überlegungen gab, zunächst das Klostergut vor fremdem Zugriff zu schützen. Die weiteren Maßnahmen verweisen darauf, dass die Klöster auch in die Reformation einbezogen werden sollten. Um allerdings angemessen handeln zu können, war eine Bestandsaufnahme notwendig, der Versuche zur Lösung aktueller Probleme folgen sollten. Dies war allerdings schwierig, weil sich die beiden kurfürstlichen Hofräte in einer rechtlichen Grauzone bewegten. Dies trifft auf die rechtliche Stellung der verschiedenen Orden angehörenden Klöster ebenso zu, wie auf die fehlende Legitimation der Visitation durch einen Bischof oder eine Ordensleitung. In der Klostervisitation des Frühjahrs 1526 zeigt sich das planvolle Handeln des sächsischen Kurfürsten, der sich dadurch als Förderer der Reformation verdient machte. Auch andere etwa zeitgleich durchgesetzte Entscheidungen – wie beispielsweise die Einsetzung von Klostervorstehern zur Verwaltung der Klostervermögen – bestätigen dieses Bild.

Die Visitatoren der ersten flächendeckenden Visitation der Kirchen des Kurfürstentums Sachsen im Sommer 1527 waren unter anderem von Kurfürst Johann damit beauftragt worden, sich über den Zustand der Klöster in ihrem Gebiet zu informieren. Dieser Auftrag umfasste einerseits das geistliche Leben in den Konventen sowie andererseits die wirtschaftlichen Verhältnisse der Klöster.[51] Damit führten sie fort, was Nickel vom Ende und

---

[51] Vgl. als Überblick über den gegenwärtigen Forschungsstand: Eike Wolgast, Die Einführung der Reformation und das Schicksal der Klöster im Reich und in Europa (QFRG 89), Gütersloh 2014, 26–39.

Hans von Gräfendorf 1526 begonnen hatten.[52] Die Visitatoren von 1527 setzten nun auch Luthers Vorschläge von 1525 um, indem sie Prediger in den Konventen einsetzten,[53] traditionelle Gebetszeiten, die Messe und nichtschriftmäßige Lesungen verboten. Den Klosterinsassen blieb häufig nur die Möglichkeit, die evangelischen Predigten anzuhören, was vielfach als Zwang empfunden wurde.

Dass die Klostervisitation des Frühjahrs 1526 bisher von der Forschung übersehen wurde, liegt durchaus an der Darstellung Burkhardts, der die dazu gehörenden Quellen nicht in seine Darstellung mit einbezog. Weiterhin fehlen neuere Forschungen zu thüringischen Klöstern, die diese Lücke geschlossen hätten. Einmal mehr zeigt sich an diesem Beispiel der große Forschungsbedarf zur Reformationsgeschichte, der über die Beschäftigung beispielsweise mit Martin Luther deutlich hinausgeht.

---

52 Vgl. konkret die Anweisungen für die Klöster in Weimar, Reinhardsbrunn, Georgenthal, Gotha, Eisenach und Cronschwitz in der Visitationsinstruktion: EKO 1/1, 147 = MBW.T 3, 92 f (Nr. 558).

53 Vgl. EKO 1/1, 147 f = MBW.T 3, 93,418–432 (Nr. 558): »Item nach dem an uns oft bitlich gelangt, das wir in die nonnen closter christliche prediger die das evangelion nach rechtem vorstandt predigen verordnen wollten, wie wir dann gethan, und insonderhait gegen Cronschwitz im ampt Weida, jegen Heußdorff, und etzlichen andern ortern solche prediger verordent.«

*Vicky Rothe*

# Die ersten beiden Visitationen im Amt Wittenberg 1528/29 und 1533/34

## 1. Einleitung

Die Reformation und die Stadt, allen voran Wittenberg, welches als der ›Ort‹ der Reformation schlechthin angesehen wird, sind bekanntermaßen untrennbar miteinander verbunden.[1] Dahingegen gilt die Reformation auf dem Land als ein noch unzureichend aufgearbeitetes Themenfeld in der Forschung. Wie ging die Aufnahme des reformatorischen Gedankengutes in der ländlichen Gemeinde, wo rund 90 % der gesamten Bevölkerung lebten, wo die Kirche einen bedeutenden Stellenwert innehatte und wo Veränderungsvermögen auf die Weiterexistenz von alten Glaubensvorstellungen stieß, vonstatten?[2]

---

1 Exemplarisch: Bernd Moeller, Reichsstadt und Reformation, Gütersloh 1962. Neue Ausgabe hrsg. von Thomas Kaufmann, Tübingen 2011. Zur frühen Reformation in Wittenberg ist aktuell Natalie Krentz, Ritualwandel und Deutungshoheit. Die frühe Reformation in der Residenzstadt Wittenberg (1500–1533) (SMHR 74), Tübingen 2014 erschienen. Siehe auch grundlegend die Ergebnisse des seit 2009 von der Stiftung LEUCOREA geförderten Forschungsprojekts »Das ernestinische Wittenberg: Universität und Stadt (1486–1547)« und die bisher erschienenen Bände: Heiner Lück u.a. (Hg.), Das ernestinische Wittenberg: Universität und Stadt (1486–1547) (Wittenberg-Forschungen 1), Petersberg 2011 und Heiner Lück u.a. (Hg.), Das ernestinische Wittenberg: Stadt und Bewohner (Wittenberg-Forschungen 2), Petersberg 2013.

2 Vgl. Enno Bünz, »Die Kirche im Dorf lassen ...«. Formen der Kommunikation im spätmittelalterlichen Niederkirchenwesen, in: Werner Rösener (Hg.), Kommunikation in der ländlichen Gesellschaft vom Mittelalter bis zur Moderne (VMPIG 156), Göttingen 2000, 77–167; Berndt Hamm, Einheit und Vielfalt der Reformation – oder: was die Reformation zur Reformation machte, in: Ders., Bernd Moeller u. Dorothea Wendebourg (Hg.),

Gerade das Wittenberger Amt[3] erscheint durch seine unmittelbare Nähe zu Wittenberg als spannender Untersuchungsgegenstand, kann doch hier der Frage nach dem direkten Einfluss des reformatorischen Verständnisses auf das Umland nachgegangen werden. Einen besonderen Einblick gewähren die Visitationsprotokolle, da sie die konkreten Gegebenheiten vor Ort und die Aneignung der Reformation nicht nur in der Stadt, sondern gerade auch im dörflichen Bereich widerspiegeln.[4]

---

Reformationstheorien. Ein kirchenhistorischer Disput über Einheit und Vielfalt der Reformation, Göttingen 1995, 57–127, hier: 99f.

3 Über das Wittenberger Amt und zur ersten kursächsischen Visitation existieren nur wenige aktuelle Arbeiten, siehe dazu (in zeitlicher Erscheinungsfolge): Heiko Jadatz, Wittenberger Reformation im Leipziger Land. Dorfgemeinden im Spiegel der evangelischen Kirchenvisitationen des 16. Jahrhunderts (HerChr.S 10), Leipzig 2007; Uwe Schirmer, Alltag, Armut und soziale Not in der ländlichen Gesellschaft – Beobachtungen aus dem kursächsischen Amt Wittenberg (1485–1547), in: Stefan Oehmig (Hg.), Medizin und Sozialwesen in Mitteldeutschland zur Reformationszeit (Schriften der Stiftung Luthergedenkstätten in Sachsen-Anhalt 6), Leipzig 2007, 115–142; Ders., Unerschlossene Quellen zur Reformationsgeschichte. Kirchenrechnungen aus dem ernestinischen Kursachsen (1514–1547), in: Winfried Müller (Hg.), Perspektiven der Reformationsforschung in Sachsen. Ehrenkolloquium zum 80. Geburtstag von Karlheinz Blaschke (Bausteine aus dem Institut für Sächsische Geschichte und Volkskunde 12), Dresden 2008, 107–123; Sebastian von Birgelen, Die Reformation auf dem Lande. Kirchenrechnungen aus dem kursächsischen Amt Wittenberg (1519–1546) (Wissenschaftliche Beiträge aus dem Tectum Verlag, Reihe Geschichtswissenschaft 19), Marburg 2011; Björn Krolopp, Reformation auf dem Land. Die Kirchenvisitation von 1533/34 im Wittenberger Umland, in: aventinus nova Nr. 28 [05.01.2011], URL: https://www.aventinus-online.de/no_cache/persistent/artikel/8380/ (Stand: 20.04.2015). Derzeit entsteht außerdem das Dissertationsprojekt von Joachim Seibt über »Reformation im Wittenberger Land. Beobachtungen zum Wandel in dörflichen Kirchgemeinden des Amts Wittenberg (1517–1555)« an der Martin-Luther-Universität Halle-Wittenberg. Zur älteren Literatur sei vor allem auf Carl August Hugo Burkhardt, Geschichte der sächsischen Kirchen- und Schulvisitationen von 1524 bis 1545, Leipzig 1879, hier: 29–43, 145–154; Otto Oppermann, Das kursächsische Amt Wittenberg im Anfang des 16. Jahrhunderts, dargestellt auf Grund des Erbbuches vom Jahre 1513 (Leipziger Studien aus dem Gebiet der Geschichte 4/2), Leipzig 1897; Karl Pallas, Die Registraturen der Kirchenvisitationen im ehemals sächsischen Kurkreis, Erste Abteilung. Allgemeiner Teil (Geschichtsquellen der Provinz Sachsen und angrenzender Gebiete 21), Halle 1906 und Heinrich Nebelsieck, Die erste ordentliche Kirchenvisitation in den zur heutigen Provinz Sachsen gehörigen Aemtern des alten sächsischen Kurkreises (1528–1531), Liebenwerda 1917 verwiesen.

4 Zur grundlegenden Bedeutung der Visitationsprotokolle siehe die Aufsätze von Peter Thaddäus Lang, Die Kirchenvisitationsakten des 16. Jahrhunderts und ihr Quellenwert,

Exemplarisch sollen die Akten der ersten evangelischen Kirchenvisitationen von 1528/29 und 1533/34 dazu befragt werden, welche Situation gute zehn Jahre nach dem sogenannten ›Thesenanschlag‹ Luthers im unmittelbaren Umland Wittenbergs vorherrschte. Da die Reformation auf dem Lande im Vordergrund stehen soll, widmet sich der Beitrag ausschließlich den Dörfern im Amt und klammert die Städte aus.

Das Amt Wittenberg selbst zählte zu den größten Ämtern im Kurkreis, war jedoch nur dünn besiedelt.[5] Es existierten zu Beginn des 16. Jahrhunderts vier Städte, nämlich Wittenberg, Zahna, Schmiedeberg und Kemberg. Daneben gab es ca. 100 Dörfer.[6] Insgesamt wurden 34 Pfarreien in den beiden Visitationen begutachtet.[7] Diese waren (ohne deren Filialdörfer): Apollensdorf, Dobien, Straach, Bülzig, Leetza, Klebitz, Blönsdorf, Eckmannsdorf, Zellendorf, Elster, Feldheim, Marzahna, Rahnsdorf, Liesenitz (das heutige Kropstädt), Pratau, Dabrun, Rackith, Dorna, Globig, Wartenburg, Bleddin, Trebitz, Pretzsch, Gommlo, Meuro, Rotta, Bergwitz, Radis, Seegrehna, Eutzsch, Kemberg, Wittenberg, Schmiedeberg und Zahna.[8] Auch Klöden wur-

---

in: RoJKG 6 (1987), 133–153; DERS., »Ein grobes, unbändiges Volk.« Visitationsberichte und Volksfrömmigkeit, in: HANSGEORG MOLITOR u. HERIBERT SMOLINSKY (Hg.), Volksfrömmigkeit in der Frühen Neuzeit (KLK 54), Münster 1994, 49–63.

5 Vgl. SCHIRMER, Alltag (s. Anm. 3), 119.

6 Vgl. a.a.O. 118. Vgl. auch SCHIRMER, Unerschlossene Quellen (s. Anm. 3), 115; OPPERMANN, Das kursächsische Amt (s. Anm. 3), 1–3.

7 Vgl. BURKHARDT, Geschichte (s. Anm. 3), 149.

8 Zum Amt Wittenberg gehörten laut dem Visitationsprotokoll LASA, MD, A 29b, II Nr. 1a: *Ordnung der Pfarren und Dörfer im Amt Wittenberg* 1528/29 und 1533/34 die folgenden Pfarrorte (mit Pfarrkirche) und mit ihren dazugehörigen Filialdörfern: Apollensdorf (Pollerstorff); Dobien (Dobyn) mit Schmilkendorf (Schmilckendorff), Braunsdorf (Breunstorff), Reinsdorf (Reynstorff) und die Hälfte von Piesteritz (Pisteritz); Straach (Stracha) mit Berkau (Borckaw), Grabo (Grabow) und Kerzendorf (Kertzendorff); Bülzig (Pöltzk) mit Külso (Kulße); Leetza (Letze) mit Zallmsdorf (Czalmstorff); Klebitz mit Schönefeld (Schonfelt); Blönsdorf (Blonstorff) mit Mellnsdorf (Melmestorff) und Danna (Thanne); Eckmannsdorf (Eckmanstorff) mit Dalichow (Dalchow) und Zellendorf (Zellendorff); Elster mit Meltendorf (Meltendorff), Ruhlsdorf (Rulstorff), Gentha (Genth), Gielsdorf (Geylstorff) und Listerfehrda (Lüsterforde); Feldheim (Feltheym) mit Schwabeck (Schwabach); Marzahna (Groß Martzan) mit Schmögelsdorf (Schmigelstorff); Rahnsdorf (Ranstorff) mit Wergzahna (Wercktzan); Liesenitz (Ließnitz), das heutige Kropstädt, mit Weddin (Wettyn) und Jahmo (Jhame); Pratau (Pratho), ein landesherrliches Vorwerk; Dabrun mit Melzwig (Melzwick); Rackith (Rocket) mit Lammsdorf (Lambstorff) und Bietegast (Bittegast); Dorna (Dhorna); Globig (Globick) mit Bösewig (Besswick); Wartenburg (Warttenberg); Bleddin (Bledyn); Trebitz mit ½ Viertel Schnellin (Schnellen), 1 Viertel Österitz (Osterwitz),

de in diese Visitationen mit einbezogen, war aber nicht dem Amt Wittenberg zugehörig, sondern gehörte in das Amt Schweinitz und wird deshalb hier nicht mitbetrachtet.

Relevant für die Auswertung sind vor allem zwei Akten, nämlich die *Ordnung der Pfarren und Dörfer im Amt Wittenberg*[9] und die *Ordination der Stadt Wittenberg in der ersten und anderen Visitation durch die verordneten Visitatoren der Kirchen im Kurkreis, auch im Amt Allstedt*[10]. Ediert liegen sie von Karl Pallas[11] und von Franz Winter[12] vor. Es existiert allerdings das Problem, dass innerhalb der Aktenaufzeichnungen nicht deutlich wird, welche Ergebnisse welcher Visitation zugeordnet werden können. Nur für die Städte kann klar zwischen 1528 und 1533 unterschieden werden. Dies lässt eine gemeinsame Bearbeitung beider Visitationen mehr als sinnvoll erscheinen.

---

1 Viertel Merkwitz (Merckwitz) und Kleinzerbst (Zscherbitz); Pretzsch (Pretatzsch) mit Priesitz (Brisitz), Sachau (Sacha), Patzschwig (Paschwitz), Merschwitz (Merschwitz) und Kleinkorgau (Klein Korge); Gommlo (Gommolo) mit Ateritz (Atteritz) und 2 Mühlen; Meuro (Meura) mit Scholis (Schalis), Sackwitz und 1 Viertel Reinharz (Reynharts); Rotta (Rotto) mit Reuden (Ruden), Gniest (Gnyst) und Lubast (Lubist); Bergwitz (Beckwitz) mit Klitzschena (Clitzscheen); Radis mit Schleesen (Schlesen) und Uthausen (Uthaußen); Seegrehna (Segeren) mit Selbitz; Eutzsch (Utzsch) mit Pannigkau (Panecko); Kemberg (Kembergk). Zusätzlich gehörten noch die folgenden Ortschaften dazu, die allerdings nur im Visitationsprotokoll LASA, MD, A 29b, II Nr. 63: *Ordination der Stadt Wittenberg in der ersten und anderen Visitation durch die verordneten Visitatoren der Kirchen im Kurkreis, auch im Amt Allstedt* verzeichnet sind: Die Stadt Wittenberg (Wittenbergk) mit den dazugehörigen Dörfern Hohndorf (Hondorff), Trajuhn (Dragen), Prühlitz (Brulitzsch), Gallin (Gallyn), Thießen (Diessen), Dietrichsdorf (Dietterstorf), Zörnigall (Zernigall), Wiesigk (Wießk), Iserbegka (Yßerbeck), Labetz (Lebetz), Teuchel (Teucheln), Euper (Upern), Zemnick (Zemnick) und Piesteritz (Pisteritz,); die Stadt Bad Schmiedeberg (Schmiedbergk) und die Stadt Zahna.

[9] LASA, MD, A 29b, II Nr. 1a scheint eine Zusammenschrift für den Amtmann des Kreises gewesen zu sein. Vgl. Pallas, Registraturen. Allgemeiner Teil (s. Anm. 3), 15f.

[10] LASA, MD, A 29b, II Nr. 63.

[11] Karl Pallas (Bearb.), Die Registraturen der Kirchenvisitationen im ehemals sächsischen Kurkreis, Zweite Abteilung. Erster Teil: Die Ephorien Wittenberg, Kemberg und Zahna (Geschichtsquellen der Provinz Sachsen und angrenzender Gebiete 21), Halle 1906.

[12] Franz Winter, Die Protocolle über die Kirchenvisitationen von 1528 und 1533 im Wittenberger Kreise, in: Neue Mitteilungen aus dem Gebiet historisch-antiquarischer Forschungen 9/3-4 (1862), 76–132.

## 2. Visitationsanlass und Ablauf

Nachdem vor allem vereinzelte lokale Visitationen in den thüringischen Ämtern und im Amt Borna seit 1525 stattgefunden hatten, wuchs sowohl von Seiten Martin Luthers aus theologischer Sicht als auch von landesherrlicher Seite, die eine Vereinheitlichung der kirchlichen Strukturen anstrebte, der Wunsch nach einer allumfassenden Neuordnung der kirchlichen Verhältnisse, die sich im Zuge der neuen Glaubensvorstellung stark verändert hatten. Während auf Reichsebene um die rechtlichen Grundlagen der kirchlichen Neuerungen in den evangelischen Reichsständen auf dem Reichstag zu Speyer 1526 und auf dem Augsburger Reichstag 1530 gerungen wurde, blieb das Bedürfnis nach einer Visitation auf Grund zahlreicher Beschwerden der Pfarrer und Gemeinden, die besonders auf das mangelnde Einkommen der Geistlichen abzielten, bestehen.[13]

Grundlage für die erste Visitationstätigkeit im Kurkreis bildete die Visitationsinstruktion Johanns des Beständigen vom Juni 1527, welche allgemein für Kursachsen verfasst wurde;[14] für das Wittenberger Amt selbst gab es keine eigene Visitationsordnung. Daneben spielte der *Unterricht der Visitatoren* von Philipp Melanchthon, welcher 1528 entstand und dem »Charakter eines Lehrbuchs«[15] für die Einführung und Durchführung der Reformation vor Ort entsprach, eine entscheidende Rolle.[16]

---

13 Vgl. JADATZ, Wittenberger Reformation (s. Anm. 3), 47–55, 62; PALLAS, Registraturen. Allgemeiner Teil (s. Anm. 3), 7. Siehe auch die Beiträge von CHRISTOPHER SPEHR, CHRISTOPH VOLKMAR u. JOACHIM BAUER in diesem Band.

14 Vgl. JOACHIM BAUER, Landesherrschaft und Reformation. Die ersten Visitationen im Saale-Orla-Raum, in: WERNER GREILING, UWE SCHIRMER u. RONNY SCHWALBE (Hg.), Der Altar von Lucas Cranach d.Ä. in Neustadt an der Orla und die Kirchenverhältnisse im Zeitalter der Reformation (Quellen und Forschungen zu Thüringen im Zeitalter der Reformation 3), Köln/Weimar/Wien 2014, 219–232.

15 STEFAN MICHEL, Der »Unterricht der Visitatoren« (1528) – Die erste Kirchenordnung der von Wittenberg ausgehenden Reformation? Beobachtungen zur Entstehung und Funktion eines Wittenberger Gruppentextes, in: IRENE DINGEL u. ARMIN KOHNLE (Hg.), Gute Ordnung. Ordnungsmodelle und Ordnungsvorstellungen in der Reformationszeit (LStRLO 25), Leipzig 2014, 153–167, hier: 164.

16 Vgl. EKO 1/1, 32–51. Dort sind auch die Instruktion von 1527 (142–148), der *Unterricht der Visitatoren* von 1528 (149–174) und die Instruktion von 1532 (183–186) abgedruckt. Vgl. auch BURKHARDT, Geschichte (s. Anm. 3), 120–124, JADATZ, Wittenberger Reformation (s. Anm. 3), 47–55 und MICHEL, Der »Unterricht der Visitatoren« (s. Anm. 15), 164, 166.

Über den Verlauf der ersten Visitation im Wittenberger Amt sind wir nicht sonderlich gut informiert. Es kann rekonstruiert werden, dass die Visitationskommission aus Martin Luther (1483–1546), dem Hauptmann Hans Metzsch, dem Wittenberger Bürgermeister Benedict Pauli (1490–1552) und dem Landrentmeister Hans von Taubenheim (gest. 1541/42) bestand.[17] Dabei verblieben sie in der Stadt Wittenberg und bestellten die jeweiligen Pfarrer zu sich. Wir finden hier also eine klassische Mittelpunktvisitation vor.[18] Der Zeitraum erstreckte sich dabei vom 22. Oktober bis zum Weihnachtsfest 1528.[19] Es ist nicht bekannt, wie viele Vertreter der Gemeinde tatsächlich geladen waren, oder ob nur der Geistliche und – wenn überhaupt vorhanden – der Küster anwesend war.[20]

Da die Ergebnisse der ersten Visitation unerwartet schlecht ausfielen und die Missstände in den kursächsischen Gemeinden anhielten, wurde kurz darauf eine neue Visitation für 1533 anberaumt.[21] Für diese zweite Visitation wurde unter Kurfürst Johann Friedrich nach dem Tode Johanns des Beständigen eine neue Instruktion vom 19. Dezember 1532, die auf die bestehende Ordnung von 1527 aufbaute, erlassen.[22] Nun sollten die Visitatoren wesentlich konsequenter vorgehen und sämtliche Missstände aufführen.[23] Die Kommission setzte sich dieses Mal aus Justus Jonas (1493–1555), Johannes Bugenhagen (1485–1558), Bernhard von Hirschfeld (1490–1551) und Sebastian von Kötteritzsch, beide Amtleute und kurfürstliche Räte, sowie dem Juristen in der Wittenberger Universität, Kilian Goldstein (1499–1568), zusammen.[24] Die zweite Visitation wurde wahrscheinlich von April bis zum 17. August 1533 abgehalten und benötigte damit insgesamt fünf Monate. Entscheidend für das Vorgehen im Amt erscheinen die Einschübe von sogenannten »Generalia«, welche sich beispielsweise im Anschluss an

---

17 Vgl. Pallas, Registraturen. Allgemeiner Teil (s. Anm. 3), 13.

18 Vgl. a.a.O. 13f.

19 Vgl. a.a.O. 14. Vgl. auch den Beitrag von Antje Gornig in diesem Band.

20 Vgl. a.a.O. 9. Gunter Tietz, Das Erscheinungsbild von Pfarrstand und Pfarrgemeinde des sächsischen Kurkreises im Spiegel der Visitationsberichte des 16. Jahrhunderts, (Diss. phil.) Tübingen 1971, hier: 17.

21 Vgl. Jadatz, Wittenberger Reformation (s. Anm. 3), 55, 64.

22 Siehe oben Anm. 16.

23 Vgl. Jadatz, Wittenberger Reformation (s. Anm. 3), 65f; Burkhardt, Geschichte (s. Anm. 3), 125.

24 Vgl. Pallas, Registraturen. Allgemeiner Teil (s. Anm. 3), 23.

die Ausführungen zur Gemeinde Apollensdorf wiederfinden lässt.[25] Diese entsprechen allgemeinen Anordnungen für die Visitatoren und Gemeinden.

Ziel der Visitation war es zum einen, die tatsächliche wirtschaftliche Situation der Pfarrer zu ermitteln, den Zustand der Pfarrhäuser zu überprüfen, eine konkrete Mängelliste zu erstellen und die Behebung dieser Mängel festzulegen. Zum anderen sollten die Pfarrer auf deren Tauglichkeit und deren Lebenswandel geprüft werden, um am Ende zu gewährleisten, dass der Gottesdienst auch tatsächlich nach Luthers Lehren abgehalten wurde.[26] Entscheidend ist, dass es in den ersten beiden Visitationen eben nicht nur um die theologischen Grundlagen ging, sondern um andere essentielle Probleme wie die materielle Ausstattung der Pfarrer.

Ein Blick auf den konkreten Inhalt der Protokolle zeigt, dass auffällig wenige Informationen bereitgehalten werden. Nach der knappen Angabe zur Lehenszugehörigkeit, Größe des Dorfes und Auflistung möglicher, zu dieser Pfarrstelle gehöriger kleinerer Dörfer, wird anschließend recht schematisch und in standardisierten Formulierungen als Erstes die Bewertung des Pfarrers durch die Visitatoren vorgenommen und eventuell ein kurzer Bericht über die Einstellung der Gemeinde zum Pfarrer und über das Gemeindeleben selbst angehängt. Darauf folgen das Einkommen des Pfarrers und des Küsters sowie der Zustand des Pfarrgebäudes. Nur sehr selten sind besondere Vorkommnisse in den Dörfern festgehalten.[27]

## 3. Die Geistlichen in den Visitationsprotokollen

### 3.1 Die Bewertung der Geistlichen

Die Bewertung der einzelnen Geistlichen fiel erstaunlich positiv aus.[28] Für die meisten Pfarrer verzeichneten die Visitatoren, dass sie »der lere verstendig befunden und am leben unstreflich«[29], so gesehen in Dobien. In Elster ist der »pfarrer er Valentinus Schwan [...] der lehr [...] geschickt befunden«[30], ebenso

---

25 LASA, MD, A 29b, II Nr. 1a, Bl. 4r–6r.

26 Vgl. PALLAS, Registraturen. Allgemeiner Teil (s. Anm. 3), 9; JADATZ, Wittenberger Reformation (s. Anm. 3), 47–55.

27 Vgl. SCHIRMER, Unerschlossene Quellen (s. Anm. 3), 113.

28 Vgl. NEBELSIECK, Die erste ordentliche Kirchenvisitation (s. Anm. 3), 19, 21.

29 PALLAS, Registraturen. Erster Teil (s. Anm. 11), 109.

30 Vgl. a.a.O. 119.

in Trebitz[31], Pretzsch[32] und Rackith[33]. In Bleddin wird der »pfarrer er Christoff Richter [...] [als] ein gelehrt und from man«[34] beschrieben. Die Bauern selbst lobten (z. B. in Bleddin[35]) häufig ihre Pfarrer oder gaben ihnen ein gutes Zeugnis (z. B. in Dobien[36]). Meist heißt es aber, wie im Falle von Rahnsdorf oder Marzahna[37], »[d]ie bauern haben auch kein mangel an dem pfarrer«[38].

Insgesamt werden nur sieben Pfarrer für schlecht befunden und erhalten ein negatives Urteil. Drei von ihnen sind ältere Geistliche und wurden für die Seelsorge und den evangelischen Gottesdienst als nicht mehr tauglich eingestuft. So geben die Bauern dem Pfarrer aus Seegrehna, Martinus Georgii, zwar ein gutes Zeugnis, aber man beklagt, »das er nicht woll deutsche mess halden«[39]. In Liesenitz, dem heutigen Kropstädt, ist »[d]er itzige pfarrer er Conrad [...] ein alt man, von wegen seines alters und anderen bedenglichen ursachen der selsorg benomen, aber«, so heißt es weiter, er soll »sein leben lang [...] in besitzung der guter und hausung, auch bei allem einkomen gelassen werden und soll ein coadiutor, dem die soelsorg gentzlich ufgelegt, vorordent und vom einkomen der pfarr underhalden und belonet werden«[40]. Auch in Leetza ist der Pfarrer »ein alter, ungelerter man, taug ganz nicht zum pfarrer«[41].

Aber auch jüngere Geistliche kamen im Urteil der Visitatoren nicht immer sonderlich gut weg. Herr Calixtus in Apollensdorf ist »in der lehr leidlich befunden; ist von den bauern beclagt, wie er sich mit trinken zu zeiten vergessen«[42]. Sowohl der Pfarrer Valentinus Rhinau aus Eckmannsdorf, der Pfarrer aus Radis und Blönsdorf, wie auch Herr Wenceslaus aus Feldheim[43] sind »in der lehr ganz schwach und gering«[44] und »als leidlich befunden«[45]

---

31 Vgl. a. a. O. 339.
32 Vgl. a. a. O. 259.
33 Vgl. a. a. O. 270.
34 A. a. O. 219.
35 Vgl. ebd.
36 Vgl. a. a. O. 109.
37 Vgl. a. a. O. 495 f.
38 A. a. O. 536.
39 A. a. O. 155.
40 A. a. O. 461.
41 A. a. O. 485.
42 A. a. O. 91.
43 Vgl. a. a. O. 504.
44 A. a. O. 431.
45 A. a. O. 279.

worden. Es ist allerdings nur für Leetza[46] und Blönsdorf[47] bekannt, dass der untaugliche Pfarrer auch tatsächlich entlassen wurde. Meist verfuhr man mit ihnen wie im Beispiel von Radis, wo man dem Pfarrer lediglich »auferlegt, mit vleis zu studiren«[48].

Darüber hinaus wird man aber genaue Angaben in den Protokollen zu den Pfarrern, die über den Namen hinausgehen, wie etwa Herkunft, Alter, Ausbildung, Dienstzeit oder ihr sozialer Hintergrund, wie sie aus späteren Visitationen bekannt sind, vermissen. Über den Pfarrer von Meuro[49] erfahren wir, dass er aus Halle stammte und der Pfarrer aus Klebitz[50] aus Jessen. Vom Bildungsstand der Geistlichen hört man freilich selten. In gerade einmal vier Fällen erhält man nähere Angaben. Johann Sachs, Pfarrer in Eutzsch, ist »vicarius im stift zu Wittemberg« und »vom probst nach absterben des vorigen pfarrers dahin geordent«[51] wurden. Auch der Pfarrer von Bülzig war zuvor Kaplan in Wittenberg.[52] Über den Straacher Pfarrer wissen wir, dass er »etlich iar hie zu Wittemberg studirt hat«[53]. Der Pfarrer in Dobien ist sogar mit einem akademischen Abschluss belegt, da er als »magister Caspar Ritter«[54] in den Protokollen bezeichnet wurde.

Diese insgesamt recht positive Bilanz der Pfarrer kann zum einen vielleicht tatsächlich auf die Nähe zu Wittenberg zurückgeführt werden – gehörten doch zahlreiche Dörfer zum Territorialbesitz der Stadt Wittenberg bzw. der Universität –, gleichwohl sollte es zum anderen nicht darüber hinwegtäuschen, dass die Vorgehensweise der Visitatoren als recht milde, wie es Heinrich Nebelsieck ausdrückte, eingeschätzt werden muss.[55] Heiko Jadatz stellte für das Leipziger Land fest, dass eine große Sorge vorherrschte, die freien Pfarrstellen nicht mit geeignetem Personal wieder besetzen zu können.[56] Auch im Wittenberger Amt muss von solchen Problemen ausgegangen werden.

---

46 Vgl. a.a.O. 485.

47 Vgl. a.a.O. 414.

48 A.a.O. 279.

49 Vgl. a.a.O. 249.

50 Vgl. a.a.O. 453.

51 A.a.O. 134.

52 Vgl. a.a.O. 421.

53 A.a.O. 164.

54 A.a.O. 109.

55 Vgl. Nebelsieck, Die erste ordentliche Kirchenvisitation (s. Anm. 3), 21, 23; Burkhardt, Geschichte (s. Anm. 3), 149.

56 Vgl. Jadatz, Wittenberger Reformation (s. Anm. 3), 204.

### 3.2 Einkommen der Pfarrer und die Situation der Pfarrhäuser

Ein Grundproblem, vor das die Visitatoren gestellt wurden, war die schlechte finanzielle Situation, der Zustand der Kirchen- bzw. Pfarrgebäude und die tatsächliche Inventarausstattung der Häuser.

Das Einkommen des Pfarrers setzte sich aus dem jährlichen Opfergeld, aus Zinsen verpachteter Güter, Zulagen der Kirche, Getreidezins, sonstigen Einkünften und Naturalienabgaben zusammen.[57] Zahlungen von Altar- und Messstiftungen kommen in den Protokollen nicht mehr vor. Die Einkommensverhältnisse schwankten stark zwischen den einzelnen Gemeinden.[58] Die Opfergeldeinnahmen lagen zwischen 15 Groschen in Apollensdorf[59] und fünf Gulden in Elster[60] und Pretzsch[61]. Meist lagen sie aber zwischen einem und zwei Gulden. Rechnete man alle Barschaften zusammen, so nahm Rotta mit insgesamt 14 Gulden und vier Pfennigen an Zinsen, Opfer- und Frongeldern das meiste Geld ein.[62] Durchschnittlich betrug die Größe der Pfarrgüter zwei Hufen Ackerland, nur selten drei Hufen.[63] Dazugehörige Gärten werden nur selten erwähnt, in Dobien gehörten beispielsweise zwei Hopfengärten[64] mit zum Einkommen. Darüber hinaus besaß ein Pfarrer im Durchschnitt acht bis zehn Rinder, zehn bis 30 Schafe und einige Schweine.

Naturalien bildeten einen wichtigen Teil des Einkommens.[65] Meist wurde es in der Form von Getreide (Korn, Hafer, selten Weizen, Gerste), Brote, Eier, Hühner und Gänse, Bratwürste und Brennholz gereicht. Aber auch hier schwankten die Einnahmen innerhalb der einzelnen Gemeinden erheblich. Ob allerdings dieses finanzielle Einkommen ausreichte, um den Pfarrer ausreichend zu versorgen, und ob diese erfassten Leistungen und Bezüge auch tatsächlich an den Pfarrer geleistet worden sind, davon erfährt man nur selten etwas.[66] Für das Dorf Rackith mit den dazugehörigen Dörfern Lammsdorf und Bietegast ist überliefert, dass die freiwilligen Abgaben geringer waren und Zinsen sowie Bezüge von der Gemeinde vorenthalten wurden.[67] Der

---

57 Vgl. a.a.O. 58.

58 Vgl. Nebelsieck, Die erste ordentliche Kirchenvisitation (s. Anm. 3), 32.

59 Pallas, Registraturen. Erster Teil (s. Anm. 11), 92.

60 Vgl. a.a.O. 120.

61 Vgl. a.a.O. 259.

62 Vgl. a.a.O. 289.

63 Vgl. Nebelsieck, Die erste ordentliche Kirchenvisitation (s. Anm. 3), 33.

64 Vgl. Pallas, Registraturen. Erster Teil (s. Anm. 11), 109f.

65 Vgl. Nebelsieck, Die erste ordentliche Kirchenvisitation (s. Anm. 3), 33.

66 Vgl. Jadatz, Wittenberger Reformation (s. Anm. 3), 58.

67 Vgl. a.a.O. 210. Pallas, Die Registraturen. Erster Teil (s. Anm. 11), 270f.

Pfarrer Gregorius Nater aus Dorna hingegen wohnte weiterhin in Kemberg, »weil das pfarrhaus nicht erbauet und das einkomen gering«[68] sei.

Das fehlende Pfarrhaus war geradezu symptomatisch. Denn die Visitatoren fanden bei nahezu allen Pfarrgebäuden im gesamten Wittenberger Amt katastrophale Bedingungen vor. Die Wohnhäuser waren grundsätzlich baufällig oder mangelhaft. Eigentlich waren die Gemeinden laut Generalia dazu verpflichtet, die Häuser zu erhalten oder neu aufzurichten.[69] »Aber«, so wird festgehalten »demselebe[n] kom volge gescheen«.[70] Dies verweist natürlich auf die vorherrschende Armut im Amt, macht aber zugleich das Unverständnis der Dorfbewohnerschaft deutlich, für die Kosten des Unterhalts des Pfarrers aufzukommen.[71] Nur dort, wo der Pfarrer selbst einen Neubau oder Reparaturen finanziert hatte, wiesen die Häuser keine Mängel auf. So hat beispielsweise der Pfarrer von Bleddin aus seinem eigenen Erbe 50 Gulden in die Ausbesserung seiner Wohnstätte gesteckt.[72] Der Pfarrer von Pratau nahm sogar eine noch größere Summe auf sich, indem er für die Verbesserung seines Pfarrhauses 200 Gulden zahlte.[73] Eigentlich sollte das Kirchspiel nach der ersten Visitation das verwendete Geld dem Pfarrer erstatten. Da dies aber nicht geschehen war, mussten die Visitatoren in der zweiten Visitation erneut als Vermittler zwischen beiden Parteien auftreten.[74]

Um die Inventarausstattung der Pfarrer war es ähnlich schlecht bestellt wie um den baulichen Zustand der Häuser. Oft bestand das Inventar lediglich aus zwei bis vier Kühen, einem Bett und einem Tisch, welches die Gemeinde überhaupt erst einmal anschaffen sollte.[75] Erstaunlich viel Inventar existierte in Pretzsch, neben den üblichen Dingen waren u. a. ein weiteres Bett, ein großer Kessel, ein großer alter Kasten (vermutlich eine Truhe), ein Butterfass, mehrere hölzerne Schüsseln und Teller vorhanden.[76]

Vergeblich sucht man in den Inventaren nach Büchern oder zumindest nach einer Bibel. In Straach erhält man zumindest den Vermerk, dass auf Grund des kaputten Daches, »der regen dem pfarrer bei 4 fl. an büchern schaden

---

68 Pallas, Registraturen. Erster Teil (s. Anm. 11), 230.

69 Vgl. LASA, MD, A29b, II Nr. 1a, Bl. 4r; Nebelsick, Die erste ordentliche Kirchenvisitation (s. Anm. 3), 39.

70 LASA, MD, A29b, II Nr. 1a, Bl. 4r.

71 Vgl. LASA, MD, A29b, II Nr. 1a, Bl. 4v, 5r.

72 Vgl. Pallas, Registraturen. Erster Teil (s. Anm. 11), 220.

73 Vgl. a. a. O. 144.

74 Vgl. ebd.

75 Vgl. a. a. O. 92, 100, 109 f, 120.

76 Vgl. a. a. O. 259.

gethan«[77]. Eines der wenigen Beispiele, in denen sich auf die Schriften Martin Luthers bezogen wird, ist der schon eben erwähnte Pfarrer in Pretzsch. So besaß er »1 postill D. Martini in latein transferirt« mit dem Hinweis, dass dies »durch den erbmarschalh vorordent« worden sei.[78] Dies hat folgende Bewandtnis: Pretzsch war adliges Lehn des Hans Löser (1481–1541), Erbmarschall zu Sachsen. Dieser stand in engem Kontakt mit Luther und galt als Förderer der Reformation.[79] Durch diese personelle Verflechtung erklärt sich auch der Bücherbesitz des Pfarrers. Insgesamt spiegelt dieser Befund die Grundproblematik der Dürftigkeit der Pfarrbibliotheken wider.[80] So scheint es nicht zu verwundern, dass in den Generalia verordnet wird, dass »ein itzlicher pfarrer das buchlein ›underricht der visitatoren‹ haben, dasselb offt und mit vleiss leßen unnd sich darnach richten«[81] soll. Dieser Umstand stärkt damit auch die These, dass die Reformation auf dem Lande eher mündlich ihre Verbreitung fand.[82] Zugleich muss allerdings eingeräumt werden, dass lediglich das Inventar der Pfarrei in das Blickfeld der Visitatoren geraten ist; weder der private Buchbesitz des Geistlichen noch ein möglicher Buchbesitz der Pfarrkirche (bzw. der Kirchenfabrik) fand dabei nähere Beachtung.[83] So ist grundsätzlich von einer Mindestausstattung von Büchern an den Kirchen auszugehen, die für

---

77 A.a.O. 164.

78 A.a.O. 259.

79 Vgl. Georg Theodor Strobel, Sammlung einiger auserlesener deutscher Briefe des seeligen D. Martin Luthers: zur nähern Kenntnis seines rechtschaffenen Herzens. Ein Beitrag zur Geschichte der Reformation, Nürnberg 1780, 97 f.

80 Vgl. Jadatz, Wittenberger Reformation (s. Anm. 3), 204.

81 LASA, MD, A29b, II Nr. 1a, Bl. 5r.

82 Vgl. Schirmer, Unerschlossene Quellen (s. Anm. 3), 118; Johannes Hermann, Reformation auf dem platten Lande, in: Franz Lau (Hg.), Das Hochstift Meissen. Aufsätze zur sächsischen Kirchengeschichte (HerChr.S 1), Berlin 1973, 207–221, hier: 208.

83 Siehe zum Phänomen unterschiedlicher Buchbestände den aktuellen Beitrag von Enno Bünz, Das Buch in den Händen von Geistlichen. Beobachtungen zum kirchlichen und klerikalen Buchbesitz (12.–16. Jahrhundert), in: Ders., Thomas Fuchs u. Stefan Rhein (Hg.), Buch und Reformation. Beiträge zur Buch- und Bibliotheksgeschichte Mitteldeutschlands im 16. Jahrhundert (Schriften der Stiftung Luthergedenkstätten Sachsen-Anhalt 16), Leipzig 2014, 39–68. Dort führt er aus, dass es an »manchen Pfarrkirchen [...] eine eigenständige Kirchenbibliothek [gab], die aus den Einkünften der so genannten Kirchenfabrik finanziert wurde, während Pfarrgeistliche sich eigene Bücher anschafften, über die sie dann frei verfügen konnten« (48). Daneben verfügte die Pfarrkirche selbst über Bücher, die dem Gottesdienst und anderer liturgischer Feiern diente. Diese waren kirchliche Gebrauchsbücher, wie beispielsweise Messbücher, und stellten eine weitere Form des institutionellen Buchbesitzes dar (54).

die Gottesdienste und Seelsorgepflicht unerlässlich waren.[84] Die Aufforderung, den *Unterricht der Visitatoren* zu besitzen, kann deshalb auch daher rühren, dass ›passende‹ Bücher für die Umsetzung der neuen liturgischen Praxis noch Mangelware an den Pfarrkirchen waren. Sie entsprach einem evangelischen »Anschaffungsprogramm«[85], um sowohl ein neues evangelisches Standardwerk zu etablieren, als auch um dem neuen bildungstechnischen Anspruch gerecht zu werden, der nun von den Pfarrgeistlichen eingefordert wurde.

### 3.3 Gemeindeleben: sittliche und kirchliche Verhältnisse auf dem Dorf

Innerhalb der Protokolle werden nur wenige grundlegende Aussagen zum Gemeindeleben getroffen, weshalb an dieser Stelle nur einige Beobachtungen und Tendenzen festgehalten werden können.

Zur Teilnahme am Sakrament wird in den Generalia vermerkt: »Weyl die leuth das hochwirdig sacrament des leibs unnd bluts Christi in den dorffern verachten unnd der meiste teyl in vi, vii und acht jaren dasselb nicht empfang[e]n, so sollen die pfarrer vom brauch unnd nutz desselb[e]n vleissige underweißung thun.«[86] Allerdings ist dies nur die halbe Wahrheit, denn diese Aussage basiert auf dem Bericht von Bergwitz, wo dies zwar der Fall war, sich aber eigentlich nur auf sieben Bauern bezog.[87] In den Protokollen wird größtenteils eine wesentlich positivere Bilanz gezogen.[88] Für Apollensdorf und Bleddin werden explizite Zahlen der Kommunikanten genannt, nämlich 50 für Apollensdorf[89] und 80 in Bleddin[90]. Allerdings fehlt die alles entscheidende Vergleichszahl zur Gemeindestärke, um die Höhe genau einordnen zu können. Meistens wird entweder eine vage Aussage getroffen, wie z. B. für Dabrun, wo stets »etlich leute, aber nicht alle«[91] an der Kommunion teilnehmen, oder es wird die genaue Zahl der Nichtteilnehmer genannt: Im Falle von Eutzsch »empfangen das sacrament alle, ausgenommen einer, der doch die predigt mit vleis horet«[92]. In Meuro soll ausgerechnet des Küsters Ehefrau

---

84 Vgl. a. a. O. 47.

85 A. a. O. 48.

86 LASA, MD, A29b, II Nr. 1a, Bl. 4r.

87 Vgl. Pallas, Registraturen. Erster Teil (s. Anm. 11), 210.

88 Vgl. Krolopp, Reformation (s. Anm. 3).

89 Vgl. Pallas, Registraturen. Erster Teil (s. Anm. 11), 91.

90 Vgl. a. a. O. 219.

91 A. a. O. 100.

92 A. a. O. 134. Vgl. auch die Angaben a. a. O. 230, 249, 259, 279, 289 und 339.

»dem evangelio entkegen sein«[93]. Ab und zu werden diese Verweigerer auch namentlich genannt. So nehmen alle in Rahnsdorf am Sakrament teil, außer Paul Severin, »der in zehn iarn das sacrament nicht hat empfangen, der doch sunst gern predigt hort und ein from bauer sein soll«[94]. Nur in Globig gibt der Pfarrer zu Protokoll, dass er »fast ungeschlachte bauern [...] [hat], communicieren nicht, horen auch predigen nicht oder verseumlich[en]«[95] sie. Diese Beispiele zeigen eindrucksvoll, dass gerade zu Beginn der Reformation die Teilnahme am Abendmahl in beiderlei Gestalt als wichtigster Ausdruck eines frühen lutherischen Bekenntnisses der Bevölkerung auf dem Land zu sehen ist.

Dass oftmals das Verhältnis zwischen Pfarrer und Gemeinde für den Erfolg der Reformation ausschlaggebend war,[96] zeigen einige Beispiele wunderbar auf: Obwohl die Gemeinden in Gommlo und in Wartenburg ihrem jeweiligen Pfarrer ein gutes Zeugnis ausgestellt hatten, hatte er doch das Problem, dass nur wenige und diese auch nur selten das Sakrament empfingen.[97] Ähnliches in Pratau: Die Bauern lobten den Pfarrer für seine Lehre, zugleich »[i]st den bauern auch bevolen, dass sie mit bauken, tanzen, spilen und andern gedone under der predig sollen sein stille und die predigt mit vleis zu horen«[98]. Heiko Jadatz fasste dies schön mit den Worten zusammen, dass die »[e]vangelische[n] Predigten [...] nur im Gegenüber zu den Predigthörern ihren Zweck«[99] erfüllen können.

Ein Indiz für Misstrauen oder Unsicherheit gegenüber dem Pfarrer lässt sich auch in verweigerten Abgaben ablesen.[100] Im Falle des Dorfes Rackith verbarg sich darin aber eher ein persönlicher Konflikt zwischen der Dorfgemeinde und dem zuständigen Pfarrer, so dass die Visitatoren anordneten, dass sich »die bauern mit dem pfarrer [wieder] vertragen«[101] sollten.[102] Diese

---

93 A.a.O. 249.

94 A.a.O. 537. Vgl. auch die Angabe a.a.O. 270.

95 A.a.O. 229.

96 Hermann, Reformation (s. Anm. 82), 208; Hamm, Einheit (s. Anm. 2), 110f, bezeichnet die Kompetenz des Pfarrers auch als »Drehscheibe« zwischen den Laien und der Theologie, als »Vermittler« zwischen Landesherr und Untertanen und durch die hohe Mobilität bedingt fungiert er auch als »Zwischen- und Mittelerstellung« zwischen Land und Stadt.

97 Vgl. Pallas, Registraturen. Erster Teil (s. Anm. 11), 241. Vgl. auch a.a.O. 353.

98 A.a.O. 143.

99 Jadatz, Wittenberger Reformation (s. Anm. 3), 37.

100 Vgl. a.a.O. 210; Pallas, Registraturen. Allgemeiner Teil (s. Anm. 3), 6.

101 Pallas, Registraturen. Erster Teil (s. Anm. 11), 270f.

102 Vgl. Schirmer, Unerschlossene Quellen (s. Anm. 3), 114.

Angelegenheit verweist auf ein Grundproblem, das fortwährend in den Protokollen deutlich hervortritt: die festgehaltenen Aussagen wurden immer von einer bestimmten Partei – also entweder vom Geistlichen oder von der Dorfgemeinschaft – getroffen und die Visitatoren waren nicht immer in der Lage, derlei Aussagen zu überprüfen, schon alleine aus dem Grund der Nichtpräsenz vor Ort. Sie mussten sich stellenweise aufs Hörensagen verlassen bzw. sich damit begnügen.[103]

Doch nicht immer scheint der Pfarrer für die Annahme des evangelischen Glaubens ausschlaggebend gewesen zu sein. Denn obwohl der Pfarrer von Eckmannsdorf, wie schon erwähnt, für schlecht befunden wurde, nahmen die Bauern alle das Sakrament.[104] Es zeigt sich vielmehr, dass auf dem Dorf ein ganzes Spektrum an Möglichkeiten – von Ablehnung bis hin zur Annahme der reformatorischen Gedanken – existierte.

Über das Schulwesen oder zumindest einen Katechismusunterricht kann nur sehr wenig gesagt werden. Schulen waren auf dem Dorf nicht vorhanden (oder nicht verzeichnet) und der Pfarrer oder Küster wurde nur in wenigen Fällen dazu angehalten, die Kinder im Katechismus zu unterweisen, wie es für Apollensdorf[105] und Globig[106] festgehalten wurde.[107]

Ebenso ist kaum etwas über das sittliche Leben im Dorf aus den Protokollen nachzuweisen. Lediglich für Bleddin ist festgehalten worden, dass »allein ein person soll im ehbruch ligen«[108]. Inwiefern also tatsächlich Gotteslästerung, Völlerei, Unzucht und Müßiggang die Realität auf dem Dorf widerspiegelten, wie es die Generalia nahelegen,[109] muss dahingestellt bleiben. Grundsätzlich sollte dieser Behauptung – ohne weitere Quellenbelege – mit Skepsis begegnet werden.

---

[103] Vgl. a.a.O. 119; Lang, Die Kirchenvisitationsakten (s. Anm. 4), 134.

[104] Vgl. Pallas, Registraturen. Erster Teil (s. Anm. 11), 431.

[105] Vgl. a.a.O. 91.

[106] Vgl. a.a.O. 229.

[107] Vgl. Jadatz, Wittenberger Reformation (s. Anm. 3), 206.

[108] Pallas, Registraturen. Erster Teil (s. Anm. 11), 220.

[109] Vgl. LASA, MD, A29b, II Nr. 1a, Bl. 4v.

## 4. Schlussbemerkung

Der Abschlussbericht von 1535 zeigt deutlich auf, dass noch immer erhebliche Mängel und Probleme in den einzelnen Ämtern existierten. Das Urteil der Visitatoren fiel sehr ernüchternd aus: »mogen aber mit warheit berichten, das diese sachen (die Visitation), nachdem sie Gottes wort, dinst und ehre, der selen heil und ewige selickeit belangen, in diesen letzten ferlichen zeiten durch sunderliche hinderung und anfechtung des satans wider das evangelium sich allenthalben sperren; dann wie hoch in vorzeiten iderman allerlei falsche gottesdinste gefordert, geliebt und gebessert, so findt man doch itzund unter adel, steten, burgen und bauern ganz wenig, welche den waren gottesdinst ernstlich zu hanthaben, schutzen und zu erhalben gedenken oder in rechter Gots forchte und liebe dazu thun wollen, und allerlei gotlos, ungotlich furnemen, vorachtung und lesterung gotlichs worts und dinsts [...] haben bis anher nicht abgenommen, sundern sind warlich von tag zu tag dermassem gewachsen, das es einer christlichen obirkeit und allen gotsforchtigen billich hoch zu herzen gehn soll.«[110] Besonders die finanzielle Situation der Pfarrer musste dringend gelöst werden. Die Akzeptanz der Reformation wird in vielen Momenten zwar spürbar, doch ist sie keinesfalls schon flächendeckend verbreitet.[111] Die Visitationsprotokolle geben dazu eine erste und sehr wichtige Auskunft. Dennoch besitzen sie Grenzen in ihrer Aussagekraft für die frühen Reformationsjahre, vor allem was den Übergang von der normativen Ebene auf das tatsächliche Leben betrifft. Dies liegt zum einen an der geringen Menge der bereitgestellten Informationen und zum anderen daran, dass besondere Vorkommnisse darin überrepräsentiert werden. Alltägliches Handeln im Dorf kann daher in den Protokollen nur unzureichend abgelesen werden. Um den Wandel des kirchlichen Lebens auf den Dörfern detaillierter nachvollziehen zu können, muss der Blick mit Hilfe komplementärer Quellen, etwa Rechnungen, die die Fragen nach der materiellen Ausstattung, dem Alltag in der jeweiligen Dorfgemeinde oder den Zugriffen des Landesherren ausführlicher beantworten, noch weiter geschärft werden.

---

110 Das »Schreiben der Visitatoren in Chursachsen über die mancherlei Unrichtigkeiten, Gebrechen und Mängel der Visitation nebst Antwort und Befehl des Churfürsten Johann Friedrich. 1535« ist komplett bei Pallas, Registraturen. Allgemeiner Teil (s. Anm. 3), 25–32 abgedruckt, Zitat 25 f.

111 Vgl. Schirmer, Unerschlossene Quellen (s. Anm. 3), 117.

*Antje J. Gornig*

# Die erste Visitation in Wittenberg im Spiegel städtischer und kirchlicher Quellen

Eine der zentralen Fragestellungen des seit März 2009 an der Stiftung LEUCOREA (Wittenberg) angebundenen Forschungsprojekts ›Das ernestinische Wittenberg‹[1] ist die nach den Möglichkeiten und Konsequenzen der Interaktion von Stadtkommune und Kirchgemeinde bei der Ausgestaltung des religiösen Alltags in der Stadt, welche im 16. Jahrhundert eine Sakralgemeinschaft bildete.[2] Innerhalb des unter dem Titel »Stadt und Kirche« arbeitenden Teilprojekts, das die Autorin gemeinsam mit einer Vertreterin der historischen Bauforschung, Elgin von Gaisberg (Berlin), bearbeitet,[3] wird nun detaillierter anhand der überlieferten und zum Großteil ausgewerteten Rechnungsquellen aus kirchlicher und städtischer Provenienz u.a. hinterfragt, inwieweit sich welche Veränderungen in welchem Tempo tatsächlich im Wittenberger Alltag als ideologische Neuerungen niederschlugen und ab wann das Wittenberger Kirchenwesen tatsächlich als ›reformatorisch‹ charakterisierbar ist.

---

1 Aktuelle Informationen zur Projektarbeit unter folgender URL: http://wittenberg.zwoelfmedien.net/site/home (Stand: 12.07.2015).

2 Zuletzt dazu, Stadt und Kirche in Wittenberg betreffend, Enno Bünz, Stadt und Kirche – Stadtbild und Sakraltopographie von Wittenberg als Forschungsgegenstände, in: Heiner Lück u.a. (Hg.), Das ernestinische Wittenberg: Universität und Stadt (1486–1547) (Wittenberg-Forschungen 1), Petersberg 2011, 27–29.

3 Bisher schwerpunktmäßig dazu erschienen: Elgin von Gaisberg, Die Wittenberger Stadtkirche und das Kirchhofensemble, in: Heiner Lück u.a. (Hg.), Das ernestinische Wittenberg: Stadt und Bewohner (Wittenberg-Forschungen 2/1, 2/2), Petersberg 2013, Bd. 2/1 (Textband) 127–150; Bd. 2/2 (Bildband), Abb. 75–129. Die vorreformatorischen Zustände des Wittenberger Kirchenwesens zuletzt überblicksartig bei Antje J. Gornig, Stadt und Kirche im mittelalterlichen Wittenberg, in: Lück u.a., Wittenberg 1 (s. Anm. 2), 49–63.

Entsprechend dem Themenschwerpunkt der Tagung »Visitation vor Ort« zum Digitalisierungsprojekt »Digitales Archiv der Reformation« soll in vorliegender Untersuchung gezielt nach den in zeitgenössischen Schriftquellen auffindbaren Bezügen zu Visitationsaktivitäten in Wittenberg gefragt werden, wobei die daraus resultierenden Erkenntnisse zugleich in den Versuch einer Skizzierung der Übergangszeit vor Vollendung der Reformationsbemühungen in Wittenberg dienen sollen, die tatsächlich bisher noch nicht in Gänze und vor allem nicht anhand der Quellen vor Ort geklärt werden konnte. Da die überlieferten Schriftstücke der Visitatoren zur ersten evangelischen Visitation in Wittenberg im Jahr 1528 eher spärlich ausfallen,[4] wird der Fokus zunächst auf diese Phase gerichtet.

## I. Quellen, Methoden und Forschungsstand

Die bekannten wesentlichen Dokumente zur ersten Kirchen- und Schulvisitation in Wittenberg sind die für Kursachsen von Kurfürst Johann erlassene Instruktion von 1527,[5] mit landesherrlicher Anordnung und Autorisierung der Visitatoren, die Handlungsanweisung Philipp Melanchthons von 1528, *Unterricht der Visitatoren*[6] genannt, sowie eine 1533 nach der zweiten Visitation für die Stadt Wittenberg erlassene Visitationsordnung,[7] in der wohl auch die

---

4 Alle einschlägigen Schriftquellen, darunter vornehmlich Briefe der Reformatoren und landesherrlichen Räte zu Planung und Durchführung der ersten Visitation im Kurkreis sind mit den entsprechenden Belegstellen abgedruckt bei Karl Pallas, Die Registraturen der Kirchenvisitationen im ehemals sächsischen Kurkreise. Allgemeiner Teil (Geschichtsquellen der Provinz Sachsen und angrenzender Gebiete 41/1), Halle 1906, 1–20. Ders., a. a. O. 14, stellt fest: »Wir sind über den Gang des Visitationswerks in dieser Zeit wenig unterrichtet.«

5 EKO 1/1, 142–148.

6 EKO 1/1, 149–174. Zu Bedeutung und Einordnung des Textes als normativer Gruppentext vgl. Stefan Michel, »Der Unterricht der Visitatoren« (1528) – Die erste Kirchenordnung der von Wittenberg ausgehenden Reformation? Beobachtungen zur Entstehung und Funktion eines Wittenberger Gruppentextes, in: Irene Dingel, Armin Kohnle u. Udo Sträter (Hg.), Gute Ordnung – Ordnungsmodelle und Ordnungsvorstellungen in der Reformationszeit (LStRLO 25), Leipzig 2014, 153–167, bes. 164, 166; sowie das aktuelle DFG-Projekt unter der URL: http://gepris.dfg.de/gepris/projekt/240376417 (Stand: 12.07.2015).

7 EKO 1/1, 700–710: »Registration der stat Wittemberg, durch die verordneten visitatores beder visitacion gemacht und aufgericht«, nach Vorlagen in Halle und Magdeburg, wogegen Karl Pallas, Die Registraturen der Kirchenvisitationen im ehemals sächsischen Kurkreise, Teil 1: Die Ephorien Wittenberg, Kemberg und Zahna (Geschichtsquellen der

Ergebnisse der fünf Jahre zuvor stattgefundenen Visitation einbezogen, aber nicht als solche gekennzeichnet worden sind. Dabei liegen für Wittenberg keine Visitationsprotokolle mehr vor, weshalb bisher lediglich normative Vorgaben, die keine Informationen über eventuelle Missstände und Maßnahmen im Kirchenwesen vor Ort enthalten, bekannt sind. Dass es aber solche Aufzeichnungen im Rahmen der ersten Visitation gegeben haben muss, zeigen mehrere selektive Abschriften solcher Schriftstücke im Ratsarchiv Wittenberg, die mit »MATRICUL« oder auch »A[nn]o 1528 Visitationsordnung« überschrieben sind, in denen während der ersten Visitation Einnahmeregister der Pfarrkirche und geistlicher Stiftungen aufgezeichnet bzw. abgeschrieben worden waren (Abb. 1a–b).[8] Erstaunlicherweise schenkte man bei der wiederholten Zusammenstellung kirchlicher Einkünfte im 18. Jahrhundert diesen wohl noch vorhandenen Verzeichnissen der Visitatoren mehr Vertrauen als den Originalrechnungsbelegen im Pfarrkirchenarchiv; diese wurden vom Abschreibenden bei der Erfassung der frühneuzeitlichen Finanzverhältnisse gerade nicht als Vorlagen verwendet. In Ermangelung der erhaltenen Visitationsakten müssen demnach weitere zeitgenössische Quellenbestände herangezogen und in Beziehung zum Reformations- und Visitationswerk gesetzt werden.

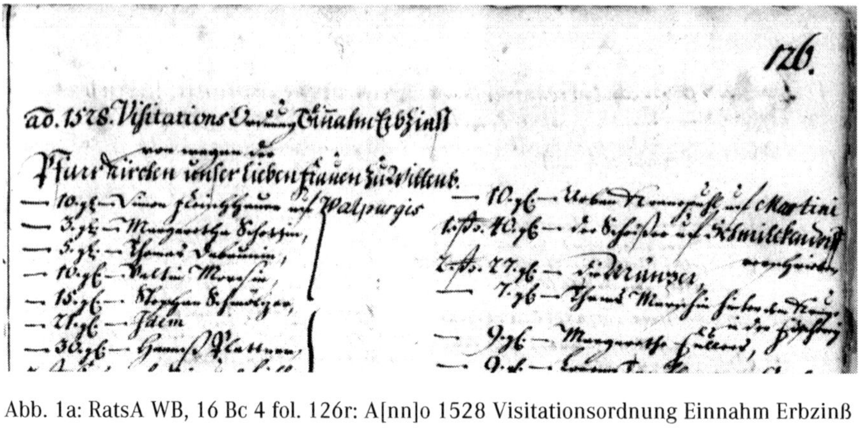
126.

Abb. 1a: RatsA WB, 16 Bc 4 fol. 126r: A[nn]o 1528 Visitationsordnung Einnahm Erbzinß

Provinz Sachsen und angrenzender Gebiete 41/2,1), Halle 1906, 1–16, u.a. die Handschrift aus dem Wittenberger Ratsarchiv benutzte.

8 Ratsarchiv Wittenberg (RatsA WB), 16 Bc 4, fol. 126r: Abschrift der Pfarrkircheneinkünfte 1528; fol. 159r: Abschrift der Rechnung des Gemeinen Kastens von 1528/29.

Abb. 1b: RatsA WB, 16 Bc 4 fol. 159r: MATRIKUL 1528

Im Folgenden wird versucht, anhand der parallel entstandenen Schriftquellen Wittenberger Provenienz, vorrangig mit den Rechnungsquellen der Stadtkämmerei und der Stadtpfarrkirche, diese ›archivalischen‹ Lücken zu schließen, welche schon seit Ende des 19. Jahrhunderts von der Forschung zum protestantischen Visitationswesen bemängelt werden.[9] Außerdem gilt es, die Vorgänge um die erste Visitation in Wittenberg hierdurch erstmalig quellenbasiert zu rekonstruieren. Schon Hermann Barge, Nicolaus Müller und Karl Pallas hatten zu Beginn des 20. Jahrhunderts mit dem Ansatz der Auswertung von Kämmereirechnungen und der Rechnungen des Gemeinen Kastens die Anfangszeit der Reformation in Wittenberg untersucht,[10] Stefan Oehmig hatte dann 1988/89 die Kastenrechnungen unter der Fragestellung eines protestantischen Paradigmenwechsels in der städtischen Armenfürsorge analysiert.[11] Leider genügen die bei diesen Arbeiten vorangestellten

---

[9] CARL AUGUST HUGO BURKHARDT, Geschichte der sächsischen Kirchen- und Schulvisitationen von 1524 bis 1545, Leipzig 1879, 29, bes. Anm. 3; PALLAS, Registraturen, Allgemeiner Teil (s. Anm. 4), 7 f.

[10] HERMANN BARGE, Aktenstücke zur Wittenberger Bewegung Anfang 1522, Leipzig 1912. NICOLAUS MÜLLER, Die Wittenberger Bewegung 1521 und 1522. Die Vorgänge in und um Wittenberg während Luthers Wartburgaufenthalt. Briefe, Akten u. dgl. und Personalien, Leipzig 1911. KARL PALLAS, Die Wittenberger Beutelordnung vom Jahre 1521 und ihr Verhältnis zu der Einrichtung des Gemeinen Kastens im Januar 1522, in: ZVKGS 12 (1915), 1–45, 100–137.

[11] STEPHAN OEHMIG, Der Wittenberger Gemeine Kasten in den ersten zweieinhalb Jahrzehnten seines Bestehens (1522/23 bis 1547). Seine Einnahmen und seine finanzielle Leistungsfähigkeit im Vergleich zur vorreformatorischen Armenpraxis, in: JbGF 12 (1988), 229–269. DERS., Der Wittenberger Gemeine Kasten in den ersten zweieinhalb Jahrzehnten seines Bestehens (1522/23 bis 1547). Seine Ausgaben und seine sozialen Nutznießer, in: JbGF 13 (1989), 133–179.

Fragestellungen nicht mehr den aktuellen Problemstellungen. Zudem erscheint es verwunderlich, dass das erste Visitationsunternehmen für das Wittenberger Kirchenwesen nicht anhand der vor Ort entstandenen und dort noch heute liegenden Quellen untersucht worden ist, sondern sich bisher damit begnügt wurde, rückwirkend über die ›Registratur‹ von 1533 Rückschlüsse zu ziehen.[12] Denn erst durch diese Erweiterung des Quellenfokus wird eine Vergleichsebene zur landesherrlichen und normativen Ebene geboten, welche auf die Betrachtung des alltäglichen Lebens von Kommune und Kirche in Wittenberg zielt und folglich die bisherigen Erkenntnisse korrigierend erweitern könnte.

## 2. Stadt und Kirche in Wittenberg zur Reformationszeit

Nach der Verbreitung der 95 Thesen Martin Luthers bis zum Beginn der 1520er Jahre erscheinen die kirchlichen Verhältnisse noch ungeklärt, obwohl das Reformationswerk vor allem während Luthers Wartburgaufenthalt weiter voranschritt. So entstand 1522 in Zusammenarbeit mit Stadtrat, Augustinerkloster sowie der Wittenberger Universität ›Ain lobliche Ordnung der Fürstlichen Stat Wittenberg‹,[13] die erste evangelische Stadt- und Kirchenordnung Wittenbergs.[14] Darin wurden u.a. Festlegungen zur Armenfürsorge in der Stadt inklusive Vorschriften zu Religionsausübung und Kirchenstrafen getroffen und als wesentliche Neuerung zur Finanzierung dieser nun zentral von der Stadtpfarrkirche zu übernehmenden Aufgaben der ›Gemeine Kasten‹ eingeführt. Ein solcher scheint auch tatsächlich ab Januar 1521 real in der Stadtpfarrkirche aufgestellt gewesen zu sein, wie die Ausgabe des Stadtrats von zwei Groschen an Bartel Tischer für den »Gemeinenn Kastenn inn der kirchenn« ausweist.[15]

Als Vorläufer dieser Armenkasse kann in Wittenberg der sogenannte ›Gemeine Beutel‹ angesehen werden, zu dem wohl 1521 schon eine »Ordenu[n]g des Gemeynen Bewtels zcu erhaltung hauß vnnd ander armen

---

12 So Pallas, Registraturen, Allgemeiner Teil (s. Anm. 4), 14–16.

13 Publiziert in EKO 1/1, 697 f.

14 Ernst Kähler, Art. Bodenstein, Andreas Rudolf, genannt Karlstadt, in: NDB 2 (1955), 356 f.

15 RatsA WB, KR 1520/21, fol. 195v: »Bartel Tischernn bezcalt / item ii gr vor dem Gemeinenn Kastenn inn der kirchenn Freytag nach Erhardi [1521 Januar 11.]«.

bedurfftigen leutthen. Seyn vnns zw Wittenberg auffgericht. Wie es domit gehaltthenn sall werdenn etc.«[16] erlassen worden ist. Erste Belege für die

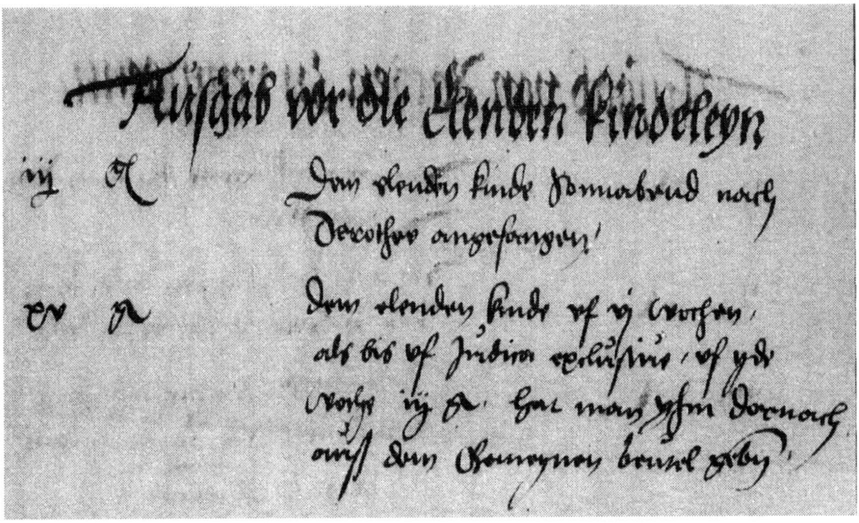

Abb. 2: RatsA WB, KR 1522: Ausgab vor die elenden kinderleyn, fol. 184v

Umsetzung dieser Armenkassenordnung sind in den Kämmereirechnungen zu finden. Dort wird berichtet, dass der Stadtrat die Unterstützung eines Waisenkindes letztmalig auszahle und zukünftige Zahlungen an den Gemeinen Beutel verweise (Abb. 2).[17] Erstmalig wurde demnach seit April 1522 die Armenfürsorge aus dieser neuen Armenkasse finanziert und somit aus der Stadtkämmerei ausgelagert. Bisher war die Forschung davon ausgegangen, dass in Wittenberg erst seit 1526 die Armenfürsorge aus einem solchen Kirchenkasten finanziert wurde,[18] was vergleichsweise spät wäre für die Umsetzung der ›Reformation‹. In anderen Gegenden gab es solche Einrichtungen mit einer entsprechenden Ordnung schon viel früher wie

[16] So in RatsA WB, 16 Bc 4, fol. 156.br–156.dv. Abgedruckt u.a. bei Pallas, Beutelordnung (s. Anm. 10), 7–11. Autorenschaft und Entstehungsdatum sind bisher noch umstritten, vgl. a.a.O. 1–7; Oehmig, Einnahmen (s. Anm. 11), 242, Anm. 77; Hans Lietzmann (Hg.), Andreas Karlstadt: Von Abtuhung der Bilder und das keyn Bedtler vnther den Christen seyn sollen 1522 und die Wittenberger Beutelordnung (KIT 74), Bonn 1911.

[17] RatsA WB, KR 1522/23, fol. 184v: »Ausgab vor die elenden kinderleyn / xv gr dem elenden kinde vf vi wochen als bis vf Judica [1522 April 06.] exclusiue / vf yde woche iii gr / hat man yhm dornach auß dem Gemeynen Beutel geb[e]n«.

[18] Oehmig, Einnahmen (s. Anm. 11), 243.

beispielsweise 1523 in Leisnig.[19] Im Laufe des LEUCOREA-Projekts konnten nicht nur die älteste aufgezeichnete Rechnung des Gemeinen Kastens aus dem Jahr 1525/26 (Abb. 3),[20] sondern auch Schriftzeugnisse ausfindig gemacht und ausgewertet werden, die belegen, dass es diese Armenkasse in Wittenberg als ordentliche Einrichtung, aber eben unter der Bezeichnung ›Gemeiner Beutel‹ tatsächlich schon eher gegeben haben muss. Das u. a. im Wittenberger Pfarrkirchenarchiv ›wieder‹ aufgefundene, mit ›Schuldbuch des Gemeinen Beutels 1524‹ betitelte (Abb. 4a) und damit noch vor die erste Kastenrechnung zu datierende Rechnungsbuch dieser Armenkasse enthält Einträge, die sich vom Zeitraum 1522[21] (Abb. 4b) bis 1529 erstrecken und somit erstmals den belegten Nachweis ermöglichen, dass die Wittenberger Armenkasse, als eine der wesentlichen Neuerungen im lutherischen Kirchenwesen, schon länger existiert hatte.[22] Damit ist der nahezu nahtlose Übergang zu den bekannten Rechnungsakten im Original nun aufzeigbar und die bereits als geläufig und auserzählt geltende Geschichte der Wittenberger Armenkasse nochmal auf den Prüfstand zu stellen. Dennoch soll das nicht im Mittelpunkt der vorliegenden Untersuchung stehen. Einige wesentliche Eckdaten der reformatorischen Bewegung in der Universitätsstadt

---

19 Eine Übersicht über Gemeine Kästen und dazugehörige Ordnungen zuletzt bei Christian Peters, Der Armut und dem Bettel wehren. Städtische Beutel- und Kastenordnungen von 1521 bis 1531, in: Dingel, Kohnle u. Sträter, Ordnung (s. Anm. 6), 239–255.

20 Die Kastenrechnungen vor 1526 wurden von Oehmig, Einnahmen (s. Anm. 11), 243, Anm. 83, als »zur Zeit verschollen« vermerkt; Pallas, Beutelordnung (s. Anm. 10), zitiert mehrfach nach sehr verkürzten Notizen Nicolaus Müllers aus einer Kastenrechnung von 1524/25 ohne Angabe von Signaturen, die auch die Autorin bisher somit nicht gegenprüfen konnte. Die älteste erhaltene Rechnung des Gemeinen Kastens ist in das Jahr 1525 zu datieren und befindet sich in der Akte der Bruderschaftsrechnungen, die im Findbuch unter dem falschen Titel ›Rechnung des Heilig-Geist-Spitals‹ verzeichnet worden ist, PfarrA WB, AI 506, fol. 225r.

21 PfarrA WB, Karton 14 AI 128: ›Schuldbuch des Gemeinen Beutels 1524‹. Pallas, Beutelordnung (s. Anm. 10), 36, zitiert aus dieser Akte, wiederum nach Notizen Nicolaus Müllers und leider ohne gegenprüfbare Nachweise.

22 Diese These hatten auch schon Müller und Pallas vertreten, jedoch wurde sie nicht wieder aufgegriffen oder ausgebaut, was schlichtweg an der insgesamt oft stark überformenden und bisweilen ohne Signaturnachweise auskommenden Zitierweise von Pallas liegen könnte, der hier sehr engagiert das Nachlassmaterial Nikolaus Müllers verwendete; s. auch das Vorwort zu Pallas, Beutelordnung (s. Anm. 10), 1–7.

sind geklärt, sie werden hier kurz aufgeführt, um die Grundsituation vor der ersten protestantischen Visitation vor Ort zu erläutern.[23]

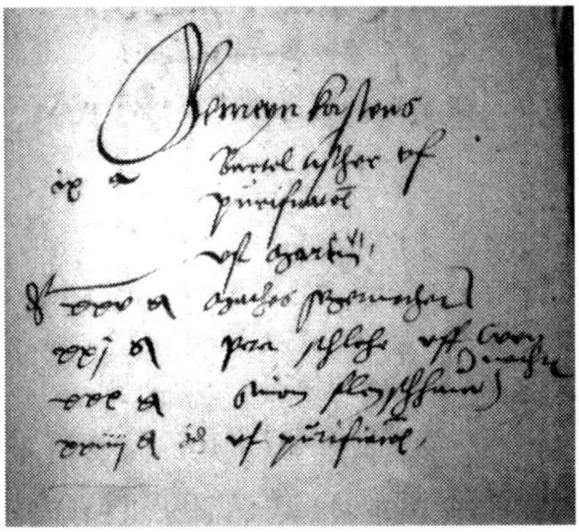

Abb. 3: PfarrA WB, AI 506 fol. 225r: Erste Rechnung des Gemeinen Kastens 1525

Abb. 4a: PfarrA WB, Karton 14 AI 128: Schuldbuch des Gemeinen Beutels 1524, Titelblatt

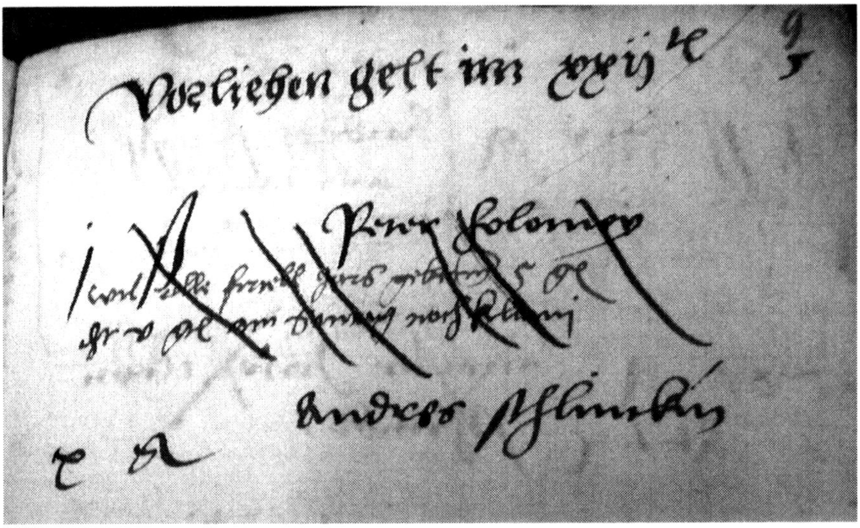

Abb. 4b: PfarrA WB, Karton 14 AI 128: Schuldbuch des Gemeinen Beutels 1524, fol. 9r

23 Zuletzt dazu NATALIE KRENTZ, Ritualwandel und Deutungshoheit. Die frühe Reformation in der Residenzstadt Wittenberg (1500–1533) (SMHR 74), Tübingen 2014, 141–169, 243–268.

Das Allerheiligenstift an der Wittenberger Schloss- und Universitätskirche wurde zunächst gegen großen inneren Widerstand 1524 mit einer neuen reformierten Gottesdienstordnung versehen, nach dem Tod Kurfürst Friedrichs des Weisen als kirchliche Einrichtung im Herbst 1525 aber endgültig aufgehoben.[24] Die Wittenberger Universität übernahm dessen rechtliche und finanzielle Nachfolge. Das galt zunächst aber nicht für das ›ius patronatus‹ über die Stadtpfarrkirche, die dem Allerheiligenstift seit 1400 inkorporiert war, neben etlichen anderen Patronatsrechten an Kirchen, Kapellen und Altären im Wittenberger Umland. Denn schon 1523 wurde Johannes Bugenhagen[25] als Pfarrer durch den Stadtrat am Nominationsrecht des Stifts vorbei an der Wittenberger Marienkirche eingesetzt. Im Pestjahr 1527 wurde dann ein drittes Hospital der Stadt in den Gebäuden des zwei Jahre zuvor, 1525, aufgelösten Franziskanerklosters[26] als Armenhaus eingerichtet und dem Gemeinen Kasten unterstellt. Ähnliche Neuordnungen innerhalb der Finanzen der geistlichen Einrichtungen in Wittenberg sind schon für den Beginn der 1520er Jahre feststellbar, als eine zentrale Inventarisierung der Einkünfte und Kirchengeräte der Spitäler, Bruderschaften und Altarlehen im Auftrag des Wittenberger Stadtrats angefertigt wurde[27] und noch keine landesherrlichen Säkularisierungsbehörden oder Sequestrationsbehörden existierten. Damit erscheint der Wittenberger Stadtrat zeitlich vor den Landesbehörden wesentlich am geistlichen Reformwerk in der Stadt beteiligt gewesen zu sein, und zwar als Hauptinitiator, was insgesamt bei der eher zögerlichen

---

24 Fritz Bünger u. Gottfried Wentz, Das Bistum Brandenburg, Teil 2: Die Bistümer der Kirchenprovinz Magdeburg (GermSac 1/3), Berlin 1941, 112–114. Noch im Januar 1525 nahm der Kurfürst ›seine‹ Stiftsherren wiederholt in Schutz, nachdem diese ihn mehrfach um Hilfe u.a. bei einer anstehenden aber nie durchgeführten Visitation ersucht hatten, vgl. SäStA HD, Geh. Rat 10024 Loc. 8980/19 (1525 Januar 17.).

25 Bünger u. Wentz, Brandenburg 2 (s. Anm. 24), 87. Zur Person s. Ernst Wolf, Art. Bugenhagen, Johannes, in: NDB 3 (1957), 9f. Zuletzt wurde dessen Amtseinsetzung als Initiative Luthers gedeutet bei Krentz, Ritualwandel (s. Anm. 23), 302.

26 Bünger u. Wentz, Brandenburg 2 (s. Anm. 24), 383f; Ferdinand Doelle, Das Wittenberger Franziskanerkloster und die Reformation, in: FS 10 (1923), 279–307.

27 Das betraf im Wesentlichen die Einkommensverzeichnisse aller Bruderschaften, Altarlehen, Stiftungen und die der zwei städtischen Hospitäler, vgl. ausführlicher Antje J. Gornig, Die Rechnungen der Wittenberger Bruderschaften als Quellen zur vorreformatorischen Frömmigkeitsgeschichte, in Enno Bünz u. Hartmut Kühne (Hg.), Alltag und Frömmigkeit am Vorabend der Reformation (Aufsatzband zur Ausstellung »Umsonst ist der Tod«), Petersberg 2015, 233–288.

Religionspolitik Friedrichs des Weisen nicht mehr verwundert.[28] Erst nach dessen Tod aber wurde der Stadtrat richtig aktiv und das, obwohl die städtische Politik und die kommunalen Finanzen stark eingebunden waren: erstens im Stadtbefestigungsausbau, zweitens in der seit 1528 begonnenen Neuaufstellung der Steuerverzeichnisse der gesamten Bevölkerung der nun über 4.000 Einwohner zählenden Stadt sowie drittens in der zweiten Phase des städtischen Infrastruktur-Ausbaus. Zudem wütete eine Pestepidemie im Jahr 1527 bis Mitte 1528 im Kurkreis und dessen Residenzstadt. So stellte der Wittenberger Stadtrat nicht nur ein Teil des Personals für das erste Visitationswerk in der Stadt und im Umland zur Verfügung, wie den Holzförster[29] und den Stadtschreiberdiener – Letzteren sogar als Kastenschreiber[30] –, sondern auch erhebliche Finanzaufwendungen der Stadtkasse.

## 3. Quellenbefunde zu Visitationsaktivitäten vor Ort

Am besten lassen sich die Vorgänge um die Visitationsaktivitäten vor Ort in den Rechnungen des Gemeinen Kastens ablesen, dessen Rechnungsjahr 1529 dabei als Paradebeispiel dienen kann, da es unter dem Eindruck und der Begleitung der Visitatoren abgefasst wurde. Hierin sind deutlich Auskünfte zur Visitationspraxis in Wittenberg gegeben. Schon das Vorwort[31] dieser Rechnungsakte macht dies deutlich, weshalb es hier in Gänze nachfolgend wiedergegeben wird:

> »Durch des durchleuchtigstenn hochgebornenn fursten vnd hern, hern Johansen Hertzogen zcw Sachssen [...] vnnd Churfursten, [...] befelhabern vnd im kreyss zcu Sachssen vorordnete visitatores, nemlichen der erwirdigenn, gestrengen, ernvhestenn vnd hochgelarten Doctorem Martinum Luther, Hansen von

---

[28] Zuletzt dazu Uwe Schirmer, Kurfürst Friedrich der Weise (1486–1525). Sein politisches Handeln zwischen Pragmatismus, Demut und Frömmigkeit, in: Hanna Kasparick (Hg.), Reformation und Politik. »Dieweil die weltliche Gewalt von Gott geordnet ist ...« (Wittenberger Sonntagsvorlesungen), Wittenberg 2014, 28–68.

[29] RatsA WB, KR 1528/29, fol. 233v: »ii gr x d dem heltzförster gegeben, das er des raths dörffer vorpott zcu schosße vor die visitatores zcu komen als man mit yhnenn gehandelt«.

[30] A.a.O. fol. 233v: »i ß Vrban Balduyn des stadtschreybers diener, von registern zcu schreyben dis jhar gegebenn«.

[31] Das ist die einzige Wittenberger Kastenrechnung, die ein Vorwort beinhaltet, vgl. PfarrA WB, AI 129 Rechnungen des Gemeinen Kastens (GK) 1529, fol. 3r–v.

Taubenhaim ritter, Churfurstlicher gnaden zcu Sachssen renthmeyster, Hansen Metzsch heuptman zcu Wittembergk vnd Benedictum Pauli der recht Licentiaten, ist diesse hirnach vorzceichente innham in Gemeynenn Kastenn alhir zcu Wittenbergk geordent vnd befelhs bestettigt vnnd uff heut Mitwochs nach Sanct Thomas tage [Dezember 23.] in kegenwert vnd mit vorwylligung des regierndenden burgermeysters vnd raths, vns vorgenanthen vorstehern[32] des Gemeynen Kastens diesse innahm uff denn hayligenn Christag [Dezember 25.] des nheunvndzcwantzigsten jhares anzcufahenn, vleyssig inzcumahnen vnd ordentlichen zuvorzeichen lassenn/ Auch degegen die personen der kirchenn wie in der außgab zubefindenn mit yhrer besoldung vnd die armen mit nodturfftigem vndirhalt zuvorsorgenn befolhen wordenn/ Godt geb gnad, das solche ordnung, seinem gedtlichen nhamen zcu ehren vnnd dem armut zu nutz vnd frymen, reychen mege amen/ Geschehenn am Mitwoche wie oben im achtvndtzwantzigsten jhare nach xvC der geburt Christi.«

Daraus lassen sich sehr deutlich nicht nur die Personen der Visitatoren, sondern auch der zeitliche und inhaltliche Rahmen der Wittenberger Visitation rekonstruieren, die in der Stadt zwischen dem 22. Oktober[33] und vor dem 23. Dezember 1528 praktisch ausgeführt und nun im Wesentlichen abgeschlossen zu sein schien. Ebenso wird hier der Zweck der Visitation angesprochen, nämlich die Finanzen für ›Gottes Werk‹ zu ordnen, um damit der Armut abzuhelfen sowie die Armen und Kirchendiener ausreichend unterhalten zu können. Als wesentliches Prinzip der Rechnungsprüfung sollte nunmehr bei der Rechenschaftslegung das Mehraugenprinzip als Mehr-Autoritäten-Prinzip zum Zuge kommen. Zugleich wurden neben den Kirchvätern die Stadtautoritäten in die Pflicht genommen, für die Umsetzung der Visitationsvorgaben im nun neu beginnenden Rechnungsjahr 1529 zu sorgen und somit Gottes Werk vor Ort umgehend in die Tat umzusetzen. In der Rechnungsakte selbst ist in nahezu jeder Rubrik der Einfluss der Visitation zu spüren, denn darin finden sich zahlreiche Maßnahmen, die direkt auf Anregung der Visitation (durch die konkrete Erwähnung der Visitatoren) zurückzuführen sind oder aber auch indirekt auf solche Kontrollaktivitäten hindeuten. Auch in den parallel dazu entstandenen Rechnungen der

---

[32] Als Vorsteher des Gemeinen Kastens zu dieser Zeit werden genannt, a.a.O. fol. 2r: Blasius Matheus, Cunrad Weyße, Thies Richter, Anders Lehman, Cuntz Krugk, Merten Heusendorff.

[33] So Burkhardt, Geschichte (s. Anm. 9), 29–31; Pallas, Registraturen, Allgemeiner Teil (s. Anm. 4), 14.

Stadtkämmerei findet sich der Einfluss der ersten Wittenberger Visitation, die als Pendant zur Analyse herangezogen werden müssen.

Insgesamt sind daraus vier Hauptmaßnahmen der Visitatoren ableitbar: 1. Ordnung der Kastenverwaltung; 2. Absicherung und Erhöhung der Einnahmen; 3. Erweiterung der Aufgaben des Gemeinen Kastens; 4. Eingriffe in die Religionsausübung, die im Folgenden anhand von Beispielen belegt und erläutert werden, wobei die Reihung der Aufzählung keine Chronologie der Aktivitäten bedingt.

### 3.1 Ordnung der Kastenverwaltung

Eine zunächst auffällige Änderung ist die nun zu jeder Jahresrechnung als Extra-Register angelegte Rechnungszusammenfassung, die lediglich vier Blätter umfasst und nur die Summen der Einzelrubriken von Einnahmen und Ausgaben aufweist.[34] Diese sollte vermutlich zur Vorlage vor den Visitatoren oder den Stadt- und Amtsbehörden bei der alljährlichen Rechenschaftslegung dienen. In den darauffolgenden Rechnungen des Gemeinen Kastens finden sich diese ›Richtsteige‹ ebenso vor die ausführliche Rechnung geschrieben.

Neben den sechs schon jedes Jahr neu – vom Stadtrat – erwählten Kastenvorstehern wird nun noch ein ›Kasten-Schreiber‹ eingesetzt und für den Mehraufwand extra entlohnt. Im Falle der neuen Rechnungsakte ist das Urban Balduin,[35] der zugleich in städtischen Diensten als Gehilfe des Stadtschreibers angestellt war, womit das Erfahrungspotential der Stadtkämmerei hier genutzt und die ehrenamtlichen Kastenvorsteher entlastet wurden.[36] Er wurde zunächst Ende 1528 eingesetzt und fungierte ab 1529 neben seiner Ratsanstellung dann dauerhaft als eine Art Verwalter für den Gemeinen Kasten.[37] Grundlegend für die neue Rechnungsführung war die veränderte Laufzeit der Kastenrechnungen, die mit dem Jahr 1529 am Weihnachtsfest ausgerichtet und nun genau auf Beginn und Ende des Kirchenjahres und damit an das zeitgenössische Kalenderjahr angepasst wurde. Bisher war die

---

34 PfarrA WB, AI 129 GK 1529, fol. 1ar.

35 Urban Balduin ist zunächst als Gehilfe des Stadtschreibers Philipp Reichenbach in Ratsdiensten und 1530 bis 1547 als Hauptstadtschreiber Wittenbergs tätig, Paul G. Kettner, Historische Nachricht von dem Raths-Collegio der Chur-Stadt Wittenberg, Wolffenbüttel 1734, 146.

36 PfarrA WB, AI 129 GK 1528, fol. 66v: »ii ß xlviii gr Vrban Balduyn dem schreyber von der rechnung zcu machenn vnd sonst vom andernn schreyben, welchs etwas vill gewesen, als man den visitatoribus alle gelegenhait des gemeinen kastens hat anzceygen mussen«.

37 PfarrA WB, AI 129 GK 1529, fol. 48v: »v ß xv gr Vrban Balduyn, den vorsteher schreyber adir procuratori vor seyn lohn des jhar endtrichtett«.

Laufzeit der Kastenrechnungen von Sonntag Invokavit des einen bis Sonntag Invokavit des folgenden Jahres, demnach auf zwei Kalenderjahre bezogen. Der Bruch begann mit dem bisher vermuteten Abschluss der Visitation im Dezember 1528, nach der sogleich das alte Rechnungsjahr 1528/29 frühzeitig beendet und das neue Rechnungsjahr 1529 angefangen wurde.[38] Dabei war das Vorgehen hier pragmatischer als in der ›weltlichen‹ Stadtkämmerei, da die Laufzeit der Kämmereirechnungen weiterhin – zudem noch bis weit ins 16. Jahrhundert – am hohen Festtag der Stadtpatronin, an Mariae Lichtmess (2. Februar), ausgerichtet war. Unter den Maßnahmen zur Umstrukturierung der Kastenverwaltung war letztlich der zusätzliche Vermerk der Ab- oder Zunahme der Summen jeder Rubrik neuartig. So wurden erstmals ein direkter Vergleich der Summen zwischen den einzelnen Rechnungsjahren und damit auch eine leichtere Kontrolle durch die ›externen‹ Autoritäten möglich.

### 3.2 Absicherung und Erhöhung der Einnahmen

Ganz wesentlich zu einer spürbaren Erhöhung der Einnahmen des Gemeinen Kastens trugen nicht nur die seit 1525/26 zum Großteil dorthin gezogenen Einkünfte der Bruderschaften und Altarlehen an der Stadtpfarrkirche bei, sondern die Überweisung der Gelder und Güter der Stadtpfarrkirche an den Gemeinen Kasten, die sich seit 1529 als eigene Rubrik in den Kastenrechnungen wiederfanden, laut Betitelung der Einnahmenrubrik: »Innahm / Geldtzcinse sßo zcu der pfarren zcu Wittemberg zcuuor gegeben vnd ytzt auch in den Gemeynen Kastenn geordnett«[39]. Somit wurde zwar die ›eigenständige‹ Kirchenkasse aufgelöst, aber alle zuvor verstreut verwalteten, geistlichen Gelder an der Stadtpfarrkirche in Wittenberg augenblicklich zentralisiert.[40] Es gingen nicht nur die Einkünfte, sondern eben auch die noch in der Kirchenkasse bestehenden offenen Beträge an den Gemeinen Kasten über, wie der Eintrag im sogenannten ›Schuldbuch‹ vermittelt: »Retardat der vorstehernn der pfarkirchenn zu Witembergk ausstheṅd vorplybenn vnd mit

38 Aus heutiger Kalender-Perspektive fängt diese Rechnung im Jahr 1528 (Dezember 25) an.

39 PfarrA WB, AI 129 GK 1529, fol. 17v.

40 Auf diese entscheidende Anordnung der Visitatoren wies auch schon Oehmig, Einnahmen (s. Anm. 11), 243, leider ohne Nennung eines Beleges hin. Dass der Wittenberger Gemeine Kasten nun nach dem Leisniger Vorbild als alleinige Kirchenkasse organisiert wird, ist insofern bemerkenswert, da zeitgleich in den von Bugenhagen beeinflussten norddeutschen Gesamtkirchenordnungen die Kastenrechnungen von den übrigen Kirchenvermögen getrennt geführt werden. Peters, Armut (s. Anm. 19), 254–256.

vberantwortung der register den vostehernn des Gemynnen Kastens inn zumahnenn befollen in 29[1529] jhar«[41]. Das resultierte nicht etwa nur aus dem Ausbleiben von Zinszahlungen der nun nicht mehr altgläubigen Gemeindeglieder an ihre Kirche. Es ist vielmehr als Resultat der weiterhin bestehenden Funktion der Kirchenfabrik als Darlehenskasse nicht nur des ›kleinen Mannes‹ zu sehen, die wohl zuvor aufgrund der mangelhaften Rechnungsprüfung nie wirklich für die Eintreibung der Schulden sorgen konnte. Denn nun setzten auf Initiative der Visitatoren verstärkt Maßnahmen ein, die Gelder, welche in den Vorjahren teilweise als zinslose Darlehen von der Armenkasse und der Kirchenfabrik vergeben worden waren, energischer einzumahnen und in einigen Fällen auch Amtspersonen sowie den Stadtrat dabei in die Pflicht zu nehmen. Dazu gehörte die Prüfung älterer Kastenrechnungen, die 1529 zusätzlich den Visitatoren zur Kontrolle vorgelegt wurden.[42] Hierbei zeigte sich, dass der Rat selbst, wie schon in vorreformatorischer Zeit üblich, Geld von der Kirchenkasse geliehen hatte und wohl aufgrund der personellen Verflechtungen zwischen Stadtrat und Kirchvätern[43] bisher noch keine Mahnung von Seiten der Rechnungsverwalter mit Nachdruck stattgefunden hatte. Darauf weist folgender Eintrag unter der Rubrik ›Gemeine Ausgaben‹ in den Kämmereirechnungen 1528/29 hin:

---

[41] PfarrA WB, Karton 14 AI 128, fol. 36v.

[42] Die Rechnungsführung der Armenkasse wurde zunächst geprüft, indem u.a. die älteren Rechnungsakten den Visitatoren vorgelegt wurden. So weist das Titelblatt von 1527/28 folgende nachträglich (1529 Januar 25) hinzugefügte Notiz auf: »Diesse rechnung ist am tage Comversionis Pauli anno d[omi]ni etc. nheunvndzwantzigk dem erbarn rathe, Doctori Martino, an stadt des pfarners, item denn rechenleuthen vnd v[ier]telsmeyst[ern] [vorgelegt]«, PfarrA WB, AI 129 GK 1527/28, fol. 1r. Da das Blatt beschädigt ist, ist der Text nur unvollständig überliefert, aber dennoch aussagekräftig.

[43] Die Kirchväter, in Wittenberg in vorreformatorischer Zeit »Gotteshausleute« genannt, wurden durch den Stadtrat besetzt und hatten als wesentlichste Aufgabe die Verwaltung der Kirchenkasse inne, wie der Eintrag in den ältesten Wittenberger Pfarrkirchenrechnungen von 1423 schon belegt: »der word gekorn gottzhusluthe p[os]t Purif[icationis] Marie von Han[us] Wyma[n] ratma[n] et burg[er]meist[er] Kalo [...] Crappe [...] Han[us] Messtfranze, Han[us] Spiri gotzhuslute«, RatsA WB, 2156 Rechnung der Pfarrkirche, fol. 7v. Die Wittenberger Kirchenkasse war damit schon lange vor der Reformation, wie in anderen spätmittelalterlichen Städten auch, unter der Kontrolle des Stadtrats – im Gegensatz zum Pfarrbenefizium, das bis zur Auflösung des Allerheiligenstifts in dessen Händen lag, s. dazu bspw. ThHStAW EGA, Reg. O 159, fol. 68v–69r. Ein großer Dank für die Hinweise zu den Amtsrechnungen geht an meinen Projektkollegen Thomas Lang (Leipzig).

»xviii ß Hansen Ritter geben, die er im xxt[en] [1520] jhar, vnder dem achtbaren hochgelartten hern Christianno Beyer Burgermeyster, do er, Hans Ritter kirchvatir gewesen dem rathe geliehen vnd furgestrackt / welche xviii ß, er yeczt in der endtlichen rechenschafft, ßo er den hern visitatoren gethan, vff sich genommen vnd hat betzalin mussen«.[44]

Der ehemalige Gotteshausmann Hans Ritter[45] hatte sich demnach rückwirkend – hier tatsächlich mit seinem privaten Vermögen – für die nicht zurückgezahlten Darlehen aus seiner Amtszeit zu verantworten und wandte sich daher an den Stadtrat, um nun die Schulden einzutreiben.

Ein weiterer Zugewinn für die Einnahmeseite des ›Gotteskasten‹ entstand schon in den Vorjahren durch den Verkauf von Kirchengerät, Ausstattungsstücken, Kirchentextilien und Ornaten, insbesondere des ›Silberwerks‹[46], die aus dem Vermögen der Bruderschaften, der Altarlehen, der Pfarrkirche sowie der Franziskanerkirche eingezogen worden waren. Ebenfalls ertragreich war die Unterstellung der mittlerweile drei Wittenberger Hospitäler mit ihren Einkünften und Vermögen unter den Gemeinen Kasten.[47]

Ebenso wurden die bisher beim Stadtrat liegenden und von diesem verwalteten Zinsen geistlicher Lehen und Renten einbehalten und in den Gemeinen Kasten überführt, etwa die zuvor regelmäßig an das Kirchenpersonal, wie Pfarrer, Schulmeister, Chorschüler, Küster und Organisten, ausgezahlten Gelder für die Abhaltung geistlicher Messen, Chorgesänge und Stundengebete.[48] Parallel dazu verordneten nun die Visitatoren die direkte Zahlung der

---

44 RatsA WB, KR 1528/29, fol. 236r.

45 Johannes Ritter war zwischen 1509 und 1535 Wittenberger Ratsherr, u. a. Baumeister und Kämmerer, vgl. Kettner, Nachricht (s. Anm. 35), 109.

46 Dieser Einnahmeposten bildete ab 1526 bis 1538 in den Kastenrechnungen eine eigene Rubrik, vgl. ausführlicher Gornig, Bruderschaften (s. Anm. 27), 27 f, Anm. 141.

47 Oehmig, Einnahmen (s. Anm. 11), 247, gibt nach Pallas, Beutelordnung (s. Anm. 10), 106–107 an, dass deren Einkünfte 1524 in den Gemeinen Kasten kamen, was so nicht stimmen kann, da in der Rechnung von 1525/26 dieser Einnahmeposten fehlt, 1526/27 aber dort erwähnt wird. Überblick zu den Wittenberger Hospitälern zuletzt mit Hinweisen auf die einschlägige Literatur bei Gornig, Stadt (s. Anm. 3), 55–56.

48 RatsA WB, KR 1528/29, fol. 160r: »An solchen obgeschriebenen zcinsen hat der rath innebehalten vnd ist schuldig bliebenn / xxv ß xxxvii gr Vnser Lieben Frawen pfarkirchen alhir zcu Wittembergk jher zcins schuldig bleeben / xxi ß xlvi gr der priester bruderschafft dis jhar schuldig blieben, ßo man yhnen nichts gegebenn b[e]sondern den capellanen, pfarner, schulmeyster vnnd custodi yhre b[e]soldung do von vorgnugt, wie hirnach uff dem andern blate negst volgende zcubefinden / vi ß xiiii gr dem pfarner, caplan,

zuvor an Personen und Lehensinhaber gebundenen Gelder an den Gemeinen Kasten.[49] Hiermit ist zugleich der früheste Quellenbeleg für die tatsächliche Abschaffung altgläubiger Gebräuche in der Stadtpfarrkirche und ein Hinweis auf die eher nicht umwälzende, sondern langsame und schrittweise Umstrukturierung des Wittenberger Kirchenwesens nach lutherischer Prägung gegeben. Folglich leiteten erst die Visitation Ende 1528 und deren Konsequenzen die endgültige Abschaffung altgläubiger Feste und Zeremonien in Wittenberg ein. Ein deutliches Signal der kirchlichen Umstrukturierung ging nun auch in Richtung des geistlichen Kirchenpersonals und der bisherigen Pfründeninhaber am ehemaligen Allerheiligenstift, denn deren Einkünfte an Opfergeldern aus dem Wittenberger Kirchspiel kamen infolge der Visitation nicht mehr direkt an die Pfarrgeistlichen vor Ort, sondern sollten ebenso in den Gemeinen Kasten in Wittenberg fließen. Mit der Sorge für die Eintreibung der Opfergelder aus den Ratsdörfern[50] wurden der Stadtrat und aus den

---

schulmeyster, schreybern, custodi vnd organisten innebehlten von dem chor, com[m]unionn, salve vnd andern ceremonien, ßo vorthin in der kirchen nicht gehalten werden«.

49 PfarrA WB, AI 129 GK 1529, fol. 19r–20r: »Innahm/Der Zcinße vom rathe zcu Wittembergk, szo durch befelh der hern visitatorn inn Gemeynen Kasten vff ii tagetzeytten, nemlichen vff Pfingsten die erste vnd die andere helfte vff Martini jherlichen zcu geben geordnett/Sein vormals der kirchen priester bruderschafft, it[em] dem pfarner, schulmeyster etc. vnd etlichen com[m]enden gereychett worden, wie volgett/xxv ß xxxvii gr dem Gotshausß Vnnser Lieben Frauwen pfarkirchen alhir zcu Wittembergk/xxi ß xlvi gr der pristerbruderschafft/vi ß xiiii gr dem pfarner, caplan, custodi vnd organisten von dem chore, com[m]union, salue vnd andern ceremonien ßo forthin nit gehaltenn werden/iii ß dem prediger vom predigstuell/xxv ß xxxi gr vi d etlichen com[m]enden vnd bruderschafften, nemlich/i ß xl gr der com[m]ende Corporis Christi/v ß xx gr Ern Valten Cori/iii ß xx gr der schuster com[m]end[e]/lii gr vi d Sanct Sebastians bruderschafft/i ß xl gr Licentiat Sebastian/xl gr Sanct Annen bruderschafft/v ß der tuchmacher bruderschafft/i ß ix gr der elenden bruderschafft/xl gr Vnser Lieben Frawen bruderschafft/iii ß der Zculstorfer com[m]ende/i ß xxx gr der com[m]end[e] B[ea]te Virginis/xl gr dem lehn der vhier Doctorn/Sum[m]a capittels innahm der zcißse szo der rath jherlichen zugeben schuldig/lxxxii ß viii gr vi d«.

50 Die Wittenberger Ratsdörfer, d. h. gegenüber der Stadt Wittenberg steuerpflichtig und z. T. frondienstpflichtigen Orte waren zu dieser Zeit Gallien, Hohndorf, Prühlitz (alle drei heute Ortsteile von Zahna-Elster), Thießen (heute Ortsteil von Coswig/Anhalt) und Trahjuhn (heute Ortsteil von Wittenberg), vgl. Otto Oppermann, Das sächsische Amt Wittenberg im Anfang des 16. Jahrhunderts. Dargestellt auf Grund eines Erbbuches vom Jahre 1513 (Leipziger Studien auf dem Gebiet der Geschichte 4/2), Leipzig 1897, 1.

Kirchspieldörfern[51] die jeweiligen Gerichtsstuhlinhaber beauftragt.[52] Lediglich durch eine kurze Notiz in den Kastenrechnungen lässt sich die Existenz eines im Zuge der Visitation eingeführten gesonderten Gemeinen Kasten[53] in der sogenannten ›Fischerei‹, der südwestlichen, zum Amt Wittenberg gehörenden Vorstadt belegen, über den sonst keine weitere Nachricht vorliegt. Mit den beiden letztgenannten Änderungen wurde zudem eine Zuordnung der Verantwortlichkeiten und eine die Kastenvorsteher und -finanzen entlastende Aufgabenverteilung erreicht. Durch alle diese vorgenannten Maßnahmen entstand innerhalb kürzester Zeit ein enormer Anstieg der Kasten-Einnahmen um das Dreifache. Das zeigt anschaulich der Vergleich der Einkünfte des Gemeinen Kasten aus 1526/27 von insgesamt 680 Gulden (Abb. 5) mit denen aus 1529 von insgesamt 1.980 Gulden (Abb. 6).

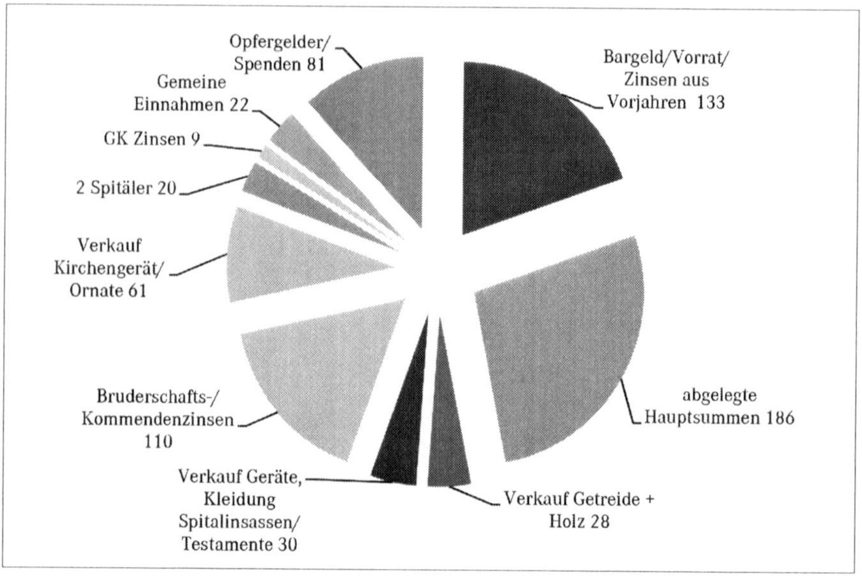


Abb. 5: Einnahmen Gemeiner Kasten 1526/27 in Gulden (gesamt 680 fl)

51 Eine Auflistung der zur Parochie Wittenberg gehörigen Dörfer bei Heinrich Nebelsieck, Die erste ordentliche Kirchenvisitation in den zur heutigen Provinz Sachsen gehörigen Aemtern des alten sächsischen Kurkreises (1528–1531), Liebenwerda 1917, 13.

52 PfarrA WB, AI 129 GK 1529, fol. 35r.

53 A.a.O. fol. 61r: »Sontags nach Natiuitatis Marie/Ist die außgabe gewesen wie am negsten Sontage exclusis i gr welchen man der Zschulischin auß der Fischerey nicht gegeben dieweyll sie doselbst eyn sonderlichen Gemeynen Kasten haben/Sum[m]a der wochen xliiii gr«.

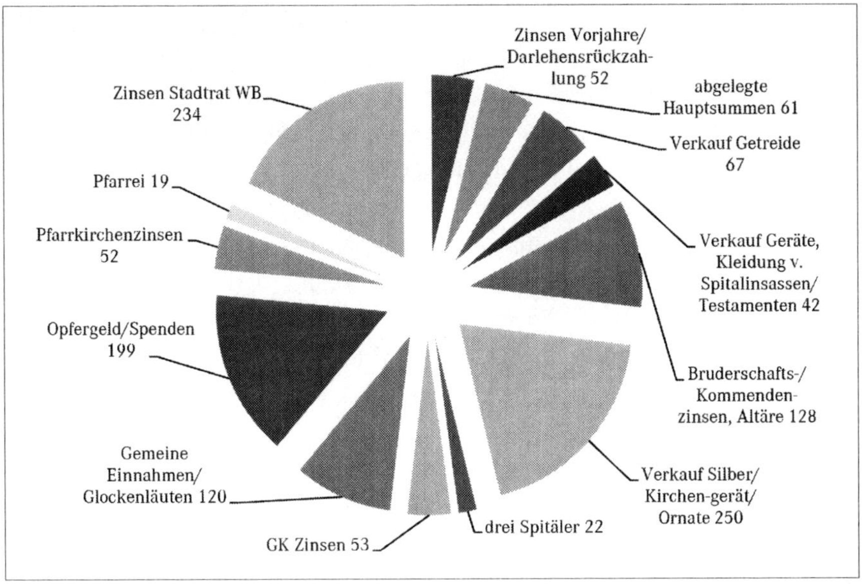


Abb. 6: Einnahmen Gemeiner Kasten 1529 in Gulden (gesamt 1.980 fl)

## 3.3 Erweiterung der Aufgaben der Kirchenkasse

Der außerordentliche Anstieg der Einnahmen war ebenso bedingt durch ein breiteres Aufgabenspektrum dieser ›neuen‹, nun alleinigen Kirchenkasse, deren Gelder gemäß der oben zitierten Präambel verwendet werden sollten. Das lässt sich an den Ausgaben des Jahres 1529 ersehen, die nun einige Rubriken mehr enthielten. Wie Oehmig in seinen beiden Untersuchungen zum Wittenberger Gemeinen Kasten nachweisen konnte, fiel ein großer Teil der Kasten-Ausgaben für das ›kommunale Armenwesen‹ an.[54] So bestanden u.a. die Konten ›Sonntagsgelder‹[55] und ›Gemeine Tafel‹[56] schon seit 1526. Die Almosenverteilung am Sonntag fand nach dem Gottesdienst in der Stadtpfarrkirche statt und erfasste je Woche regelmäßig 35 bis 40 Empfänger, die häufig dieselben Personen waren – darunter beispielsweise die städtische

---

54 Oehmig, Ausgaben (s. Anm.11), 133.

55 PfarrA WB, AI 129 GK 1529, fol. 50r–66v: »Außgab vor die arme leuthe szo man wochenlich vnd des Sontags gegeben hat/angefangen Sontags nach dem Christtage [1528 Dezember 27.]«.

56 PfarrA WB, AI 129 GK 1529, fol. 67r–85r: »Außgab/Vor speisung der armen leuthe ins grawe closter vnd im hospitale zum Hailigen Gaist/Angefangen Sontags nach dem Hailigen Christtage anno etc. xxix [1528 Dezember 27]«.

Hebamme[57] oder der alte Schulmeister.[58] Erstaunlich wenige Namen sind dabei, die nicht regelmäßig auftauchten sowie vorwiegend Kranke, teilweise auch in Wittenberg erkrankte Reisende[59] oder Einwohner in kurzfristiger finanzieller Notlage[60] betrafen. Die ausgezahlten Beträge variierten dabei zwischen einem halben und fünf Groschen. Die Armenspeisung fand ebenso wöchentlich im Armen-Spital im ehemaligen Barfüßer-Kloster sowie im Heilig-Kreuz-Spital statt und wurde u.a. ›Gemeine Tafel‹ genannt. Hierbei wurden weder die Anzahl der dort Versorgten – darunter nicht nur die Spitalinsassen –, noch die Personen selbst vermerkt, sondern lediglich die aufgewendeten Ausgaben für die Lebensmittel, Fuhrlöhne oder die Mahlgebühr an den Mühlen. Hinzu kamen noch die Ausgaben für die medizinische Versorgung der Spitalinsassen und weiterer Kranker,[61] die sich nicht nur in Krankenpflege, Badeanwendungen und Arzneimittelausgaben erschöpften, sondern nun auch noch seit 1529 deren Seelsorge[62] mitabdeckten.

---

57 Die hier lediglich »Wehemutter« genannte Frau erschien sehr häufig als Empfängerin der Almosenzahlung: bspw. PfarrA WB, AI 129 GK 1529, fol. 52r, 53v, 55r, 57r, 59r. Nur einmal erhielt sie nicht wie üblich ihre Auszahlung, da sie in dieser Woche schon die Armenspeisung der ›Gemeinen Tafel‹ mitnutzte: »Sontags nach Donati / hat man außgegebin wie yetzt angetzeygt, exclusis ii gr welche der wehemutter nicht gegeben dieweyll sie mit den andern zu tische sitzt im closter«, a.a.O. fol. 60r.

58 Der wohl schon länger nicht mehr als Lehrer an der Wittenberger Schule tätige Brose Schulmeister erschien ebenso häufig unter den Almosenempfängern, bspw. PfarrA WB, AI 129 GK 1529, fol. 50v, 52v, 54r, 55v, 57r, 59v, 61v, 64v und erhielt zudem noch weitere Hilfszahlungen aus dem Gemeinen Kasten, a.a.O. fol. 104r: »x gr Brose Schulmeyster zcu hulffe gegeben an seym hau[s]zci[n]ße vff vorbit des pfarrners«.

59 So sind bspw. hier verzeichnet, PfarrA WB, AI 129 GK 1529, fol. 55v: »viii d einer krancken frawen von Kemerigk [Kemberg, südlich Wittenberg]«; fol. 57v: »ii gr eim krancken von Hertzbergk [Herzberg / Elster, nordöstlich Torgau]«; fol. 63r: »ij gr einer armen frawen vom Brulin [?] zur zcehrung geben«; fol. 63v: »v gr eim krancken schuheknechte Seuerin auß Brabandt [Herzogtum Brabant, heute Belgien] zcur zcehrung gegeben«.

60 Wobei die Notlagen selbst, außer im Falle von Krankheit, hier seltener erwähnt werden, vgl. bspw. PfarrA WB, AI 129 GK 1529, fol. 51v: »iiii gr Barbaren Flam[m]en tochter als ßie in kindtbetten gelegen«; fol. 66r: »v gr der Bischoffin yhrem manne vnd kindern gegeben«.

61 PfarrA WB, AI 129 GK 1529, fol. 88v–89r: »Außgab / Vor ertzney vnd krankenn zcu heylenn«.

62 PfarrA WB, AI 129 GK 1529, fol. 101v: »iiii gr Wentzell Kannengiesser vor ii zciehnen fleschleyn vnd schusselchen geben ßo die caplan zu den krancken gebraucht wan sie diesselbig[en] co[m]municiren«.

Mit der Eingliederung der Einnahmen der ehemaligen ›fabrica ecclesiae‹ war ein großer Teil der Bauaufgaben an der Pfarrkirche und deren Immobilien nun vom Gemeinen Kasten mitzutragen, wie zum Beispiel die Gebäude der Hospitäler, die Behausung von Pfarrer und Kaplänen sowie die Schulen. Ende der 1520er Jahre fielen v.a. Ausgaben für den Um- oder Ausbau dieser Gebäude sowie für die Instandhaltung der Pfarrkirche selber samt ihrer Ausstattung, u.a. für die Glocken, an. Maßnahmen, die dabei direkt auf Anweisungen der Visitatoren hindeuten, waren im Jahr 1529 die zugleich an mehreren Grundstücken und Gebäuden von Kirche und Spitälern vorgenommenen Sicherungsanbauten oder -einbauten.[63] Darunter finden sich Ausgaben für neue Schließanlagen, Schlösser und Schlüssel, Zäune und aufwendigere Absperrungen zum besseren Schutz dieser Einrichtungen und deren Finanzen. Daraus lässt sich zudem schlussfolgern, dass die Visitatoren auch die betroffenen Gebäude der Pfarrei besichtigt hatten und nicht nur die Rechnungen vorgelegt bekamen.

Aufgrund der, wie oben angedeutet, wegfallenden Gelder für Messliturgien altgläubiger Zeremonien und für die Ausführung von Stiftungen sowie der Einziehung der u.a. dazu bestimmten Einkünfte von Lehen und Altären musste nun auch Sorge für die Entlohnung der Kirchendiener getragen werden. So wurden 1529 neben Dienern des Gemeinen Kasten und dem Personal an den Hospitälern erstmals auch die an der Kirche tätigen Personen, Pfarrer Johannes Bugenhagen sowie die drei Kapläne Johann Mantel,[64] Georg Rörer[65] und Sebastian Fröschel[66] aus den Kasteneinnahmen bezahlt.[67] Hierbei erhielten diese nun einen festen Jahreslohn, anstatt wie bisher aus verschiedenen

---

[63] Darunter ist als drastischste Maßnahme die ›wehrhafte‹ Sicherung des Zaunes am Heilig-Kreuz-Spital mit Dornen zu nennen, PfarrA WB, AI 129 GK 1529, fol. 94v: »i gr viii d vor i fhuder dorn gegeben seint auff den zcauhn gelegt zcum Heiligen Creutz/[...]/ i gr vor dorn geben zum zcauhne zum Hailigen Creutz«.

[64] Johann K. Seidemann, Art. Mantel, Johann, in: ADB 20 (1884), 250f.

[65] Ernst Koch, Art. Rörer, Georg, in: NDB 21 (2003), 735–736. Zur Wirkung in Wittenberg s. Christian Speer, Georg Rörer (1492–1557) in Wittenberg und Jena, Versuch einer lokalen und sozialen Verortung; in: Lück, Wittenberg 2/1 (s. Anm. 3), 255–264.

[66] Clemens Brockhaus, Art. Fröschel, Sebastian, in: ADB 8 (1878), 149f.

[67] PfarrA WB, AI 129 GK 1529, fol. 48r: »lxx ß adir iiC fl Ern Johan Bugenhagenn dem pfarner seyn b[e]soldung des jhar endtrichtett laut seyner quitungen/xxiiii ß xxx gr Er Johan Mantell dem Capellan vorgnugt vff sein b[e]soldung/xxiiii ß xxx gr M[a]g[ist]ro George Rhorer dem andern caplan seyn b[e]soldung dis jhar vorgnugt/xxiiii ß xxxx gr Magister Sebastiano Froschell dem dritten caplan des jhar vor sein b[e]sddung vorgnugt/Lat[eris] i C xliii ß xxx gr«.

Kassen Einzelzahlungen aus Benefizien.[68] Hierfür ist zudem eine direkte Anweisung der Visitatoren belegt.[69] Zum aufgelisteten Kirchenpersonal zählten weiterhin der Küster und der Leiter der Wittenberger Knabenschule mitsamt seiner Gehilfen sowie der Schulmeister an der neu entstandenen Mädchenschule, welches zugleich der früheste Beleg ihrer Existenz darstellt.[70] Weitere Ausgaben für die Schule, wie die Anschaffung von Büchern, wurden seither ebenfalls vom Gemeinen Kasten getragen.[71]

Durch das ausgedehntere Aufgabenfeld des Gemeinen Kasten stieg nun auch der Ausgabenposten signifikant an und verfünffachte sich 1529 (Abb. 8) auf insgesamt 1.550 Gulden im Vergleich zu 1526 (Abb. 7) mit insgesamt 371 Gulden. Dabei bildeten 1529 die Ausgabe von Darlehen (36%) sowie die Entlohnung für Kirchen- und Kastendiener (35%) den Hauptanteil noch vor den Gesamtaufwendungen für die Armenfürsorge (14%), die 1526 noch den zweitgrößten Posten unter den Ausgaben darstellten (45%). Auffällig ist im Diagramm für 1529 (Abb. 8) der hier mit fast zehn Prozent anfallende Posten der offenen Einnahmen, in der Rechnungsakte als ›Retardaten‹ bezeichnet, der vornehmlich aus den noch nicht zurückgezahlten

---

[68] Bis dahin hatten die oben genannten Kirchendiener nur noch Präsenzgelder vom Stadtrat aus den dort noch hinterlegten Stiftungen erhalten, RatsA WB, KR 1528/29, fol. 161r: »gegen solche innenbehalten sum[m]a ist widerumb außgeben wie volgt/vii ß dem schulmeyster von der schulen dis ihar geben/i ß xxxii gr eidem presentzgeld geben vff xlvi wochen jede woche ii gr von Sontags nach Purificationis bis auff Weyhnachtenn/iiii ß xxx gr dem custodi vnd pulsanten vom leutten geben, ßo yhnen die kirchveter nicht gelohnett, vf xxxvi wochen nemlich vonn Sonnabendts nach Quasimodogeniti bis uff Weyhnachten jede woche viij gr/i ß xxxii gr dem custer presenzgeldt vff xlvi wochen, jede woche ii gr wie dem schulmeyster, die weyll yhnen der priester bruderschafft kein presenzgeldt gegeben/xxxvi gr eidem vff xiiii wochen presenzgeldt, welchs yhne die kirchvetter im xxviit[en] [1527] jhare schuldig vorbliebenn/xxvi ß xv gr adir lxxv fl den beyden capellanenn vff drey quarttall dis jhar endtrichtett/iiii ß xii gr adir xii fl dem pfarner presenzgeldt vff drey qerttall/Sum[m]a capittels xlv ß xxxvii gr«.

[69] PfarrA WB, AI 129 GK 1529, fol. 48r–v: »Außgab/Vor die personenn vnd diener der kirchenn durch befelh vnd ordnung der hern visitatorn besoldett«.

[70] PfarrA WB, AI 129 GK 1529, fol. 48v: »x ß xxx gr Magistro Johan Kalckoffenn dem schulmeyster seyn b[e]soldung endtrichtett/viii ß xlv gr des schulmesters gesellen, vor yhr jherlich lohn gegeben/xii ß xv gr Michell dem custer des jhar vor seyn lohn endtrichtett/iii ß xxx gr Jacob Eysen, welcher die magdleyn schule heldett, vor seyn b[e]soldung des jhar endtrichtett«. Zum vorreformatorischen Schulwesen in Wittenberg s. Antje J. Gornig, Das Wittenberger Schulwesen vor der Reformation, in: Lück, Wittenberg 2/1 (s. Anm. 3), 157–173.

[71] Siehe die Ausführungen zur Religionspraxis sowie Anm. 89.

Darlehen bestand.[72] Diese wurden hier für die buchhalterische Bilanz unter den Ausgaben aufgelistet. Obwohl auch städtische Bedienstete zur Ermahnung der Schuldenrückzahlung an den Gemeinen Kasten in der Stadt eingesetzt wurden,[73] existierten weiterhin etliche ›Schuldner‹ der Kirchen- und Armenkasse, die bis zum Jahr 1523 zurückreichten.[74] Dies führte zu einer unnatürlichen, aber konsequenten Erhöhung dieses Postens. Teilweise wurden allerdings ältere von der Kirchenkasse ausgezahlte Darlehen wegen Bedürftigkeit für bestimmte Personen erlassen oder – seltener – die Rückzahlung auf unbestimmte Zeit mit dem Vermerk »soll es wyddergeben wan sie kann«[75] verlegt. Die hier am häufigsten notierte Begründung für die Aufnahme der sehr kurzfristig, häufig nur auf ein halbes Jahr, angelegten und vor allem zinslosen Kleinkredite beim Kirchenkasten war die schlichte Not aufgrund von Krankheit oder einschneidenden Veränderungen, wie Tod, Heirat oder durch die Aufnahme einer Lehrstelle von Angehörigen.[76] Wie schon in vorreformatorischer Zeit, war in demselben Maße unter der lutherisch geprägten Armenfürsorge bedürftig nicht gleich bedürftig. Während der Reformationszeit wurde der Bedürftigenkreis von Seiten der Stadt wiederum verstärkt reglementiert und geprüft.[77] Zumeist half die Empfehlung des Pfarrers, eines Ratsherrn oder Martin Luthers, um zum Kreis der Begünstigten des Gemeinen Kasten zu gehören. Dagegen war die weitere Vergabe von verzinsten Krediten jetzt nur noch durch eine landesherrliche Genehmigung für die Kirchenkasse, aber für die Empfänger auch ohne eine Empfehlung der städtischen Elite möglich.[78] Wenn jedoch unter den Begünstigten u. a. ein adliger Kranker und Universitätsangehöriger durch die Fürsprache Luthers

---

72 PfarrA WB, AI 129 GK 1529, fol. 97r–98v: »Außgabe/Vorliehen geldt«.

73 A. a. O. fol. 103v: »i gr dem marktmeyster geben das ehr etliche schuldiger gemahnett«.

74 A. a. O. fol. 31r–v: »Innahm/Vorliehenn geldt welchs dis jhar widerumb ermahnett wordenn«.

75 A. a. O. fol. 97v.

76 A. a. O. fol. 97r: »xxx gr Dictus Jungker zu Dabin geliehen, als ehr seine tochter außgegeben Mitwochs nach Fabiani, dafur ist Burtius Mebes daselbst burge/iiii gr der Gores Schneyderin geliehen, als sie yhren sohn gegen Zcerbst [Zerbst] zum handtwergke geschickt«, fol. 98r: »xl gr Ruprecht Bachman geliehen vff Doctoris Martini vorbitt Sontags Jubilate, dieweyll yhme sein weyb lang kranck gelegen«.

77 Seit 1519 wurden dazu in Wittenberg Bettelzeichen ausgegeben, die die Bedürftigen an ihrer Kleidung zu tragen hatten, vgl. RatsA WB, KR 1519/20, fol. 194r: »xl gr fur die zceichenn die man den bettlernn angehangenn hatt«.

78 PfarrA WB, AI 129 GK 1529, fol. 99r: »Außgab huobtsu[m]men die man vff wydderkouffliche zcins außgethan vnd mit gonst hat vorschreyben lassen«.

ins Spital aufgenommen sowie sehr umfassend und weit aufwändiger umsorgt wurde als die üblichen Empfänger der Fürsorgegelder des Gemeinen Kasten,[79] spielte die christliche Mildtätigkeit sicherlich eine Rolle. Konterkariert wird durch diese und ähnliche ›Ausnahmen‹ aber der immer wieder gepriesene Hauptzweck der Existenz und der finanziellen Umstrukturierung der neuen Kirchenkasse, nämlich die eigentliche Fürsorge für die Armen. Es scheint zunächst auch dem zuvor genannten Zweck zu widersprechen, der Armut abzuhelfen, wenn etliche in Lohn stehende Personen über lange Zeiträume auf verschiedenste Almosen und Zuwendungen angewiesen waren. Bei anderen wiederum wurde gefordert, dass sie nur eine der finanziellen Unterstützungen nutznießen durften.[80] Erst eine entsprechende sozialhistorische Analyse des betroffenen Personenkreises und der Gründe für dessen Armut könnte gesicherte weiterführende Erkenntnisse zur Einschätzung der tatsächlichen Erfüllung der Hauptaufgabe des Gemeinen Kasten liefern.

## 3.4 Eingriffe in die Religionsausübung

Als bedeutsamste Konsequenz der ersten evangelischen Visitation vor Ort wäre die spürbare Entwicklung weg von altgläubigen Frömmigkeitsformen hin zur lutherischen Glaubenspraxis im Wittenberger Kirchwesen zu erwarten, da es doch das Hauptanliegen dieser Visitation war, zu überprüfen, inwieweit sich die lutherische Reformation auch in der Praxis bei Geistlichkeit und Gemeinde mittlerweile verstetigt hatte. Doch ist in den vorgenannten Quellengruppen die tatsächliche Veränderung in der alltäglichen Religionsausübung weit schwieriger zu fassen, da es in der Natur von Rechnungsquellen liegt, v. a. finanzielle Konsequenzen zu beinhalten. So sind auch hier nur wenige Belege dazu dienlich, geben aber immerhin ein neues, bisher noch nicht beschriebenes Bild der Situation in Wittenberg wieder.

---

79 PfarrA WB, AI 129 GK 1529, fol. 103r: »i ß xvii gr hat ein krancker Magister, welcher vom hoff bortig vortzehrett vff etliche wochen vff vorbitt Doctoris Martini welcher im closter gelegen von Pfingsten bis So[n]tags nach Margarethe/ iii ß demselbigen krancken Magister zcu furlohne vnd zcehrung geben vff vorbitt des Doctores vnd pfarners als er wegk gefurt in seiner kranckheit, gegen Aldenburgk, Montags nach Margarethe/ [...]/ xxvi gr Meyster Thomas Osterreycher vor eyn peltz gegeben, ist dem krancken Magister ins closter, vff vorbitt Doctoris Martini gekaufft worden eod[em] die«.

80 Wie im Fall der städtischen Hebamme oben schon aufgezeigt, wurde manchen Personen die Nutznießung nur einer der Gelder aus dem Gemeinen Kasten zugestanden, so musste u. a. auch Christoph Seydensticker bei Inanspruchnahme eines Darlehens auf den weiteren Empfang seines Sonntagsgeldes verzichten, PfarrA WB, AI 129 GK 1529, fol. 97v: »vnd hat auch die ii gr ßo yhme wechenlich gegeben nicht mehr gefordert«.

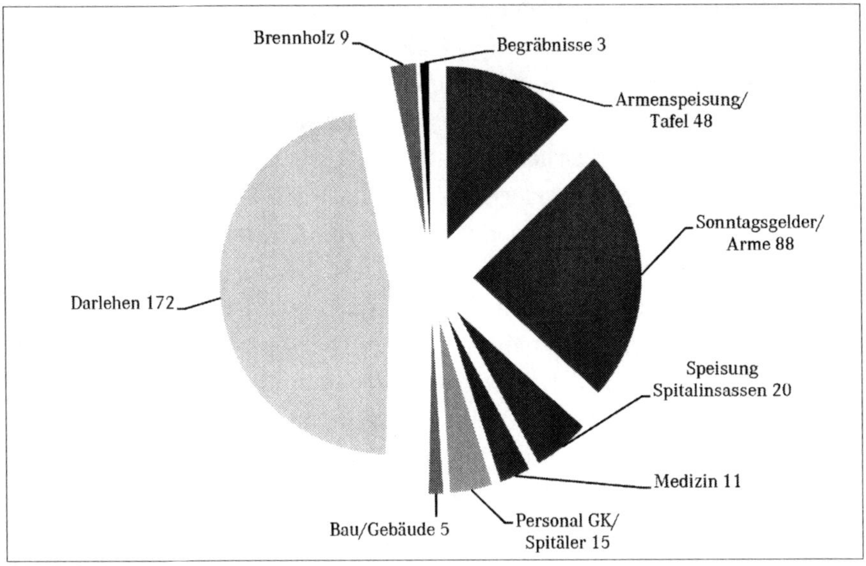


Abb. 7: Ausgaben Gemeiner Kasten 1526/27 in Gulden (gesamt 371 fl)

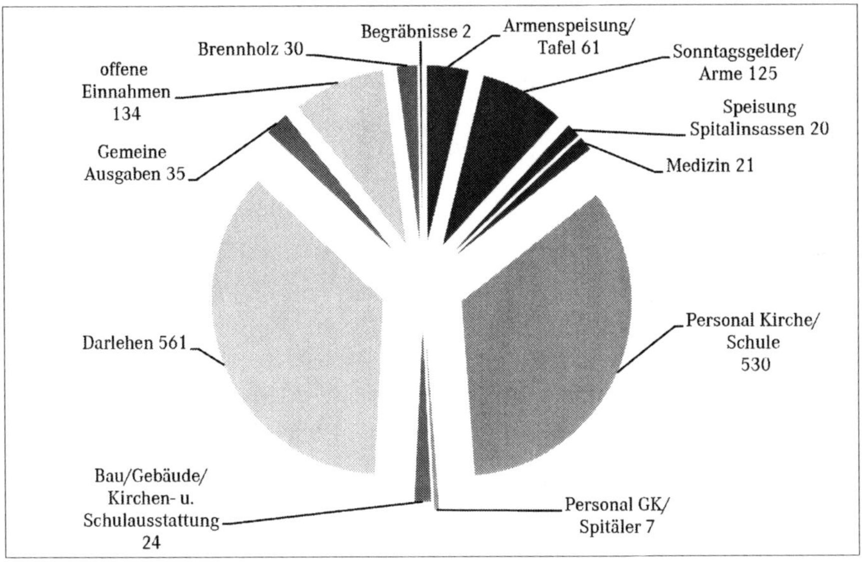


Abb. 8: Ausgaben Gemeiner Kasten 1529 in Gulden (gesamt 1550 fl)

Wie oben schon dargelegt, waren durch die von den Visitatoren angeordneten finanziellen Umstrukturierungsmaßnahmen die wohl noch teilweise in der Stadtpfarrkirche und der Schlosskirche üblichen altgläubigen Seelmessen,

Fürbitten- und Stundengebete nun realiter abgeschafft. Das betraf zunächst die Geistlichen und das Kirchenpersonal, welche nun ihre im Wesentlichen neuartige und vor allem zentrale Entlohnung durch den Gemeinen Kasten erhielten. Die nicht wenigen teils noch altgläubigen, nicht mehr aktiven Priester, v.a. die des Allerheiligenstifts, die noch in der Stadt lebten, wurden nicht etwa vertrieben oder gesellschaftlich geächtet, sondern erhielten auf Anordnung der Visitatoren die Möglichkeit, in ihren Wohnungen zu verbleiben und weiterhin ihre Einkünfte an ihren Benefizien bis zu ihrem Lebensende zu nutzen.[81] Eintragungen in den Kämmereirechnungen hingegen verweisen deutlich auf die zugleich ab Ende 1528 eingetretene Abschaffung verschiedener ursprünglich religiöser Feste, die mittlerweile zu umfangreichen Festmahlzeiten und Umtrünken ausgedehnt worden waren. Das war sicher auch auf den Einfluss der Visitatoren zurückzuführen, denn es betraf u.a. das Festmahl und die Almosenspende am Tag des Heiligen Gregor, den Weinausschank an Martini, zu Mariae Verkündigung sowie die sehr aufwendigen Mahlzeiten zu Beginn des neuen Ratsjahres am Festtag der Stadtpatronin, an Mariae Lichtmess.[82] Für die nun ausbleibende Speisenversorgung der Ratsleute, die ein Ehrenamt begleiteten, wurden Ausgleichszahlungen an die Mitglieder des sitzenden Rats beschlossen, die anstatt der Ausgaben für Lebensmittel und Gewürze jährlich hierunter verzeichnet wurden. Durch die Kircheninspektoren erfolgte zudem die Bestimmung, dass zukünftig die Leucorea als Rechtsnachfolgerin des Allerheiligenstifts gemeinschaftlich mit dem Wittenberger Stadtrat den Pfarrer an der Stadtkirche ›Unser Lieben

---

81 So u.a. im Falle des Chorherrn und Altaristen am Petri-Altar in der Stadtpfarrkirche, Simon Funcke: PfarrA WB, AI 129 GK 1529, fol. 46v: »xix ß xv gr adir lv fl hat Er Simon Fungk gebenn das ehr seyn hauß am kirchhoffe dorinnen ehr yetzt wohnett, erblich zu sich kaufft, dieweyll dasselbig nach seynem absterben dem Gemeynen Kasten were heimgefallen/Ist yhme von den vorstehern durch befelh der hern visitatoren alßo verkaufft worden«. Eine Quittung über die Kaufbeträge Simon Funckes, vermutlich 1530/31 ausgestellt, ist zudem erhalten in RatsA WB, 16 Bc4, fol. 150r: »xiii guldenn an zcinß groschen vnd xv gulden an merkische gr hat her Symon Funckes Sonnabents nach Viti auff radthawß gegeben auff der lv fl die er dem Gemeyne Kast[en] von seyne[m] hawße schuldig etc. [Aussteller:] Johanne Ritter«. Zur Person vgl. BÜNGER u. WENTZ, Brandenburg 2 (s. Anm. 24), 120.

82 Die ursprünglich als Memoria-Fest für die askanische Herzogsfamilie gedachte und nun abgeschaffte ›Spende Gregori‹ fand jährlich am 12. März statt. S. RatsA WB, KR 1529/30, fol. 151r, wo die Ausfallgelder nun der Rubrik ›abgeschaffte Mahlzeiten‹ zugeordnet werden.

Frauen‹ nominieren sollte,[83] womit ein Konsens zwischen dem usurpierten Recht des Ratskollegs und dem ererbten Anspruch der Universität – quasi als Angleichung der Norm an die Praxis – hergestellt wurde.

Ein kurzer Blick auf die Frömmigkeit der Pfarrgemeinde als Ganzes wird möglich, wenn erneut vermehrt Kirchenausstattung angeschafft wurde, weil die Anzahl an Abendmahlsteilnehmern enorm angestiegen war.[84] Aber auch der Vergleich der verzeichneten Summen der Opfergeldsammlungen an bestimmten Festtagen mit den Einnahmen der Vorjahre lässt die weiterhin bestehende Frömmigkeit der Kirchgemeinde erahnen, da sowohl bei den Kirchen- wie bei den Hauskollekten insgesamt ein leichter Anstieg zu verzeichnen ist.[85] Auf ein weiter bestehendes Element der Bestattungsrituale in der Stadt und damit auf eine Kontinuität in der Frömmigkeit verweist die neue Ratswillkür bezüglich des Glockenläutens bei Begräbnissen, die ebenso 1529 – unter dem zugleich als Visitator agierenden Bürgermeister Benedikt Pauli – erlassen wurde (Abb. 9).[86] Der Vergleich mit der einzigen aus dem Mittelalter erhaltenen, fast 100 Jahre älteren Wittenberger Läute-Ordnung von 1427[87] zeigt deutlich, dass in reformatorischer Zeit mehr Aufwand bei Bestat-

---

83 Bünger u. Wentz, Brandenburg 2 (s. Anm. 24), 87.

84 PfarrA WB, AI 129 GK 1529, fol. 101r: »vi gr vor i zciehnen ossell kendlein, dem newen kannengiesser gegeben, ßo man vff dem altare gebrauchett in der kirchen wan viell c[om]municanten seyn«.

85 Die Opfergeldsummen von 1526/27 (ca. 35 ß 31 gr) über 1529 (ca. 49 ß 52 gr) bis 1547 (ca. 48 ß 10 gr) sind übersichtlich aufgelistet bei Oehmig, Einnahmen (s. Anm. 11), 256. Diese wären nun in einer weiterführenden Untersuchung nach bestimmten Festtagen zu differenzieren, um so eine kontinuierliche oder schwankende Bedeutung der religiösen Festtage für die Wittenberger Bevölkerung herauslesen zu können.

86 PfarrA WB, AI 50, fol. 14r (1529 April 13): »Am Dinstag nach Mißericordias Domini im xxixt[en] jar hadt eyn erbar radt beschlosse daß hin fordt die jenig[en] so di große glucke zu dem begrebnus leuthen laßen sollen xv gr gebn/vo[n] solchen xv gr sol der custer vi gr haben do mite ehr den pulsante[n] lonen mack/di andern ix gr sollen in den Gemeyne[n] Kasten gefalle[n] / do gegen sollen die vorsteher des Gemeyne[n] Kastens die glucken midt strenge[n] vnd ander nuthdorfft vor sorge[n] / zu merer sicherheydt do mith ma[n] sich do nach hab zu richte[n] ist solcher beschluss ins buch diß Gemeyne[n] Kastens vor zeychenth am tage vnd im jare wie oben, vnter dem hochgelerte[n] Benedicte Pauli der recht licentiat[en] vnd burgemeyster[n] / Wer aber di Suntags glocken liße leute[n] zu dem begrebnus der sal ii gr geben zu leuth gelde do vo[n] sal dem custer viii d vnd dem Gemeyne[n] Kasten xvi d geben«.

87 RatsA WB, 2157 Pfarrkirchenrechnung 1427, fol. 98v: »Das luthen den thoden / Sthirbet ey[n] burg[er] in der stat dez ma[n] ludet dy große glokke der gibet viii gr / Sthirbet eyn gast dez ma[n] luthe[n] sal dy große glocke der sal gebe in dez gotzhuse i

tungen, etwa mit dem zusätzlichen Sonntagsläuten, betrieben wurde. Daher erließ die Stadtobrigkeit oben genannte Regulierung: »Als dan ist vom rathe geordnet das man von der grossenn glocken zcu leuthen xv gr vnd dauon dem custer vi gr geben, vnd ix gr in Gemeynen Kasten behalten solle«.[88] Sie ermöglichte daneben dem Gemeinen Kasten als dem Hauptempfänger der nun differenzierten Gebühren die Unterhaltung der Glocken im Kirchturm. Die ebenso 1529 einsetzende Neuanschaffung von Bibeln, Bibelbüchern und Psaltern für die Pfarrbibliothek und v. a. für die Nutzung im Schulunterricht der Knaben weist auf Instruktionen von Visitatorenseite zur verstärkten religiösen Grundbildung der Gemeinde hin.[89] Weiterhin bemerkenswert unter dem Aspekt der Religionspraxis ist der Umstand, dass wohl keine bei den Visitationen sonst übliche Befragung und Prüfung der Geistlichen bezüglich ihrer Lebensführung und Lehrfestigkeit durchgeführt worden ist, was sicher in der engen personellen Verflechtung von Universität, Pfarrei und Stadtrat begründet liegt, woraus sich zum Teil der Kreis der Visitatoren rekrutierte. Da u. a. die lokalen geistlichen Ämter vorrangig Universitätsangehörige und somit Schüler Luthers, Melanchthons und Bugenhagens[90] innehatten, die sicher auch auf deren Empfehlung ihre Ämter bekleideten, mussten hier keine Prüfungen mehr auf deren Eignung für den Pfarrdienst stattfinden.

---

beh[mischen] ß gr / alzo it is gewillkort von dez burg[er]mest[er]n vnd rat gesworn der stat Witte[n]berg[en]«.

88 Ab hier erst erscheint die Rubrik »Innahm / Von der grossen glocken zcu leuthen szo die toten begrabenn von ytzlicher leichenn ix gr« als regelmäßiger Einnahmeposten des Gemeinen Kasten, PfarrA WB, AI 129 GK 1529, fol. 45r.

89 PfarrA WB, AI 129 GK 1529, fol. 101r: »vi gr Hans Lufft von i dritten teyll des alten testaments / x gr vor das ander teyll / i gr viii d vor den Esaiam [Jesaja] / vii gr dem buchbinder zu binderlohne, vom Josue vnd den psalter ßo die knaben in der kirchen zu lesen gebrauchen«; fol. 101v: »vi gr vor i alten testament zu binden gegeben, Georg Schrott welchs auch die schuler in der kirchenn gebrauchen«.

90 Pallas, Registraturen, Allgemeiner Teil (s. Anm. 4), 15, weist zudem darauf hin, dass der Stadtpfarrer Bugenhagen zur Zeit der Wittenberger Visitation gar nicht in der Stadt war.

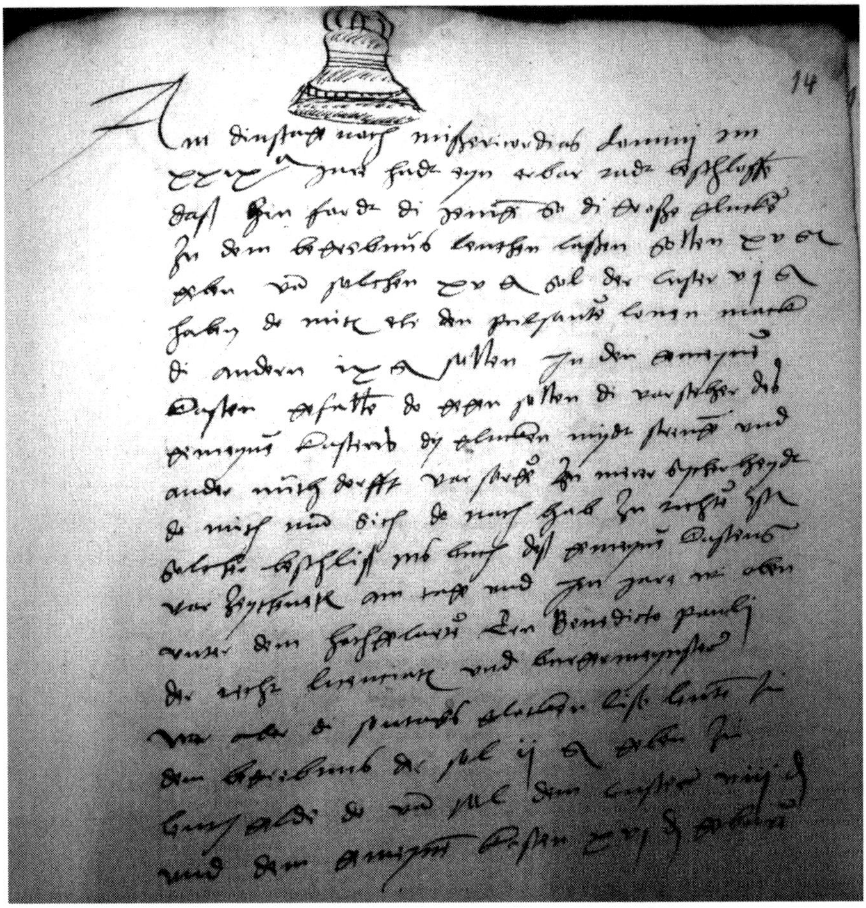

Abb. 9: PfarrA WB, AI 50 fol. 14r: Ratswillkür zum Glockenläuten bei Begräbnissen 1529

## 4. Fazit

Aus dieser Auswahl an vor Ort entstandenen und vorgefundenen Quellenfunden rund um das bisher für Wittenberg nicht dokumentierte Geschehen der ersten Visitation 1528/29 lassen sich zahlreiche neue Erkenntnisse ableiten. Nicht nur vor dem Hintergrund fehlender Dokumente zur ersten Visitation wird damit eindrücklich der Quellenwert der weiteren Rechnungsquellen auch für die Rekonstruktion wesentlicher Etappen des Wittenberger Reformationswerks aufgezeigt. Erstmalig lassen sich das Vorgehen sowie die daraufhin eingeleiteten Maßnahmen der ersten Wittenberger Visitation rekonstruieren und deren Ende auf frühestens Ende Januar 1529 neu eingrenzen, da zu diesem Zeitpunkt noch letzte Rechnungsprüfungen stattfanden.[91] Durch die Einbeziehung aller noch überlieferten zeitgenössischen Quellenbestände sind zudem die Begleiterscheinungen fassbar, die so nicht in den Instruktionen und Ordnungen erschienen und auf eine lokale Wirkung abzielten.

Nach dem Versuch sich anhand älterer Kasten- und Kirchenrechnungen sowie der städtischen Register einen Überblick über die finanzielle Situation der geistlichen Gelder zu verschaffen, wurden diese von den Visitatoren zentralisiert in den Gemeinen Kasten zusammengeführt, dabei neu strukturiert und die Ausgaben für die Kirchendiener und Armenfürsorge so erst im großen Stil ermöglicht. Diese Neuorganisation bestimmte nicht nur in der Präambel programmatisch das aktuelle Rechnungsjahr 1529, sondern betraf ebenso parallele Umstrukturierungen in den städtischen Finanzen. Rein praktisch sind den Visitatoren alle existenten Rechnungen von Armen- und Kirchenkasse zur grundlegenden Prüfung vorgelegt und extra Abschriften angefertigt worden. Außerdem unterlagen wohl alle Spital- und Pfarreigebäude einer persönlichen Inspektion, und die bei Kassenprüfung und Besichtigung festgestellten Missstände v.a. an Gebäudesicherheit und Einnahmenbilanz wurden sofort durch entsprechende Gegenmaßnahmen zu beseitigen versucht. Das Hauptaugenmerk lag dabei auf der Verbesserung und Absicherung der Einkünfte der Pfarrkirchenkasse, um Aufgaben im seelsorgerlichen, schulischen und karitativen Bereich abzusichern sowie durch strukturelle Veränderungen in der Finanzverwaltung – bessere Überschaubarkeit, einfachere Vergleichbarkeit, Mehraugenprinzip, Rechenschaftslegung – den aufgefundenen Mängeln abzuhelfen. Da die Maßnahmen gleichzeitig bzw. sehr kurzfristig zur Kircheninspektion erfolgten, ist zu vermuten, dass die Anweisungen der Visitatoren mit Terminsetzungen einhergingen. Eventuell ist die zitierte Vorbemerkung in der 1529er Kastenrechnung als eine Art von Instruktion der Visitatoren zu verstehen. Dabei wurde nun auch der Stadtrat weiter in das Kirchenwesen eingebunden und insbesondere bei Bauaufgaben an Schul- und Pfarrgebäuden – jedoch nicht an der Kirche selber – mit in die Verantwortung genommen. Stadt- und Kirchenkasse wurden eng miteinander ab- und ausgeglichen. Dabei wurde

[91] Siehe Anm. 42. Eine längerer Zeitrahmen erscheint plausibel, da die vier Visitatoren zugleich die Ortschaften im Kurkreis zu visitieren hatten, und ihre Arbeit in Wittenberg daher zeitweise unterbrachen sowie ihre eigentlichen Amtsgeschäfte weiterhin zu erledigen hatten. Vgl. dazu den Beitrag von Vicky Rothe in diesem Band und Pallas, Registraturen, Allgemeiner Teil (s. Anm. 4), 14.

die städtische Infrastruktur nicht nur personell für den Gemeinen Kasten genutzt. Die nun sechs Verwalter der Kirchenkasse wurden vom Ratskolleg bestimmt. Diesem gegenüber waren sie rechenschaftspflichtig, genauso wie die zwei Kirchväter zuvor. Im Vergleich zur vorreformatorischen Zeit wird dabei deutlich, dass die bestimmende Position des Stadtrats im Wittenberger Kirchenwesen weiter bestand und u.a. dadurch eher verstetigt wurde. Als alleinige geistliche Einrichtung bestand hier die Pfarrei weiter, an der nun die Wittenberger Universität neben dem Stadtrat partizipierte.

Insgesamt zeichnet sich eine für Wittenberg bisher nicht angenommene eher langsame Entwicklung bei der evangelischen Umgestaltung des Pfarrkirchenwesens ab, welches zu diesem Zeitpunkt noch lange nicht endgültig definiert war. Auch in Wittenberg, der Geburtsstätte der Reformation, ist hierbei ein pragmatisch-sukzessives Vorgehen zu beobachten, ohne große Unruhe bei den betroffenen Personen zu erzeugen. Das war vor allem dadurch möglich, dass bestimmte Vorarbeiten von Stadtrat und Universität bereits ab Beginn der 1520er Jahre in Angriff genommen worden waren, wie etwa die Inventarisierung der Einkünfte von Bruderschaften und Altarlehen sowie die Überführung dieser geistlichen Gelder in den unter der Ratshoheit eingerichteten ›Gemeinen Beutel‹ bzw. ›Gemeinen Kasten‹ samt den einleitend aufgezählten Ordnungen. Daher erscheint schon mit der ersten Visitation und nicht erst mit der zweiten von 1533 die wesentliche finanzielle Umstrukturierung im Wittenberger Kirchenwesen geklärt und bald ohne Widerstände unter der Prämisse der Aufrechterhaltung der gesellschaftlichen Ordnung umgesetzt. Ein energisches Eingreifen der landesherrlichen Obrigkeit war in Wittenberg demzufolge nicht vonnöten; die landesherrlich eingesetzten und instruierten Visitatoren aber, von denen einer der Bürgermeister der Stadt und mit Luther zugleich ein Vertreter der Wittenberger ›Hohen Schule‹ involviert war, wirkten 1529 dennoch als Korrektiv gegen die allzu grobe ›Einverleibung‹ der Pfarrei in städtische Strukturen zugunsten der Leucorea. Inwieweit das Visitationswerk und damit das Reformationswerk auch hier auf längere Sicht im Gemeindeleben umgesetzt wurden, könnte eine weiterführende Analyse der übrigen Kastenrechnungen klären. Dabei sollten die Visitationsordnung der zweiten, 1533 durchgeführten Wittenberger Visitation mit den daneben entstandenen Rechnungsakten miteinander verglichen werden sowie die Auswirkungen auf den Religionsalltag der Wittenberger Stadtpfarrkirchengemeinde intensiver betrachtet und somit der Fokus weg von bestimmten Personen und hin auf die Gemeinschaft der Gläubigen gerichtet werden, die das Leben der Pfarrei im Wesentlichen ausmachte.

*Friedhelm Gleiß*

# Pfarrer auf dem Prüfstand

## Geistliche im Spiegel der ernestinischen Visitationsprotokolle von 1528/29 und 1556

Visitationsakten und insbesondere Visitationsprotokolle sind seit Langem eine beliebte Quelle etwa zur Erforschung der Einführung der Reformation, der Alltagskultur und der Stellung des Pfarrers innerhalb des Dorfes.[1] Da die Protokolle facettenreiche Quellen sind, kann man ausgehend von ihnen vielen unterschiedlichen Fragestellungen nicht nur im Zusammenhang mit der kirchlichen Situation in den Pfarreien nachgehen.[2] Viele Protokolle enthalten beispielsweise Informationen zu den Geistlichen des jeweiligen Ortes (Name, Bildung, theologische Kenntnisse, Amts- und Lebensführung) und zur Pfarreiorganisation, demographische Angaben, Inventare und Einkommensverzeichnisse der Pfarreien, Aussagen zu Katechismuskenntnissen der Bevölkerung, zu verbreiteten Lehren und Bräuchen sowie zu Konflikten auf verschiedenen Ebenen. Diese seriellen Quellen zeichnen sich zum einen dadurch aus, dass sich in ihnen flächendeckend die Zustände innerhalb eines Herrschaftsgebiets widerspiegeln. Zum anderen bieten die Protokolle Einblick in den Alltag von einfachen Leuten (Dorfpfarrern, Bauern), zu denen es sonst kaum Quellen gibt.

Im vorliegenden Beitrag wird der Quellenwert von Visitationsprotokollen bezüglich der Amtsführung und des theologischen Wissens der Pfarrer

---

1 Vgl. etwa Sebastian Schmidt, Glaube – Herrschaft – Disziplin. Konfessionalisierung und Alltagskultur in den Ämtern Siegen und Dillenburg (1538–1683) (Forschungen zur Regionalgeschichte 50), Paderborn u. a. 2005; Jay Goodale, Pfarrer als Außenseiter. Landpfarrer und religiöses Leben in Sachsen zur Reformationszeit, in: Historische Anthropologie. Kultur, Gesellschaft, Alltag 7 (1999), 191–211.

2 Vgl. hierzu und zum Folgenden Peter Thaddäus Lang, Visitationsakten, in: Christian Keitel u. Regina Keyler (Hg.), Serielle Quellen in südwestdeutschen Archiven. Eine Handreichung für die Benutzerinnen und Benutzer südwestdeutscher Archive, Stuttgart 2005, 127–135; Ernst Walter Zeeden (Hg.), Repertorium der Kirchenvisitationsakten aus dem 16. und 17. Jahrhundert in Archiven der Bundesrepublik Deutschland, Bd. 1: Hessen, Stuttgart 1982, 11 f, 17–19.

auf den Prüfstand gestellt. Zu diesen Themen lassen sich in den Akten zahlreiche Aussagen vermuten, weil ein Schwerpunkt der Visitationen auf der Kontrolle der Befähigung der Pfarrer lag. Jedoch ist die Art und Qualität der überlieferten Informationen zu hinterfragen. Enthalten die Protokolle Angaben darüber, worauf sich das Urteil der Visitatoren über die Qualifikation der Pfarrer stützte und welche Maßstäbe dabei zugrundegelegt wurden? Welche Ziele verfolgten die Visitatoren mit ihrer Tätigkeit? An welchen Sachverhalten waren sie besonders interessiert? Im Folgenden ist also nicht ein kompendiumsmäßiger Überblick über die damaligen Zustände beabsichtigt,[3] sondern eine Darlegung, welche Informationen die Protokolle beinhalten und von welcher Art die Bewertung der Pfarrer ist.

Ausgehend von dieser Fragestellung werden exemplarisch die Protokolle zweier ernestinischer Visitationen hinsichtlich der Amtstätigkeit und der theologischen Kenntnisse der Geistlichen untersucht. Quellengrundlage bilden die Akten der ersten landesweiten Visitation im ernestinischen Kurfürstentum Sachsen (1528/29) sowie der Visitation in der Herrschaft Römhild (1556). Die Wahl zweier ernestinischer Visitationen zu unterschiedlichen Zeiten lässt Rückschlüsse auf eine Entwicklung erhoffen. Zugleich handelte es sich bei beiden Visitationen um die erste Visitation im jeweiligen Territorium, was – trotz des zeitlichen Abstands – eine gewisse Vergleichbarkeit gewährleistet: 1528/29 fand die erste flächendeckende Visitation in Kursachsen statt,[4] die Visitation von 1556 in der Herrschaft Römhild war die erste sicher nachweisbare Visitation in diesem Gebiet, in jedem Fall die erste ernestinische Visitation.[5] Das Protokoll der Visitation in Römhild bietet sich für die nähere Betrachtung auch deswegen an, weil es einen überschaubaren

---

[3] Vgl. etwa Carl August Hugo Burkhardt, Geschichte der sächsischen Kirchen- und Schulvisitationen von 1524 bis 1545, Leipzig 1879; Heinrich Nebelsieck, Pfarrer und Gemeinden im ehemaligen sächsischen Kurkreise, in: ZVKGS 35/36 (1939), 5–95; Gunter Tietz, Das Erscheinungsbild von Pfarrstand und Pfarrgemeinde des sächsischen Kurkreises im Spiegel der Visitationsberichte des 16. Jahrhunderts, (Diss. phil.) Tübingen 1971.

[4] Vgl. Burkhardt, Geschichte (s. Anm. 3), 27–29; Heiko Jadatz, Wittenberger Reformation im Leipziger Land. Dorfgemeinden im Spiegel der evangelischen Kirchenvisitationen des 16. Jahrhunderts (HerChr.S 10), Leipzig 2007, 54.

[5] Vgl. Thomas Klein, Ernestinisches Sachsen, kleinere thüringische Gebiete, in: Anton Schindling u. Walter Ziegler (Hg.), Die Territorien des Reichs im Zeitalter der Reformation und Konfessionalisierung. Land und Konfession 1500–1650, Bd. 4: Mittleres Deutschland (KLK 52), Münster 1992, 8–39, hier: 30f; EKO 1/2, 282. Näheres dazu vgl. in Abschnitt 2.2.

Umfang hat[6] und – im Gegensatz zur ernestinischen Generalvisitation 1554/55[7] – noch kaum erforscht ist. Da Visitationsinstruktionen und – insbesondere allgemeine – Anordnungen normative Quellen sind und daher kaum unmittelbaren Einblick in die Verhältnisse vor Ort zulassen, werden sie im Folgenden nur am Rande herangezogen. Aus ihnen werden unter anderem Anforderungen an die Pfarrer und Maßstäbe für ihre Beurteilung ersichtlich. Vor der Untersuchung der Visitationsprotokolle (2) sollen Vorüberlegungen zu deren Quellenwert und zu Methoden der Bewertung der Pfarrer angestellt werden (1).

## 1. Quellenkritische Vorüberlegungen zu Visitationsprotokollen

### 1.1 Grundlage für die Beurteilung der Geistlichen

Zunächst stellt sich die Frage, worauf das Urteil der Visitatoren über die Pfarrer beruhte. Über welche Möglichkeiten verfügten die Visitatoren, um Auskunft über die Kenntnisse der Geistlichen und über die Art und Weise der Verwaltung des Pfarramts zu erhalten?

Hier sind Probepredigten der Pfarrer sowie Befragungen der Pfarrer und der Gemeinden zu nennen.[8] Man erkundigte sich bei Vertretern der Gemeinden einerseits über ihre Glaubenskenntnisse,[9] andererseits über die Amts- und Lebensführung ihrer Pfarrer.[10] Letzteres diente der Kontrol-

---

[6] Die Akte ThHStAW, EGA, Reg. Ii 29 umfasst 73 Blatt.

[7] Vgl. Arno Heerdegen, Geschichte der allgemeinen Kirchenvisitation in den ernestinischen Landen im Jahre 1554/55 (ZVThG.B 6), Jena 1914; Rudolf Herrmann, Die Generalvisitationen in den Ernestinischen Landen zur Zeit der Lehrstreitigkeiten des 16. Jahrhunderts (1554/55, 1562, 1569/70, 1573), in: ZVThG 30 (1915), 75–156.

[8] Alle drei Punkte werden im Bericht von Friedrich Myconius über die Visitation im Amt Tenneberg 1526 genannt, vgl. ThStAGo, Oberkonsistorium Loc. 19 Nr. 1, Bl. 1v; vollständiger Bericht ediert in: Paul Drews, Der Bericht des Mykonius über die Visitation des Amtes Tenneberg im März 1526, in: ARG 3 (1905), 1–17, hier: 5–17.

[9] Vgl. etwa ThHStAW, EGA, Reg. Ii 29, Bl. 4r, 7v, 9v, 12v, 14v, 17r, 18r, 26r; ThStAM, GHA, Sect. IV Nr. 399, Bl. 13r, 31v, 40r, 53v.

[10] Vgl. etwa ThHStAW, EGA, Reg. Ii 1a, Bl. 33r, 49r, 52r, 96r; Reg. Ii 295, Bl. 4r; HStAD, 10088, Loc. 10598/4, Bl. 39v, 523r; LASA, MD, Standort Wernigerode, A 29b, II Nr. 1a, Bl. 6v, 24v.

le der Angaben der Geistlichen.[11] Die Überprüfung des geistlichen Wissens der Gemeinden verfolgte unter anderem den Zweck, die Verkündigung und Amtstätigkeit der Pfarrer zu begutachten. Den Geistlichen kam als ›Multiplikatoren‹ eine Schlüsselrolle bei der Weitergabe der evangelischen Lehre und Frömmigkeit zu.[12] Während Hinweise auf Probepredigten der Pfarrer über vorgegebene Themen bzw. Bibelstellen bei der frühen Visitation im Amt Tenneberg (1526) überliefert sind,[13] finden sich bei der landesweiten Visitation von 1528/29 und bei der Visitation von 1556 in der Herrschaft Römhild keine Belege dafür. In Visitationsakten sind häufig Fragelisten enthalten.[14] Diese betreffen etwa die Lehre, Amts- und Lebensführung der Pfarrer sowie grundlegende Glaubenskenntnisse der Gemeinden. Vor allem bei den ersten Visitationen wurden in den Protokollen nur selten die jeweiligen Antworten der Pfarrer auf die einzelnen Fragen erfasst, wohingegen das bei den späteren Visitationen im 16. Jahrhundert öfter der Fall war.[15] Mit der Zeit wurden die Fragekataloge immer ausführlicher. Das liegt zum einen an der Professionalisierung des Visitationswesens, zum anderen an den steigenden Anforderungen, die an die Pfarrer gestellt wurden.

### 1.2 Zweck der Visitationen hinsichtlich der Befähigung und Amtsführung der Pfarrer

Die in den Protokollen überlieferten Informationen richten sich nach dem Ziel der Visitationen. Daher ist der Zweck der Visitationen, was die Befähigung und Amtsführung der Geistlichen betrifft, zu untersuchen. Wie die Frage nach der Grundlage des Urteils über die Pfarrer hängt die Frage nach den Hauptzielen der Visitationen eng mit der Quellenproblematik der

---

[11] Vgl. Peter Thaddäus Lang, Visitationsprotokolle und andere Quellen zur Frömmigkeitsgeschichte, in: Michael Maurer (Hg.), Aufriß der historischen Wissenschaften, Bd. 4: Quellen (Reclams Universal-Bibliothek 17030), Stuttgart 2002, 302–324, hier: 308.

[12] Vgl. Wolfgang Reinhard, Was ist katholische Konfessionalisierung?, in: Ders. u. Heinz Schilling (Hg.), Die katholische Konfessionalisierung. Wissenschaftliches Symposion der Gesellschaft zur Herausgabe des Corpus Catholicorum und des Vereins für Reformationsgeschichte 1993 (SVRG 198), Gütersloh 1995, 419–452, hier: 426, 428 f.

[13] Vgl. ThStAGo, Oberkonsistorium Loc. 19 Nr. 1, Bl. 1v, 3v–4r (Edition: Drews, Bericht [s. Anm. 8], 5, 9). Vgl. dazu auch Lang, Visitationsprotokolle (s. Anm. 11), 315.

[14] Vgl. EKO 1/1, 148 f, 245–248, 391–395; EKO 1/2, 99, 131; ThHStAW, EGA, Reg. Ii 1a, Bl. 3r–4r; Reg. Ii 574 (ediert in: Burkhardt, Geschichte [s. Anm. 3], 142, Anm.); ThStAGo, Oberkonsistorium Loc. 19 Nr. 1, Bl. 4r–v.

[15] Vgl. ThStAR, Kanzlei Frankenhausen, A IV 3a Nr. 3, Bd. 1, Bl. 13r–14r, 20v–22r, 23v–27v, 41r–v.

Visitationsprotokolle zusammen. Die folgenden Überlegungen sind keineswegs neu, aber dennoch immer wieder zu bedenken: Insbesondere bei den frühen Visitationen ging es vor allem um die Abstellung von Mängeln und die Durchsetzung von Mindeststandards.

Die Visitatoren hatten die Aufgabe, nach Versäumnissen und Unzulänglichkeiten der Pfarrer sowie nach Problemen zu fahnden. Wenn die Amtsführung und die Glaubenskenntnisse der Pfarrer zufriedenstellend waren, bestand kein Handlungsbedarf. Dagegen mussten etwa Verwarnungen von Pfarrern, Begründungen für die Absetzung von Pfarrern[16] oder Fristen, bis zu denen ein Pfarrer das Nachholen grundlegender Kenntnisse nachweisen musste, im Protokoll festgehalten werden.[17] Deshalb überwiegen in Protokollen die negativen Befunde, die Mängel, die beseitigt werden sollten. In den Protokollen finden sich demzufolge auch häufig Verzeichnisse von Gebrechen.[18] Außerdem sind immer wieder Beschwerden der Gemeinden über ihre Pfarrer[19] und umgekehrt Klagen der Pfarrer über ihre Gemeinden[20] in den Protokollen enthalten.

Neben der Beseitigung von Missständen wollten die Visitatoren Mindestanforderungen durchsetzen. Sie erstellten keine akribische Statistik über das Wissen der Pfarrer zu bestimmten Themen und über vorherrschende Glaubensüberzeugungen. Ebenso war es nicht ihr Ziel, eine Umfrage über die tatsächliche Amtstätigkeit der Geistlichen vor Ort zu machen.[21] Insbesondere bei den ersten Visitationen konzentrierte man sich auf das Wesentliche.[22] Hier erschien es den Visitatoren bereits ausreichend, wenn die Pfarrer über Grundkenntnisse der evangelischen Lehre verfügten und das Abendmahl

---

16 Vgl. Tietz, Erscheinungsbild (s. Anm. 3), 43.

17 Zu Belegen hierfür vgl. Abschnitt 2.1.

18 Vgl. etwa ThStAR, Kanzlei Frankenhausen, A IV 3a Nr. 3, Bd. 1, Bl. 17r–19r, 23r, 29r–31v, 38r–39r; ThHStAW, EGA, Reg. Ii 45, Bl. 56r–57v, 64v, 102r. Vgl. dazu auch Lang, Visitationsprotokolle (s. Anm. 11), 310.

19 Vgl. etwa ThHStAW, EGA, Reg. Ii 1a, Bl. 38v; ThStAM, GHA, Sect. IV Nr. 399, Bl. 64r, 65r–v, 70r–v, 73r.

20 Vgl. etwa HStAD, 10088, Loc. 10598/4, Bl. 61v; ThStAM, GHA, Sect. IV Nr. 399, Bl. 52r; ThHStAW, EGA, Reg. Ii 45, Bl. 71r–73v, 85r. Vgl. dazu auch Lang, Visitationsprotokolle (s. Anm. 11), 309.

21 Vgl. Tietz, Erscheinungsbild (s. Anm. 3), 42.

22 Vgl. Heiko Jadatz, Die evangelischen Kirchenvisitationen in Sachsen 1524–1540, in: Harald Marx u. Cecilie Hollberg (Hg.), Glaube und Macht. Sachsen im Europa der Reformationszeit. Aufsätze, Dresden 2004, 70–79, hier: 72; Tietz, Erscheinungsbild (s. Anm. 3), 39; Nebelsieck, Pfarrer und Gemeinden (s. Anm. 3), 11.

unter beiderlei Gestalt reichten. Die Strenge der Visitatoren richtete sich auch nach dem Angebot an Pfarrern. Wenn der Pfarrernachwuchs fehlte, was etwa 1528/29 der Fall war, konnte man nicht kurzerhand alle Pfarrer mit nur mäßigen Kenntnissen entlassen, sondern begnügte sich damit, dass sich die Pfarrer das fehlende Wissen nachträglich aneigneten.[23]

## 2. Visitationsprotokolle

### 2.1 Kursächsische Visitation 1528/29

Im Folgenden werden exemplarisch die Protokolle zweier verschiedener Visitationen im ernestinischen Sachsen hinsichtlich ihres Quellenwertes für die Amtsführung und theologischen Kenntnisse der Geistlichen untersucht. Bei diesen Beispielen lassen sich deutliche Unterschiede hinsichtlich der Art und des Umfangs der für die Fragestellung relevanten Informationen feststellen.

Abb. 1: Seite aus dem Visitationsprotokoll für das Amt Plauen (1528/29), ThHStAW, EGA, Reg. Ii 2, Bl. 68v

---

[23] Vgl. Jadatz, Wittenberger Reformation (s. Anm. 4), 204; Tietz, Erscheinungsbild (s. Anm. 3), 24f, 44.

Die Visitation von 1528/29 war die erste landesweite Visitation in Kursachsen.[24] Hier finden sich in den Visitationsprotokollen[25] meist nur sehr knappe und allgemeine Einschätzungen der Visitatoren zur Pfarrverwaltung und zu den Glaubensvorstellungen der Pfarrer. Oft ist die gesamte Bewertung der Pfarrer in einem einzigen Wort zusammengefasst: Die Pfarrer wurden etwa in der Visitation im Amt Plauen beurteilt als »geschickt«, »nicht ser geschickt«, »ein papist unnd ungelert«, »ein fast papistischer man[n]«, »gelert unnd geschickt« oder »zimlich« (vgl. Abb. 1).[26] In den genannten Beispielen wurden meist mit nur *einem* Wort die Bildung, Befähigung und Amtsführung des Pfarrers summarisch qualifiziert. Zum Teil wurde im Urteil unterschieden zwischen den theologischen Kenntnissen einerseits (z.B. bei den Bewertungen »gelert« oder »ungelert«) und der Tauglichkeit für das geistliche Amt andererseits (z.B. »geschickt«, »nicht ser geschickt«, »papist«). Oft wurden Begriffe wie »geschickt« und »gelert« aber auch synonym verwendet.[27] Bei manchen Protokollen wurde differenziert zwischen der Beurteilung

---

[24] Vgl. Burkhardt, Geschichte (s. Anm. 3), 27–29; Jadatz, Wittenberger Reformation (s. Anm. 4), 54.

[25] Hierbei stütze ich mich auf die folgenden Protokolle: ThHStAW, EGA, Reg. Ii 1, 1a, 2, 3, 295, 333; ThStAM, Staatsministerium, Abteilung Kirchen- und Schulsachen, 638; HStAD, 10088, Loc. 10598/4; 10598/5; LASA, MD, Standort Wernigerode, A 29b, II Nr. 1a. Auch wenn die Protokolle ThHStAW, EGA, Reg. Ii 1a; 295; HStAD, 10088, Loc. 10598/4; LASA, MD, Standort Wernigerode, A 29b, II Nr. 1a einem anderen Aufbau folgen und zum Teil andere Informationen als die übrigen genannten Protokolle enthalten, findet man in ihnen bezüglich der Fragestellung keine wesentlich abweichenden Angaben.

[26] ThHStAW, EGA, Reg. Ii 2, Bl. 68v.

[27] Das wird aus folgenden Anhaltspunkten ersichtlich: Der Pfarrer von Burkersdorf (bei Weida) wurde im Protokoll als »ser ungeschickt« bezeichnet. Der im Protokoll als Nächstes beschriebene Pfarrer von Teichwitz »ist auch ungelert befunden«. Der dritte Pfarrer (Schömberg) »ist auch ungeschickt befund[en]« (a.a.O. Bl. 213v). Ähnlich wurde in einem anderen Fall der erstgenannte Pfarrer als »gelert«, der nächste als »auch geschickt« (a.a.O. Bl. 320r) bezeichnet. Das »auch« legt hier eine Synonymität nahe. Dass meist nur entweder das Urteil »(un)geschickt« oder »(un)gelehrt« im Protokoll aufgezeichnet wurde, spricht für einen nicht streng abgegrenzten Bedeutungsbereich der beiden Bezeichnungen – oder dafür, dass eine Differenzierung zwischen der Befähigung zur Amtsführung und den theologischen Kenntnissen nicht immer interessierte, dass den Visitatoren vielmehr eine grobe Einschätzung genügte. Möglicherweise kam einer Einschätzung des Pfarrers hinsichtlich beider Bereiche insbesondere dann Bedeutung zu, wenn die beiden Urteile voneinander abwichen.

des Pfarrers hinsichtlich der Lehre und der Lebensführung.[28] Die kurzen Urteile wie »(un)geschickt« oder »(un)gelehrt« sind die einzigen Informationen in den Protokollen, die bei nahezu allen Geistlichen in der ernestinischen Visitation 1528/29 vorkommen. Aus diesen Bewertungen lässt sich nur ein sehr grobes Bild über das theologische Wissen und die Amtsführung der Pfarrer gewinnen. Konkretere Hinweise sind meist nicht überliefert. So bleibt unklar, worauf die Visitatoren ihre Einschätzung stützten, woran es im Einzelfall gemangelt hat, welche Kenntnisse vorhanden waren und welche nicht, welche Beurteilungskriterien die Visitatoren zugrundelegten, usw.

Neben der genannten allgemeinen Bewertung der Pfarrer finden sich in den Protokollen bisweilen – bei weitem nicht immer – weitere Informationen, die Auskunft über die Schwere der etwaigen Mängel geben: Manche Pfarrer wurden auf Grund fehlender Kenntnisse oder mangelhafter Amtsführung verwarnt bzw. zur Besserung aufgefordert.[29] Zum Teil wurde ihnen dabei eine Frist gewährt, bis zu der sie sich das nötige Wissen oder die erforderliche Kompetenz aneignen mussten.[30] Wenn es sich bei einem Pfarrer um einen hartnäckigen »Papisten« handelte oder wenn seine Bildung oder Amtsausübung völlig ungenügend war, wurde er teilweise auch versetzt oder entlassen.[31] Das war aber nur das äußerste Mittel, das selten angewandt wurde. Die Visitatoren waren 1528/29 bei weitem nicht so streng, wie sie laut Instruktion[32] sein sollten. Man begnügte sich meist mit evangelischer Gesinnung und der Bereitschaft zur Besserung. Es kam immer wieder vor, dass ungeeignete Pfarrer im Amt belassen und lediglich aufgefordert wurden, in der Predigt aus den Postillen zu lesen.[33] Oft verfuhr man milder mit

---

[28] Vgl. etwa LASA, MD, Standort Wernigerode, A 29b, II Nr. 1a, Bl. 2r, 6v, 10v, 13/1r; ThHStAW, EGA, Reg. Ii 2, Bl. 70v.

[29] So ist über den Pfarrer von Schöneck (Vogtland) vermerkt: »Dieweil auch der pfarrer zu Schoneck in der lere ubel bericht befunden, ist im verwarnung gescheen sich zu bessern, sonnst wurd man in nicht duldenn.« (a.a.O. Bl. 10v) Vgl. dazu auch a.a.O. Bl. 11r; Reg. Ii 1a, Bl. 104v, 105r, 117r, 133v; Reg. Ii 1, Bl. 11r–v, 17v.

[30] Vgl. etwa HStAD, 10088, Loc. 10598/4, Bl. 523r; ThHStAW, EGA, Reg. Ii 3, Bl. 20v, 26r, 37v, 45r–v; Reg. Ii 2, Bl. 71r–v. Vgl. dazu auch Reg. Ii 29, Bl. 45r.

[31] Vgl. HStAD, 10088, Loc. 10598/4, Bl. 508v, 523r; ThHStAW, EGA, Reg. Ii 2, Bl. 14r; Reg. Ii 1, Bl. 16v. Vgl. dazu auch Jadatz, Wittenberger Reformation (s. Anm. 4), 58, 204; Tietz, Erscheinungsbild (s. Anm. 3), 43.

[32] Vgl. EKO 1/1, 143.

[33] »Der pfarrer zu Treppendorf, Martinus Kayser, [...] ist ungelert befunden, doch verwarneth, sich zu bessern und aus der postillen zu predigen. Dan[n] er ist ald und hat ein eeweib.« (ThHStAW, EGA, Reg. Ii 3, Bl. 35r) Vgl. auch etwa a.a.O. Bl. 85v; Heiko Jadatz,

lten Pfarrern, insbesondere wenn sie verheiratet waren und Kinder hatten. Ihr hohes Alter entschuldigte die mangelhafte Amtsführung bzw. fehlende Kenntnisse.[34]

Was die Amtstätigkeit betrifft, sind in den Protokollen öfter folgende Richtungsentscheidungen thematisiert: Wird das Abendmahl unter einer oder beiderlei Gestalt gereicht?[35] Wird die deutsche oder die lateinische Messe gehalten?[36] In diesen Zusammenhang gehört auch das manchmal – besonders bei altgläubig gesinnten Pfarrern – vorkommende Urteil »predigt nicht«.[37] Hinzu kommt außerdem eine Aussage über den Familienstand der Pfarrer (ledig oder verheiratet).[38] Bei ledigen Pfarrern wurde oft vermerkt, dass sie mit einer Konkubine im Haus lebten.[39] Solche Informationen zum Familienstand sind auch aufschlussreich für die Amtsführung, für die Umsetzung der Lehre ins Leben. Bei einem im Konkubinat lebenden Pfarrer lag von vornherein der Verdacht nahe, dass er noch die altgläubige Lehre vertrat.[40] Andererseits konnte ein verheirateter Pfarrer, der seinem eigenen Haus gut vorstand und seine Kinder zu einem frommen Leben erzog, dadurch auch ein Vorbild für die Gemeinde sein.[41] Die – in den Protokollen allerdings nicht regelmäßig beantworteten – drei Fragen nach der Austeilung des Abendmahls, der Art der Messe und dem Familienstand der Pfarrer liefern Auskunft über

---

Mitteldeutsche Pfarr- und Kirchenbibliotheken im 16. Jahrhundert. Befunde in den Akten der evangelischen Kirchenvisitationen, in: ENNO BÜNZ, THOMAS FUCHS u. STEFAN RHEIN (Hg.), Buch und Reformation. Beiträge zur Buch- und Bibliotheksgeschichte Mitteldeutschlands im 16. Jahrhundert (Schriften der Stiftung Luthergedenkstätten in Sachsen-Anhalt 16), Leipzig 2014, 277–286, hier: 282; NEBELSIECK, Pfarrer und Gemeinden (s. Anm. 3), 20.

34 Vgl. etwa ThHStAW, EGA, Reg. Ii 1a, Bl. 28v; Reg. Ii 3, 23v, 35r. Vgl. auch die entsprechende Anweisung in der Visitationsinstruktion (EKO 1/1, 143).

35 Vgl. ThHStAW, EGA, Reg. Ii 1, Bl. 18r, 19r; Reg. Ii 2, Bl. 11r, 12r–13r, 14r.

36 Vgl. ThHStAW, EGA, Reg. Ii 1, Bl. 13r, 18r; Reg. Ii 2, Bl. 11r, 12r–13r, 14r.

37 Vgl. etwa ThHStAW, EGA, Reg. Ii 1, Bl. 15r; Reg. Ii 2, Bl. 13r, 63r–v, 65r, 67v, 68v.

38 Vgl. etwa ThHStAW, EGA, Reg. Ii 1, Bl. 19r, 20v–21r.

39 So wird etwa vom Vikar von Lengenfeld (Vogtland) berichtet: »hat bißher mit eyner verdechtigen person haus gehalte[n]« (ThHStAW, EGA, Reg. Ii 2, Bl. 68v). Vgl. auch a. a. O. Bl. 12r–v, 13v–14r, 21r, 71r, 213v; Reg. Ii 1, Bl. 21v. Meist wurden die Geistlichen vor die Wahl gestellt, ihre Konkubine entweder zu heiraten oder zu verstoßen (vgl. TIETZ, Erscheinungsbild [s. Anm. 3], 57).

40 Vgl. dazu auch a. a. O. 57 f.

41 So erhielt der Pfarrer von Kaltensundheim bei der Visitation von 1556 in der Herrschaft Römhild folgende Anweisung: »Zum virdtenn das er nuchternn woll sein unnd fridlich lebenn mitt seinen weib unnd kindernn unnd also seiner gemein ein gutt exempell furtrag[en].« (ThHStAW, EGA, Reg. Ii 29, Bl. 29r)

Grundsatzentscheidungen. Dabei handelte es sich um wesentliche Unterscheidungsmerkmale zwischen altgläubiger und evangelischer Amtsführung. Wenn alle drei Fragen im evangelischen Sinne beantwortet wurden (Abendmahl unter beiderlei Gestalt, deutsche Messe, verheirateter Pfarrer), waren die Weichen für die Entwicklung zu einer guten evangelischen Gemeinde gestellt. Zudem konnten diese drei Fragen meist relativ leicht geklärt werden.

Ferner enthalten die Protokolle zum Teil auch Inventare der Pfarreien, worunter vereinzelt auch Bücher fallen.[42] Daraus kann man Rückschlüsse auf die theologische Bildung der Pfarrer ziehen. Bekanntlich hatte im 16. Jahrhundert noch nicht jeder Pfarrer ein Universitätsstudium absolviert.[43] Und selbst wenn die Pfarrer einen Universitätsbesuch vorweisen konnten, ging dessen Dauer oft nicht über zwei oder drei Jahre hinaus. Es gab keinen für

---

42 Vgl. ThHStAW, EGA, Reg. Ii 2, Bl. 39v, 55v, 93r, 100v, 102r, 109v. In späteren Protokollen werden die Bücherinventare ausführlicher (vgl. ThStAM, GHA, Sect. IV Nr. 399, Bl. 17r, 28r, 30r, 40r, 59v). Vgl. ferner LANG, Visitationsprotokolle (s. Anm. 11), 315; JADATZ, Kirchenbibliotheken (s. Anm. 33), 282; FRANK-JOACHIM STEWING, Bibliothek und Buchbesitz einer spätmittelalterlichen Pfarrkirche im mitteldeutschen Raum. Das Beispiel Rudolstadt, in: ENNO BÜNZ (Hg.), Bücher, Drucker, Bibliotheken in Mitteldeutschland. Neue Forschungen zur Kommunikations- und Mediengeschichte um 1500 (Schriften zur Sächsischen Geschichte und Volkskunde 15), Leipzig 2006, 207–303.

43 Vgl. hierzu und zum Folgenden DANIEL GEHRT, Die Harmonie der Theologie mit den studia humanitatis. Zur Rezeption der Wittenberger Bildungskonzeptionen in Jena am Beispiel der Pfarrerausbildung, in: MATTHIAS ASCHE u. a. (Hg.), Die Leucorea zur Zeit des späten Melanchthon. Institutionen und Formen gelehrter Bildung um 1550. Beiträge der Tagung in der Stiftung LEUCOREA Wittenberg anlässlich des 450. Todestages Philipp Melanchthons vom 13. bis 16. Oktober 2010, Leipzig 2015, 263–312, hier: 283, 287, 303–305, 308; MICHAEL BEYER, Priesterausbildung vor und nach der Reformation, in: ARMIN KOHNLE u. CHRISTIAN WINTER (Hg.), Zwischen Reform und Abgrenzung. Die Römische Kirche und die Reformation (Quellen und Forschungen zur sächsischen Geschichte 37), Stuttgart 2014, 193–204, hier: 195–197; ERICH MEUTHEN, Zur europäischen Klerusbildung vom 14. bis zum 16. Jahrhundert, in: WOLFGANG HARMS u. JAN-DIRK MÜLLER (Hg.), Mediävistische Komparatistik. Festschrift für Franz Josef Worstbrock zum 60. Geburtstag, Stuttgart/Leipzig 1997, 263–294, hier: 276–282, 293; THOMAS KAUFMANN, The Clergy and the Theological Culture of the Age. The Education of Lutheran Pastors in the Sixteenth and Seventeenth Centuries, in: SCOTT DIXON u. LUISE SCHORN-SCHÜTTE (Hg.), The Protestant Clergy of Early Modern Europe, Basingstoke 2003, 120–136, hier: 127. In den Protokollen der Visitation von 1528/29 finden sich kaum Angaben zum Bildungsstand und Universitätsbesuch der Geistlichen (vgl. TIETZ, Erscheinungsbild [s. Anm. 3], 25 f). Informationen darüber sind bei späteren Visitationen häufiger überliefert (vgl. etwa ThHStAW, EGA, Reg. Ii 29, Bl. 5r, 9r, 53v; ThStAM, GHA, Sect. IV Nr. 399, Bl. 27r).

die Ausübung des Pfarramts vorgeschriebenen akademischen Grad. Ohnehin verließen die meisten Studenten die Universität ohne formellen Abschluss. Ein Examen der Pfarrer fand im Rahmen der Ordination statt. Da die Pfarrer häufig nur über geringe theologische Kenntnisse verfügten, war den Visitatoren die Weiterbildung ein großes Anliegen. Gerade für Geistliche, die noch altgläubig aufgewachsen waren und noch kein Hochschulstudium vorweisen konnten, war die häusliche Fortbildung wichtig[44] – und dafür bedurfte es der grundlegendsten Literatur. Dazu gehörte auch der *Unterricht der Visitatoren*. In den Protokollen ist häufig vermerkt, dass der *Unterricht* den Pfarrern übergeben wurde und ihnen als Richtlinie dienen sollte.[45]

Neben den bisher genannten eher allgemeinen Aussagen finden sich in den Protokollen auch Einzelfälle, bei denen genauere Informationen vorliegen. Hier handelt es sich oft um sehr negative Fälle, wie den Pfarrer von Deuben (bei Wurzen), der als »gantz ungelert« und als »schwelger unnd seuffer«[46] bezeichnet wurde und nicht einmal alle drei Wochen gepredigt habe. Es gab aber unter den negativ beurteilten Pfarrern nicht nur – laut Einschätzung der Visitatoren – völlig unfähige Pfarrer, sondern auch solche, die durchaus geeignet waren, die aber an der altgläubigen Lehre und den entsprechenden Zeremonien festhielten. Ein Musterbeispiel dafür ist der als verstockter »Papist« charakterisierte Pfarrer von Seifertshain, Bartholomeus Ribloß.[47] Zunächst wurde er durchaus positiv als »ein alt, aber dannoch geruhig, vormuglich unnd arbeitsam man«[48] beschrieben. Ihm wurde also grundsätzlich eine gute Eignung für das Pfarramt zugestanden. Jedoch wurde er bezüglich der Lehre und der Zeremonien im Gottesdienst als »papistisch« eingestuft.[49] So habe der Pfarrer auch offen vor den Visitatoren bekannt, dass der Glaube nicht genüge für das Seelenheil, sondern dass auch gute Werke nötig seien. Darüber hinaus trug er bei der Visitation eine Tonsur und war damit schon äußerlich als altgläubig gesinnt erkennbar. Da die Lehre und Amtsführung des Pfarrers in zentralen Punkten den reformatorischen Vorstellungen

---

44 Vgl. Gehrt, Harmonie (s. Anm. 43), 305–307; Beyer, Priesterausbildung (s. Anm. 43), 201.

45 Vgl. ThHStAW, EGA, Reg. Ii 1a, Bl. 30r, 48r; HStAD, 10088, Loc. 10598/4, Bl. 23v, 25r, 27v; LASA, MD, Standort Wernigerode, A 29b, II Nr. 1a, Bl. 5r, 17v, 22v. Vgl. dazu auch Jadatz, Kirchenbibliotheken (s. Anm. 33), 278.

46 HStAD, 10088, Loc. 10598/4, Bl. 508v.

47 Für das Folgende vgl. a. a. O. Bl. 522v–523v.

48 A. a. O. Bl. 522v.

49 Dieser Einschätzung entsprach sein Ruf: »Auch wirdt im gantzen kreiß herumb wider in gezeugt, das er ein fast harter, trotziger, volwortiger, halsstarriger unnd waschhaftiger papist sey« (a. a. O. Bl. 522v–523r).

widersprachen und er sich nicht belehren ließ, wurde er von den Visitatoren entlassen.[50]

## 2.2 Visitation in der Herrschaft Römhild 1556

Die Protokolle der ernestinischen Generalvisitation von 1554/55[51] bieten zu den Kenntnissen der Pfarrer in der theologischen Lehre und ihrer Amtsführung umfangreicheres Material als die vorhergehenden Visitationen im ernestinischen Gebiet. Im Folgenden wird das Protokoll der 1556 nachträglich stattgefundenen Visitation in der Herrschaft Römhild näher untersucht.[52] Nachdem die Linie Henneberg-Römhild 1549 ausgestorben und ihr Gebiet an die Grafen von Mansfeld gefallen war, kam es 1555 durch Tausch und Kauf an die Ernestiner.[53] In Römhild war das reformatorische Kirchenwesen noch nicht so gefestigt wie in den übrigen ernestinischen Gebieten. Bereits die Mansfelder hatten sukzessive protestantische Pfarrer eingesetzt. Im Visitationsprotokoll von 1556 finden sich zum Teil Aussagen, wann der altgläubige Gottesdienst abgeschafft wurde, wobei von zwei, drei bzw. zehn Jahren die Rede ist.[54] Das Protokoll beinhaltet bei jedem Ort nach Angaben zur Vernehmung des Pfarrers auch Informationen zur Gemeinde.[55] Zum einen wurde die Gemeinde über ihren Pfarrer befragt, zum anderen wurden ihre Katechismuskenntnisse geprüft. Neben der Bewertung des Pfarrers und der Gemeinde sind auch Anordnungen der Visitatoren für die jeweilige Pfarrei enthalten.

---

[50] Der leitende Visitator Justus Jonas verteidigte die Absetzung dieses Pfarrers gegenüber dem kursächsischen Kanzler Christian Beyer, nachdem der Pfarrer sich beim Kurfürsten über seine Absetzung beschwert hatte (ThHStAW, EGA, Reg. Ii 365, Bl. 1r–v).

[51] Vgl. die Akten in ThHStAW, EGA, Reg. Ii 23–26; 26a; 26b. Vgl. dazu auch Heerdegen, Geschichte (s. Anm. 7); Herrmann, Generalvisitationen (s. Anm. 7).

[52] Vgl. ThHStAW, EGA, Reg. Ii 29 (ediert in: Wilhelm Germann, D. Johann Forster, der Hennebergische Reformator. Ein Mitarbeiter und Mitstreiter D. Martin Luthers. In urkundlichen Nachrichten nebst Urkunden zur Hennebergischen Kirchengeschichte. Festschrift zum 350jähr. Hennebergischen Reformationsjubiläum, Wasungen 1894, Urkunden, 75–96). Vgl. dazu auch die Instruktion (ThHStAW, EGA, Reg. Ii 28; ediert in: EKO 1/2, 326f), die fast wörtlich mit der der ernestinischen Generalvisitation von 1554/55 übereinstimmt (vgl. EKO 1/1, 222–228), und die Einkommensverzeichnisse (ThHStAW, EGA, Reg. Ii 31–32).

[53] Vgl. hierzu und zum Folgenden Klein, Ernestinisches Sachsen (s. Anm. 5), 30f; EKO 1/2, 282.

[54] Vgl. ThHStAW, EGA, Reg. Ii 29, Bl. 25v, 30v, 32v.

[55] Vgl. hierzu und zum Folgenden ThHStAW, EGA, Reg. Ii 29.

Anhand eines typischen Beispiels lässt sich veranschaulichen, welche Informationen zu den theologischen Kenntnissen und zur Amtsführung der Pfarrer sich in dieser Visitation finden.[56] Nach Angaben zur Berufung von Heinricus Öring in die Pfarrei Haina (bei Römhild) sowie zu seinen Familienverhältnissen folgt seine Beurteilung:

> »Zum andernn ist er im examine woll bestand[en], hatt latine respondirtt unnd ist vonn allerley ketzerey unnd schwermerey rein unnd unverdechtig.
> Zum drittenn hatt er den catechißmum angefang[en] zu treibenn, aber auß nachlessigkeitt des volcks wider fallenn lassenn, doch zugesagt, vleyssig hinfurtt die jugendt darinnen zu ubenn.
> Zum virdtenn predigt er in der woch[en] die epistolas Pauli.
> Zum funfftenn hatt er gutte reine authores unnd ein zimliche lyberei, sonderlich vonn Lutheri commentariis.«[57]

Aus der Befragung der Gemeinde sind folgende Aussagen relevant für die Amtsausübung des Pfarrers:

> »Zum erstenn gibtt denn pfarher seiner ler, treu, lebenns fur sich unnd die seinenn ein gutt zeugniß, wie auch der superintendentt.
> Zum andernn sindt sie im catechismo unnd bettenn woll unterricht befund[en].«[58]

Bei den Anweisungen für die Pfarrei ist neben dem Verweis auf die Verordnungen in der Instruktion nur vermerkt, dass der Pfarrer die Einzelbeichte durchführen sollte.[59]

Die ausführlichen Informationen im Visitationsprotokoll von Römhild erlauben es, die Angaben zur Amtsführung der Geistlichen zu systematisieren. So kann man die Häufigkeit der Gottesdienste, den Katechismusunterricht, die Beichte und die Predigt näher untersuchen. Was die Häufigkeit der Gottesdienste betrifft, waren offenbar zwei Gottesdienste unter der Woche üblich.[60] Bei zwei Pfarrern wurde getadelt, dass sie nur an Sonn- und Feiertagen

---

56 Vgl. a. a. O. Bl. 3r–4v.

57 A. a. O. Bl. 3r–v.

58 A. a. O. Bl. 4r.

59 Vgl. a. a. O. Bl. 4v.

60 Vgl. a. a. O. Bl. 9r, 12r, 27v, 28v, 53v. Vgl. dazu auch Herrmann, Generalvisitationen (s. Anm. 7), 104.

predigten, nicht unter der Woche.[61] Sonntags waren in den Pfarrdörfern zwei Gottesdienste vorgesehen.[62] Insbesondere die Bewohner von Filialen beklagten ihre Vernachlässigung durch den Pfarrer, weil dieser nur alle drei bis sechs Wochen vor Ort einen Gottesdienst am Sonntag halte oder zu ungünstiger Zeit komme.[63] Bereits die Visitationsinstruktion von 1554 schrieb vor, dass sich die Visitatoren besonders nach einer eventuellen Vernachlässigung der Filialen durch die Pfarrer erkundigen sollten.[64]

Auch ein weiteres Anliegen des Landesherrn fand großen Widerhall in den Protokollen. Die Geistlichen sollten laut Instruktion öfter als einmal in der Woche ihre Pfarrkinder im Katechismus lehren und darüber prüfen.[65] Gemeindegliedern drohte eine Strafe, wenn sie ihre Kinder und ihr Gesinde ohne wichtige Gründe vom Katechismusunterricht abhielten. Auch im Visitationsprotokoll der Herrschaft Römhild spielte der Katechismus eine große Rolle. Hier wurde zum einen oft vermerkt, ob der Pfarrer regelmäßig Katechismusunterricht hielt.[66] Zum anderen wurden die Gemeinden von den Visitatoren häufig zum Besuch des Katechismusunterrichts ermahnt.[67] Die Pfarrer wurden von den Visitatoren aufgefordert, in der Predigt zum fleißigen Kirchgang, zum Abendmahlsempfang und zum Besuch der Katechismusunterweisung aufzurufen.[68] Außerdem sollten die Geistlichen an die Eltern appellieren, ihre Kinder in die Schule und zum Katechismusunterricht zu schicken.[69] Die Gemeinden wurden bei der Visitation jeweils über wesentliche

---

61 Vgl. ThHStAW, EGA, Reg. Ii 29, Bl. 32v, 34r. Vgl. dazu auch Herrmann, Generalvisitationen (s. Anm. 7), 96.

62 Vgl. ThHStAW, EGA, Reg. Ii 29, Bl. 28v, 32v. Vgl. dazu auch Nebelsieck, Pfarrer und Gemeinden (s. Anm. 3), 18.

63 So beklagte sich die Gemeinde Gollmuthhausen, »das der pfarher sie selttenn besuche, unnd leß seine predigt[en] auß dem buch, unnd lere sie auch den catechismum nitt.« (ThHStAW, EGA, Reg. Ii 29, Bl. 16v) Vgl. dazu auch a.a.O. Bl. 17r, 18r, 19r–20r, 26r.

64 Vgl. EKO 1/1, 222. Durch diese und weitere Vorgaben wurden oft schon sozusagen die Ergebnisse der Visitation vorweggenommen. Auf eventuell vorhandene weitere Missstände wurde wohl nicht so stark geachtet.

65 Vgl. hierzu und zum Folgenden a.a.O. 224f. Zum Katechismusunterricht vgl. auch Lang, Visitationsprotokolle (s. Anm. 11), 321; Tietz, Erscheinungsbild (s. Anm. 3), 92–94, 103–106.

66 Vgl. ThHStAW, EGA, Reg. Ii 29, Bl. 5r, 6r, 9r, 12r, 14r, 16v, 18r, 20v, 21r, 22r, 22v, 25v, 33v, 34v, 53v. Vgl. dazu auch Herrmann, Generalvisitationen (s. Anm. 7), 96.

67 Vgl. ThHStAW, EGA, Reg. Ii 29, Bl. 8v, 23v, 29v, 46v, 47r.

68 Vgl. a.a.O. Bl. 8v, 22v, 50v. Vgl. dazu auch die Instruktion (EKO 1/1, 224).

69 Vgl. ThHStAW, EGA, Reg. Ii 29, Bl. 14r, 21r, 29v, 68r.

Glaubenskenntnisse abgefragt.[70] Nicht nur im Katechismusunterricht, sondern auch in der Predigt im gewöhnlichen Gottesdienst wurden grundlegende Glaubensinhalte vermittelt.[71]

Daneben wird im Protokoll häufig die Beichte thematisiert. Die Gemeinde Helmershausen hielt ihren Pfarrer für einen »Papisten«, weil er – im Gegensatz zu seinem Vorgänger – die Einzelbeichte durchführen wollte. Dieser Pfarrer wurde von den Visitatoren aufgefordert, seine Pfarrkinder in der Predigt über den Sinn und Zweck der Einzelbeichte zu belehren.[72] Die Visitatoren legten auch sonst großen Wert auf die Durchführung der Einzelbeichte,[73] was auch an der damit verbundenen Abfrage der wichtigsten Glaubenskenntnisse lag. So wurde die Tatsache, dass die Kaltensundheimer nur über mangelhaftes Wissen in der christlichen Lehre verfügten und nicht beten konnten, auf das fehlende Einzelexamen in der Beichte zurückgeführt.[74]

Ferner finden sich einige allgemeinere Informationen zum Inhalt der Predigten im Protokoll. Eine Anordnung schrieb vor, bei Hochzeiten eine Predigt vom Ehestand zu halten.[75] Vereinzelt werden bestimmte Teile der Bibel genannt, über die der Pfarrer unter der Woche predigte bzw. predigen sollte (Paulusbriefe, Sonntagsepisteln).[76] Eine ausführlichere Schilderung der Lehrauffassung eines Geistlichen ist nur beim altgläubig gesinnten Pfarrer von Ostheim vor der Rhön im Protokoll überliefert.[77] Der Pfarrer wurde von

---

70 So wurde über die Gemeinde von Haina vermerkt: »Zum andernn sindt sie im catechismo unnd bettenn woll untterricht befund[en].« (a.a.O. Bl. 4r) Vgl. dazu auch a.a.O. Bl. 7v, 9v, 12v, 14v, 17r, 18r, 26r.

71 Vgl. Tietz, Erscheinungsbild (s. Anm. 3), 92–94, 103–106; Heerdegen, Geschichte (s. Anm. 7), 116.

72 Vgl. ThHStAW, EGA, Reg. Ii 29, Bl. 21r, 22v. Vgl. dazu auch Heerdegen, Geschichte (s. Anm. 7), 119.

73 Vgl. ThHStAW, EGA, Reg. Ii 29, Bl. 4v, 27r, 60r. Vgl. dazu auch Herrmann, Generalvisitationen (s. Anm. 7), 96; Tietz, Erscheinungsbild (s. Anm. 3), 109f.

74 »Zum andernn kundten ubell bettenn und waren fast ungeschickt, sonderlich dieweill das privatum examen in der beichtt nicht getribenn wordenn.« (ThHStAW, EGA, Reg. Ii 29, Bl. 28r)

75 Vgl. a.a.O. Bl. 43r, 58r, 65v. Vgl. dazu auch Tietz, Erscheinungsbild (s. Anm. 3), 101.

76 Vgl. ThHStAW, EGA, Reg. Ii 29, Bl. 3v, 5r, 28v. Vgl. dazu ferner a.a.O. Bl. 27r.

77 Vgl. hierzu und zum Folgenden a.a.O. Bl. 30v–39r. Zu zwei weiteren Pfarrern mit altgläubiger Amtsführung vgl. a.a.O. Bl. 19r, 25v. In den alten ernestinischen Gebieten waren altgläubige Pfarrer bei der Visitation 1554/55 nur noch sehr selten anzutreffen (vgl. Herrmann, Generalvisitationen [s. Anm. 7], 95; Heerdegen, Geschichte [s. Anm. 7], 125, 131f).

den Visitatoren beschuldigt, gegen sein Gewissen zu predigen.[78] Obwohl ihm die wesentlichen Lehrpunkte des evangelischen Glaubens vertraut seien, habe er sie nicht in seiner Lehre und Amtsführung umgesetzt. Die Visitatoren warfen ihm vor, nie gegen das Papsttum und die altgläubige Messe gepredigt zu haben.[79] Stattdessen habe er seiner Gemeinde auf der Kanzel versichert, »er woll in sein sehl zum pfandt setzenn, das sie ebennso vill enttpfah[en] unter einer gestalt als unter zweienn«[80]. Außerdem habe der Pfarrer verhindert, dass sein Kaplan, dem eine reine Lehre bescheinigt wurde, das Papsttum antastete.[81] Der Pfarrer wurde schließlich entlassen.

## 3. Fazit

Die Darlegungen haben gezeigt, dass Visitationsprotokolle eine sehr lohnende Quelle zur Erforschung der Amtsführung und der theologischen Kenntnisse der Pfarrer sind. Auch wenn viele Informationen in den Protokollen relativ allgemein und schematisch sind, gibt es für die gewählte Fragestellung keine besseren Quellen als Visitationsprotokolle.

Grundlage für die Bewertung der Geistlichen durch die Visitatoren war die Befragung der Geistlichen und der Gemeindeglieder. Dafür standen den Visitatoren teilweise umfangreiche Fragelisten zur Verfügung, die bereits Hinweise zu den Schwerpunkten der jeweiligen Visitation liefern. Mit den Auskünften der Pfarrkinder konnten die Visitatoren überprüfen, ob die Angaben der Pfarrer zutrafen und ob – bzw. inwieweit – die Vermittlung der Kenntnisse im christlichen Glauben durch die Pfarrer erfolgreich war. Die Visitation diente – nicht nur was die Kompetenz und Amtsführung der Pfarrer betrifft – der Feststellung und Abstellung von Mängeln. Deswegen finden negative Befunde größeren Widerhall in den Protokollen als gute oder durchschnittliche. Außerdem bestand ein wesentliches Ziel insbesondere bei den ersten Visitationen darin, Mindestanforderungen durchzusetzen. Fehlendes

---

78 Vgl. ThHStAW, EGA, Reg. Ii 29, Bl. 37r.

79 »Erstlich nachdem in examine befundenn, das er die reine warheytt nitt allein gelesenn, sondern auch verstehtt, unnd doch nitt den enttlich gezwung[en] ettwas davon gelertt, idoch die greuell unnd irthumb des verdamptenn babstumb in der meß von einer gestaltt [etc.] nie verdampt, widerruff[en] noch gestrafft hatt, sonder vilmer dawider gemurrett, wan das durch die diaconos gescheh[en].« (a. a. O. Bl. 39r)

80 A. a. O. Bl. 33r.

81 Vgl. a. a. O. Bl. 34v.

Wissen der Pfarrer konnte mit dem selbstständigen Studium der maßgeblichen Literatur oder mit dem Gebrauch von Predigtpostillen ausgeglichen werden.

Die Urteile über die Pfarrer in den Protokollen fielen bei der ernestinischen Visitation von 1528/29 nur sehr allgemein aus. Bei der Bewertung der Pfarrer in den Protokollen kommt den grundlegenden theologischen Kenntnissen (»gelehrt« oder »nicht gelehrt«) und der Befähigung zur Amtsführung (»geschickt« oder »nicht geschickt«) die zentrale Rolle zu. Daneben wurden vor allem die Gestaltung des Abendmahls und Gottesdienstes sowie der Familienstand der Pfarrer thematisiert. Wenn eine Verwarnung, die unterschiedlich streng ausfallen konnte, oder eine Absetzung des Pfarrers vermerkt ist, liefert das Rückschlüsse auf den Grad der festgestellten Mängel. Die Informationen in den Protokollen zu den sehr negativ beurteilten und abgesetzten Pfarrern sind am umfangreichsten. Dies trifft auch für das Protokoll der Visitation von 1556 in der Herrschaft Römhild zu.

Während die Auskünfte zur Amtsführung und Bildung der Pfarrer in den Protokollen 1528/29 sehr knapp sind, enthält das Protokoll der Visitation von 1556 in der Herrschaft Römhild erheblich mehr Angaben. Die Visitatoren legten 1556 offenbar besonders großen Wert darauf, dass die Pfarrer die wesentlichen Lehren an die Gemeinden vermittelten. Das Protokoll gibt Auskunft über die Häufigkeit der Gottesdienste, die Voraussetzung für die Wissensvermittlung durch die Pfarrer waren. Eine zentrale Bedeutung kam dabei auch der Katechismuslehre zu. Ferner wurde auf die Einhaltung der Einzelbeichte geachtet, die auch mit der Befragung der Pfarrkinder über die wichtigsten Glaubensartikel verbunden war. Damit standen nicht etwa bestimmte Predigtinhalte im Mittelpunkt – diese waren durch den *Unterricht der Visitatoren* und andere lehrmäßige Vorgaben festgelegt. Vielmehr ging es bei der Visitation um die Überprüfung, ob die verschiedenen Methoden der Weitergabe der evangelischen Lehre und Frömmigkeit von den Pfarrern sorgfältig angewendet wurden. Deswegen wurden nicht nur die Pfarrer, sondern auch die Gemeinden bei der Visitation ausführlich über ihre Glaubenskenntnisse befragt.

Der Quellenwert der im vorliegenden Beitrag untersuchten Visitationsprotokolle steigt mit der Zeit, was sich mit den höheren Ansprüchen an die Pfarrer bei den späteren Visitationen begründen lässt. Bei der Visitation von 1528/29 lag das Hauptaugenmerk der Visitatoren auf der Befähigung und evangelischen Gesinnung der Pfarrer sowie auf Grundsatzentscheidungen (deutsche Messe, Abendmahl unter beiderlei Gestalt, Priesterehe). Details hinsichtlich der theologischen Kenntnisse und der Amtsführung der

Geistlichen interessierten noch nicht und sind deshalb nicht in den Protokollen überliefert. Nachdem die Fundamente für die frühe evangelische Kirche gelegt worden waren, stellten Landesherren und Visitatoren in den 1550er Jahren gestiegene Anforderungen. Dies wird auch deutlich an einer ausführlicheren Erfassung der Informationen zu den Pfarrern, die sich auf dem Prüfstand befanden.

*Daniel Gehrt*

# Alte Bilder gegen neue Bücher

## Eine exemplarische Annäherung an den Quellenwert der Spezialvisitation der Superintendentur Weimar 1560

*Für Ernst Koch zum 85. Geburtstag*

Für die ernestinische Residenzstadt Weimar und die dazu gehörende Superintendentur ist die Aktenlage für die ersten Kirchenvisitationen in den 1520er und 1530er Jahren, der Umbruchszeit der Reformation, dürftig.[1] Die früheste Überlieferung, die auch umfassende Auskunft über die kirchlichen Verhältnisse in diesem Gebiet gibt, geht aus der Generalvisitation von 1554/55 hervor.[2] Für die Folgezeit ist das Material für die Superintendentur Weimar besonders dicht überliefert. Neben den Quellen zu den gesamtterritorialen Visitationen der Jahre 1562, 1569/70 und 1573 sind auch jene zur Spezialvisitation, die der neue Superintendent in der Ilmstadt, Bartholomäus Rosinus, 1560 durchführte, erhalten.[3] Letztere blieb jahrhundertelang von der Forschung unbemerkt, da die Visitation keinen Eingang in die lokalen zeitgenössischen Chroniken fand[4] und weil die Akten nicht wie bei den anderen frühen ernestinischen Visitationen unter der Kategorie »Kirchen- und Schulvisitationen, Bewidmung« (Registrande Ii), sondern unter »Pfarrer, Pfarrangelegenheiten« (Registrande Ll) in den Repertorien des Ernestinischen Gesamtarchivs im Thüringischen Hauptstaatsarchiv Weimar eingeordnet wurden. Die Aufbewahrung an gesonderter Stelle ist einer

---

1 Vgl. Carl August Hugo Burkhardt, Geschichte der sächsischen Kirchen- und Schulvisitationen von 1524 bis 1545 (Geschichte der deutschen Kirchen- und Schulvisitationen im Zeitalter der Reformation), Leipzig 1879, 18 f, 82, Anm. 1; Ders., Die ältesten Kirchen- und Schulvisitationen im östlichen Thüringen 1527, in: ThStKr 76 (1894), 773–782.

2 Der Hauptteil der Akten befindet sich in: ThHStAW, EGA, Reg. Ii 23–26, Ii 26a.

3 ThHStAW, EGA, Reg. Ll 841.

4 Vgl. z.B. die handschriftlich überlieferte Chronik, die Paul Wolf anlässlich des Reformationsjubiläums 1617 für die Stadt Weimar erstellte, in: FB Gotha, Chart. A 666, Bl. 311r–330v.

Eigenart der Visitation geschuldet. Im Unterschied zu den Generalvisitationen gingen in diesem Fall die Initiativen nicht von den Landständen oder dem Landesherrn, sondern von einem Superintendenten aus, der sich nach der Übernahme seines neuen Amtes 1559 ein möglichst genaues Bild von den Kirchen- und Schulverhältnissen in seinem Inspektionskreis verschaffen wollte, um diese anschließend durch gezielte Maßnahmen zu verbessern. Die Überlieferung einer solchen umfassenden Spezialvisitation ist für das ernestinische Territorium in dieser frühen Zeit singulär. Auch wenn die Wittenberger Konsistorialordnung von 1542, die Visitationsinstruktion von 1554 sowie die Jenaer Konsistorialordnungen von 1569 und 1574 den Superintendenten vorschrieben, ihre Pfarrer regelmäßig zu visitieren, ist keine systematische Dokumentierung der Verhältnisse in einem Inspektionskreis erhalten, bis diese Bestimmung auch in die Visitationsinstruktion von 1577 für die Herzogtümer Sachsen-Weimar und Sachsen-Coburg unter der Vormundschaft von Kurfürst August von Sachsen aufgenommen wurde.[5]

Da sich die Singularität dieser Spezialvisitation zum Teil durch Kompetenzen und Eigenschaften ihres Urhebers erklären lässt, sollen im Folgenden zunächst die Biographie von Rosinus und sein Wirken als Superintendent skizziert werden. Auf der Grundlage der Weimarer Akten ist anschließend der formale Verlauf der Visitation mit besonderem Blick auf Mechanismen der damit verbundenen Kommunikationsprozesse zu rekonstruieren. Eine Annäherung an die Frage nach dem Quellenwert von Visitationsakten, der der vorliegende Sammelband gewidmet ist, erfolgt exemplarisch anhand von zwei Medientypen: Bildern und Büchern. Sie standen in der Weimarer Spezialvisitation in Wechselbeziehung zueinander, denn durch den Verkauf von Bildern sollten vorzugsweise Bände der Jenaer Gesamtausgabe von Luthers Werken und andere Bücher für die theologischen Studien der Pfarrer finanziert werden. 1560 wurden zahlreiche religiöse Bilder wegen theologisch begründeter Kritik an ihren Motiven oder wegen neuer Raumgestaltungsvorstellungen für die liturgische Inszenierung aus den Kirchen entfernt. Das Phänomen lässt sich gleichzeitig in anderen Superintendenturen des Territoriums feststellen, ohne dass dies jedoch wie in Weimar im Rahmen einer Visitation geschah. So lässt sich bei diesem Beispiel die umfassende

---

[5] Vgl. EKO 1/1, 73–75. Ein bekanntes Beispiel für eine spätere ernestinische Spezialvisitation ist die 1610/11 durch Johann Gerhard in der Superintendentur Heldburg durchgeführte. Das Protokoll ist als Teil von Gerhards Nachlass überliefert in: FB Gotha, Chart. A 634, Bl. 2r–120v. Vgl. dazu Georg Carl Bernhard Berbig, D. Johann Gerhards Visitationswerk in Thüringen und Franken […], Gotha 1896.

und konzentrierte Überprüfung der Kirchen- und Schulverhältnisse, die für eine Visitation kennzeichnend ist, der stetigen Wahrnehmung von Aufsichtsfunktionen durch die Superintendenten gegenüberstellen. Wie in anderen Visitationen wurde darauf geachtet, dass die Pfarrer für ihre theologische Weiterbildung und ihre Predigt- und Seelsorgetätigkeit ausreichend mit Büchern ausgestattet waren. Geben die Protokolle wichtige Aufschlüsse über dieses Themenfeld, so zeigt eine differenzierte Quellenkritik auch die Grenzen von deren Aussagekraft auf. Mit Blick auf die Seltenheit der Spezialvisitation soll zum Schluss die Überlieferungsproblematik von Quellen zu den regionalen Aufsichtstätigkeiten der Superintendenten kurz erörtert werden.

## I. Bartholomäus Rosinus als Organisationstalent in Schule und Kirche

Die Karrierestationen von Bartholomäus Rosinus[6] in Schule und Kirche sind charakteristisch für im Aufstieg begriffene evangelische Geistliche im 16. Jahrhundert. Geboren 1520 in Pößneck, immatrikulierte er sich im Sommer 1536 an der Leucorea in Wittenberg und promovierte am 31. Januar 1544 an der Philosophischen Fakultät.[7] Der junge Magister lehrte vorübergehend an der Lateinschule in Gotha,[8] trat aber bereits um Michaelis 1544

---

[6] Zu seiner Biographie vgl. Daniel Gehrt, Widerstand gegen die landesherrliche Kirchenpolitik. Bartholomäus Rosinus (1520–1586), in: Ders. u. Sascha Salatowsky (Hg.), Aus erster Hand. 95 Porträts zur Reformationsgeschichte. Aus den Sammlungen der Forschungsbibliothek Gotha, Gotha 2014, 166f (Nr. 83); Rudolf Herrmann, Bartholomäus Rosinus, seine Sippe und seine Eisenacher Zeit, in: Mitteilungen des Eisenacher Geschichtsvereins 6 (1937), 22–36; Ders., Magister Bartholomäus Rosfeld (Rosinus), in: Reinhold Jauernig (Hg.), Luther in Thüringen. Gabe der Thüringer Kirche an das Thüringer Volk, Berlin 1952, 212–220.

[7] Vgl. Die Baccalaurei und Magistri der Wittenberger Philosophischen Facultät 1538–1546 und die öffentlichen Disputationen derselben Jahre aus der Facultätsmatrikel, hrsg. von Julius Köstlin, Halle 1875, 16.

[8] Vgl. Myconius an Menius, Gotha, 5. September 1544. Abdruck in: Der Briefwechsel des Friedrich Mykonius (1524–1546), bearb. von Hans-Ulrich Delius, Tübingen 1960, 153f (Nr. 369). Zur Lateinschule in Gotha im Reformationszeitalter vgl. Daniel Gehrt, Die Anfänge des protestantischen Bildungssystems in Gotha, in: Sascha Salatowsky (Hg.), Gotha macht Schule. Bildung von Luther bis Francke. Katalog zur Ausstellung der Universitäts- und Forschungsbibliothek Erfurt/Gotha in Zusammenarbeit mit der Stiftung Schloss Friedenstein Gotha, Gotha 2013, 11–18.

auf Empfehlung Philipp Melanchthons hin das Rektorat der Lateinschule in Eisenach an, die damals unter dem Pfarrer und Superintendenten Justus Menius ausgebaut wurde.[9] Rosinus erhielt dort 1551 das Diakonat und die Oberaufsicht über die Schule.[10] Die unter seinem Nachfolger Andreas Boëtius entstandene Schulordnung ist wahrscheinlich eine schriftliche Fixierung der bestehenden Verhältnisse während seines Rektorats. Sie diente noch bis weit in die 1570er Jahre hinein als Grundlage für mehrere städtische Schulen im ernestinischen Thüringen.[11]

Michaelis 1559 trat Rosinus entgegen dem Willen seiner Eisenacher Gemeinde[12] die Ämter des Pfarrers und Superintendenten von Weimar an.[13] Er wurde somit zum Nachfolger des ersten evangelischen Predigers der dortigen Pfarrkirche St. Peter und Paul, Johannes Grau, der kurz darauf im November 1559 starb.[14] Für den vormaligen Schulrektor und Diakon bedeutete die Berufung nach Weimar einen erheblichen Karrieresprung. Ihm wurde neben dem lokalen Predigt- und Seelsorgeamt in der Residenzstadt auch die Aufsicht über die Schule vor Ort und über die größte Superintendentur des Territoriums betraut. Außerdem war Rosinus Hofprediger und Beichtvater der herzoglichen Familie und wurde zum einflussreichen kirchenpolitischen Ratgeber des Landesherrn. Neben seinen ausgewiesenen Fähigkeiten führten eventuell auch Empfehlungen des hochbetagt in Eisenach lebenden Nikolaus von Amsdorf, des Jenaer Theologieprofessors Matthias Flacius und des langjährigen ernestinischen Rats Eberhard von der Thann, welche alle mit

---

9 Zum Ausbau der Schule vgl. Karl Hermann Funkhänel, Beiträge zur Geschichte der Schule, Tl. 1, in: Jahresbericht über das Großherzogliche Carl Friedrichs-Gymnasium zu Eisenach [...], Eisenach 1844, 3–28. Bereits in den ersten Monaten nach dem Amtsantritt von Rosinus stellte Menius erfreut fest, dass die Schule in Eisenach »besser dann bis anher versehen« sei. Vgl. Herrmann, Sippe (s. Anm. 6), 31.

10 Vgl. Herrmann, Sippe (s. Anm. 6), 34 f.

11 Vgl. Gehrt, Anfänge (s. Anm. 8), 14 f; Herrmann, Rosfeld (s. Anm. 6), 213.

12 Vgl. Herrmann, Sippe (s. Anm. 6), 34.

13 Zu seiner Tätigkeit in Weimar vgl. Daniel Gehrt, Ernestinische Konfessionspolitik. Bekenntnisbildung, Herrschaftskonsolidierung und dynastische Identitätsbildung vom Augsburger Interim 1548 bis zur Konkordienformel 1577 (AKThG 34), Leipzig 2011, passim; Rudolf Herrmann, Thüringische Kirchengeschichte, Bd. 2, Jena 1947, bes. 153–172.

14 Die Predigttätigkeit von Grau und Rosinus in Weimar kann anhand von durch Michael Röbel erstellten Nachschriften aus den Jahren 1556/57 bzw. zwischen 1567 und 1573 in: FB Gotha, Chart. B 878–885 nachvollzogen werden.

Rosinus im engen Kontakt standen[15] und gewichtige Stimmen am Hof hatten, zu dieser Beförderung.[16] Rosinus legte umgehend ein außerordentliches Engagement bei der Erfüllung seiner Aufsichtspflichten an den Tag. Innerhalb kürzester Zeit führte er aus eigener Initiative die Spezialvisitation der Superintendentur durch. Parallel dazu setzte er sich energisch für die Verbesserung des Schulwesens vor Ort ein. Da die Lateinschule überfüllt war, machte er es sich beispielsweise Anfang 1561 zum Anliegen, das bisher zum Unterricht verwendete Gebäude zu verkaufen und die Schule im damals leerstehenden und zwar renovierungsbedürftigen, aber weiträumigen Pfarrhaus des Deutschen Ordens einzurichten.[17] Das neue Schulgebäude konnte durch eine Doppelfinanzierung des Landesherrn und des Stadtrats im Sommer des gleichen Jahrs instand gesetzt werden.[18] In diesem Zusammenhang trat unter dem Rektorat Johannes Wolfs am 14. Januar 1562 eine neue Schulordnung für sechs Klassen in Kraft, deren Abschnitt *De cura gubernandi mores pueriles* mit der unter der Aufsicht von Rosinus in Eisenach 1551 niedergeschriebenen Schulordnung fast wortwörtlich übereinstimmt.[19]

---

[15] Vgl. Daniel Gehrt, Strategien zur Konsensbildung im innerlutherischen Streit um die Willensfreiheit. Edition der Declaratio Victorini und der ernestinischen Visitationsinstruktion von 1562, in: ZTG 63 (2009), 143–190, bes. 174f; Herrmann, Sippe (s. Anm. 6), 24.

[16] Zur besonderen Position Amsdorfs in der Landeskirche vgl. Daniel Gehrt, Der »Erzbischof« von Thüringen? Nikolaus von Amsdorf und die Genese der ernestinischen Landeskirche nach dem Schmalkaldischen Krieg, in: Irene Dingel (Hg.), Nikolaus von Amsdorf (1483–1565) zwischen Reformation und Politik (LStRLO 9), Leipzig 2008, 217–236. Zum Einfluss von Flacius und Eberhard von der Thann um diese Zeit vgl. Gehrt, Konfessionspolitik (s. Anm. 13), 98–215 passim.

[17] Vgl. ThHStAW, EGA, Reg. Ll 839, Bl. 2r–3v. Rosinus an Herzog Johann Friedrich II., Weimar, 12. Januar 1561. Vgl. auch ThHStAW, EGA, Reg. Ll 839, Bl. 1r–v. Der Vorsteher des Gemeinen Kastens an Herzog Johann Friedrich II., Weimar, 7. Dezember 1560; Gustav Karl Heiland, Beiträge zur Geschichte des Gymnasiums zu Weimar, in: Jahresbericht über das Wilhelm-Ernestische Gymnasium zu Weimar von Ostern 1858 bis Ostern 1859 [...], Weimar 1859, 1–26, hier: 25f.

[18] Herzog Johann Friedrich II. und der Stadtrat förderten das Projekt mit 76 bzw. 120 Gulden. Vgl. »Das Güldene Buch« in: Stadtarchiv Weimar, HA I-28-2, hier: Bl. 10r, 11v. Vgl. auch die Chronik von Paul Wolf in: FB Gotha, Chart. A 666, Bl. 320v.

[19] Sie ist als Reinschrift überliefert, die im Zusammenhang mit der Visitation von 1570 angefertigt wurde. ThHStAW, EGA, Ii 55, Bl. 7r–21v. Abdruck in: Ludwig Weniger, Weimarische Schulordnung von 1562, in: Mitteilungen der Gesellschaft für deutsche Erziehungs- und Schulgeschichte 7 (1897), 172–187, hier: 177–187. Vgl. auch Heiland, Beiträge (s. Anm. 17), 15–19.

Rosinus war zweifelsohne ein Organisationstalent wie auch ein besonders kompetenter schulischer und kirchlicher Aufseher, Prediger, Seelsorger und kirchenpolitischer Berater.[20] Im Vergleich zu den ungegliederten und teilweise diffus aufgebauten Instruktionen für die Generalvisitationen 1554 und 1569 heben sich die fein strukturierten Berichte wie auch die ordnende Hand und das systematische Vorgehen des neuen Superintendenten hervor. Das hohe Ansehen, das Rosinus sich bei den ernestinischen Herzögen, bei seinen Pfarrern, beim Stadtrat und bei seiner Gemeinde erwarb, schlägt sich auch in seiner Biographie nieder. Bezeichnend dafür sind die Umstände seiner Entlassung 1562. In diesem Jahr hatte Herzog Johann Friedrich II. von sämtlichen Landesgeistlichen in einer Visitation gefordert, die vom Jenaer Theologieprofessor Victorin Strigel verfasste Erklärung zum Streit um die Willensfreiheit, die sogenannte *Declaratio Victorini*, zu unterschreiben.[21] Rosinus weigerte sich und mobilisierte so großen Widerstand in seiner Superintendentur, dass die überwiegende Mehrheit der Pfarrer seinem Beispiel folgen konnte, ohne zunächst schwerwiegende Konsequenzen fürchten zu müssen. Als disziplinierende Maßnahme ließ der Herzog Rosinus von dessen Amt als Superintendent entheben, wollte ihn aber trotzdem als Pfarrer behalten. Rosinus ging keine Kompromisse ein und verließ die Residenzstadt umgehend. Er gehörte somit zu den rund 40 ernestinischen Theologen, die infolge interner Konflikte an der Universität Jena und der Landeskirche zwischen 1561 und 1563 entlassen wurden.

Als Pfarrer und Superintendent in Waldenburg in der benachbarten Herrschaft Schönburg wurde er zum Sprachrohr dieser und anderer als »Flacianer« entlassener Prediger, die Aufnahme vor allem in den Herrschaften Reuß und Schönburg gefunden hatten.[22] Die jeweils im Namen der entlassenen Prediger veröffentlichten Schriften *Warhafftiger vnnd Gründtlicher Summarien*

---

20 Vgl. Herrmann, Sippe (s. Anm. 6), 31 f.

21 Vgl. Gehrt, Konfessionspolitik (s. Anm. 13), 217–246; Ders., Strategien (s. Anm. 15).

22 Zu seiner Tätigkeit in Waldenburg vgl. Otto Meusel, Die Reußische oder Reußisch-Schönburgische Konfession von 1567, in: BSKG 14 (1899), 149–187; Stefan Michel, 800 Jahre Christentum im Greizer Land. Einblicke in die reußische Kirchengeschichte, hrsg. von der Superintendentur Greiz, Greiz 2009, 36–38. Briefe und Dokumente in: Theodor Schön, Geschichte des Fürstlichen und Gräflichen Gesammthauses Schönburg, Bd. 7: Band des Urkundenbuches der Herren von Schönburg (1534–1566), 2. Tl.: Von der Uebernahme der Regierung durch Herrn Georg von Schönburg bis zum Tode des Herrn Hugo I. von Schönburg, Waldenburg [1906]; Bd. 8: Band des Urkundenbuches der Herren von Schönburg (1566–1610), 1. Tl.: (1566–1581) Vom Tode des Herrn Hugo I. von Schönburg bis zum Tode des Herrn Wolf II. von Schönburg, Waldenburg 1908.

*Bericht Etlicher Predicanten* von 1564, die sogenannte »reußisch-schönburgische Konfession« von 1567 und die *Responsio exulum Turingicorum* von 1567 entstanden unter der Federführung von Rosinus.[23]

Unter der Regierung Johann Wilhelms erhielten Rosinus 1567 und nach ihm viele andere Geistliche ihre ehemaligen Ämter in der ernestinischen Landeskirche zurück. Nach dem Tod des Herzogs 1573 setzte sich jedoch dessen politischer Rivale Kurfürst August von Sachsen als Vormund seiner Söhne durch. Da ernestinische Theologen seit einem Vierteljahrhundert immer wieder vehemente Kritik an Kursachsen geübt hatten, plante August einen tiefgreifenden Personalwechsel. Die Jenaer Professoren Johann Wigand und Tilemann Heshusius wurden als Erste ihrer Ämter enthoben. Durch ein Gebet in der Weimarer Stadtkirche versuchte Rosinus, Widerstand gegen dieses Vorgehen zu mobilisieren, und wurde ebenfalls entlassen.[24] Nicht zuletzt durch sein Vorbild und aus Solidarität waren weit mehr als 30 Pfarrer und Diakone in seiner Superintendentur nicht bereit, die neuen Bedingungen der vormundschaftlichen Regierung zu akzeptieren, und folgten ihrem Vorgesetzten ins Exil.

Vermutlich aufgrund dieser demonstrativen Kritik an der albertinischen Religionspolitik wurde nachträglich in der Matrikel der Philosophischen Fakultät Wittenberg die abwertende Zuschreibung »Flacianus insignis« neben dem Namen von Rosinus hinzugefügt.[25] Rosinus hatte zwar der streng lutherischen Partei im ernestinischen Territorium angehört, hielt sich aber im Unterschied zu mehreren anderen als »Flacianer« bezeichneten Theologen dieser Gruppe weitgehend aus der polemischen Publizistik heraus.

Rosinus folgte 1574 einer Berufung als Pfarrer und Superintendent nach Regensburg, wo er auch eine Schlüsselposition für die evangelischen Kirchen in Österreich innehatte. Jahrelang bemühten sich der Weimarer Stadtrat und insbesondere die verwitwete Herzogin Dorothea Susanna, zu deren engem Beraterkreis Rosinus nach wie vor gehörte,[26] vergeblich darum, ihren ehemaligen Pfarrer ein drittes Mal für die Residenzstadt an der Ilm zu gewinnen.

---

[23] VD16 W 734, VD16 M 5038, VD16 R 1191–1192.

[24] Vgl. Gehrt, Konfessionspolitik (s. Anm. 13), 436–450.

[25] Vgl. Köstlin, Die Baccalaurei (s. Anm. 7), 16. Zu dieser und ähnlichen Zuschreibungen im Verzeichnis vgl. Gehrt, Konfessionspolitik (s. Anm. 13), 390, Anm. 430.

[26] Vgl. Daniel Gehrt, Die religiöse Erziehung Herzog Friedrich Wilhelms von Sachsen-Weimar im Spiegel seiner Bibliothek, in: ZTG 67 (2013), 75–115, hier: 107; Ders., »ein zwiffaches scheinbarliches exsempel«. Herzogin Dorothea Susanna von Sachsen-Weimar zwischen Memoria und Selbstinszenierung bei der Prinzenerziehung, in: Ders. u. Vera von der Osten-Sacken (Hg.), Fürstinnen und Konfession. Beiträge hochadliger

Rosinus wirkte bis zu seinem Lebensende am 17. Dezember 1586 in der süddeutschen Reichsstadt.[27]

## 2. Die Visitation als Kommunikationsprozess

Von der besonderen Kompetenz des Rosinus zeugt geradezu paradigmatisch die Spezialvisitation, die er als erste Amtshandlung in Weimar durchführte. Er stand an der Spitze der größten Superintendentur im ernestinischen Territorium mit »etlich vnnd achzig Pfarrern vnd 132 dorffern«.[28] Um die ihm übertragenen Aufsichtsaufgaben effektiv wahrzunehmen, benötigte Rosinus Formen, Mittel und Wege, Informationen zu sammeln und zu vermitteln. Die Visitation diente dazu als wichtiger Kommunikationsprozess, bestand sie doch aus einer Vielzahl solcher wechselseitig aufeinander bezogenen Interaktionen zwischen Gliedern einer kirchlichen Hierarchie sowie zwischen Geistlichen und weltlicher Obrigkeit. Die einzelnen, sich über zehn Monate erstreckenden Vorgänge aus dem Jahr 1560 machen somit zugleich mehrere administrative Mechanismen und Strukturen der landeskirchlichen Verfassung sichtbar.[29]

---

Frauen zur Religionspolitik und Bekenntnisbildung (VIEG 104), Mainz 2015, 215–251, hier: 228–233.

[27] Abdruck einiger Briefe aus der Korrespondenz von Rosinus zu Buchdruck, -zensur, und -erwerb in Regensburg in: Karl Schottenloher, Das Regensburger Buchgewerbe im 15. und 16. Jahrhundert mit Akten und Druckverzeichnis (Veröffentlichungen der Gutenberg-Gesellschaft 14/19), Mainz 1920, 166 (Nr. 91); 166f (Nr. 92); 167f (Nr. 93); 172 (Nr. 100); 172f (Nr. 101).

[28] ThHStAW, EGA, Reg. Ll 840, Bl. 2r. Sämtliche Dokumente im Handschriftenband betreffen die von Rosinus erbetene Gehaltszulage von 30 Gulden, die der Weimarer Hof im Sommer 1560 bewilligte. Als Hauptargument dafür hatte Rosinus den enormen Aufwand für die Verwaltung der Superintendentur angeführt.

[29] Im Folgenden wird die Visitation anhand der Akten in ThHStAW, EGA, Reg. Ll 841 rekonstruiert. Ausführliche Angaben zu den einzelnen Schriftstücken befinden sich im Anhang Nr. 1. Zu den jüngeren Studien zu Visitationen und Kommunikationsprozessen zählen: Enno Bünz, »Die Kirche im Dorf lassen ... «. Formen der Kommunikation im spätmittelalterlichen Niederkirchenwesen, in: Werner Rösener (Hg.), Kommunikation in der ländlichen Gesellschaft (VMPIG 156), Göttingen 2000, 77–167; Katharina Frieb, Kirchenvisitation und Kommunikation. Die Akten zu den Visitationen in der Kuroberpfalz unter Ludwig VI. (1576–1586) (Schriftenreihe zur bayerischen Landesgeschichte 143), München 2006.

Von Michaelis 1559 bis Mitte März 1560 verschaffte sich Rosinus einen Überblick über die Verhältnisse in der Superintendentur, soweit ihm dies ohne Reisen außerhalb der Stadt Weimar möglich war.[30] Wie informierte er sich über die Verhältnisse auf dem Land? Zum einen erhielt er fast täglich Mitteilungen und Ersuchen von Pfarrern.[31] Zum anderen hatten ihm mehrere Personen Mängel – auch heimlich – anvertraut. Dementsprechend nannte Rosinus in dem neun Folio-Seiten umfassenden Bericht der allgemeinen Missstände, den er Herzog Johann Friedrich II. am 13. März 1560 zusandte, keine spezifischen Personen- und Ortsnamen. Rosinus gliederte diesen Bericht in fünf Teile. Unter der Rubrik »Vom Studiren vnd Leren der Pfarrer« führte er Versäumnisse der Pfarrer betreffend ihre Verpflichtung, sich selbst theologisch weiterzubilden, den Gemeindemitgliedern durch Predigten und Katechismusunterweisung Inhalte christlicher Lehre zu vermitteln und die Schulqualität zu sichern, an. Das Themenfeld »Von Kirchen Ceremonien vnnd andern mißbreuchenn« umfasst die liturgische Praxis sowie die Gestaltung des sakralen Raums und der Kirch- und Friedhöfe. Der dritte Punkt betrifft den Lebenswandel der Pfarrer, die Wahrnehmung ihrer Amtspflichten und die Rechtmäßigkeit ihrer Berufungen, während die Kompetenz und Berufung der Kirchner sowie die finanziellen Verhältnisse im Mittelpunkt des vierten Teils stehen. Zum Schluss kommen die Pfarrer in der Vermittlung durch Rosinus selbst mit ihren Beschwerden und Anliegen zu Wort. Bei der Erkundung der Verhältnisse stellte Rosinus fest, dass mehrere Anordnungen der jüngst vergangenen Visitation von 1554/55 nicht umgesetzt worden waren. Aus diesem Grund bat er den Herzog, zusammen mit einem Vertreter der weltlichen Verwaltung ›politica persona‹ eine »particularem Visitationem, vnd Localem Inquisitionem vorzunehmenn«.[32]

Die Antwort des Fürsten entstand in einem mehrstufigen Kommunikationsprozess mit seinen Räten. In Abwesenheit des Herzogs entwarf Kanzler Christian Brück zusammen mit anderen Juristen am Weimarer Hof Anordnungen für den Superintendenten, den Landadel und die Schösser, die auf den 24. März datiert waren.[33] Johann Friedrich II. nahm eigenhändige Ände-

---

30 Vgl. ThHStAW, EGA, Reg. Ll 841, Bl. 1r–6v. Zum Schluss des Berichts schrieb Rosinus: »Das seint die gebrech[en], so Jch von Michaelis an bis hierher Jm Hause erkundet vnd erfar[en]. Jst wol zudenck[en], das derselbig[en] viel mehr werdenn befunden werdenn, do man eigentlich hin vnd wider auswendig würdet Jnquirir[en]«. A.a.O. 6r.

31 Vgl. ThHStAW, EGA, Reg. Ll 841, Bl. 24r–25v.

32 ThHStAW, EGA, Reg. Ll 841, Bl. 1r.

33 A.a.O. Bl. 9r–23v.

rungen, Ergänzungen und Streichungen vor und sandte die Texte am 2. April vom Jagdschloss »Zur Fröhlichen Wiederkunft« aus über den Kammersekretär Johann Rudolf zurück, wobei er nach seiner Rückkehr noch einige Stellen mit dem Kanzler in Weimar besprechen wollte.[34] Großzügige Streichungen im Abschnitt über die Bannpraxis verraten, dass dieser durch die aktuellen Unruhen in Jena hochsensibel gewordene Punkt[35] zu den diskutierten Themen zählte. Die Resolution fand nach diesen schriftlichen wie mündlichen Verhandlungen zwischen dem Fürsten und seinen Räten am 7. April ihre Endfassung. Johann Friedrich II. genehmigte die Visitation, die er als Mittel zur vollständigen Vollstreckung der Anordnungen der jüngst durchgeführten Generalvisitation betrachtete, und übernahm dabei größtenteils die Empfehlungen, die Rosinus im allgemeinen Bericht formuliert hatte. Gleichzeitig erhielten der betroffene Landadel und die Schösser in Weimar, Roßla, Kapellendorf, Ringleben und Sachsenburg Befehle wegen der unten ausführlicher zu besprechenden Änderung der Altartische und der Entfernung von Bildern, Büchern, Kleidern und liturgischen Gegenständen, die als »papistisch« und somit als schädlich galten.

Eineinhalb Wochen später, am 18. April 1560, antwortete Rosinus auf die Resolution.[36] Dabei wollte er entgegen der Aufforderung des Herzogs die festgestellten Unzulänglichkeiten nicht sofort namentlich nennen, sondern die Pfarrer erst privat befragen und nur wenn wenig Hoffnung auf Besserung bestünde, dem Herzog spezifische Missstände mitteilen. Der hier zum Ausdruck kommende Wille, seine Pfarrer nicht voreilig zu denunzieren, sondern deren Vertrauen zu gewinnen und die Verbesserung der Lage zu fördern, erklärt vielleicht, warum er später dem Hof nicht das eigentliche Visitationsprotokoll, sondern ausschließlich die von ihm erstellten Visitationsartikel und mehrere Berichte schickte, in denen kein Pfarrer namentlich erwähnt wird.

Rosinus erstellte im Juni für Pfarrer an weiter von der Residenzstadt entfernten Orten zwei Zirkularschreiben gleichen Inhalts mit den Visitationsartikeln, die er auf der Grundlage der Resolution des Herzogs formuliert und in die Abschnitte *I. Doctrina, II. Ceremoniae, III. Vita* und *IIII. Communes Articuli* gegliedert hatte.[37] Die Pfarrer des Amts Roßla hatten das eine Schreiben und jene der Ämter Buttelstedt und Ringleben sowie der Vogteien Schwansee und

[34] A. a. O. Bl. 7r–v.

[35] Zum Bannstreit in Jena vgl. Gehrt, Konfessionspolitik (s. Anm. 13), 165–176.

[36] ThHStAW, EGA, Reg. Ll 841, Bl. 24r–25v.

[37] A. a. O. Bl. 26r–29v (Roßla), 30r–33v (Buttelstedt, Ringleben, Schwansee und Gebstedt).

Gebstedt das andere Schreiben eigenhändig zu unterzeichnen, nachdem sie diese zur Kenntnis genommen und abgeschrieben hatten. Neben den Artikeln teilte Rosinus seinen Pfarrern in den Schreiben die Zeiten – mittwochs und sonnabends früh – mit, zu denen sie persönlich mit ihm in Weimar über ihre Anliegen sprechen konnten. Außerdem benutzte der Superintendent die Schreiben, um in seinen Akten fehlende Informationen zum Amtsbeginn einzelner Pfarrer zu sammeln.

Am 25. Juli 1560 sandte Rosinus dem Herzog seinen vierteiligen Visitationsbericht zu.[38] Dem Begleitbrief ist zu entnehmen, dass er rund 80 Pfarrer ohne deren Diakone einzeln in Weimar anhand der Visitationsartikel befragt und die Gespräche protokolliert hatte.[39] Daraus gingen die Befunde der Visitation und die Vorschläge des Superintendenten im ersten Teil des Berichtes hervor, dessen Aufbau mit dem des allgemeinen Berichts vom 13. März übereinstimmt. Zudem hatte Rosinus jedem Pfarrer individuell die Visitationsartikel mündlich erläutert und entsprechende Anweisungen erteilt. Darüber hinaus sicherte er ab, dass alle über eine Kopie der Artikel verfügten, damit sie sich künftig im Fall von Versäumnissen nicht mit Unkenntnis entschuldigen konnten. Der dritte Teil des Berichts bestand aus einem Verzeichnis von einzelnen Änderungen insbesondere in Bezug auf die Kirchenausstattung, die Kirch- und Friedhöfe sowie die Schulen, die der Schösser kontrollieren sollte. Die Pfarrer profitierten von der Befragung insbesondere dadurch, dass Rosinus dem Hof auch ihre Anliegen und Beschwerden, die in den vierten Teil des Berichts reichlich eingeflossen sind, mitteilte. Das häufig nicht ausreichende oder unvollständig ausgezahlte Einkommen der Pfarrer sowie moralische Laxheit in der Gemeinde waren zentrale Themen. Deshalb erstellte Rosinus ein zum Bewidmungsbuch analoges Verzeichnis mit den Namen der Pfarrer und Kirchner, ihren Kompetenzen und ihrem jährlichen Einkommen. Es sollte künftig an der Amtsstelle der Weimarer Superintendentur verbleiben.[40] Die Aufbewahrung des Verzeichnisses vor Ort sollte die Verfügbarkeit dieser Informationen auch für seine Nachfolger gewährleisten. Der Zusendung der Visitationsberichte an den Hof folgte deren Archivierung. Das gespeicherte Wissen bildete ein wesentliches Instrument der Herrschaftsausübung und Verwaltung.

Rosinus hatte innerhalb kürzester Zeit ein flächendeckendes Kommunikationsnetz in seinem Inspektionskreis aufgebaut, so dass er die Visitation

[38] A.a.O. Bl. 34r–52v.

[39] Das Protokoll ist nicht überliefert.

[40] Das Verzeichnis ist nicht überliefert.

zentral von der Residenzstadt aus durchführen konnte. Er sammelte erste Informationen über den Zustand der Kirchen und Schulen, wie er schrieb, »Jm Hause«. Durch schriftliche Kommunikation wurde die Visitation in die Wege geleitet. Innerhalb des Beziehungsgefüges, das den Landesherrn, die Räte am Hof, die Amtsleute bzw. Schösser und die Pfarrer umfasste, hatte der Superintendent eine zentrale vermittelnde Funktion. Rosinus initiierte, koordinierte und führte die Visitation durch. Die Zirkularschreiben gingen bis an die Peripherien der Superintendentur, und die einzelnen Pfarrer reisten für die ausführliche mündliche Befragung nach Weimar. Eine Inspektion vor Ort nahmen in bestimmten Fällen später die Schösser vor.[41] Mit Blick auf die vielfältigen Amtstätigkeiten von Rosinus war eine derartige zentrale Koordination offenbar der effektivste Weg, die Visitation zu bewältigen. An diesem Beispiel lässt sich deutlich feststellen, dass eine Visitation keineswegs lediglich eine von oben nach unten verlaufende Durchsetzung von Normen beinhaltete, sondern vielmehr ein Kommunikationsprozess war, bei dem Bedingungen auf unterschiedlichen Ebenen ausgehandelt wurden. Für die ihm unterstellten Pfarrer agierte Rosinus gleichzeitig als Überprüfender und als Fürsprecher.

## 3. Bilder in sakralen Räumen

Der Quellenwert der beschriebenen Akten ist enorm, bieten sie doch tiefe Einblicke in die Kirchen- und Schulverhältnisse in der Stadt Weimar und auf dem umliegenden Land um 1560. Das detailreiche Bild, das aus den Dokumenten hervorgeht, ist jedoch nur eine Momentaufnahme einzelner Aspekte der historischen Wirklichkeit. Setzt man die Auskünfte des Visitators in Beziehung zu komplementären Quellen und zu langfristigen Prozessen, so wird dadurch die Aussagekraft der Akten erheblich gesteigert. Im Rahmen dieser Studie kann der Quellenwert des Handschriftenbandes zur Weimarer Spezialvisitation keineswegs erschöpfend erläutert werden. Deshalb beschränkt sie sich auf Querschnittsbetrachtungen zu zwei zentralen und eng miteinander verbundenen Themen: Bilder und Bücher.

---

[41] So stehen im Verzeichnis, das dem Schösser übergeben wurde, Vermerke wie »bedarf besichtigung« (Bl. 43r), »Cleinkromßdorff begert, das man seine Tafel sehen soll« (Bl. 43r).

Die theologische Haltung Luthers zu religiösen Bildern war bekanntlich ambivalent.[42] Lehnte er beispielsweise die mit dem Heiligenkult verbundene Bilderverehrung ab, so beförderte er im Einvernehmen mit der Cranachwerkstatt in Wittenberg die Verbildlichung theologischer Anschauungen, wie etwa in den vielfältigen Ausführungen des Motivs ›Gesetz und Gnade‹ in Gemälden und Holzschnitten sowie in der Illustrierung seiner Bibelübersetzung. Er verurteilte vehement die radikale und anarchische Ausräumung von Bildern als Form der Gottesverehrung. Vielmehr schätzte er die pädagogische und Andachtsfunktion der Bildwerke und befürwortete die gemäßigte und von der weltlichen Obrigkeit kontrollierte Abschaffung jener Bilder aus den sakralen Räumen, die das Heilsvertrauen der Menschen von Christus weglenkten. Für Luther war der Gebrauch der Bilder eine Frage der christlichen Freiheit. In diesem Kontext umfasst der Begriff ›Bilder‹ vielfältige Darstellungen religiöser Motive von gedruckten Illustrationen über Skulpturen, Altarretabeln und Epitaphien bis zu handelnden Bildern im Rahmen liturgischer Inszenierungen.

Die Abschaffung zahlloser Bilder aus lutherischen Kirchen infolge der Reformation ist kaum dokumentiert. So lässt sich zum Beispiel die Bemerkung des Amtmanns Andreß Gentzel im Begleitbrief zu einem achtseitigen Verzeichnis der 1560 entfernten altgläubigen Bücher, Kleider und Gegenstände aus den sechs Kirchen im Amt Sachsenburg, dass das »beste hiebeuor Jn Erster visitation hinweg komen« sei, heute nicht anhand von Quellen nachvollziehen.[43] Studien zu Ansichten der Theologen der ›zweiten Reihe‹ und zum Umgang mit Bildern in lutherischen Städten und Territorien in der

---

42 Vgl. Peter Blickle u.a. (Hg.), Macht und Ohnmacht der Bilder. Reformatorischer Bildersturm im Kontext der europäischen Geschichte (HZ.B 33), München 2002, bes. die Beiträge zur Reformation (99–304); Hans Freiherr von Campenhausen, Die Bilderfrage in der Reformation, in: ZKG 68 (1957), 96–128; Gudrun Litz, Art. Bild/Bildersturm/Bilderverehrung, in: Volker Leppin u. Gury Schneider-Ludorff (Hg.), Das Luther-Lexikon, Regensburg 2014, 113f; Gudrun Litz, Die reformatorische Bilderfrage in den schwäbischen Reichsstädten (SuR.NR 35), Tübingen 2007; Harmut Mai, Der Einfluß der Reformation auf Kirchenbau und kirchliche Kunst, in: Helmar Junghans (Hg.), Das Jahrhundert der Reformation in Sachsen, Leipzig [2]2005, 153–176, hier: 154–158; Bob Scribner (Hg.), Bilder und Bildersturm im Spätmittelalter und in der frühen Neuzeit (Wolfenbütteler Forschungen 46), Wiesbaden 1990.

43 ThHStAW, EGA, Reg. Ll 714, Bl. 1r–6v, hier: 1r. Der Amtmann von Sachsenburg, Andreß Gentzel, an Herzog Johann Friedrich II., o.O. 19. September 1560. Zur Abschaffung von Bildern in den ersten Jahrzehnten der Reformation vgl. Volker Leppin, Kirchenausstattungen in territorialen Kirchenordnungen bis 1548, in: Sabine Arend u. Gerald

zweiten und dritten Generation der Reformation sind ebenfalls selten.[44] Im Hinblick darauf erscheinen die Akten zur Weimarer Spezialvisitation besonders aufschlussreich.

Im Unterschied zu den frühen ernestinischen Visitationen nehmen Bilder 1560 einen gewichtigen Platz in den Akten ein. Dieses Phänomen ist auf Verordnungen zurückzuführen, die im Rahmen der vorhergehenden Generalvisitation erlassen wurden. Der Weimarer Hofprediger Johann Stoltz hatte bereits am 5. Mai 1554 in seinem Gutachten, das später als Grundlage für die Visitationsinstruktion diente, kritisch vermerkt: »Sonst findet man auch auf den dorffern auch zu Weymar abgottische bilder it[em] cibaria oder Sacramentheusslin vnd fahnen, die solte man billich weg thun«.[45] In der Instruktion lautete die entsprechende Anweisung: »Die pfarher [sollen] in ihren kirchen keine papistische oder abgottische bilder und gemelde leiden, sondern die mit wissen der superattendenten heraus thuen«.[46] Als »abgöttische päpstliche Bilder« galten alle Motive ohne biblische Fundierung.[47] Im Laufe der Visitation wurde auch die Beseitigung von Schreinen, Bildern und Retabeln von den Mensen angeordnet, so dass der Liturg hinter dem Altartisch mit dem Angesicht zur Gemeinde Brot und Wein konsekrieren konnte.[48]

---

Dörner (Hg.), Ordnungen für die Kirche – Wirkungen auf die Welt (SMHR 84), Tübingen 2015, 137–155.

44 Vgl. Litz, Bilderfrage (s. Anm. 42), 8. Auch das Phänomen der ›Bilderstürme‹ infolge der Kalvinisierung lutherischer Gebiete in der zweiten Hälfte des 16. und Anfang des 17. Jahrhunderts ist wenig erforscht. Vgl. Sergiusz Michalski, Das Phänomen Bildersturm. Versuch einer Übersicht, in: Scribner (Hg.), Bilder (s. Anm. 42), 69–124, hier: 111–114.

45 ThHStAW, EGA, Reg. Ii 2433, Bl. 2r–5v, hier: Bl. 4v. Gutachten von Johann Stoltz, Weimar, 5. Mai 1554. Das Gutachten wird referiert bei: Arno Heerdegen, Geschichte der allgemeinen Kirchenvisitation in den ernestinischen Landen im Jahre 1554/55. Nach Akten des Sachsen-Ernestinischen-Gesamt-Archivs in Weimar, in: ZVThG.B 6 (1914), 18–25.

46 Vgl. EKO 1/1, 225 (Nr. 15). Visitationsinstruktion vom 17. Juni 1554: »Zum neunden sollen die pfarher in ihren kirchen keine papistische oder abgottische bilder und gemelde leiden, sondern die mit wissen der superattendenten heraus thuen, ingleichens sollen es auch die superattendenten halten dormit dergleichen bilder und gemelde in iren kirchen auch nicht befunden«.

47 Vgl. ThHStAW, EGA, Reg. Ii 2614, Bl. 1r–4v, hier: Bl. 2r. Visitationsartikel von 1555 für den Stadtrat von Gotha.

48 Vgl. ThHStAW, EGA, Reg. Ii 23–26, Bl. 226v, 243v, 260v, 434r; Reg. Ii 2614, Bl. 2r. Vgl. dazu Heerdegen, Kirchenvisitation (s. Anm. 45), 109 f; Rudolf Herrmann, Die Generalvisitationen in den Ernestinischen Landen zur Zeit der Lehrstreitigkeiten des 16. Jahrhunderts (1554/55, 1562, 1569/70, 1573), in: ZVThG.NF 22 (1914), 75–156, hier: 105;

Diese Anordnung, die seit 1555 grundsätzlich für alle Kirchen galt,[49] beruhte auf einer Aussage Luthers in seiner 1526 erschienenen Schrift *Deutsche Messe und Ordnung des Gottesdiensts* und sollte dazu dienen, alle Assoziationen mit dem Messopfer der römisch-katholischen Kirche aufzuheben.[50] Zu seinen Lebzeiten hatte Luther die Umsetzung dieser Empfehlung nie forciert. Vor dem Hintergrund der innerlutherischen Kontroversen nach seinem Tod wurde die Neugestaltung der liturgischen Räume zum identitätsstiftenden Moment. Der Befehl stammte, so die Visitatoren, ursprünglich von dem ›geborenen Kurfürsten‹ Johann Friedrich I., der wenige Monate vor dem Beginn der Visitation gestorben war, und sollte zunächst in der Residenzstadt Weimar als Vorbild für das gesamte Territorium vollzogen werden.[51] Dementsprechend wurde das 1555 von Lucas Cranach d. J. vollendete Retabel zum Thema ›Gesetz und Gnade‹, das auch als Epitaph für Johann Friedrich I. und seine Gemahlin Sybille diente, mit einem gewissen Abstand hinter der Altarmensa in der Pfarrkirche St. Peter und Paul aufgestellt.

---

Ernst Koch, Die Beseitigung der »abgöttischen Bilder« und ihre Folgen im ernestinischen Thüringen, in: Hans-Jörg Nieden u. Marcel Nieden (Hg.), Praxis Pietatis. Beiträge zu Theologie und Frömmigkeit in der Frühen Neuzeit. Wolfgang Sommer zum 60. Geburtstag, Stuttgart 1999, 225–241, hier: 227 f.

49 Vgl. ThHStAW, EGA, Reg. Ii 26a, Bl. 1r–20, hier: Bl. 13v–14r. [Amsdorf, Schnepf, Stoltz, Brandenstein und Brück]: Visitationsartikel von 1555. »Zum zwai vnd zwanzigsten Sol Ein pfharher in seiner kirchen Bepstische vnd abgottische bilde vnd gemelde, noch die ubrigen vnnozen altar, dulden, Sondern dieselben mit wissen des Superattendenten heraus thuen vnd die ubrige altar zum nachtmal des Herrn vorordent also zurichten, das die priester mit den angesichten gegen dem volck gekart al ihr ampt vorricht[en] mogen, domit es nicht eines opffers, Sondern eines nachtmals ansehen habe«.

50 Vgl. WA 19, 44–113, hier: 80. Vgl. dazu Koch, Bilder (s. Anm. 48), 231.

51 Vgl. Michael Böhlitz, Der Weimarer Cranachaltar im Kontext von Religion und Geschichte: ein ernestinisches Denkmal der Reformation, in: Andreas Tacke (Hg.), Lucas Cranach 1553/2003. Wittenberger Tagungsbeiträge anlässlich des 450. Todesjahres Lucas Cranachs des Älteren (Schriften der Stiftung Luthergedenkstätten in Sachsen-Anhalt 7), Leipzig 2007, 277–298, hier: 284–286; ThHStAW, EGA, Reg. Ii 2487, 1r–8v, hier: 6v. Die Visitatoren an die Herzöge Johann Friedrich II., Johann Wilhelm und Johann Friedrich III., Weimar, 4. März 1555. »Weil auch allenthalben im Lande aus e. f. g. heren vatters etc. gotseligen beuelch, vnd sonst aus gutem grundt vnd vrsachen die altar in den kirchen dermaßen zuzuricht[en] vnd zwsezen beuolen, das der priester al sein kirchenampt gegen dem volck vorrichten moge, vnd aber iederman auff weimar ein muster vnd furbildt doran zunemen, sihet, So ist vnsser vnderthenig bit E. f. G. wollens auch alhie alsso vorordenen lassen«.

Solche Veränderungen, die zum besonderen Merkmal der ernestinischen Kirchen wurden, gehörten zu den unbeliebten Maßnahmen der konfessionellen Abgrenzungspolitik der Landesherren.[52] Die Vollstreckung hing weitgehend von individuellen Entscheidungen der Superintendenten ab, wobei persönliche Beziehungen der ernestinischen Theologen untereinander und Konfliktlinien zwischen ihnen eine wichtige Rolle spielten. In der Jenaer Pfarrkirche wurde der Altar erst anlässlich der feierlichen Eröffnung der Universität am 2. Februar 1558 abgebaut. Entgegen den Bestrebungen des Stadtrats, das Retabel wieder aufzustellen, forderten der Rechtsprofessor Basilius Monner, der Theologieprofessor Matthias Flacius und der Diakon Balthasar Winter Ende Oktober 1558 mit Bezug auf Nikolaus von Amsdorf und die anderen Visitatoren, den Flügelaltar endgültig aus der Pfarrkirche zu entfernen.[53] Laut ihrer Argumentation stärke das Retabel die »heimlichen Papisten« in der Gemeinde, die die Altarbilder innerlich anbeteten. Mache man diese Verordnung rückgängig, so handele man wie die »Adiaphoristen«, die abgeschaffte Zeremonien und Kultgegenstände wieder einführten. Der Vorwurf des »Adiaphorismus« bezog sich auf den Streit um unterschiedliche Reaktionen auf das Augsburger Interim und wurde von den ernestinischen Theologen insbesondere gegen ihre Kollegen in Kursachsen gerichtet. Bezeichnend für die damalige Konfliktlage in der Saalestadt war es, dass nicht der Jenaer Superintendent Andreas Hügel, der nach den Visitationsartikeln von 1555 dafür zuständig war, sich für die Entfernung des Flügelaltars einsetzte. Hügel befand sich zusammen mit den Theologieprofessoren Erhard Schnepf und Victorin Strigel nicht nur in diesem Punkt in einer Auseinandersetzung mit Amsdorf, Monner, Flacius und Winter. Infolge des Streits um polemische Formulierungen in der neuen territorialen Bekenntnisschrift, dem sogenannten »Konfutationsbuch«, wurden Strigel und Hügel 1559 von ihren Ämtern suspendiert.[54] Als dann Winter Superintendent wurde, kündigte er dem Weimarer Hof am 31. Oktober 1559, kurz nach seinem Amtsantritt, das Vorhaben an, die Änderung der Altäre in seinem gesamten Inspektionskreis durchführen zu lassen sowie »papistische« Gemälde, Bücher und liturgische Gewänder aus den Kirchen entfernen und verkaufen zu lassen. Der Herzog

---

52 Vgl. Koch, Bilder (s. Anm. 48), 230, 236f.

53 Vgl. ThHStAW, EGA, Reg. N 183, Bl. 45r–48v. Monner, Flacius und Winter an Herzog Johann Friedrich II., Jena, 24. Oktober 1558. Vgl. dazu Koch, Bilder (s. Anm. 48), 230.

54 Zu diesem Streit vgl. Gehrt, Konfessionspolitik (s. Anm. 13), bes. 129–137, 155–159.

übertrug dem Jenaer Schösser diese Aufgabe, der in den ersten Tagen des folgenden Jahres den entsprechenden Bericht erstattete.[55]

Rosinus, der ebenfalls Verbindungen zu Amsdorf und Flacius hatte und noch als Eisenacher Diakon in den Jenaer Altarstreit einbezogen worden war,[56] ging als neuer Superintendent in seinem Inspektionskreis ähnlich vor. Im Vorfeld der Spezialvisitation berichtete Rosinus: »Die Altaria seint an vielen örtern, vnd sonderlich wo die vom Adel zugebieten, noch nicht vorendert«.[57] Anschließend betonte er die Vorbildfunktion der Weimarer Pfarrkirche, kritisierte aber zugleich das Versäumnis des Fürsten, den Altar in der Kirche im Schloss Hornstein ebenfalls neu einzurichten. Mit Verweis auf letzteres Beispiel argumentierten einige gegen die Ausführung dieser Anordnung in ihrer eigenen Kirche. Zudem empfahl Rosinus die Abschaffung der als »papistisch« bezeichneten Bilder, Gesprenge und Kirchengeräte sowie der Kriegstrophäen der Landadligen (»Kriegseule«) und anderer ikonografisch bedenklicher Ausstattungsstücke (»selzame bilder«). Danach sollten keine neuen Tafeln und Bilder ohne die Bewilligung des Pfarrers und Superintendenten in der Kirche aufgehängt werden.

Zusammen mit der Resolution für Rosinus wurden entsprechende Befehle an den Landadel sowie an die Schösser und Amtsleute ausgestellt. Mit Bezug auf die Pfarrkirchen in Weimar und Jena sowie auf die jüngste Aktion in der Superintendentur Jena forderte der Herzog die Adligen auf, die Altartische neu einrichten zu lassen. Die Schösser und Amtsleute erhielten die Anweisung, alle als »abgöttisch« erachteten Altarretabel, Bilder, Kleider und liturgischen Geräte aus den Kirchen zu entfernen. Entsprechende Verzeichnisse sind für die Ämter Roßla und Sachsenburg überliefert.[58] Letzteres

---

[55] Vgl. ThHStAW, EGA, Reg. Ll 432, Bl. 64r–65v, hier: Bl. 65r–v. Winter an Herzog Johann Friedrich II., Jena, 31. Oktober 1559; Bl. 66r–v. Herzog Johann Friedrich II. an Winter, Weimar, 1. November 1559; Bl. 69r–70v. Herzog Johann Friedrich II. an den Jenaer Schösser [Johann Grüner], Weimar, 1. November 1559; Bl. 71r–75v. Der Jenaer Schösser [Johann Grüner] an Herzog Johann Friedrich II., Jena, 4. Januar 1560. Nach Winter waren in seiner Superintendentur bis zu seinem Amtsantritt nur die Altäre in der Jenaer Pfarrkirche und in der Filialkirche Lichtenhain geändert worden. Vgl. dazu Koch, Bilder (s. Anm. 48), 233.

[56] Vgl. ThHStAW, EGA, Reg. N 183, Bl. 45r–48v, hier: Bl. 46v. Monner, Flacius und Winter an Herzog Johann Friedrich II., Jena, 24. Oktober 1558.

[57] ThHStAW, EGA, Reg. Ll 841, Bl. 3r.

[58] ThHStAW, EGA, Reg. Ll 667, Bl. 1v–3v. Der Schösser von Roßla, Stephan Zschirp, an Herzog Johann Friedrich II., o.O. 3. Mai 1560; Reg. Ll 714, Bl. 1r–6v. Der Amtmann von Sachsenburg, Andreß Gentzel, an Herzog Johann Friedrich II., o.O. 19. September 1560. Vgl. dazu Koch, Bilder (s. Anm. 48), 234.

zeigt, dass die entfernten Gegenstände an Privatpersonen oder die Gemeinde vor Ort sowie an einen Krämer und Goldschmied in der nahegelegenen schwarzburgischen Stadt Frankenhausen und an einen Buchführer in der albertinischen Stadt Sangerhausen verkauft wurden. Rosinus hatte mehrere Pergamentbücher mit nach Weimar gebracht, um sie – vermutlich als Makulatur für neue Einbände – direkt gegen Bände der Jenaer Lutherausgabe zu tauschen.

Die massenhafte Entfernung von Bildern aus den Kirchenräumen bewegte die Zeitgenossen. So berichtete der Pfarrer von Oßmannstedt und Freund von Flacius, Joachim Magdeburgius, dem Hamburger Theologen Joachim Westphal im Juni 1560 von den Änderungen in einem zustimmenden Tonfall.[59] 60 Jahre später fand dieses Ereignis Niederschlag in einer Weimarer Chronik von Paul Wolf, dessen Vater Johannes Wolf, damaliger Rektor der Lateinschule, Zeitzeuge des Geschehens gewesen war.[60]

---

59 Magdeburg an Westphal, Oßmannstedt, 13. Juni 1560. Abdruck in: Briefsammlung des Hamburgischen Superintendenten Joachim Westphal aus den Jahren 1530 bis 1575, bearb. von KARL HIERONYMUS WILHELM SILLEM, 2. Abteilung: Briefe aus den Jahren 1559 bis 1575 nebst Anhang und einem Faksimile, Hamburg 1903, 424–426 (Nr. 214), hier: 424 f: »Nos ut protinus aegre faciamus papistis, omnes denique reliquias papatus ex nostris templis exturbamus. Altaria destruximus ac mutavimus, ita ut nunc versa facie ad populum Sacramentum Coenae administremus. Idolatricas et superstitiosas papisticas imagines et picturas, quae sub papatu in magno fuerunt abusu in templis nostris, abolemus et illas solummodo retinemus, quae scripturae sacrae Historias continent. Ornamenta templorum et vestes sacerdotales, quae supersunt adhuc a papatu et in nostris Ecclesiis usu carent, vendimus, et pro illorum pretio Biblia sacra et utrosque Lutheri Tomos, latinos videlicet et germanicos, ecclesiis nostris comparamus«.

60 FB Gotha, Chart. A 666, Bl. 311r–330v. Für das Jahr 1560 erwähnte er: »Die Altaren Weimarischer Herschafft wurden also gemacht, das die pfarrheren hinter dem Altar stehen können, vnd ihr angesicht zum Volck keren; Tafel vnd bilder blieben« (Bl. 320r). Bezug auf diese Änderungen nahm Wolf ebenfalls für das Jahr 1597, an welcher Stelle es heißt: »Ließ Hertzogs Iohans zu Sachsen Hoffprediger M. Abraham Lang Christlichen Lutherischen Gegenbericht außgehen, wieder die in Furstenthumb Anhalt eingefhurte falsche Caluinische lhere, vnd bildsturmerey, vnd weil die in Furstenthum Weimar A. 1560 beschehene Enderung der Altarn (uide supra d. annu[m]) zum behelff angezogen von Caluinisten, ist daruff von der Theologischen Facultet zu Jena in der Vorrede geantwortet« (Bl. 327r). Es handelt sich hier um: ABRAHAM LANGE, Christlicher/Lutherischer Gegenbericht/Avff der Anhaldischen Caluinisten außgesprengete/vngegründete vnd vnchristliche Verantwortung der im Fürstenthumb Anhaldt eingeführten Caluinischen Lehre vnd geübten Bilderstürmerey [...], Leipzig: Zacharias Bärwald und Johann Börner, 1597 (VD16 ZV 9387).

Als dritten Teil seines Berichts vom 25. Juli 1560 schickte Rosinus dem Herzog eine Kopie des Verzeichnisses, das er dem Schösser in Weimar übergeben hatte. Daraus geht hervor, dass die Altäre fast überall in der Superintendentur vorschriftsmäßig eingerichtet waren.[61] Rosinus führte lediglich 16 Kirchen an, in denen diese Anordnung noch nicht umgesetzt worden war.[62] Darunter waren zwei Dörfer, die zwar im Weimarer Inspektionskreis lagen, aber zur Stadt Erfurt gehörten. In diesen Fällen konnte der herzoglichen Anordnung aufgrund der Überschneidung von kirchlichen und politischen Sphären erfolgreich entgegengetreten werden.

Es folgte kein genereller Befehl, um diese Maßnahme in den übrigen Teilen des Territoriums durchzuführen.[63] Vielmehr hing die Ausführung stets vom Engagement des Superintendenten ab. Die Parteibildung bei den theologischen Kontroversen unter den ernestinischen Theologen scheint den Vollzug dieser Änderungen dort katalysiert zu haben, wo sich die Superintendenten auf der Seite von Amsdorf und Flacius positionierten. Dies würde zum Teil erklären, warum im Sommer 1560 die Altäre auch in den Superintendenturen Altenburg und Gotha unter Alexius Bresnitzer und Petrus Eggerdes flächendeckend geändert wurden.[64]

Rückblickend ist festzuhalten, dass diese Welle tiefgreifender Änderungen der Innenausstattung der Kirchen von der Initiative einzelner, miteinander verbundener Superintendenten ausging. Diese Manifestation bilderkritischer Momente bewegte sich im Grenzbereich zwischen lutherischer und reformierter Konfessionskultur. So verwiesen 40 Jahre später Verteidiger des ›Bildersturms‹ im reformiert gewordenen Fürstentum Anhalt auf die massenhafte Entfernung von Bildern in den lutherischen Kirchen des ernestinischen Territoriums.[65] Wurde die Umgestaltung der Altartische

---

61 Vgl. ThHStAW, EGA, Reg. Ll 841, Bl. 44v.

62 Vgl. a.a.O. Bl. 43r. Genannt werden Ramsla, Großmölsen, Teutleben, Thalborn, Dielsdorf, Gutmannshausen, Ringleben, Mittelhausen, Riethnordhausen, Obernissa, Alperstedt, Kralwitz, Tannroda, Saufeld (heute Thangelstedt), Eckstedt und Heusdorf. Alperstedt und Obernissa gehörten zur Stadt Erfurt.

63 Dies bezeugen überlieferte Visitationsartikel für die Superintendenturen Altenburg, Ronneburg und Neustadt an der Orla. Lediglich für Letztere wurde der Vollzug dieser Maßnahme erwähnt. Die Artikel befinden sich in: ThHStAW, EGA, Reg. N 516.

64 Vgl. KOCH, Bilder (s. Anm. 48), 233–235. Zu den Stellungnahmen von Bresnitzer und Eggerdes bei den internen Streitigkeiten vgl. AUGUST BECK, Johann Friedrich der Mittlere, Herzog zu Sachsen. Ein Beitrag zur Geschichte des 16. Jahrhunderts, Bd. 1, Weimar 1858, 336–355; GEHRT, Konfessionspolitik (s. Anm. 13), 166, 188 f, 199, 211, 223 f, 238.

65 Vgl. KOCH, Bilder (s. Anm. 48), 236 f.

mit Äußerungen des jungen Luther legitimiert, so hatte der Wittenberger Reformator selbst ein solches Vorgehen nie intensiv gefordert. Die Aktion ist vor allem durch die konfliktfördernde Autoritätskrise der Konfession nach dem Tod Luthers und die Bestrebungen der Ernestiner, ihre Landeskirche als Schutzraum des ›wahren Luthertums‹ zu profilieren, zu verstehen. Die Herzöge wollten sich äußerlich nicht nur dezidierter von der römisch-katholischen Kirche, sondern auch – um die polemische Sprache der Zeit zu verwenden – von den »Adiaphoristen« im benachbarten Kursachsen abgrenzen.

Schließlich lässt der Themenkomplex einige Beobachtungen zum Quellenwert der Akten zur Spezialvisitation der Superintendentur Weimar zu. Zum einen ergänzen die Dokumente Kenntnisse über den späten Vollzug einer Anordnung der vorhergehenden Generalvisitation. Diese Feststellung unterstreicht, dass Visitationsakten zwar außerordentlich dichte, aber dennoch zeitlich eingegrenzte Überlieferungen sind, die nur in Verbindung mit weiteren Quellen vielfältige langfristige Entwicklungen beleuchten können. Zum anderen zeigen die zusätzlich herangezogenen Dokumente, dass die Entfernung der Bilder und Kirchengeräte lediglich in der Superintendentur Weimar im Rahmen einer Visitation geschah, während in anderen Inspektionskreisen Superintendenten im Rahmen der Wahrnehmung ihrer permanenten Aufsichtsfunktion den Anstoß dazu gaben. Im Lichte dessen zeigen sich die Superintendenten als ständige Visitatoren, während sich die Spezialvisitationen als punktuell konzentrierte und systematische Ausübungen dieser Kompetenzen erweisen.

## 4. Bücher in den Händen der Pfarrer

1560 hing mit der Frage nach den zulässigen Bildern in sakralen Räumen unmittelbar jene nach der Präsenz und Funktion von Büchern in den Kirchen und im Besitz der Pfarrer zusammen, denn bereits bei der Entfernung der als bedenklich erachteten Gegenstände aus den Kirchen in der Superintendentur Jena schlugen Kirchenvorsteher den Verkauf der Bilder und liturgischen Geräte vor, um die jüngst vollendete Jenaer Gesamtausgabe von Luthers Werken zu erwerben. Welche Auskunft geben die Visitationsakten von 1560 und jene der vorhergehenden und nachfolgenden Jahrzehnte über die vorgesehene und real vorhandene Bücherausstattung der Pfarrer, über die Besitzverhältnisse und die intendierten Zwecke der Büchersammlungen?

Der klassische Prolog zum Thema Buchbesitz von Pfarrern im 16. Jahrhundert befasst sich unvermeidlich mit der dürftigen Überlieferungslage.[66] Bücherverzeichnisse von Pfarrern und Pfarrämtern sowie die Bücher selbst, die nachweislich zu einer entsprechenden Sammlung gehörten, sind in der Tat eine Seltenheit. In den Visitationsprotokollen wird die geringe oder gar fehlende Ausstattung von Büchern bemängelt. Nicht vergessen werden dürfen aber die wenigen Fälle, die das Vorhandensein beachtlicher Büchersammlungen im Besitz von einzelnen ernestinischen Pfarrern bezeugen. Das bekannteste Beispiel stellt die Bibliothek des Altenburger Pfarrers und Superintendenten Georg Spalatin dar.[67] In seinem eigenhändig erstellten Bücherverzeichnis führte Spalatin mehr als 1.500 Titel auf. In jüngster Zeit wurden die acht deutschen Bände der Jenaer Lutherausgabe identifiziert, die im Besitz des Saalfelder Pfarrers und Superintendenten Caspar Aquila waren.[68] Sie sind von besonderem Quellenwert, da fast jede Seite mit eigenhändigen Lesespuren reichlich versehen ist. Diese Bände repräsentieren sicherlich nur einen Bruchteil von Aquilas Gesamtbibliothek. Von der Bibliothek Stephan Reichs, der unter anderem als Pfarrer in seiner Heimatstadt Kahla tätig war, sind weder ein Verzeichnis noch Bücher mit dieser Provenienz bekannt. Dennoch ist aus den vielen, von ihm eigenhändig angelegten

---

66 Vgl. zum Beispiel die Einleitung in: Frank-Joachim Stewing, Buchbesitz der Landgeistlichkeit in Thüringen im 16. Jahrhundert. Das Beispiel Simon Hartung, gestorben 1563 als evangelischer Pfarrer von Kapellendorf, in: Helge Wittmann (Hg.), Die Kirche von Kapellendorf. Studien zu Geschichte und Architektur einer ländlichen Pfarr- und Klosterkirche, Petersberg 2003, 83–111.

67 Das Bücherverzeichnis befindet sich in: FB Gotha, Chart. B 24. Vgl. dazu: Hendrikje Carius, Die Bibliotheca Spalatini als humanistisch-reformatorische Gelehrtenbibliothek, in: Enno Bünz, Thomas Fuchs u. Stefan Rhein (Hg.), Buch und Reformation. Beiträge zur Buch- und Bibliotheksgeschichte Mitteldeutschlands im 16. Jahrhundert, Leipzig 2014, 87–123; Dies., Die Privatbibliothek des Georg Spalatin, in: Hans Joachim Kessler u. Jutta Penndorf (Hg.), Spalatin in Altenburg. Eine Stadt plant ihre Ausstellung, Halle 2012, 80–94; Dies., Spalatin als Büchersammler, in: Armin Kohnle, Christina Meckelnborg u. Uwe Schirmer (Hg.), Georg Spalatin. Steuermann der Reformation, Halle 2014, 137–143; Ernst Hildebrandt, Die kurfürstliche Schloß- und Universitätsbibliothek zu Wittenberg 1512–1547, in: Zeitschrift für Buchkunde 2 (1925), 34–42, 109–129, 157–188, hier: 112–114; Christina Meckelnborg u. Anne-Beate Riecke, Georg Spalatins »Chronik der Sachsen und Thüringer«. Ein historiographisches Großprojekt der Frühen Neuzeit (Schriften des Thüringischen Hauptstaatsarchivs Weimar 4), Köln/Wien/Weimar 2011, 42, 195, 197, 287, 292–295, 518, 531, 541–546, 589.

68 Vgl. Stefan Michel, Eine gründliche Lutherlektüre. Caspar Aquila (1488–1560), in: Gehrt/Salatowsky (Hg.), Aus erster Hand (s. Amn. 6), 8f (Nr. 4).

Abschriftensammlungen mit zahlreichen Auszügen aus verschiedenen Drucken zu schließen, dass er eine äußerst umfangreiche Büchersammlung besaß.[69]

Zu den Privatbibliotheken ernestinischer Dorfpfarrer Mitte des 16. Jahrhunderts sind zwei aufschlussreiche Verzeichnisse überliefert. Es handelt sich um Bücher im Besitz zweier Pfarrer in Kapellendorf, einer zur Superintendentur Weimar gehörenden Ortschaft. So war Simon Hartung dort von 1533 bis zu seinem Lebensende 1563 tätig.[70] Ein Teil seiner Bibliothek lässt sich anhand eines auf dem Vorderspiegel eines alten Druckes befindlichen Verzeichnisses von 18 Bänden mit insgesamt 30 Drucken rekonstruieren, die eine unbekannte Person am 10. Mai 1566 erwarb.[71] Aufgelistet sind ausschließlich theologische Schriften, insbesondere bibelexegetische Werke meist in lateinischer Sprache, die Hartung für seine Predigttätigkeit und theologische Weiterbildung zur Verfügung standen. Johannes Langepeter hatte den hochbetagten Hartung seit 1555 als Diakon unterstützt und wurde 1563 dessen Nachfolger im Pfarramt.[72] In der Visitation von 1569 erstellte Langepeter aus eigener Initiative eine Liste von rund 80 Bänden mit weit mehr als 100 Drucken seiner Bibliothek, die in die Protokolle aufgenommen wurde.[73] Das Vorhandensein von Bibeln, Postillen und anderen Predigtsammlungen, Gebetsbüchern, Katechismen, Gesangbüchern und einer Agende

---

69 Besonders hervorzuheben sind eine Abschriftensammlung von knapp 30 Deklamationen, Vorreden und Trostschriften aus verschiedenen theologischen Büchern (FB Gotha, Chart. A 265) und eine andere Abschriftensammlung von mehr als 270 Texten, meist aus zeitgenössischen Drucken, über die Mitglieder der ernestinischen Dynastie, die seit der Reformation lebten und vor 1585 starben (FB Gotha, Chart. A 357). Zu Reichs Biographie und Werk vgl. Rudolf Herrmann, Magister Stephan Reich (Riccius), in: Reinhold Jauernig (Hg.), Luther in Thüringen. Gabe der Thüringer Kirche an das Thüringer Volk, Berlin 1952, 207–212; Ernst Koch, Magister Stephan Reich (Riccius). Sein Leben und seine Schriften (1512–1588), Meiningen 1886.

70 Zu seiner Biographie vgl. Stewing, Buchbesitz (s. Anm. 66), 105–111.

71 Vgl. dazu ebd. Das Verzeichnis befindet sich in einem Folio-Band mit einem Exemplar des Kommentars von Johannes Brenz zum Propheten Jesaja (VD16 B 7775) in: Historische Bibliothek der Stadt Rudolstadt, WbV 2 33.

72 Zu seiner Biographie vgl. Stewing, Buchbesitz (s. Anm. 66), 110f.

73 ThHStAW, EGA, Reg. Ii 53, Bl. 21r–24v. Siehe Anhang Nr. 4. Anhand dieses Bücherverzeichnisses versuchte Gerald Strauss – teilweise sehr frei spekulierend –, den geistigen Horizont eines idealtypischen Dorfpfarrers im ernestinischen Sachsen in der zweiten Hälfte des 16. Jahrhunderts zu erschließen. Gerald Strauss, The Mental World of a Saxon Pastor, in: Peter Newmann Brooks (Hg.), Reformation Principle and Practice. Essays in Honour of Arthur Geoffrey Dickens, London 1980, 157–170. Die Behauptung von Strauss,

macht deutlich, dass Langepeter die Sammlung als Instrumentarium für die praktische Ausübung seiner Amtstätigkeit als Prediger, Liturg und Seelsorger aufgebaut hatte. Hinzu kommen mehrere Bekenntnisschriften und eine Reihe von Schriften der polemischen Publizistik der innerlutherischen Lehrkontroversen. Entsprechend seiner Beurteilung in den Visitationsprotokollen 1569 – »ein vngelertter man, der gar wenig in latina lingua vorstehett, vnd in examine de doctrina sehr vbel bestanden« habe – sind die Bücher fast ausschließlich in deutscher Sprache.[74] Langepeter wurde entlassen, erhielt aber 1573 unter der Vormundschaft Kurfürst Augusts von Sachsen im Herzogtum Sachsen-Weimar die Pfarrämter in den benachbarten Dörfern Legefeld und Gelmeroda bei Weimar.[75]

Bücherbestände wurden spätestens seit Mitte der 1530er Jahre in den ernestinischen Visitationen überprüft. Das umfangreiche Verzeichnis der Bücher im Privatbesitz Langepeters stellt jedoch eine absolute Seltenheit dar. Trotz der dürftigen Quellenlage vermitteln verschiedene methodische Ansätze einige Kenntnisse über die Bücher, die den Pfarrern zur Verfügung standen. In ihrer Studie über Pfarrer im ernestinischen Kurfürstentum wirft Susan Karant-Nunn zum Beispiel einen Blick auf die Bücher vom Betbüchlein von 1522 bis zum Kleinen und Großen Katechismus von 1529, die Luther in erster Linie für Pfarrer bzw. für den Gottesdienst publiziert hatte.[76] Von zentraler Bedeutung ist der 1528 erschienene *Unterricht der Visitatoren*, über den jeder ernestinische Pfarrer zu verfügen hatte, denn er sollte im gesamten Territorium als Orientierung für die neue Lehre und Liturgie dienen.[77] Neben diesem druckgeschichtlichen Ansatz führt Herwarth von

---

dass solche privaten Bücherverzeichnisse häufig in den Visitationsprotokollen vorkommen (161), ist zu berichtigen.

[74] Vgl. ThHStAW, EGA, Reg. N 506, Bl. 31v (Zitat), Bl. 38v. Die Visitatoren standen Langepeter besonders kritisch gegenüber, da er 1567 die kirchenrechtlich zweifelhafte Entlassung des ehemaligen Weimarer Pfarrers und Superintendenten Christoph Helmricht zur Räumung der Stelle für Rosinus laut missbilligt hatte. Zu diesem Streit vgl. Gehrt, Konfessionspolitik (s. Anm. 13), 297–302.

[75] Vgl. ThHStAW, EGA, Reg. Ii 57, Bl. 91v–20r. Um wieder in ein Pfarramt zu gelangen, hatte Langepeter 1573 den Pfarrer in Großbringen bei Weimar, Bernhard Zülich, als Kritiker der kursächsischen Theologen denunziert. Vgl. den Bericht über die Entlassung in: FB Gotha, Chart. A 49, Bl. 249r–252v.

[76] Vgl. Susan C. Karant-Nunn, Luther's Pastors. The Reformation in the Ernestine Countryside (TAPhS 69,8), Philadelphia 1979, 27–30.

[77] Vgl. Heiko Jadatz, Mitteldeutsche Pfarr- und Kirchenbibliotheken im 16. Jahrhundert. Befunde in den Akten der evangelischen Kirchenvisitationen, in: Bünz, Fuchs u.

Schade in seinem Beitrag zum Einfluss der Reformation auf die Entwicklung des evangelischen Bibliothekswesens zahlreiche Ausschnitte aus Visitationsinstruktionen, -anordnungen und -artikeln zu verschiedenen Zeiten und Territorien an, um den idealtypischen Grundstock einer Pfarrbibliothek zu rekonstruieren.[78] Heiko Jadatz geht in seinem Aufsatz über mitteldeutsche Pfarr- und Kirchenbibliotheken im 16. Jahrhundert über solche normativen Dokumente hinaus und betrachtet auch die Befunde in den Visitationsprotokollen für den Leipziger Raum.

Welches Bild vermitteln die Visitationsakten von den Bücherbeständen vor Ort? In Antwort auf diese Frage plädiert Enno Bünz dafür, zwischen institutionsgebundenen Büchersammlungen und privaten Bibliotheken deutlich zu unterscheiden.[79] Handelt es sich um Bücher, die zum Pfarramt gehörten und zum Teil auch für die liturgische Praxis verwendet wurden, wie zum Beispiel Bibeln, Agenden und Chorbücher, oder um Bücher im Privatbesitz der Pfarrer? Diese Differenzierung wird im Visitationsprotokoll zu Kapellendorf durch den dortigen Pfarrer Johannes Langepeter 1569 durch drei Verzeichnisse idealtypisch vor Augen geführt. Das Beispiel macht zugleich sichtbar, welche Informationen in den Visitationsakten häufig fehlen. Langepeter listete zum einen 20 Bände auf, die entweder direkt zum Kircheninventar gehörten oder ihm als Pfarrer anvertraut worden waren.[80] In den übrigen Akten zur Generalvisitation sind solche Inventare lediglich vereinzelt für die Superintendentur Jena überliefert.[81] Anhand der von ihm geführten Kirchenbücher gab Langepeter zum anderen Statistiken zu Taufen, Trauungen und Sterbefällen sowie die Anzahl der Kommunikanten und der Kinder unter sieben Jahren an, die nicht zum Abendmahl zugelassen wurden.[82] Solche ausführlichen Mitteilungen aus den Kirchenbüchern sind ebenfalls rar. Studien zu verschiedenen Visitationen haben auch belegt, dass die Angaben in den

---

RHEIN (Hg.), Buch (s. Anm. 67), 277–286. Vgl. auch KARL PALLAS, Die Registraturen der Kirchenvisitationen im ehemals sächsischen Kurkreise, Allgemeiner Teil, Halle 1906, 36.

78 Vgl. HERWARTH VON SCHADE, Der Einfluß der Reformation auf die Entwicklung des evangelischen Bibliothekswesens, in: HERBERT G. GÖPFERT u.a. (Hg.), Beiträge zur Geschichte des Buchwesens im konfessionellen Zeitalter (Wolfenbütteler Schriften zur Geschichte des Buchwesens 11), Wiesbaden 1985, 147–177, bes. 160–169.

79 ENNO BÜNZ, Das Buch in den Händen von Geistlichen. Beobachtungen zum kirchlichen und klerikalen Buchbesitz (12.–16. Jahrhundert), in: DERS., FUCHS u. RHEIN (Hg.), Buch (s. Anm. 67), 39–68, bes. 54–62.

80 Siehe Anhang Nr. 2.

81 Vgl. ThHStAW, EGA, Reg. Ii 421–II und Reg. Ii 54.

82 Siehe Anhang Nr. 3.

Protokollen zum Vorhandensein solcher Register im Pfarrinventar zum Teil beliebig sind.[83] Schließlich erstellte Langepeter ein Verzeichnis der eigenen Bücher, die er im Laufe seiner geistlichen Amtszeit erworben hatte.[84] Dass einige Titel, darunter Postillen, Bände der Lutherausgabe und eine Agende, auch im Pfarramt vorhanden waren, unterstreicht die Unabhängigkeit beider Sammlungen voneinander. In den ernestinischen Visitationsprotokollen des 16. Jahrhunderts findet sich keine weitere, ähnlich detaillierte Überlieferung von Büchern im Privatbesitz eines Pfarrers. Wahrscheinlich verfügten viele andere Dorfpfarrer damals über eine gut ausgestattete Bibliothek, deren Existenz im Dunklen liegt. Darüber hinaus finden sich in den Visitationsakten äußerst selten Hinweise auf vorhandene Aufzeichnungen und Mitschriften aus der Schul- und Universitätszeit sowie auf andere relevante Handschriften in den Privatbibliotheken der Pfarrer, die neben Drucken konsultiert werden konnten.[85] Keine Erwähnung in den ernestinischen Visitationsprotokollen finden schließlich die zentralen städtischen Bibliotheken für Kirche und Schule – Vorläufereinrichtungen von Ministerialbibliotheken –, die Martin Luther 1524 in seiner Schrift *An die Ratsherren aller Städte deutschen*

---

[83] Vgl. Uwe Czubatynski, Armaria Ecclesiae. Studien zur Geschichte des kirchlichen Bibliothekswesens (VEZA 6), Neustadt a. d. Aisch 1998, 72; Herbert Koch, Die Kirchenvisitation des Jahres 1582, in: ZVThG.NF 32 (1937), 41–66, hier: 60 f.

[84] Siehe Anhang Nr. 4.

[85] Johann Gerhard erwähnt jedoch in den von ihm geführten Protokollen zur Visitation in der Superintendentur Heldburg 1610/11 und im Herzogtum Sachsen-Coburg 1613, dass Handschriften, die zum Teil in den Studienzeiten entstanden waren, als Vorlagen für Predigten dienten. Vgl. Berbig, Visitationswerk (s. Anm. 5), 17. Die von Gerhard und seinem Sohn aufgebaute Bibliotheca Gerhardina bezeugt mit fast 150 Stücken den selbstverständlichen Platz von Vorlesungsmitschriften in Gelehrtenbibliotheken der Zeit. Vgl. Philipp Knüpffer, Wittenberger Disputationskultur. Johann Mattenberg (1550–1631), in: Gehrt u. Salatowsky (Hg.), Aus erster Hand (s. Anm. 6), 124 f (Nr. 62); sowie die Ergebnisse der Handschriftenerschließung in der HANS-Datenbank der Forschungsbibliothek Gotha unter der URL: http://hans.uni-erfurt.de/. Ein weiteres Beispiel für die Bedeutung von Handschriften für die Pfarrertätigkeit ist eine Anleitung zur Lektüre der prophetischen und apostolischen Bücher und zur Amplifikation der Predigten, die der Jenaer Theologieprofessor Victorin Strigel im Anschluss an die Visitation 1555 auf Bitte eines Pfarrers verfasste und die dann auch handschriftlich verbreitet wurde. Eine Abschrift befindet sich in: FB Gotha, Chart. B 162, Bl. 2r–79v. Vgl. dazu Daniel Gehrt, Die Harmonie der Theologie mit den *studia humanitatis*. Zur Rezeption der Wittenberger Bildungskonzeptionen in Jena am Beispiel der Pfarrerausbildung, in: Matthias Asche u. a. (Hg.), Die Leucorea zur Zeit des späten Melanchthon. Institutionen und Formen gelehrter Bildung um 1550 (LStRLO 26), Leipzig 2015, 263–312, hier: 306 f.

*Landes, daß sie christliche Schulen aufrichten und halten sollen*[86] und Johannes Bugenhagen in seinen Kirchenordnungen für die hanseatischen Städte Braunschweig 1528, Hamburg 1529 und Lübeck 1531 eingefordert hatten.[87]

Zwar wurde von den Pfarrern erwartet, über die notwendigen Bücher für ihre Amtstätigkeit privat zu verfügen,[88] doch beschränkten sich die Bezüge auf Bücher in Visitationsakten weitgehend auf jene in den Pfarrbibliotheken. Nur auf diesen Bereich konnte die weltliche Obrigkeit Einfluss nehmen, zumal auch häufig die persönlichen finanziellen Verhältnisse die Anschaffung von neuen Büchern nicht zuließen. Für das ernestinische Territorium finden sich vereinzelte Angaben zu Büchern in den Kircheninventaren bereits in den Protokollen aus den 1520er Jahren, aber erst im Zusammenhang mit der Generalvisitation in den frühen 1530er Jahren ist eine detaillierte Anordnung der für jede Kirche anzuschaffenden, einzubindenden und zu inventarisierenden Bücher überliefert. Letztere ist Teil der 1533 erstellten Visitationsartikel für die Gebiete Meißen und Vogtland.[89] Zum vorgesehenen Grundstock der Kirchenbibliotheken gehörten demnach eine lateinische Bibel und die deutsche Lutherübersetzung, Luthers Sonn- und Festtagspostillen, Melanchthons *Loci communes theologici*, der *Unterricht der Visitatoren*, Luthers *Großer* und *Kleiner Katechismus*, ein Gesangbuch, eine deutsche und lateinische Fassung der *Confessio Augustana*, Luthers deutsche Übersetzung des Psalters sowie die *Summarien* Veit Dietrichs über das Alte und Neue Testament. In den folgenden Generalvisitationen wurde diese Anordnung im Wesentlichen wiederholt, aber auch zum Teil geändert und entsprechend den Entwicklungen in der Bekenntnisbildung ergänzt.[90]

Vor diesem Hintergrund sind die Angaben zu Büchern in den Akten zur Weimarer Spezialvisitation besser einzuordnen. In der Beschreibung der Ausgangslage ging es zunächst um die Privatbibliothek der Pfarrer, denn als Argument für die fehlende Grundausstattung mit Büchern führte

---

86 Vgl. WA 15, 9–53, hier: 49–53.

87 Vgl. CZUBATYNSKI, Armaria (s. Anm. 83), 56.

88 So befahl Herzog Johann Friedrich II. am 23. Oktober 1551 allen Superintendenten darauf zu achten, dass die Ordinanden unter anderem eine eigene deutsche Bibel und Luthers Postille besitzen. Vgl. ThHStAW, EGA, Reg. Ii 2261, Bl. 6r–8v. Abdruck in: EKO 1/1, 61 f.

89 Vgl. ThHStAW, EGA, Reg. Ii 6, Bl. 293r–302v. Abdruck in: EKO 1/1, 187–195 (Nr. 8), hier: 194 f. Vgl. dazu KARANT-NUNN, Luther's Pastors (s. Anm. 76), 29 f.

90 Vgl. ThHStAW, EGA, Reg. Ii 23–26, Bl. 3r–21v. Visitationsinstruktion, Weimar, 17. Juni 1554. Abdruck in: EKO 1/1, 222–228 (Nr. 15), insbes. 225, 227. Vgl. auch ThHStAW, EGA, Reg. Ii 26a, Bl. 1r–20v, hier: Bl. 7v–8r. Visitationsartikel von 1555.

Rosinus das geringe Einkommen der Pfarrer an.[91] Rosinus berichtete, dass viele Pfarrer keine Bibel besäßen und noch weniger über eine Lutherausgabe verfügten. Nach der Auffassung von Rosinus sollte jeder Pfarrer mindestens die deutsche Bibel, die *Confessio Augustana*, deren *Apologie*, die *Schmalkaldischen Artikel*, das *Konfutationsbuch*, die neue Jenaer Ausgabe von Luthers Hauspostille[92] und einige der wichtigsten Bände der Jenaer Lutherausgabe besitzen.[93] Dabei ergänzte Rosinus die in der Visitationsinstruktion von 1554 vorgeschriebenen Bücher um Neuerscheinungen, die eine zentrale Rolle in der Konfessionspolitik der Ernestiner spielten: das 1559 publizierte und für die Geistlichen normativ gewordene *Konfutationsbuch*, die 1559 in Jena erschienene Ausgabe von Luthers Hauspostillen und die 1558 vollendete Jenaer Gesamtausgabe von Luthers Schriften, die Rosinus »als die reinesten vnnd besten Commentarios bibliorum« pries.[94]

Im Unterschied zu Rosinus bezogen sich die Beschlüsse des Herzogs bezüglich der Bücher ausschließlich auf die Pfarrbibliotheken. Nach seiner Resolution sollten nach und nach die deutsche Bibel, die *Confessio Augustana*, die *Schmalkaldischen Artikel*, die neue Hauspostille und die Bände der Lutherausgabe für die Pfarrämter angeschafft werden, wenn diese noch nicht vorhanden waren. Das *Konfutationsbuch* wurde in diesem Zusammenhang nicht erwähnt, da im Jahre zuvor an sämtliche Pfarreien Exemplare verteilt worden waren.[95] Bis auf die letzten beiden Titel war diese Anordnung ein Rekurs auf Bestimmungen der vorhergehenden Visitationen. Im Laufe der Visitation stellte Rosinus fest, dass zwölf Pfarrer in seiner Superintendentur aufgrund ihrer ärmlichen Verhältnisse keine Bücher besaßen.[96] Das entspricht

---

91 Vgl. ThHStAW, EGA, Reg. Ll 841, Bl. 2r–6v.

92 Martin Luther, Haußpostill vber die Sontags vnd der fürnemesten Feste Euangelien/durch das gantze Jar/von D. Martino Luthero seligen gepredigt/aus M. Georgen Rörers seligen geschriebenen Büchern [...] on alle Enderung/Abbruch/oder Zusatz/auffs new zugricht/vnd in Druck geben. [...], Jena: Erben Christian Rödingers, 1559 (VD16 L 4858).

93 Unerwähnt blieb der *Unterricht der Visitatoren*. 1554 war die überarbeitete Ausgabe von 1538 in Jena neu gedruckt und die Anschaffung des Buches jeder Gemeinde befohlen worden. Philipp Melanchthon, Vnterricht der Visitation/an die Pfarhern im Kurfürstenthum zu Sachsen/Durch Doct. Mart. Luth. corrigirt. M.D.XXXVIII., Jena: Christian Rödinger d.Ä., 1554 (VD16 M 2608). Vgl. EKO 1/1, 224, 227.

94 Vgl. ThHStAW, EGA, Reg. Ll 841, Bl. 2r.

95 Vgl. a.a.O. Bl. 12r. Rosinus nannte all diese Bücher in den Visitationsartikeln mit Ausnahme der *Confessio Augustana* und der *Schmalkaldischen Artikel*. Vgl. ThHStAW, EGA, Reg. Ll 841, Bl. 27r.

96 Vgl. a.a.O. Bl. 35r, 36r.

etwa 15 Prozent der Gesamtpfarrerschaft. Über die Bibliotheken der übrigen 85 Prozent der Pfarrer schwieg Rosinus. Er führte lediglich ergänzend an, dass ein Großteil die neue Jenaer Hauspostille, die Jenaer Lutherausgabe und die *Confessio Augustana* noch nicht besitze. Wo Mittel zu deren Erwerb in einzelnen Gemeinden bereits zur Verfügung standen, sei es durch Geldreserven in den Gemeindenkästen, sei es durch den Verkauf der Altarretabel und der überflüssigen Kelche und Leuchter, empfahl er stets, Bände der Jenaer Lutherausgabe zu erwerben.[97] In den Akten werden fast ausschließlich Mängel angegeben, die kaum allgemeine Rückschlüsse auf die Büchersammlungen der überwiegenden Mehrheit der Pfarrer ermöglichen. So fehlten die anzuschaffenden Neuerscheinungen auch dem Pfarrer von Kapellendorf, Simon Hartung,[98] obgleich bekannt ist, dass er ansonsten für seine Amtstätigkeit privat mit Büchern gut ausgestattet war. Die seltene Erwähnung von Büchern in den Protokollen der Generalvisitation von 1569/70 kann als indirektes Indiz dafür gelten, dass die Mehrheit über eine gewisse Ausstattung verfügte und dass mehrere, auch weniger gebildete Pfarrer wie Johannes Langepeter, sogar beachtliche Privatbestände besaßen.

Welche Interessen bewegten den Landesherren und die Superintendenten, die Büchersammlungen der Pfarrer und der Kirchen mitbestimmen und kontrollieren zu wollen? Zum einen bildeten die Bücher ein notwendiges Instrument für die theologischen Studien der Pfarrer und für die Ausarbeitung von Predigten. Zum anderen sollte die Verpflichtung, bestimmte Bekenntnisschriften zu lesen, die innere konfessionelle Konsolidierung fördern. Herzog Johann Friedrich II. hatte zum Beispiel das *Konfutationsbuch* unmittelbar nach der Drucklegung Anfang 1559 als territoriale Lehrnorm verbindlich gemacht, um klare theologische Linien auch innerhalb des Luthertums zu ziehen. Sämtliche Pfarrer erhielten Exemplare nicht zuletzt wegen der Verpflichtung, Abschnitte daraus von der Kanzel und an passenden Stellen in der Predigt vorzutragen. Auch dies hatte Rosinus 1560 überprüft und nannte sechs Pfarrer, die dieser Anordnung nicht nachkamen.[99] Der Pfarrer in Magdala berichtete, dass sein Vorgänger die Gemeinde gegen das Buch so aufgehetzt habe, dass die Lektüre zu heftigen Konflikten führen könnte. Der Pfarrer in Saufeld begründete sein Versäumnis mit dem schlichten Argument, dass er es für wichtiger halte, der Gemeinde Inhalte des Katechismus zu vermitteln. Einen Sonderfall stellt der Pfarrer von Buttstädt, Castulus

---

97 Vgl. a.a.O. Bl. 35r–v.

98 Vgl. a.a.O. Bl. 35v.

99 Vgl. a.a.O. Bl. 36r–v.

Stumpf, dar.[100] Stumpf hatte bereits im Februar 1559 durch ein Schreiben an den Landesherrn gegen das Buch protestiert.[101] Er kritisierte weniger dessen theologische Ausrichtung als die polemische Schärfe. Infolgedessen wurde Stumpf neben dem Jenaer Theologieprofessor Victorin Strigel und dem Jenaer Pfarrer und Superintendenten Andreas Hügel inhaftiert und auf der Festung Grimmenstein bei Gotha verhört. Keiner der drei konnte dabei umgestimmt werden, Stumpf durfte aber sein Pfarramt weiterhin wahrnehmen. Rosinus, der in diesem Streit klare Partei gegen Strigel einnahm,[102] berichtete, dass Stumpf das *Konfutationsbuch* nach wie vor ablehne und seine vermeintlich irrige Verteidigung der ›Synergia‹, d.h. die Mitwirkung des Menschen beim Seelenheil, auf der Kanzel fortsetze, und belegte ihn daraufhin mit einem entsprechenden Schweigegebot. Zur weiteren Belastung Stumpfs führte er an, dass dieser den Stadtrat veranlasst habe, verdächtige Schriften für die Bibliothek anzuschaffen, darunter ein Buch zum Streit um die Frage der Willensfreiheit, das *Corpus doctrinae*, das im Namen Kurfürst Augusts erschienen war, und ein Buch gegen die Theologen Matthias Flacius und Johann Wigand. Solche Kritiker am normativen Corpus der Bekenntnisschriften wurden stark unter Druck gesetzt, sich konform zu verhalten

Schließlich sollten Bücher der Vereinheitlichung von Lehre und Zeremonie dienen. Deshalb kritisierte Rosinus, dass einige Pfarrer die 1555 in Leipzig gedruckte Agende für ihre Gottesdienste verwendeten.[103] Nach dem Beschluss des Herzogs war für die Kirchen der Superintendentur Weimar ausschließlich die Erstausgabe der sogenannten ›Heinrichsagende‹

---

[100] Zu seiner Biographie vgl. Johann Carl Eduard Schwarz, M. Castulus Stumpf und das Weimarische Confutationsbuch, in: ZVThG (1854), 59–68, hier: 61f, 68.

[101] Vgl. ThHStAW, EGA, Reg. N 252, Bl. 64r–70v. Stumpf an Herzog Johann Friedrich II., Buttstädt, 26. Februar 1559. Abdruck in: Schwarz, Stumpf (s. Anm. 100), 64–67. Vgl. Gehrt, Konfessionspolitik (s. Anm. 13), 155–157, 220.

[102] Vgl. ThHStAW, EGA, Reg. N 359, Bl. 1r–6v, hier: Bl. 1r–v. Rosinus an Herzog Johann Friedrich II., Weimar, 14. Januar 1561.

[103] Vgl. ThHStAW, EGA, Reg. Ll 841, Bl. 3r. Agenda. Das ist/Kirchenordnung/wie sich die Pfarrherrn vnd Seelsorger in jren Ampten vnd diensten halten sollen/Für die Diener der Kirchen in Hertzog Heinrichen zu Sachsen V.G.H. Fürstenthumb gestellet. Auffs new gebessert mit etzlichen Collecten der Superintendenten etc., Leipzig: Georg Hantzsch, 1555 (VD16 A 746). Nach der Visitation führte Rosinus lediglich einen Pfarrer an, der noch eine andere Agende verwendete, und einen anderen, der sich eine eigene Liturgie zusammengestrickt hatte. Vgl. ThHStAW, EGA, Reg. Ll 841, Bl. 37v.

von 1539[104] verbindlich.[105] Im Vergleich der beiden Agenden ist besonders hervorzuheben, dass in der Leipziger Neuausgabe der Exorzismus beim Sakrament der Taufe fehlt. In der Urfassung der Agende lautete die entsprechende Anweisung: »Hie sol der Priester anfahen diese wort/Far aus du vnreiner Geist/gib raum dem heiligen Geist etc. wie das Taufbüchlin zu Wittemberg im druck ausgangen meldet [...]«.[106] Die Leipziger Ausgabe widersprach somit dem Konsens der führenden ernestinischen Theologen seit den frühen 1550er Jahren für die Beibehaltung des Taufexorzismus.[107] Auch der Konformität halber wurde die Anschaffung der neu aufgelegten Lutherpostille für sämtliche Pfarrer empfohlen, damit alle die gleichen Kirchenfeste beachteten.[108] Schließlich strebte Rosinus Einheitlichkeit in der Katechese an und verlangte, dass alle Pfarrer in seinem Inspektionskreis den Katechismus Luthers verwendeten. So untersagte er dem Pfarrer in Buttelstedt den Gebrauch der in Wittenberg und Leipzig neulich veröffentlichten Ausgabe des Katechismus des 1547 gestorbenen Erfurter Predigers Aegidius Mechler, da dieser seiner Ansicht nach an manchen Stellen falsche Lehren enthielt.[109] Dem Pfarrer von Buttstädt verbot er, den Katechismus des einstigen Eisenacher Pfarrers und Superintendenten Justus Menius von 1532 zu verwenden, allein mit der Begründung, dass dieser sonst nicht in der Superintendentur üblich sei.[110] Dahingegen war dieser Katechismus zur gleichen Zeit in seinem Entstehungsort Eisenach und in den umliegenden Dörfern im

---

104 VD16 A 742. Das Buch erlebte zwischen 1539 und 1558 mehrere Auflagen: 1540 in Erfurt (VD16 A 743) und Leipzig (VD16 A 744) sowie 1548 in Frankfurt an der Oder (VD16 A 745).

105 Der Herzog bezeichnete sie hier als die »Meißnische Agende«. Vgl. ThHStAW, EGA, Reg. Ll 841, Bl. 13r, 27r–v.

106 Kirchenordnunge zum anfang/fur die Pfarher in Hertzog Heinrichs zu Sachsen v.g.h. Fürstenthumb, Wittenberg: Hans Lufft, 1539 (VD16 A 742), Bl. 1v.

107 Vgl. dazu Gustav Lebrecht Schmidt, Justus Menius, der Reformator Thüringens. Nach archivalischen und anderen gleichzeitigen Quellen, Bd. 2, Gotha 1867, 110–126.

108 Vgl. ThHStAW, EGA, Reg. Ll 841, Bl. 4r.

109 Vgl. a.a.O. Bl. 37r. Der Katechismus erschien erstmals 1532. Aegidius Mechler, Eyne Eynfeltige form oder weise zu repetiren vnnd üben den Catechismu[m] mit de[n] kindern [...] Allthalben gericht auff de[n] Catechismu[m] D. M., Erfurt: Andreas Rauscher, 1532 (VD16 M 1770). Eine revidierte und ergänzte Ausgabe erschien 1558 in Wittenberg (VD16 M 1773) und 1559 in Leipzig (VD16 ZV 25123). Vgl. dazu Quellen zur Geschichte des Katechismus-Unterrichts. 2. Bd.: Mitteldeutsche Katechismen, 1. Abt.: Historisch-bibliographische Einleitung, hrsg. von Johann Michael Reu, Gütersloh 1911, 203–208.

110 Vgl. ThHStAW, EGA, Reg. Ll 841, Bl. 37r. Vgl. dazu Reu, Quellen (s. Anm. 109) 2/1, 45–48.

Gebrauch, wie auch die lokale Schulordnung von 1555 belegt. Wie bei der Änderung der Altäre waren die Ablehnung der in Leipzig gedruckten Agende, das Vortragen von Ausschnitten aus dem Konfutationsbuch und eventuell auch aus dem Katechismus des Menius, der nach langwierigen Streitigkeiten mit Amsdorf 1556 das Land verlassen hatte und nach Leipzig gegangen war, bewusste Mittel der innerkonfessionellen Abgrenzung gegenüber Kursachsen. Im Unterschied zur Visitation von 1554/55 kommt eine generelle Zensur von Büchern bestimmter theologischer Ausprägungen in den Akten von 1560 nicht vor.[111]

Stammt die aufschlussreichste Quelle zur Privatbibliothek eines ernestinischen Dorfpfarrers im 16. Jahrhundert aus einem Visitationsprotokoll, relativiert doch ihre Singularität die Aussagekraft dieser Quellengattung. Trotz deren Beliebigkeit und Einschränkungen gelten Visitationsakten häufig als wichtige Quellen zu den Kirchenbibliotheken. Bedenkt man die aus den Akten der Weimarer Spezialvisitation von 1560 hervorgehenden Erkenntnisse und all das, worüber Visitationsakten im Allgemeinen keine oder nur geringe Auskunft geben, dann liegt die Einschätzung nahe, dass bereits Anfang der zweiten Hälfte des 16. Jahrhunderts die Mehrheit der ernestinischen Pfarrer über die notwendigsten Bücher für ihre Amtstätigkeit verfügte.

## 5. Die Frage der Überlieferung

Wie lässt sich die Singularität der Akten zur Weimarer Spezialvisitation im Jahr 1560 erklären? Waren andere Superintendenten bei der Wahrnehmung ihrer Aufsichtsfunktionen weniger engagiert als Rosinus oder handelt es sich hier um einen besonderen Überlieferungsfall? Seit der Einrichtung des Amts Ende der 1520er Jahre gehörte es zu den Pflichten der Superintendenten, die Lehre und den Lebenswandel ihrer Pfarrer regelmäßig zu überprüfen und

[111] Vgl. zum Beispiel ThHStAW, EGA, Reg. Ii 26a, Bl. 1r–20, hier: Bl. 13v. [Amsdorf, Schnepf, Stoltz, Brandenstein und Brück]: Visitationsartikel von 1555. »Zum ein vnd zwanzigsten, do bey etzlicher pfharren schedtliche verfurische bucher als der Papisten, widderteuffer, Sacramentschwermer, Adiaphoristen, Jnterimisten, Osiandristen, doctor Georgj maiors (in denen ehr gelertt vnd gestritten hat, das gutte wergk zur selikait also nottig sein, das ohne gute wergke kein mensch selig werden konne vnd von anfang nihe selig worden sey) sampt andern dergleich[en] vorhanden, dieselbigen sollen aus dem Jnuentario weg gethan werden, vnd ob gleich etzliche pfharher vor sich solche bucher hetten, So sollen sie doch dieselbe fermeiden vnd vff der Canzel dem volck furzutragen sich enthalten«.

dem Hof Bericht zu erstatten.[112] Die Superintendenten sollten nach der Idealvorstellung als ständige Visitatoren der ihnen zugeordneten Bezirke fungieren. Der Weimarer Hofprediger Johann Stoltz beklagte jedoch beispielsweise im Vorfeld der 1554 begonnenen Visitation, dass es vielen Superintendenten nicht gelinge, die Pfarreien auf dem Land zu besuchen.[113] Laut den Visitationsinstruktionen von 1554 sollte dies beispielsweise in Form von unangemeldeten Besuchen bei den einzelnen Pfarrern erfolgen.[114] Sicherlich sind zahlreiche Akten einzelner Superintendenten über die ihnen unterstellten Pfarrer inzwischen nicht mehr vorhanden und weitere Informationen wurden zur Kenntnis genommen, aber nie aufgeschrieben. Die Berichte von Rosinus sind vor allem deshalb erhalten, weil er sie an den Hof schickte, wo sie archiviert wurden. Das eigentliche Protokoll der Visitation, das Rosinus in seinem Privatbesitz behielt oder im Pfarramt aufbewahren ließ, ist abhandengekommen. Dies ist wahrscheinlich das Schicksal vieler Zeugnisse von der Aufsichtstätigkeit der Superintendenten.

Funde aus jüngerer Zeit sind beispielhaft für die Mobilität solcher Akten.[115] Die 1577 eigenhändig geleisteten Unterschriften der Geistlichen und Schullehrer in der Grafschaft Henneberg unter der Konkordienformel befinden sich zum Beispiel in einem Sammelband, der laut handschriftlichem Eintrag einst im Besitz des damaligen Suhler Pfarrers und Beisitzers des hennebergischen Konsistoriums Petrus Streck war.[116] Die Handschrift taucht erst 1728 wieder auf, als sie der Superintendent von Wangenheim, Friedrich Wilhelm Zachariae, am 12. Februar 1728 dem Gothaer Kirchenrat und Bibliotheksdirektor Ernst Salomon Cyprian als Geschenk übergab. Sie kam in den Besitz der Herzoglichen Schlosskirche und gelangte dann in die Herzogliche Bibliothek Gotha.

---

112 Vgl. Joachim Bauer, Reformation und ernestinischer Territorialstaat in Thüringen, in: Jürgen John (Hg.), Kleinstaaten und Kultur in Thüringen vom 16. bis 20. Jahrhundert, Weimar/Köln/Wien 1994, 37–73, hier: 54; Ralf Thomas, Aufbau und Umgestaltung des Superintendentialsystems in der sächsischen Landeskirche bis 1815, in: HerChr (1975/76), 99–144, hier: 106 f.

113 Vgl. Heerdegen, Geschichte (s. Anm. 45), 20 f.

114 Vgl. EKO 1/1, 227.

115 Sie wurden erschlossen im Rahmen der von der Deutschen Forschungsgemeinschaft geförderten Projekte zur Katalogisierung der Reformationshandschriften und der Nachlässe von Johann und Johann Ernst Gerhard der Forschungsbibliothek Gotha. Erschließungsergebnisse sind in der HANS-Datenbank der Forschungsbibliothek Gotha online verfügbar unter der URL: http://hans.uni-erfurt.de.

116 FB Gotha, Chart. A 1361.

In einem anderen Sammelband wurden unter anderem die vom Superintendenten Nikolaus Selnecker eigenhändig aufgezeichneten Akten zur Visitation der Stadt Leipzig und des dazugehörigen Umlandes 1577 entdeckt.[117] Offenbar wurden diese Akten zunächst im Pfarramt an der Thomaskirche aufbewahrt, denn der Folioband enthält auch Dokumente von Selneckers Nachfolger Georg Weinrich. Dieser Band, den Weinrich in seine Privatbibliothek integrierte, gelangte später zusammen mit anderen Bänden dieser Provenienz in die Bibliotheca Gerhardina der Jenaer Theologieprofessoren Johann und Johann Ernst Gerhard, die Herzog Friedrich II. von Sachsen-Gotha-Altenburg 1678 für die Herzogliche Bibliothek auf Schloss Friedenstein erwarb.

Freilich wurden nicht alle Akten, die an den Hof gelangten, dauerhaft archiviert. Da zum Beispiel die zentralen Akten zu der höchst umstrittenen Sondervisitation im ernestinischen Territorium 1562 eine äußerst wichtige Rolle in der Konfessionspolitik der Herzöge Johann Friedrich II. und Johann Wilhelm spielten, kamen sie in die fürstlichen Privatbibliotheken und wanderten infolge der Erbteilungen von Weimar über Altenburg nach Gotha und entgingen somit der Forschung für Jahrhunderte.[118]

## 6. Anhänge

1. Beschreibung der Akten zur Spezialvisitation der Superintendentur Weimar 1560 in: ThHStAW, EGA, Reg. Ll 841.

1r–6v, 8r–v: Bartholomäus Rosinus an Herzog Johann Friedrich II., Weimar, 13. März 1560. Deutsch. Autograph mit Siegel.
(2r–6v): *Articulj etlicher gebrechenn vnd vnordenung So Jn der SuperJntendentz Weymar abzuschaff[en].*

*I. Vom Studiren vnd Leren der Pfarrer.*
1. *Librj et studia.*
2. *Liber confutationis.*
3. *Conciones.*

---

[117] FB Gotha, Chart. A 632. Die Dokumente wurden erstmals beschrieben bei: Johannes Hund, Moralische Missstände, in: Gehrt u. Salatowsky (Hg.), Aus erster Hand (s. Anm. 6), 174 f (Nr. 87).

[118] Vgl. dazu Gehrt, Strategien (s. Anm. 15).

4. *Catechism[us].*
5. *Neglige[n]tia.*
6. *Inspectio scholar[um].*

*II. Von Kirchen Ceremonien vnnd andern mißbreuchenn.*

1. *Agenda.*
2. *Altaria.*
3. *Cœna Dominj.*
4. *Cantiones.*
5. *picturœ.*
6. *Lumina.*
7. *Vestitus.*
8. *Pulsus campanar[um].*
9. *Festa.*
10. *Cœmiteria.*

*III. Von der Pfarrer leb[en] vnd wandel.*

1. *Vita.*
2. *Testimonia vocationis & confirmationis.*

*IIII. Gemeine articul.*

1. *Edituj.*
2. *Vocatio Edituor[um].*
3. *Fiscus.*
4. *Dilapidatio.*
5. *Querela pastor[um].*

*V. Die vornembste gemeine clage fast aller Pfarrer.*

1. *Executio Visitationis.*
2. *Disciplina ecclesiastica.*

7r–v: Herzog Johann Friedrich II. an den Kammersekretär Johann Rudolf, Zur Fröhlichen Wiederkunft, 2. April (*dinstags nach Judica*) 1560. Deutsch. Original von Schreiberhand mit Siegel.

9r–23v: Titel: *Resolution vff des Superintendenten zu Weimar vbergebene beschwerunge, Sonttags Letare 1560*. Anwesend bei der Erstellung des Entwurfes waren Kanzler [Christian Brück], Peter [Brem], [Stephan] Klödt,

[Eberhard von der] Thann, [Ruprecht] Trausch, Hans [Veit von Obernitz (?)] und [Johann] Luth[er].
(9r–20v): Herzog Johann Friedrich II.: Resolution an Bartholomäus Rosinus, Weimar, 7. April (*sonttags ~~Letare~~ Palmarum*) 1560. Ursprünglich auf den 24. März datiert. Deutsch. Entwurf mit einigen Änderungen und Ergänzungen von der Hand des Herzogs.
(20v–21r): Herzog Johann Friedrich II.: Befehl an die Ritterschaft in den Ämtern Weimar, Roßla, Sachsenburg, Kapellendorf und Ringleben, die Altartische neu einrichten zu lassen, [Weimar, 7. April 1560]. Deutsch. Entwurf.
(21v–23v): Herzog Johann Friedrich II.: Befehl an die Schösser in Weimar, Roßla, Kapellendorf, Ringleben und Sachsenburg, papistische und abgöttische Bilder, Bücher und Kleidung aus den Kirchen zu entfernen und die Altartische neu einzurichten, [Weimar, 7. April 1560]. Deutsch. Entwurf mit einigen Änderungen und Ergänzungen von der Hand des Herzogs.

24r–25v: Bartholomäus Rosinus an Herzog Johann Friedrich II., Weimar, 18. April 1560. Deutsch. Autograph.

26r–29v: Bartholomäus Rosinus: Visitationsartikel, Weimar, Juni 1560. Zirkularschreiben für die Pfarrer im Amt Roßla. Deutsch. Autograph.

*I. Doctrina.*
*II. Ceremoniæ.*
*III. Vita.*
*IIII. Communes Articulj.*

(28v): Eigenhändige Unterschriften.

| | |
|---|---|
| Niederroßla | *Balthasar Thomber* |
| Oberroßla | *Ionas Francus* |
| Apolda | *Cunradus Kestnerus* |
| Heusdorf | *Erasmus Hocker* |
| Fleck Sulza | *Johannes Baptista* |
| Bergsulza | *Theodericus Werbelius* |
| Mattstedt | *Johannes Stheynius* |
| Pfiffelbach | *Seuerus Stein* |
| Wickerstet | *Martinus Hylman* |
| Oßmannstedt | *Joachimus Magdeburgius* |
| Großkromsdorf | *Andreas Hammer* |

| | |
|---|---|
| Denstedt | *Martinus Hesse* |
| Schwabsdorf | *Heinricus Jocobi* |
| Tiefurt | *Jodocus Hornigk* |
| Heichelheim | *Heinricus Mylius* |
| Ramsla | *Paulus Regius* |
| Ottmannshausen | *Joannes Rost* |
| Neumark | *Gallus Burckhardi* |
| Ballstedt | *Christopherus Büler* |
| Hottelstedt | *Nicolaus Höpffner* |
| Schwerstedt | *Ieremias Discigerus* |
| Krautheim | *Joannis Klob* |
| Troistedt | *Guntherus Brecht* |

30r–33v: Bartholomäus Rosinus: Visitationsartikel, Weimar, Juni 1560. Zirkularschreiben für die Pfarrer in den Ämtern Buttelstedt und Ringleben und den Vogteien Schwansee und Gebstedt. Deutsch. Autograph. Mit 26r–29v wortgleich.

(32v): Eigenhändigen Unterschriften.

| | |
|---|---|
| Buttelstedt | *Conradus Thüringius* [Pfarrer] |
| | *Martinus Christianus* [Diakon] |
| Daasdorf | *Gregorius Höpffener* |
| Großbrembach | *Conradus Thyll*, 26. Juni |
| Kleinbrembach | *Volfgangus Schummanus*, 26. Juni |
| Rastenberg | *Hieronymus Rohr*, 10. Juli |
| Gebstedt | *Ioannes Titio*, 13. Juli |
| Reisdorf | *Ciriacus Nicolai* |
| Buttstädt | *Castulus Stumpf* [Pfarrer], 8. Juli |
| | *Nicolaus Hacus* [Diakon], 8. Juli |
| Wenigenbuttstädt | *Johan Fuchs*, 8. Juli |
| Rohrbach | *Michael Wust* |
| Guthmannshausen | *Thomas Gornerus*, 7. Juli |
| Hardisleben | *Christopherus Hoffmannus*, 10. Juli |
| Teutleben | *Paulus Reinecker*, 11. Juli |
| Olbersleben | *Panthaleen Danckloff*, 7. Juli |
| Vogelsberg | *Leonhardus Wigandus* |
| Sprötau | *Johannes Kalbitz* |
| Mannstedt | *Guilielmus Hohl* |

| | |
|---|---|
| Markvippach | *Vincentius Sicelius* |
| Vippachedelhausen | *Ionas Arnoldus*, 29. Juli |
| Großrudestedt | *Casparus Schiemell* [Pfarrer], 3. Juli |
| | *Petrus Neutwick* [Diakon], 3. Juli |
| Dielsdorf | *Johannes Moresfeldt* |
| Eckstedt | *Nicolaus Nentwick* |
| Großmölsen | *Ioannes Leo*, 7. Juli |
| Ringleben | *Philippus Fabritius* |
| Herbsleben | *Hinc non mittendu[m]* |
| Riethnordhausen | *Franciscus Medder* |
| Mittelhausen | *Simon Kiswetter* |
| Alperstedt | *Johann Zachrias* |

34r–52v: Bartholomäus Rosinus an Herzog Johann Friedrich II., Weimar, 25. Juli 1560. Deutsch. Autograph.
(35r–40r): *I. Vorzeichnus, wie es, der vbergebenen articul halben, Jn dieser SuperJntendentz ist befundenn.*

*Von Buchern.*
*Vom buch der Furstlich[en] Confutation.*
*Von vntzeitig[en] predigt[en] etc.*
*Von der Explication vnd Repetition des Catechismj.*
*Von Schulenn.*
*Von der Kirchen agenda.*
*Vom Nachtmal des Herrenn.*
*Von geistlichenn Geseng[en].*
*Von Lichtern.*
*Von Chorrock.*
*Vom geleut.*
*Von Festen.*
*Von altarn, Tafeln, vnnd Kirchhöff[en].*
*Vom leben vnd wandel der Pfarrer.*
*Von den Testimonijs Confirmationis.*

(40v–42v): *II. Vorzeichnus, wie es, vormoege Furstlicher Resolution, auff vbergebene articul, Jn dieser SuperJntendentz allenthalben ist geordenet worden, des abschrifft ein Jder Pfarrei bekomen, wirt auch Jtzund fast durchaus alß gehalt[en].* Visitationsartikel. Mit 26r–29v und 30r–33v wortgleich.

*I. Doctrina etc.*
*II. Ceremoniæ.*

*III. Vita.*

*IIII. Communes Articulj.*

(43r–44r): *III. Vorzeichnus, dem Schoesser vbergeben, was er auff entpfangenen Furstlich[en] beuelh, Jn der SuperJntendentz Weymar, noch hatt sollen endern vnd schaff[en].*

*Altaria.*

*Gemelde vnd Tafeln.*

*Kirchhœfe oder Gotesecker.*

*Gemeine Articul.*

(44v–51r): *IIII. Vorzeichnus, was beide hie Jn der Stadt weymar, vnd außwendig noch ferner zuordenenn.*

[Weimar].

*Was auswendig Jn dieser SuperJntendentz noch zuordenenn.*

*Von Buchernn.*

*Vom Buch der Confutation.*

*Von vorenderung der Pfarrer.*

*Von Schulen vnd Kirchnernn.*

*Von altarnn.*

*Von Kirchen*

*Von Lichtern vnd Chorrock.*

*Von Leuten.*

*Von Feiertagen.*

*Vom Einkomen vnd Rechnung des Kirchensteurs.*

2. [Johannes Langepeter]: Angaben zu den Büchern im Pfarramt Kapellendorf, Dezember 1569. ThHStAW, EGA, Reg. Ii 53, Bl. 8r–v.[119]

[8r] *Ann Büchern ist bey mir die Sechs Jhar vber Jnn die Kirchen verschafft vnd verordnett worden etc.*

*Die gantze deutsche Bibell Jn folio Jn einen theil zusam gebundenn*

*Die Summarien vber die gantze Bibell vom altten Schösser Heinrichen Anberd seeligenn der Kirchen bescheidenn vnd dem pfarher dieselbigen nach notturfft zugebrauchenn vberantwortt,*

*Die Neuwe Hauspostill fur altt pergamen Jn die Kirchenn verkauwt,* [VD16

[119] In diesem und im übernächsten Verzeichnis werden, wo möglich, die relevanten VD16-Nummern angegeben. Für die Identifizierung der Schriften danke ich herzlich meiner Kollegin in der Forschungsbibliothek Gotha, Franziska König.

L 4858]
*Das Neuwe testament Jnn quarto gebundenn*
*Die Agenda Eine Herzog Heinrichs Zu Sachssen* [VD16 A 742–748, ZV 200] *die andere Vitj Diettrichs* [VD16 A 637–649]
*Furstliche Sechsische Confutationes Anno 59 ausgangen* [VD16 S 1100–1101, ZV 13629]
*Cantica ueteris Ecclesiæ selecta daraus der schulmeister Jn der Kirchen mit den Knaben zusingenn pflegt,*

[8v] *Mehr ann büchern der Kirchen zustendigk*
*Partes quatuor uocum latinè.*
*Etliche deutsche psalm quatuor uocum so der schulmeister bey sich Jnn der schulen hatt.*
*Die acht deutschen Tomj Lutherj, So dis Jhar Jnn die kirchenn geordnett vnd dem pfarher dieweill man sie nicht wol bewaren kan vberantwortt etc.* [VD16 L 3323–3326, L 3330–3331, L 3335–3337, L 3347–3351, L 3353–3355, L 3361, L 3364, L 3367–3369, ZV 10102, ZV 10108, ZV 15919, ZV 21399, ZV 24168]

Im Zusammenhang mit der Visitation kamen zwei weitere Bände hinzu: [3v] *Dem Pfarrer vnd Capellan seindt zwey exemplaria corporis doctrinæ zugestellt, darumb sie ihre lere vndt leben richten, dieselbe auch Jn den Kirchen lassen sollen* [VD16 M 2898].[120]

3. [Johannes Langepeter]: Statistische Erhebungen aus den Einträgen in den Kirchenbüchern in Kapellendorf von 1563 bis 1569, Dezember 1569. ThHStAW, EGA, Reg. Ii 53, Bl. 10r–11r.

[10v] *149 Seindt die Sechs Jhar vber getaufft worden*
*j C vnd lxxviij* [=178] *personen Man vnd weib sindt Jn diesen Kirchspiell so zum Sacrament kommen*
*ij C vnd xxxij* [=232] *Kinder die vnder 1.2.3.4.5.6. vnd 7 Jharen sindt der noch keines zum hochwirdig[en] Sacrament des waren leibes vnd bluts Christi wegen Jhres altters kan zugelassenn werdenn*
*j C vnd xxviij* [=128] *gesellen vnd Jungfrauen so zum Sacrament kommen zugelassen werdenn vnd auch kommen*
*1462 personen von mann, weib, gesellen vnd Jungfrauen seindt Jnn Sechs Jharen weill ich pfarrherr alhier gewesen zum Sacrame[n]t gangen*

---

120 Vgl. dazu Gehrt, Konfessionspolitik (s. Anm. 13), 351 f, 355, 366 f.

*xlij* [=42] *bar seindt Jnn sechs Jharen Ehelich worden,*
[11r] *lix* [=59] *personen oder menschen seindt Sechs Jhar vber Jnn gott seliglichenn Jnn waren glauben vnd anruffung gottes vorschiedenn, fur die ich lebend vnd todt am Jungsten tag fur dem Richtstuell Jhesu Christi soll vnd will rechenschafft gebenn, Darzu dan mir gott der almechtige durch seine grundtlose barmhertzigkeitt seine gnade vnd Jnen sambt mir vnd andern Christgleubigen seelen ein frolich aufferstehung geben vnd verleih[en] wolle vmb Christi seines einigen Sons vnsers vnd aller gleubig[en] heilandes vnd seeligmachers. Amen. Amen. etc.*

4. Johannes Langepeter: Bücherverzeichnis, 1569. ThHStAW, EGA, Reg. Ii 53, Bl. 21r–24v.

[21r] *Vorzeichnus meiner Johan Langepeters die Zeitt zu Cappellendorff pfarhers eigener bucher, die ich die Zeit vber ich Jm ministerio gewesen gezeugett*

*Erstlich in folio*
1. *Die Bibell Deutsch Jnn zwey theill gebunden wittenbergischer Druck Anno 40 ausgangen* [VD16 B 2709]
2. *Den Josephum durch D. Caspar Hedion verdeutscht Anno lvj Ausgangenn* [VD16 J 974]
3. *Die Kirchenpostill Lutherj Jnn zwey theill gebundenn Anno liij ausgang[en]* [VD16 L 5617–5618]
4. *Hauspostill Lutheri Jn ein theil gebundenn Anno liij wittenberger ausgangen* [VD16 ZV 10065]
5. *Hauspostill Lutheri durch M. Rorarium vbersehen vnd zu Jhena gedruckt* [VD16 L 4868]
6. *Postillam Brentij deutsch anno Lxv ausgangenn* [VD16 B 7828]

[21v] *Mehr Jn Folio*
7. *Brentium vber die Acta Apostolorum Anno Liiij ausgangenn* [VD16 B 7694]
8. *Lutheri tischredenn* [VD16 L 6748 u. ö.]
9. *Die Ersten vier Tomi Lutheri.* [VD16 L 3323–3326, L 3335, L 3347–3349, L 3355, L 3364, ZV 10102, ZV 10108, ZV 24168] *Die andern sollen mit der zeitt auch darzukommen.*

*Jn quarto*
1. *Kirchenpostill Lutherj Anno xxij ausgangen Jnn zwey theill gebunden* [die früheste bekannte Ausgabe von 1527: VD16 L 5591–5593]

2. *Summarien Viti Dietrichs vber die gantze Bibell Anno xlij ausgang[en] Jn einen theil gebund[en]* [die früheste bekannte Ausgabe von 1545: VD16 D 1643]
3. *Etliche Tractatus Lutheri deutsch*
4. *Abermals Etliche des Lutheri vnd Philippi tractatus deutsch, vnder welchen die nouissima uerba Dauidis sein Jn ein theil zusam gebundenn*
5. *Das 5. 6. vnd 7. cap. Mathei gepredigt vnnd ausgelegt durch Lutherum sambt andern mehr nutzlich[en] tractaten Jn ein theil zusam gebundenn* [VD16 L 4755–4756]

[22r] *Mehr bucher Jn quarto*

6. *Das 15. Cap. der j Cor. durch Lutherum geprediget sambt andern mehr tractatibus Jnn ein theill zusam gebundenn* [VD16 L 4759–4763]
7. *Ettliche Lutheri Lateinische vnd deutsche sermones Anno xx ausgangenn*
8. *Etliche deutsche tractatus M. Petri Syluij wieder Lutherum vnd Andere geschrieb[en]*
9. *Dictionarium Petrj Dasypodij* [VD16 D 245 u.ö.]
10. *Agenda oder Kirchenordnung Jnn Herzog Heinrichs furstenthumb beuehlichen gewesen zu Leipzig Anno lv ausgangenn* [VD16 A 746]
11. *Etliche deutsche tractatus Ern Niclas von Amsdorff vnd Lutherj Jn ein theil zusam gebundenn*
12. *Ein tractatum Fursts Görgenn zu Anhaltt vom hochwirdigenn Sacrament des leibs vnd bluts Christi* [VD16 G 1333 u.ö.], *vnd etzliche trostliche gegenspruch Lutherj vnd Jllyrici wieder Osiandrum* [VD16 L 3476 u.ö.]
13. *Das 18. 19. vnd ein stuck des 20. Cap. Ioannis von dem leiden etc. Christi durch Lutherum ausgelegt Anno 28 vnd 29* [VD16 L 3637]

[22v] *Mehr Bucher Jn quarto*

14. *Ein tractatum Michaëlis Celij von der Kindertauff vnd was man sich zu trösten habe der Kinder so ohne tauffe sterben* [VD16 C 1857]
15. *ErJnnerung D. Wigandi et M. Mathei Judicis von den Adiaphoristischen vorfelschung[en] Jn dem grossen buch Actorum Synodiocorum etc.* [VD16 W 2703]
16. *Tractatus Andreæ Musculi wieder denn Eheteuffell* [VD16 M 7256 u.ö.]
17. *Etliche trostschriefftenn vnd predigenn Lutherj*
18. *Tractatus Nicolai ab Amsdorff von den funff furnemlichen vnd gewissen zeichen, so kurtz vor dem Jungsten tag geschehen sollen* [VD16 A 2361–2362], *Sambt seinem Newen Jahr, den grossen Hannsen Jn dieser weltt geschreckt* [VD16 A 2369–2372]

19. *Cantica, responsonia, so Jn der Kirchen Cappellendorff alweg de tempore gesung[en] werden*
20. *Der prophett Jonas durch Lutherum ausgelegt* [VD16 B 3903 u. ö.]
21. *Ein tractatus von den vier Monarcheien der weltt* [von Johannes Sleidanus: VD16 S 6665–6666]

[23r] *Mehr Bucher Jn quarto*

22. *Christliche vnd einfeltige erklerung der gnadenreich[en] historien des leiden vnd sterbens, aufferstehung vnd himelfart Christi gestellet durch M. Christophorum Vischer domals Hennebergischen SuperJntendent[en] vnd pfarhern* [VD16 V 1621, ZV 18599]
23. *Locos communes Philippi deutsch* [VD16 M 3626 u. ö.]
24. *Cathechismum Spangenbergi* [VD16 L 4354 u. ö.]
25. *Confession Schriefft ettlicher predicanten Jnn den herschafften Graitz, Geraw, Schonburg vnd anderen gestellet* [VD16 M 5038, ZV 10917, ZV 10919]
26. *Newe Confutation wieder des Victorinj declaration* [VD16 K 1986, S 1125]
27. *Annotationes Natalis Bedœ Doctoris Theologi Parisiensis in Jacobum Fabrum stapulensem et in Desijderium Erasmum etc.* [VD16 B 1416]
28. *De ueritate corporis et sanguinis Christi in Eucharistia per D. Ioan: Roffensem aduersus Ioannem Oecolampadium libri quinq[ue]* [VD16 O 332]
29. *Das Karnöffellspiell M. Cyriaci Spangenbergi* [VD16 S 7727–7730]

[23v] *Bucher In octauo gebundenn*

1. *Die gantze Bibell Deutsch Jn octauo Jn 4 theil gebund[en]*
2. *Locos Communes die altten durch Georgium Spalatinum verdeutscht* [VD16 M 3601–3612]
3. *Die Kirchen postill Jn drey theil gebunden* [VD16 L 5591 u. ö.]
4. *Justi Menij wiederlegung der wiederteuferisch[en] lehre sambt andern tractaten* [VD16 M 4603–4604]
5. *Postilla Coruini deutsch Jn vier theil gebundenn* [VD16 C 5356–5357, ZV 27960]
6. *Postilla Spangenbergj deutsch Jn drey theill gebunden* [VD16 S 7888 u. ö.]
7. *Psalterium sambt dem kleinen Catechismo deutsch*
8. *Kurtz Summarien vber alle epistel vnd E[van]g[e]lia* [eventuell von Andreas Pancratius: VD16 P 201 oder von Anton Corvinus: VD16 C 5348]
9. *Trostbuchlein den sterbenden nutzlich D. Pfeffingers* [VD16 P 2339 u. ö.]
10. *Postilla Hemmingi deutsch Jn zwey theill* [VD16 E 4601, ZV 23453]
11. *Postilla Huberini deutsch Jn zwey theill* [VD16 H 5394 u. ö.]
12. *Postilla Viti Dietrichs deutsch Jn zwey theil* [VD16 L 4832 u. ö.]

13. *Postilla Sarcerij deutsch drei theil gebunden* [VD16 E 4472, E 4594]
14. *Scleidanus deutsch Jnn zwey theil gebunden* [VD16 S 6690 u. ö.]
15. *Brandenburgische Kirchenordnung* [VD16 B 6955 u. ö.], *It[em] die Augspurgische Confession beneben der Apologi zusam gebunden* [VD16 C 4745 u. ö.]

[24r] *Mehr Bucher Jn Octauo*

16. *Das newe testament deutsch*
17. *Catechismus Joannes Spangenberi deutsch* [VD16 L 4354] *beneben der Margarita theologica deutsch* [VD16 S 7861 u. ö.]
18. *Schmalkaldischen Artickell anno 37 ausgang[en]* [VD16 L 3861 u. ö.], *beneben funff predigten Spangenberi sup[er] uerba: Jm anfang war das wortt etc.* [VD16 S 7568]
19. *Furstliche Sechsische Confutation anno 59 ausgang[en]* [VD16 S 1100–1101, ZV 13629]
20. *Lutheri Catechism[us] maior deutsch* [VD16 L 4336 u. ö.] *beneben M. Sebastianj Froschels Catechismi* [VD16 F 3089–3091]
21. *Das Newe testament deutsch*
22. *Gesangbuch sambt dem kleinen Catechismo deutsch* [von Martin Luther: VD16 L 5034 u. ö.]
23. *Hauptartickell des Christlich[en] glaubens* [von Martin Luther: VD16 L 4802 u. ö.] *sambt andern dreien nutzlichen buchern zusam gebundenn*
24. *Wunderzeichen Jobi Fincelij deutsch* [VD16 F 1103 u. ö.]
25. *Ein deutsch bettbuchlein sambt andern angehengt[en] deutschen Tractatibus*
26. *Trostbuchlein fur die sterbenden* [von Johann Odenbach: VD16 O 24 u. ö.] *vnd Seelen artzney Vrbanj Regij* [VD16 R 1889 u. ö.]
27. *Ein Bettbuchlein beneben dem Hoffteufel zusam gebundenn* [von Johann Chryseus: VD16 C 2489 u. ö.]
28. *Pandect Buchlein deutsch* [von Otto Brunfels: VD16 B 8542 u. ö.]
29. *Deutsch Kirchengeseng, beneben von den zeh[en] alten vnd der Concordien von Reichman zusam gebundenn*

[24v] *Mehr Bucher Jn octauo*

30. *Catechismus Lutheri neuer latinogermanicus* [VD16 L 5195], *beneben ein bettbuchlein*
31. *Der heilige kluge vnd gelarte teuffel wieder das erste gebott gottes* [von Andreas Fabricius: VD16 F 269–270]
32. *Das 6. Cap. Danielis ausgelegt durch Joannem Chrysœum* [VD16 C 2489 u. ö.]
33. *Zwo predigten D. Georg Maior vber das E[van]g[e]l[iu]m Joan: j. Jm anfang war etc.* [VD16 M 2214]

34. *Der Steg vnd weg zum Ewigen leb[en] Nicodemi Kramer* [VD16 K 2214-2215, ZV 23393]
35. *Das Amarum Dulce Cyriaci Spangenbergi* [VD16 S 7475-7476] *beneben einem tractatu[m] vom straffambt des heiligen geistes Joannis Scheitlichij* [VD16 ZV 13831]
36. *Wiederlegung des kleinen Caluinischen Catechismj Jllyricj* [VD16 F 1568]
37. *Die letzten zwo predigten M. Cyriaci Spangenbergi von dem grossen prophet[en] D. Luthero* [VD16 S 7667-7668, S 7671-7672]
38. *Bekentnus von der Entvrlaubung der theolog[en] zu Jena etc.* [VD16 B 1566-1567]
39. *Tractatus Ioachimi Morlini von dem beruff der prediger* [VD16 M 5888-5889]
40. *Das neue testament Jn Sedecimo gebunden*
41. *Psalterium Latinum*
42. *Psalterium deutsch, meine bettpsalter etc.*

*Wolf-Friedrich Schäufele*

# Kirchenvisitationen im hessischen Raum im Reformationsjahrhundert

Im Reformationsjahrhundert kam es zu einer Erneuerung des im Spätmittelalter in Deutschland weithin untergegangenen Visitationswesens – zunächst unter den Auspizien des landesherrlichen Kirchenregiments in evangelischen Territorien, dann auch in den katholischen Diözesen.[1] Im hessischen Raum lassen sich diese Entwicklungen besonders gut studieren. Das wichtigste historische Territorium, die Landgrafschaft Hessen, war neben dem Kurfürstentum Sachsen die maßgebliche Kraft im reformatorischen Lager und gehörte zu den Pionieren des erneuerten evangelischen Visitationswesens. Auch in den meisten kleineren Territorien auf dem Boden des heutigen Bundeslandes Hessen, die teilweise schon in den 1520er Jahren, teilweise erst in den 1540er Jahren zur Reformation übergingen, spielten Visitationen eine wichtige Rolle. Doch nicht nur zur Einführung und Festigung der lutherischen Reformation fand das Instrument der obrigkeitlich verordneten Visitation Einsatz, sondern auch dort, wo es – wie in der Grafschaft Nassau-Dillenburg, den Grafschaften Solms-Braunfels, Sayn-Wittgenstein, Wied-Runkel, Hanau-Münzenberg und Ysenburg-Büdingen sowie in der Landgrafschaft Hessen-Kassel – seit Beginn der 1570er Jahre zu einer reformierten Konfessionalisierung kam. Schließlich lassen sich im Reformationsjahrhundert in geistlichen Territorien auf dem Boden des heutigen Hessen

---

1 Christian Peters, Art. Visitation I. Kirchengeschichtlich, in: TRE 35 (2003), 151–163; Stefan Brakensiek u. Thomas Simon, Art. Visitation, in: Enzyklopädie der Neuzeit 14 (2011), 342–346.

auch schon Ansätze eines erneuerten katholischen Visitationswesens beobachten.

Die Visitationspraxis im hessischen Raum war vielfältig, die Grenzen zu anderen Formen der Kirchenaufsicht wie Synoden, Klassikalkonventen, Spezialkonsistorien und Hausvisitationen sind nicht immer leicht zu ziehen. Entsprechend vielfältig und schwer überschaubar ist die Aktenüberlieferung.[2] Für Hessen liegt immerhin ein von Christa Reinhardt und Helga Schnabel-Schüle erarbeitetes *Repertorium der Kirchenvisitationsakten* vor, das im Rahmen des berühmten Sonderforschungsbereichs »Spätmittelalter und Reformation« in Tübingen entstanden ist.[3] Nach dem hessischen Repertorium ist noch eines zu Baden-Württemberg erschienen,[4] die fünf weiteren geplanten Bände kamen nicht mehr zustande. Die methodischen Probleme bei der Verzeichnung der Archivalien konnten nicht überzeugend gelöst werden, auch Vollständigkeit war nicht zu erreichen. So wurden für den Hessen-Band allein die Bestände der drei hessischen Staatsarchive sowie des Staatsarchivs Münster, des Fürstlich Ysenburgischen Archivs in Büdingen und des Dommuseums Fulda ausgewertet; weitere fürstliche und kirchliche Archive blieben unberücksichtigt.

---

[2] Georg Müller, Visitationsakten als Geschichtsquelle, in: Deutsche Geschichtsblätter 8 (1907), 287–316; 16 (1915), 1–31; 17 (1916), 279–306; Peter Thaddäus Lang, Die Kirchenvisitationsakten des 16. Jahrhunderts, in: RoJKG 6 (1987), 133–135; Peter Thaddäus Lang, Visitationsprotokolle und andere Quellen zur Frömmigkeitsgeschichte, in: Michael Maurer (Hg.), Aufriß der Historischen Wissenschaften, Bd. 4: Quellen, Stuttgart 2002, 302–324; Peter Thaddäus Lang, Visitationsakten, in: Christian Keitel u. Regina Keyler (Hg.), Serielle Quellen in südwestdeutschen Archiven, Stuttgart 2005, 127–135.

[3] Christa Reinhardt u. Helga Schnabel-Schüle (Hg.), Repertorium der Kirchenvisitationsakten aus dem 16. und 17. Jahrhundert in Archiven der Bundesrepublik Deutschland, Bd. 1: Hessen (SMAFN), Stuttgart 1982.

[4] Repertorium der Kirchenvisitationsakten aus dem 16. und 17. Jahrhundert in Archiven der Bundesrepublik Deutschland, Bd. 2: Baden-Württemberg, Teilband 1: Der katholische Südwesten, die Grafschaften Hohenlohe, Wertheim, Reichsstadt Ulm, hrsg. von Peter Thaddäus Lang (SMAFN), Stuttgart 1984. – Teilband 2: Der protestantische Südwesten, hrsg. von Helga Schnabel-Schüle (SMAFN), Stuttgart 1987.

## I. Das evangelische Visitationswesen in der Landgrafschaft Hessen

Landgraf Philipp I. der Großmütige (1504–1567) trat 1518 im Alter von nur 14 Jahren die selbstständige Regierung der Landgrafschaft Hessen an.[5] 1524 wandte er sich der Reformation zu,[6] wobei ihm zunächst Melanchthon und Luther, dann aber auch Zwingli (1484–1531) und Martin Bucer (1491–1551) als Gesprächspartner dienten. Nie hat sich der junge Landgraf, der selbstständig die Bibel und theologische Literatur studierte, von den Urteilen der Theologen abhängig gemacht. Unter seiner gut fünfzigjährigen Herrschaft hat die hessische Landeskirche einen konfessionellen Mittelkurs zwischen dem Luthertum und schweizerisch-oberdeutschen Elementen verfolgt.

Die Weichen für die reformatorische Umgestaltung des Kirchenwesens in Hessen stellte Philipp schon vor dem Ersten Speyerer Reichstag. Am 15. August 1525 berief er Adam Krafft[7] (1493–1558) aus Fulda zu seinem Hofprediger. Das Bestellungsschreiben sah ausdrücklich auch eine Verwendung Kraffts als Visitator vor: »Er soll unser prediger sein [...] und jedesmal uf unser erfordern damit gewertig sein, sich auch ander pfar hin und widder zu visitiren und sonst nach unserm gefallen zu reisen, verschicken und gebrauchen lassen [...].«[8]

---

5 Zu Philipp von Hessen allgemein: Ursula Braasch-Schwersmann, Hans Schneider u. Wilhelm Ernst Winterhager (Hg.), Landgraf Philipp der Großmütige 1504–1567. Hessen im Zentrum der Reform. Begleitband zu einer Ausstellung des Landes Hessen, Marburg/Neustadt a. d. Aisch 2004; Gury Schneider-Ludorff, Der fürstliche Reformator. Theologische Aspekte im Wirken Philipps von Hessen von der Homberger Synode bis zum Interim (AKThG 20), Leipzig 2006; Richard Andrew Cahill, Philipp of Hesse and the Reformation (VIEG 180), Mainz 2001.

6 Einen instruktiven Überblick bietet Hans Schneider, »Das heißt eine neue Kirche bauen«. Die Formierung einer evangelischen Landeskirche in Hessen, in: Inge Auerbach (Hg.), Reformation und Landesherrschaft. Vorträge des Kongresses anlässlich des 500. Geburtstages des Landgrafen Philipp des Großmütigen von Hessen, Marburg 2005, 73–99.

7 Friedrich Wilhelm Schäfer, Adam Krafft. Der Reformator Hessens. Bildungsgang und Wirksamkeit bis zum Jahre 1530, Darmstadt 1911; Walter Schäfer, Adam Krafft. Landgräfliche Ordnung und bischöfliches Amt (MonHas 4), Kassel 1976; Johannes Schilling, Adam Krafft, der erste hessische Landesbischof, in: FuGB 70 (1990), 87–110.

8 Günther Franz (Hg.), Urkundliche Quellen zur hessischen Reformationsgeschichte, Bd. 2: Akten 1525–1547 (VHKHW 11), Marburg 1954 [abgekürzt als: UQHRG II], 9f (Nr. 7).

Schon 1514 hatte Philipp von Hessen in der Obergrafschaft Katzenelnbogen eine politische Landesvisitation veranstaltet.[9] Klostervisitationen hatten bereits sein Großcousin Wilhelm III. der Jüngere von Hessen-Marburg (1471–1500) sowie sein Vater Wilhelm II. der Mittlere von Hessen (1469–1509) durchgeführt, nachdem es ihnen gelungen war, im Zuge der klösterlichen Oberservanzbewegung die Vogteirechte über eine Reihe von Klöstern an sich zu ziehen.[10] Es lag daher nahe, nun auch für die Reformation der Pfarreien an Visitationen zu denken.

Nachdem im Herbst 1526 ein kirchlicher Landtag in Homberg/Efze die Einführung der Reformation beschlossen hatte, legte eine Arbeitsgruppe unter Philipps Hofprediger Franz Lambert von Avignon[11] (1487–1530) Mitte Dezember 1526 den Entwurf einer Kirchenordnung vor.[12] Wegen Luthers Widerspruch wurde diese sogenannte »Homberger Kirchenordnung«, die starke gemeindekirchliche Elemente enthielt, nicht als Ganze in Kraft gesetzt, doch wurden wesentliche Elemente daraus später verwirklicht. Das 22. Kapitel der Homberger Kirchenordnung sah die dauerhafte Institutionalisierung von Visitationen vor.[13] Danach sollte die geplante jährliche Landessynode drei Visitatoren wählen, die jedes Jahr einmal alle hessischen Pfarreien visitieren sollten. Nur im ersten Jahr sollten die Visitatoren ausnahmsweise vom Landgrafen berufen werden. Bei ihren Visitationsreisen sollten sie die Tauglichkeit der von den Gemeinden gewählten Pfarrer prüfen und die Einhaltung von Gottes Wort und der Kirchenordnung überwachen. Die Reisespesen der

---

9 Friedrich Küch, Eine Visitation der Obergrafschaft Katzenelnbogen im Jahre 1514, in: AHG.NF 9 (1913), 145–254.

10 Walter Sohm, Territorium und Reformation in der hessischen Geschichte 1526–1555 (VHKH 1), Marburg 1915, 12f; Walter Heinemeyer, Territorium und Kirche in Hessen vor der Reformation, in: Ders., Philipp der Großmütige und die Reformation in Hessen. Gesammelte Aufsätze zur hessischen Reformationsgeschichte, hrsg. von Hans-Peter Lachmann, Hans Schneider u. Fritz Wolff (VHKH 24/7), Marburg 1997, 17–40, hier: 29–40; Wolfgang Breul-Kunkel, Landesherrliche Klosterpolitik unter Landgraf Wilhelm II. von Hessen, in: AMRhKG 52 (2000), 121–150.

11 Gerhard Müller, Franz Lambert von Avignon und die Reformation in Hessen (VHKH 24/4), Marburg 1958.

12 Ediert in: EKO 8, 43–65. Vgl. Die Homberger Synode von 1526. Die Reformation in Hessen, hrsg. vom Zweigverein Homberg im Verein für Hessische Geschichte und Landeskunde, Homberg ²2002; Gury Schneider-Ludorff, Die Homberger Synode und die Reformatio ecclesiarum Hassiae. Beobachtungen zum Wandel Philipps von Hessen vom spätmittelalterlichen Landesherren zum protestantischen Fürsten, in: JHKV 54 (2003), 89–101.

13 EKO 8, 59.

Visitatoren sollten von den visitierten Gemeinden aufgebracht werden. Es erscheint bemerkenswert, dass die Homberger Ordnung die Idee zur Berufung von Visitatoren ausdrücklich auf Landgraf Philipp persönlich zurückführt, dem der Heilige Geist dies nach dem Vorbild des alttestamentlichen Königs Josafat (2Chr 17,7–9) ins Herz gelegt habe.[14]

Wie ernst das Visitationsprojekt dem Landgrafen war, geht auch aus seinem eigenhändigen *Denkzettel* vom Januar 1527 hervor. Kaum zwei Wochen, nachdem Luther seine Ablehnung der Homberger Ordnung erklärt hatte, legte Philipp hier acht Eckpunkte seiner geplanten Kirchenreform fest.[15] Gleich an zweiter Stelle nannte er die Einsetzung von Visitatoren, deren Hauptaufgaben die Entlassung ungeeigneter und die Berufung fähiger Prediger, die Sicherstellung von deren angemessener materieller Versorgung, die Entscheidung über die Rechte nicht residierender Pfründner und die Einführung evangelischer Gottesdienstformen sein sollten. Außerdem sollten die Visitatoren überall eine Armenfürsorge nach Marburger Vorbild einrichten und in den Städten für die Errichtung von Schulen und die Bestellung frommer und qualifizierter Lehrer sorgen.[16]

Zweieinhalb Monate später hatte das Visitationsvorhaben konkrete Züge angenommen. In seinem sogenannten Aprildenkzettel plante der Landgraf, Adam Krafft gemeinsam mit dem bewährten Rat Balthasar von Weitolshausen genannt Schrautenbach (gest. 1529) und dem Kammermeister Rudolf von Weiblingen (gest. 1533) auf eine Visitationsreise zu schicken, um in den Dörfern geeignete Pfarrer einzusetzen und eine angemessene Pfarrbesoldung sicherzustellen.[17]

Tatsächlich führte Krafft im Laufe des April 1527 in den Ämtern Niederhessens – belegt sind Aufenthalte in Homberg, Borken, Wolfhagen, Zierenberg, im Gericht auf der Ahne (bei Kassel), Grebenstein, Gudensberg und Vacha – sogenannte Mittelpunktvisitationen durch.[18] Begleitet wurde er dabei zumeist nicht von Schrautenbach und Weiblingen, sondern von dem Rat,

---

[14] »Eius exemplo visum fuit spiritui sancto mittere in Principis Illustrissimi cor, et nos verbo suo ad idem commonefacere, ut amodo eligantur per anniversariam synodum in Hassia tres pleni fide et spiritu sancto qui semel in anno omnes Hessorum ecclesias visitent«, a.a.O. 59.

[15] UQHRG II (s. Anm. 8), 25f (Nr. 37). Vgl. Schneider, Neue Kirche (s. Anm. 6), 80f.

[16] UQHRG II, 25.

[17] A.a.O. 32 (Nr. 49).

[18] Sohm, Territorium und Reformation (s. Anm. 10), 48f.

Schönsteiner Amtmann und Beisitzer am Hofgericht Otto Hund (1508-1542) und dem studierten Theologen Hermann von Dörnberg[19] (1496-1529).

Vollends in Gang kam die erste hessische Generalvisitation im Juni 1527.[20] Adam Krafft war inzwischen nach Marburg übergesiedelt, wo er als Pfarrer an der Pfarrkirche und als Theologieprofessor an der neu eröffneten Universität amtierte. Bei der nun zunächst auf Oberhessen ausgeweiteten Visitationstätigkeit waren ihm neben Otto Hund der Friedberger Burgmann, hessische Rat und Beisitzer am Hofgericht Kraft Rau (gest. nach 1551) und der spätere Kommandant der Festung Ziegenhain und Oberaufseher der Hohen Hospitäler Heinz von Lüder (1490-1559) beigeordnet. Am 9. Juni 1527, eine Woche vor dem sächsischen Kurfürsten,[21] erließ der Landgraf hierfür eine förmliche Visitationsinstruktion.[22] Diese präzisierte und erweiterte im Wesentlichen die Punkte, die bereits im Januardenkzettel genannt waren. Anstelle der nicht in Kraft getretenen Homberger Kirchenordnung sollte das Wort Gottes die alleinige Richtlinie bilden. Als Norm für den evangelischen Gottesdienst wurden nach Marburger Vorbild die Wittenberger Ordnungen Luthers vorgesehen: die lateinische *Formula missae et communionis* von 1523 und die *Deutsche Messe* von 1526.[23] Neu war die Anweisung an die Visitatoren, die Amtleute zur Überwachung von Eheangelegenheiten anzuhalten. Hinzugekommen waren auch Bestimmungen für die Visitation der Männer- und Frauenklöster. Hier sollten evangelische Klosterprediger eingesetzt und untaugliche Äbtissinnen und Äbte abgelöst werden. Den Konventsmitgliedern sollten die Visitatoren nahelegen, gegen eine Abfindung das Kloster zu verlassen, neue Mitglieder sollten nicht mehr aufgenommen werden.

Tatsächlich hatte das Projekt einer eigenen Klostervisitation bereits Anfang des Jahres 1527 begonnen.[24] Deren Ziel war die umfassende Inventarisierung und Sequestrierung der hessischen Klöster und ihrer Einkünfte. Mit

---

19 DANKWART SIEBURG, Hermann von Dörnberg und die hessische Reformation, in: Schwälmer Jahrbuch 1984, 75-94.

20 HEINRICH HEPPE, Kirchengeschichte beider Hessen, Bd. 1, Marburg 1876, 181; SOHM, Territorium und Reformation (s. Anm. 10), 49-53; WALTER SCHÄFER, Adam Krafft (s. Anm. 7), 56.

21 Die kursächsische Visitationsinstruktion vom 16.6.1527 in EKO 1/1, 142-148. Vgl. HEIKO JADATZ, Wittenberger Reformation im Leipziger Land. Dorfgemeinden im Spiegel der evangelischen Kirchenvisitationen des 16. Jahrhunderts (HerChr.S 10), Leipzig 2007, 51 f.

22 KÖHLER, Actenstücke zur hessischen Reformationsgeschichte, in: ZHTh 37 (1867), 217-247, hier: 244-246; UQHRG II, 37 f (Nr. 57).

23 SOHM, Territorium und Reformation (s. Anm. 10), 72; SCHNEIDER, Neue Kirche (s. Anm. 6), 82.

24 SOHM, Territorium und Reformation (s. Anm. 10), 34-40.

einer Instruktion von Anfang Februar[25] hatte Landgraf Philipp mit dieser Aufgabe den Kammerherrn Jost von Weiters und den Registrator Johann von Sachsen betraut, die bis zum Juni 1527 mehrere Visitationsreisen zu den Klöstern in drei der vier Landesteile – dem Niederfürstentum um Kassel, dem Oberfürstentum um Marburg und der Obergrafschaft Katzenelnbogen um Darmstadt – unternahmen. Im September 1527 nahmen Weiters und der landgräfliche Haushofmeister Christian Schmalstieg eine weitere Klostervisitation vor, um unter den Konventsmitgliedern für den Austritt zu werben. Gegen Ende Dezember 1527 waren die Klostervisitationen abgeschlossen.

Die große, im April 1527 begonnene Kirchen- und Schulvisitation wurde dagegen auch noch 1528 und in den folgenden Jahren – mit Unterbrechungen – im ganzen Land fortgesetzt. Anscheinend wurden die Visitatoren unter Führung von Adam Krafft dabei für die einzelnen Landesteile jeweils neu mit landgräflichen Gewaltbriefen legitimiert.[26] Nachdem Landgraf Philipp 1527 eigens noch einmal die flächendeckende Einrichtung von Armenkästen angeordnet hatte,[27] wurde dieser Punkt auch in den Visitationsbefehlen besonders betont.[28] Neben der Instruktion vom 8. Juni 1527 dienten als normative Vorgaben bald auch Melanchthons *Unterricht der Visitatoren* und die Katechismen Luthers, die Philipp in der Marburger Offizin von Franz Rhode nachdrucken ließ.[29]

Letzterer Umstand lenkt den Blick auf die naheliegende, aber immer noch ungeklärte Frage nach dem Verhältnis zwischen der hessischen und der kursächsischen Visitationstätigkeit.[30] Die zeitliche Priorität lag bei Kursachsen,

---

25 UQHRG II, 27f (Nr. 39).

26 A.a.O. 46 (Nr. 71), 76 (Nr. 110), 76f (Nr. 111). Vgl. Walter Schäfer, Adam Krafft (s. Anm. 7), 54.

27 UQHRG II, 42 (Nr. 63).

28 A.a.O. 46 (Nr. 71); 76f (Nr. 111).

29 Der *Unterricht der Visitatoren* erschien hier 1528 (VD16 M 2597), der *Große Katechismus* Luthers 1529 auf Deutsch (VD16 L 4337) und in der lateinischen Übersetzung des Marburger Professors Johannes Lonicer (VD16 L 4409), der *Kleine Katechismus* 1529 auf Deutsch (VD16 L 5035) und 1530 sowie 1531 in der lateinischen Übersetzung von Johannes Sauermann (VD16 L 5278 und 5279). Vgl. Schneider, Neue Kirche (s. Anm. 6), 81. – Zu weiteren Marburger Reformationsdrucken vgl. Heppe, Kirchengeschichte beider Hessen, Bd. 1 (s. Anm. 20), 183f.

30 Zu den Visitationen in Kursachsen Jadatz, Wittenberger Reformation (s. Anm. 21), 47–75; vgl. Ders., Die evangelischen Kirchenvisitationen in Sachsen 1524–1540, in: Glaube und Macht. Katalog zur zweiten Sächsischen Landesausstellung Torgau, Dresden 2004, 70–79.

wo Anfang 1525 Jakob Strauß (1480/85–1533) im Auftrag Herzog Johann Friedrichs von Eisenach aus eine erste, freilich wenig erfolgreiche Visitation im westlichen Thüringen unternommen hatte. Andererseits führte die Homberger Kirchenordnung die Visitationspläne Philipps von Hessen auf eine direkte göttliche Eingebung an den Landgrafen zurück,[31] und wirklich war diesem die Visitation spätestens seit dem Sommer 1525 ein persönliches Anliegen gewesen. Auch die 1527 erlassenen Visitationsinstruktionen lassen keine direkte Abhängigkeit erkennen.[32] Gleichwohl ist davon auszugehen, dass es diesbezügliche Abreden gegeben hat – vielleicht auf einem der kursächsisch-hessischen Rätetreffen der Jahre 1525 bis 1528, die jedoch kaum Niederschlag in der archivalischen Überlieferung gefunden haben.

Mit der Kirchendienerordnung vom Juni/Juli 1531[33] wurde das hessische Visitationswesen zu einer Dauerinstitution ausgebaut. Fortan gab es sechs Superintendenten, deren jeder in seinem Bezirk für die Aufsicht über die Pfarrer und die übrigen Kirchendiener verantwortlich war. Praktisch wurde ihnen jene geistliche Jurisdiktion übertragen, die bis dahin von den Diözesanbischöfen wahrgenommen worden war und die Philipp von Hessen 1528 im Vertrag von Hitzkirchen[34] dem Mainzer Erzbischof abgezwungen hatte. Amtssitze dieser Superintendenten waren in Oberhessen Marburg und Alsfeld (später: Nidda), in Niederhessen Kassel und Rotenburg, in der Obergrafschaft Katzenelnbogen Darmstadt und in der Niedergrafschaft Katzenelnbogen St. Goar. Als Marburger Superintendent wurde Adam Krafft eingesetzt, der weiterhin einen Ehrenvorrang besessen zu haben scheint und in den Quellen verschiedentlich als hessischer »Bischof« erscheint.[35] Hauptaufgabe der Superintendenten war die jährliche Visitation der Pfarreien. Dabei sollten sie Erkundigungen über Lehre und Leben von Pfarrer und Kirchendienern sowie über Frömmigkeit und Lebenswandel der Gemeindeglieder einziehen und etwaige Missstände und Verfehlungen umgehend korrigieren oder dem Kollegium der Superintendenten oder der landgräflichen Regierung zur weiteren Veranlassung anzeigen. Die Ein- und Absetzung von

---

[31] Siehe oben Anm. 14.

[32] Gegen Schneider, Neue Kirche (s. Anm. 6), 81.

[33] UQHRG II, 132–135 (Nr. 206); EKO 8, 71–74 (Nr. 4). Vgl. Schneider, Neue Kirche (s. Anm. 6), 87–90.

[34] UQHRG II, 69 f (Nr. 104). Vgl. Friedhelm Jürgensmeier, Kurmainz, in: Anton Schindling u. Walter Ziegler (Hg.), Die Territorien des Reichs im Zeitalter der Reformation und Konfessionalisierung, Bd. 4: Mittleres Deutschland, Münster 1992, 60–97, hier: 75.

[35] Belege bei Schneider, Neue Kirche (s. Anm. 6), 87 Anm. 94, 89 Anm. 105.

Pfarrern sollte nur noch vom Kollegium aller Superintendenten gemeinsam verfügt werden. Ferner sollten die Superintendenten bei ihren Visitationen die Güter und Einnahmen der Pfarreien verzeichnen und darauf achten, dass diese ihrem kirchlichen Zweck nicht entfremdet wurden. Nicht zuletzt oblag ihnen die Aufsicht über die Armenkästen. Ausdrücklich war bestimmt, dass die Superintendenten auch die Pfarreien adeliger Patronatsherren visitieren sollten, was anfangs vielerorts auf Widerstände stieß. Einmal im Jahr sollten sich die sechs Superintendenten zu einer Synode treffen, um über die Visitationsergebnisse zu beraten – es wurde üblich, die festgestellten Mängel schriftlich zusammenzufassen und der landgräflichen Regierung zur Entscheidung und Abhilfe vorzulegen[36] – und um Personalentscheidungen zu treffen. Tagungsort sollte das Kloster Spieskappel bei Frielendorf sein, nahe dem traditionellen Versammlungsort der hessischen Landstände am Spießturm. Tatsächlich fanden die Synoden dann aber andernorts statt, so in Homberg, Treysa und Marburg.[37]

Die zweite Kirchendienerordnung von 1537 bestätigte im Wesentlichen die Bestimmungen von 1531.[38] Die Visitationsfrequenz war jetzt auf einen zweijährlichen Turnus ermäßigt. Dafür wurden zusätzlich das Anhören von Probepredigten der Ortspfarrer sowie Prüfungen ausgewählter Gemeindeglieder verschiedenen Alters auf Gebete, Glaubensbekenntnis und Vaterunser angeordnet, ferner die Prüfung der Empfänger von Almosen aus den Armenkästen und der Insassen der Hospitäler. Die jährlichen Synoden der Superintendenten blieben bestehen, sollten aber in Kassel oder Marburg, also am jeweiligen Sitz der Regierung, stattfinden; als Teilnehmer waren neben den Superintendenten auch jeweils ein bis zwei Pfarrer aus jedem Sprengel vorgesehen. Zusätzlich waren die Superintendenten gehalten, die Pfarrer ihres Bezirks wenigstens einmal jährlich zu einer Spezialsynode zu versammeln. Ergänzt wurde die erneuerte Kirchendienerordnung durch eine eigene Visitationsordnung mit umfangreichen Bestimmungen für die Lebensführung der Gemeindeglieder.[39] Beiden Ordnungen ist der Zusammenhang mit dem vermehrten Auftreten von Täufern in Hessen abzuspüren.

Neben der institutionalisierten Dauervisitation durch die Superintendenten gab es weiterhin besondere, von der landgräflichen Regierung aus bestimmtem Anlass angeordnete Generalvisitationen. Dies betraf vor allem

---

36 Vgl. z. B. UQHRG II, 246–250 (Nr. 326).

37 Sohm, Territorium und Reformation (s. Anm. 10), 111 Anm. 2.

38 EKO 8, 92–100 (Nr. 8); zum Visitationswesen hier bes. 93–95.

39 A. a. O. 82–91 (Nr. 7).

den Auf- und Ausbau des Kasten- und Spitalwesens.[40] Die Einrichtung von Armenkästen in allen Gemeinden, auch auf den Dörfern, war bereits 1527 verfügt worden, 1530 hatte Landgraf Philipp eine erste zentrale Kastenordnung[41] erlassen. Ebenso bemühte er sich um eine zentrale Ordnung und Verwaltung der Spitäler, die bislang in städtischer Trägerschaft gestanden hatten. Zu diesem Zweck ordnete er am 17. Dezember 1531 eine Generalvisitation der Armenkästen und Spitäler an, mit der Adam Krafft und Heinz von Lüder betraut wurden.[42] Dabei galt es, personelle und finanzielle Anordnungen zur Gewährleistung eines reibungslosen Betriebs zu treffen und Spitalordnungen zu erlassen, die dann durch die Bestätigung des Landgrafen zu Landesrecht wurden. Krafft und Lüder haben sich dieser Aufgabe in den Jahren 1532 bis 1535, aber auch noch darüber hinaus gewissenhaft unterzogen, die bestehenden Spitäler neu geordnet und die Errichtung neuer Spitäler angeregt. Flankiert wurden diese Maßnahmen durch die Einrichtung der vier Hohen Landeshospitäler, die in den Jahren 1533 bis 1542 zur Versorgung der Kranken und Bedürftigen aus den Dörfern in säkularisierten Klöstern eingerichtet wurden: für Oberhessen in Haina, für Niederhessen in Merxhausen, für die Obergrafschaft Katzenelnbogen in Hofheim und für die Niedergrafschaft in Gronau.[43] Obervorsteher aller vier Hohen Hospitäler wurde Heinz von Lüder.

Den Anlass für eine weitere außerordentliche Generalvisitation bot die Unordnung, in die die hessische Landeskirche nach dem Schmalkaldischen Krieg (1546/47) geraten war.[44] Vielerorts waren Visitationen und Synoden lange unterblieben.[45] Nachdem der Augsburger Religionsfriede den Bestand der evangelischen Kirchentümer rechtlich abgesichert hatte, galt es, die Konsolidierung der evangelischen Kirche in der Landgrafschaft voranzutreiben. In Schmalkalden, einem hessischen Kondominat mit den Grafen von

---

40 Zum Folgenden Sohm, Territorium und Reformation (s. Anm. 10), 95–106.

41 UQHRG II, 105–108 (Nr. 165).

42 A.a.O. 144 (Nr. 221).

43 Christina Vanja, Die Hohen Hospitäler Landgraf Philipps als neue »caritas«, in: Heide Wunder, Christina Vanja u. Berthold Hinz (Hg.), Landgraf Philipp der Großmütige von Hessen und seine Residenz Kassel (VHKH 24/8), Marburg 2004, 207–220.

44 Fritz Herrmann, Das Interim in Hessen. Ein Beitrag zur Reformationsgeschichte, Marburg 1901; Schneider, Neue Kirche (s. Anm. 6), 93–95.

45 Brief von Johannes Pistorius an den Landgrafen vom 13.9.1554, in: Günther Franz (Hg.), Urkundliche Quellen zur hessischen Reformationsgeschichte (VHKHW 11), Bd. 3: Akten 1547–1567, Marburg 1954 [abgekürzt als: UQHRG III], 189 (Nr. 777).

Henneberg, wurde im September 1552 eine gemeinsame Visitation durchgeführt,[46] ebenso im Kondominat Hüttenberg um Großen-Linden gemeinsam mit Nassau-Weilburg.[47] Vom April bis zum September 1556 fand dann eine allgemeine hessische Kirchenvisitation statt, für die ein eigener Katalog von Frageartikeln[48] zusammengestellt wurde. In Niederhessen visitierten unter anderen der Homberger Pfarrer Leonhard Crispinus, der Lippoldsberger Amtmann Burkhard von Cram und der Sontraer Rentschreiber Johann Ruelin,[49] in Oberhessen der Marburger Theologieprofessor Andreas Hyperius, der Fürstenecker Amtmann Georg Schwertzell von Willingshausen (gest. 1578) und der landgräfliche Beamte Johann Grunewald – also bemerkenswerterweise nicht die Superintendenten. Diese Visitationstätigkeit setzte sich auch noch in den Jahren 1557 und 1558 fort.

Trotzdem blieben die regelmäßigen Visitationen der Superintendenten das Rückgrat des hessischen Visitationswesens, auch über die Landesteilung von 1567 hinaus. Sie fanden nun wieder im einjährigen Rhythmus statt. Dabei wurden auch die aufgrund der großen Kirchenordnung von 1566 eingesetzten Ruraldekane – später »Metropolitane« genannt – beteiligt. Als neue Aufgabe wuchs den Visitationen der Superintendenten die Wahrung der Einheitlichkeit von Lehre und Gottesdienst zwischen den selbstständigen Landgrafschaften zu,[50] die sich konfessionell zunehmend auseinanderentwickelten. Auf den bis 1582 fortgeführten gesamthessischen Generalsynoden[51] trugen die Superintendenten die von ihnen festgestellten »Gebrechen« zusammen und legten sie schriftlich den Landgrafen vor. Ausführliche Bestimmungen für den Ablauf der regulären Visitationen enthielt die 1574 verabschiedete gesamthessische Agende;[52] sie gingen wortwörtlich auch in die kurz darauf entstandene nassauische Kirchenordnung ein.[53] Die Visitationen

---

46 UQHRG III, 195–198 (Nr. 785).

47 A. a. O. 198 f (Nr. 786).

48 A. a. O. 204–207 (Nr. 797).

49 Protokoll: a. a. O. 207–235 (Nr. 799).

50 »[...] darmit also erstlich der consensus in doctrina und dan ein algemeine durchgehende gleichheit in denen caeremonien und kirchendisciplin in allen und jeden unserer g. f. und herrn pfarrern [sic!] und kirchen angefangen und hinfort alweg onverbruchlich und stet gehalten werden moge«: Abschied der siebten Generalsynode, Marburg 1575: EKO 8, 373 f (Nr. 26), hier: 374.

51 Heinrich Heppe, Geschichte der hessischen Generalsynoden von 1568–1582, 2 Bde., Kassel 1847.

52 EKO 8, 408–469 (Nr. 35), hier: 461–466.

53 Vgl. EKO 10, 208–319 (Nr. 32), hier: 302–305.

sollten demnach als Mittelpunktvisitationen in den Städten gehalten werden; doch sollten die Superintendenten wenigstens einmal in drei Jahren auch die Landgemeinden an Ort und Stelle visitieren. Dabei wurden weiterhin Probepredigten der Pfarrer und Katechismusexamina von Gemeindegliedern verlangt; neu war die Forderung der Kontrolle des Bücherbesitzes der Pfarrer.

Eine neue Funktion gewannen die Visitationen mit dem Übergang der Landgrafschaft Hessen-Kassel zum reformierten Bekenntnis unter Landgraf Moritz (reg. 1592–1627). Den Anfang machte eigenmächtig der Superintendent von St. Goar Christian Zindel (1562–1612).[54] In der Niedergrafschaft Katzenelnbogen waren etliche Pfarrer der Pest zum Opfer gefallen und durch reformierte Prediger aus Frankreich und den Niederlanden ersetzt worden. Zindel nutzte die Gelegenheit, um die konfessionelle Neuausrichtung der Landeskirche voranzutreiben. Unmittelbar nach seinem Amtsantritt 1598 begann er eine bis ins Folgejahr dauernde Generalvisitation seines Sprengels, mit der er unter anderem die »reine, gesunde Lehre« von der Person Christi und den Sakramenten sowie die Abschaffung der Messgewänder und der Ohrenbeichte durchsetzen wollte. Selbst eine eigene Umdichtung des Jan Hus zugeschriebenen Abendmahlsliedes *Jesus Christus unser Heiland, der von uns den Gotteszorn wand*[55] hatte Zindel den Gemeinden vorgeschrieben. Als weitere, künftig in Angriff zu nehmende Maßnahmen nannte er in seinem Visitationsbericht[56] die Einrichtung von Klassikalkonventen, die Beseitigung der Bilder, die Abschaffung von Tanz- und Kirmesvergnügungen und die Befreiung der Pfarrer von der Verpflichtung zur Haltung des Zuchtviehs der Gemeinde. Landgraf Moritz billigte das eigenmächtige Vorgehen seines Superintendenten nachträglich und hob unter anderem wirklich die Viehhaltungspflicht der Pfarrer auf; allerdings wollte er die Abschaffung der Einzelbeichte nicht akzeptieren und mahnte bei der Abschaffung der Bilder ein behutsames Vorgehen an.[57]

Für den Rest der Landgrafschaft Hessen-Kassel vollzog Landgraf Moritz den Konfessionswechsel erst 1605 mit der Einführung der drei sogenannten »Verbesserungspunkte«.[58] Erstmals seit der letzten gesamthessischen

---

54 Alexander Ritter, Konfession und Politik am hessischen Mittelrhein (1527–1685) (QFHG 153), Darmstadt/Marburg 2007, 178–195.

55 Evangelisches Gesangbuch Nr. 215.

56 Vgl. EKO 9, 57–65 (Nr. 4a).

57 A.a.O. 66–68 (Nr. 4b).

58 A.a.O. 69f (Nr. 5). Vgl. Heinrich Heppe, Die Einführung der Verbeßerungspunkte in Hessen von 1604–1610 und die Entstehung der hessischen Kirchenordnung von 1657,

Generalsynode im Jahre 1582 wurden die vier nordhessischen Superintendenten im April 1607 in Kassel zu einer Synode versammelt, auf der die wichtigsten Neuerungen beschlossen wurden. Die Durchsetzung sollte durch Partikularsynoden der Pfarrerschaft in den einzelnen Superintendentursprengeln sowie abermals durch Visitationen erfolgen.[59] In Reaktion auf die vereinzelten Widerstände gegen die Einführung der Verbesserungspunkte richtete Landgraf Moritz schließlich 1607 in Marburg ein Konsistorium als zentrale Kirchenbehörde ein.[60] Dadurch wurde die Stellung der Superintendenten geschwächt. Die Konsistoriumsordnung von 1610 bestimmte zwar, dass diese weiterhin die jährlichen Visitationen ihres Bezirks durchführen sollten, unterstellte diese Tätigkeit aber der Oberaufsicht des Konsistoriums, das dafür entsprechende Instruktionen erstellen sollte.[61] Mehr noch, das Konsistorium selbst sollte jährlich oder bei Bedarf eine sogenannte Obervisitation oder Synodalvisitation durchführen, zu der alle Superintendenten, Metropolitane und ausgewählte Pfarrer nach Marburg oder an einen anderen Ort einbestellt wurden; hierfür erließ Landgraf Moritz eine gesonderte Visitationsinstruktion.[62]

## 2. Evangelische Visitationen in den übrigen Territorien

Auch in den kleineren evangelischen Territorien auf dem Boden des heutigen Bundeslandes Hessen haben im Reformationsjahrhundert mehr oder minder regelmäßig Visitationen stattgefunden. Belegt sind solche für die Grafschaft Waldeck, die nassauischen Grafschaften, die Grafschaften Solms sowie die Grafschaften Ysenburg, Hanau-Münzenberg, Stolberg-Königstein und Erbach.

Neben den Visitationen gab es in kleinen Territorien aber auch andere Formen der Kirchenaufsicht. So wurden die Pfarrer der Grafschaft Erbach, wo

---

Kassel 1894; Gerhard Menk, Die »Zweite Reformation« in Hessen-Kassel. Landgraf Moritz und die Einführung der Verbesserungspunkte, in: Heinz Schilling (Hg.), Die reformierte Konfessionalisierung in Deutschland – Das Problem der »Zweiten Reformation« (SVRG 195), Gütersloh 1986, 154–183.

59 Abschied der Kasseler Generalsynode vom 20.4.1607: EKO 9, 73–85 (Nr. 7a), hier: 83.

60 Paul Münch, Zucht und Ordnung. Reformierte Kirchenverfassungen im 16. und 17. Jahrhundert (Nassau-Dillenburg, Kurpfalz, Hessen-Kassel) (SMAFN 3), Stuttgart 1978, 35–98, 114f, 137f.

61 EKO 9, 99–121 (Nr. 8), hier: 112–114.

62 A.a.O. 133–135 (Nr. 10).

es – wenigstens zeitweise – jährliche Visitationen gab, 1577 zusätzlich verpflichtet, jeden Freitagvormittag in der gräflichen Kanzlei zu erscheinen und direkt über die Verhältnisse in den Gemeinden zu berichten.[63] Eine ähnliche Funktion erfüllten die Pfarrkonvente in den Reichsstädten sowie das 1565 als evangelische Institution neu begründete Ruralkapitel Friedberg, in dem rund 90 Pfarrer aus über einem halben Dutzend evangelischer Territorien zusammengeschlossen waren.[64] In den Territorien, die seit den 1570er Jahren zum reformierten Bekenntnis übergingen, dienten die dort neu eingerichteten Klassikalkonvente bzw. Spezialkonsistorien vergleichbaren Zwecken.

### 2.1 Waldeck

Schon früh führten die regierenden Grafen Philipp IV. von Waldeck-Wildungen (reg. 1513–1574) und Philipp III. von Waldeck-Eisenberg (reg. 1524–1539) die Reformation ein, die erste evangelische Kirchenordnung datiert aus dem Jahr 1525 oder 1526.[65] Obwohl die Grafschaft mit ihren elf Ämtern und sieben Städten vergleichsweise überschaubar war, entschieden sich die Landesherren, auch hier Visitationen abzuhalten. Eine erste Ankündigung des Vorhabens findet sich in der 1532 erlassenen Niederwildunger Kastenordnung Philipps IV.[66] Als Visitator und Superintendenten seiner Teilgrafschaft bestellte er 1533 den Niederwildunger Pfarrer Johannes Hefentreger (Trygophorus, 1497–1542),[67] dem der Kanzler Johann Hake beigeordnet wurde. 1539 wurden auch in den beiden anderen Teilgrafschaften – die Grafschaft Waldeck-Eisenberg war nach dem Tod Philipps III. in die Linien Eisenberg und Landau zerfallen – Visitatoren eingesetzt. Für diese Aufgabe hatte Graf Wolrad II. von Waldeck-Eisenberg (reg. 1539–1578) ebenfalls Hefentreger gewinnen wollen, der jedoch ablehnte; statt seiner visitierte Adam Krafft, um dessen Entsendung man den hessischen Landgrafen gebeten hatte.[68]

Zu einer festen Institution wurden die Visitationen in Waldeck durch die Kirchenordnung von 1556.[69] Danach sollten die Visitatoren jedes Jahr zwischen Ostern und Pfingsten ihren Bezirk bereisen und anhand eines

---

63 Instruktion in Kirchensachen vom 25.10.1577: a.a.O. 457f (Nr. 5), hier: 457.

64 A.a.O. 623f; 627–630 (Nr. 1).

65 A.a.O. 180–183 (Nr. 2).

66 A.a.O. 193–198 (Nr. 6), hier: 196.

67 Hans Schneider, Der Waldeckische Reformator Johannes Hefentreger (Trygophorus) 1497–1542 (Waldeckische Historische Hefte 2), Arolsen 1991, bes. 55–58.

68 EKO 9, 167.

69 A.a.O. 229–295 (Nr. 15), hier: 288–290.

vorgegebenen Fragenkatalogs Erkundigungen über Lehre und Leben der Pfarrer, Kirchendiener und Schulmeister, über die sittliche Führung der Gemeindeglieder und der Jugend, über die Bezahlung der kirchlichen Amtsträger, den Bauzustand von Kirchen, Pfarrhäusern und Schulen sowie die Gemeinen Kästen einziehen. Derartige Visitationen haben, geleitet von Jonas Hefentreger (Trygophorus, 1525–1580), Pfarrer in Nieder-Ense und ältester Sohn des ersten waldeckischen Visitators, in den Jahren 1556, 1558, 1563, 1565 stattgefunden.[70] Vereinzelt erhaltene Visitationsmandate aus späterer Zeit bezeugen, dass solche Visitationen in allen drei Landesteilen weiterhin stattgefunden haben.[71]

### 2.2 Nassau-Weilburg

Der bedeutendste weltliche territoriale Konkurrent der hessischen Landgrafen war das Nassauer Grafenhaus, das aber durch vielfache Teilungen zersplittert war.[72] Seit 1255 war es in die ottonische Linie mit Besitzungen nördlich der Lahn um Siegen, Dillenburg und Herborn und in die südlich der Lahn um Weilburg, Idstein und Wiesbaden begüterte walramische Linie geteilt. Das Gegenüber dieser beiden Hauptlinien wurde seit dem letzten Viertel des 16. Jahrhunderts zusätzlich durch eine unterschiedliche konfessionelle Entwicklung profiliert: während die ottonische Linie zum reformierten Bekenntnis überging, blieb die walramische Linie beim Luthertum.

Aus den Territorien der walramischen Linie greifen wir die Grafschaft Nassau-Weilburg heraus.[73] Seit 1526 war hier durch Erhard Schnepf (1495–1558) die Reformation eingeführt worden. Nach dessen Wegberufung an die Universität Marburg wurde der Hofprediger Heinrich Stroß (Romanus)[74] zum führenden Theologen. 1536 ernannte Graf Philipp III. (reg. 1523–1559) ihn zum »Visitator et Inspector Ecclesiarum« und beauftragte ihn mit einer ersten Visitation aller Pfarreien, Spitäler, Armenkästen und Klöster.[75] Die Ergebnisse blieben bescheiden, inhaltlich musste sich Stroß auf das Vordringlichste – Amtsführung und Lebenswandel der Geistlichen und die Form

---

70 Die Visitationsberichte sind ediert bei Victor Schultze, Waldeckische Visitationsberichte 1556, 1558, 1563, 1565, in: ARG 2 (1904/05), 325–362, hier: 329–359.

71 EKO 9, 296 (Nr. 16), 298 (Nr. 18), 303f (Nr. 22).

72 Paul Münch, Nassau. Ottonische Linien, in: Schindling u. Ziegler, Die Territorien des Reichs, Bd. 4 (s. Anm. 34), 234–252.

73 Zum Folgenden Nikolaus Gottfried Eichhoff, Die Kirchen-Reformation in Nassau-Weilburg im sechzehnten Jahrhundert, Weilburg 1832, sowie EKO 10, 42f.

74 Friedrich Otto, Art. Stroß, in: ADB 36 (1893), 623f.

75 Der gräfliche Gewaltbrief bei Eichhoff, Kirchen-Reformation (s. Anm. 73), 52–55.

des Gottesdienstes – beschränken.[76] Nach dem Tod von Stroß im Jahre 1544 trat der Tiroler Kaspar Goltwurm[77] (1524–1559) an seine Stelle: 1546 als Hofprediger berufen, wurde er 1548 auf sechs Jahre, 1554 dann auf Dauer zum Visitator und Superintendenten der nassau-weilburgischen Kirche ernannt. Wirklich hat Goltwurm eifrig visitiert, in den weilburgischen Kondominaten mit Hessen im Hüttenberger Land (Dutenhofen, Lützellinden, Kirchgöns) und im sogenannten Gemeinen Land an der Lahn (Heuchelheim, Reiskirchen, Großen-Linden) gemeinsam mit dem hessischen Visitator Adam Krafft.[78] Die große nassau-weilburgische Kirchenordnung von 1574 enthielt dann ausführliche Bestimmungen über jährliche Mittelpunktvisitationen, die wörtlich aus der gesamthessischen Agende von 1574 übernommen waren.[79]

### 2.3 Nassau-Dillenburg

Die Besitzungen der ottonischen Linie des Nassauer Grafenhauses waren im 16. Jahrhundert überwiegend in der Hand der Grafen von Nassau-Dillenburg vereinigt.[80] 1529, etwas später als in Nassau-Weilburg, begann hier Wilhelm I. der Reiche (reg. 1516–1559) mit der Einführung der Reformation. Seit 1533/34 galt in Nassau-Dillenburg die brandenburgisch-nürnbergische Kirchenordnung von 1533. Zum führenden Theologen wurde Erasmus Sarcerius[81] (1501–1559), der seit 1536 Rektor der Siegener Lateinschule und seit 1537 Superattendent der Grafschaft war. Die im selben Jahr erlassene Kirchenordnung, die ergänzend neben die brandenburgisch-nürnbergische Ordnung trat, sah jährliche Visitationen aller Pfarreien vor.[82] Wirklich hat Sarcerius in den 1530er und 1540er Jahren solche Visitationen durchgeführt,[83]

---

76 Auszüge aus dem Visitationsprokoll a. a. O. 55–58.

77 Otto Renkkhoff, Nassauische Biographie. Kurzbiographien aus 13 Jahrhunderten (VHKN 39), Wiesbaden ²1992, 239.

78 Eichhoff, Kirchen-Reformation (s. Anm. 73), 69–74, 85 f, 103 f; UQHRG III, 198 f (Nr. 786), 243 (Nr. 810).

79 EKO 10, 208–319 (Nr. 32), hier: 302–305.

80 Zur Reformation und zum Visitationswesen in Nassau-Dillenburg vgl. Münch, Nassau (s. Anm. 72); Münch, Zucht und Ordnung (s. Anm. 60), 35–98; Paul Münch, Contribution à la théorie de la visite pastorale au Nassau-Dillenburg au XVIe siècle, in: Sensibilité religieuse et discipline ecclésiastique. Les visites pastorales en territoires protestants (pays rhénans, comté de Montbéliard, pays de Vaud) XVIe–XVIIIe siècles, Strasbourg 1975, 78–89; EKO 10, 22–42.

81 Hugo Holstein, Erasmus Sarcerius, in: ADB 33 (1891), 727–729.

82 EKO 10, 64–87 (Nr. 2), hier: 86 f. Vgl. Münch, Zucht und Ordnung (s. Anm. 60), 43.

83 Münch, Nassau (s. Anm. 72), 239.

im Amt Hadamar, einem Kondominat mit den Grafen von Stolberg-Königstein, zusammen mit Königsteiner Visitatoren.[84] Die Bestimmungen von 1537 wurden schließlich 1550 – ausgerechnet in der Interimszeit, als sich die nassauischen Grafschaften mit dem Visitationsverlangen des Erzbischofs von Trier konfrontiert sahen[85] – in einer eigenen Visitationsordnung weiter konkretisiert.[86] Bemerkenswert erscheint die Bestimmung, dass die Prediger ihre sämtlichen Predigten schriftlich ausarbeiten und bei der Visitation zur Prüfung vorlegen sollten.

Nach dem Passauer Vertrag kam es zu einer weiteren Belebung des Visitationswesens. Die Siegener Synode vom 9.11.1552 erließ im Anschluss an die Ordnung von 1537 weitergehende Bestimmungen,[87] die im Jahr darauf noch einmal in einer separaten Visitationsordnung zusammengefasst wurden.[88] Neu war die Verbindung der Kirchenvisitation mit dem weltlichen Rügegericht, die Graf Wilhelm I. gegen starke Bedenken der Geistlichen durchgesetzt hatte. Im Januar 1553 wurde die neue Visitationsordnung den Pfarrern der beiden Ämter Siegen und Dillenburg in Synoden bekannt gegeben, im Anschluss daran erfolgte eine erste Visitation neuen Typs, geleitet von den beiden Superintendenten Leonard Wagner und Johannes Schnepf (gest. 1570), die von 1552–1555 das oberste kirchliche Leitungsamt kollegial wahrnahmen.[89]

Es sollte indessen bis 1561 dauern, bis weitere Visitationen stattfanden. Der seit 1555 als alleiniger Superintendent amtierende Bernhard Bernhardi persönlich hatte sich dafür verwendet. 1561 visitierte Bernhardi in Dillenburg und in Siegen, Ende August 1563 in Beilstein, in den Jahren 1564–1567 in der neu angefallenen Grafschaft Nassau-Diez.[90] Erst 1570 wurde auf Befehl von Graf Johann VI. (reg. 1559–1606) wieder eine umfangreiche Generalvisitation des ganzen Landes gehalten; Visitatoren waren der Hofprediger und Generalsuperintendent Maximilian Mörlin (1516–1584), der Siegener Superintendent Bernhardi sowie zwei weltliche Beamte.[91] Auf Grund dieser Visitation erarbeiteten die Visitatoren Generalartikel, die praktisch eine

---

84 EKO 10, 26; vgl. 88f (Nr. 3).

85 Siehe unten Abschnitt 3.

86 EKO 10, 90–92 (Nr. 4).

87 A.a.O. 93–95 (Nr. 5).

88 A.a.O. 96f (Nr. 6). – Vgl. Münch, Zucht und Ordnung (s. Anm. 60), 53–55.

89 A.a.O. 50; EKO 10, 28.

90 Münch, Zucht und Ordnung (s. Anm. 60), 59–66; vgl. EKO 10, 30.

91 Münch, Zucht und Ordnung (s. Anm. 60), 68–70; EKO 10, 30f, 105–107 (Nr. 12).

Kirchenordnung im Kleinen waren und von Graf Johann in allen Ämtern publiziert wurden.[92]

Nachdem 1563 die Kurpfalz als erstes deutsches Territorium zum reformierten Bekenntnis übergegangen war, führte Graf Johann VI. ab 1572 auch Nassau-Dillenburg zum Reformiertentum.[93] Für die praktische Umgestaltung des Kirchenwesens boten sich wieder Visitationen an.[94] 1574 führten der Herborner Pfarrer und Superintendent Gerhard Eoban Geldenhauer[95] (Noviomagus, 1536–1614) und der gräfliche Rat Andreas Kersten (Christiani) eine Teilvisitation in Siegen durch, 1575 folgte eine Generalvisitation der ganzen Grafschaft, wofür Geldenhauer, der Hofprediger Andreas Rauting (gest. 1584) und der als Kryptocalvinist aus Kursachsen vertriebene Wolfgang Crell (ca. 1535–1593) ausführliche Verfahrensregeln entwickelten. Die wichtigsten Neuerungen bestanden darin, dass die Kirchenvisitation fortan nicht mehr mit den weltlichen Rügetagen verbunden sein und die Pfarrerschaft nach reformiertem Usus in ›Klassen‹ unter der Leitung von später sogenannten Inspektoren eingeteilt werden sollte.

In den 1580er Jahren kam die reformierte Konfessionalisierung in Nassau-Dillenburg mit der Einführung des Heidelberger Katechismus (1581) und der Middelburger Kirchenordnung (1582) sowie mit der 1586 mit Vertretern reformierter Nachbarterritorien gehaltenen gemeinsamen Generalsynode in Herborn zum Abschluss. Der Sichtung und Sicherung des Erreichten diente eine neuerliche Generalvisitation, die 1590 von dem Herborner Hofprediger Wilhelm Zepper[96] (1550–1607), dem Ebersbacher Pfarrer Johannes Pilger (1555–1594) und dem Rat Johannes Eulner durchgeführt wurde.[97]

Mit dem Umbau der Kirchenverfassung im reformierten Sinn traten in der Grafschaf Nassau-Dillenburg neben die bewährten Generalvisitationen zwei weitere Formen institutionalisierter Aufsicht auf der mittleren und

92 EKO 10, 108–129 (Nr. 13).

93 Münch, Nassau (s. Anm. 72), 243–246.

94 Zum Folgenden Münch, Zucht und Ordnung (s. Anm. 60), 76–78.

95 Friedrich Wilhelm Cuno, Art. Noviomagus, in: ADB 24 (1887), 47 f.

96 Friedrich Wilhelm Cuno, Art. Zepper, in: ADB 45 (1900), 85–87.

97 Münch, Zucht und Ordnung (s. Anm. 60), 96. Vgl. Paul Münch, Kirchenzucht und Nachbarschaft. Zur sozialen Problematik des calvinistischen Seniorats um 1600, in: Ernst Walter Zeeden u. Peter Thaddäus Lang (Hg.), Kirche und Visitation. Beiträge zur Erforschung des frühneuzeitlichen Visitationswesens in Europa (SMAFN 14), Stuttgart 1984, 216–248, hier: 231 f.

unteren Ebene.[98] Auf der mittleren Ebene nahmen die neu gebildeten Klassenkonvente, die hier reine Pfarrersynoden ohne Beteiligung von Ältesten waren, eine visitationsartige Aufsichtsfunktion über Pfarrer und Gemeinden wahr. Eine Dillenburger Synode vom Januar 1582 erließ für die sogenannten ›Spezialkonsistorien‹ oder ›geistlichen Verhöre‹, die der Präses der Klasse zusammen mit einem weiteren Pfarrer und zwei weltlichen Beamten wöchentlich an einem geeigneten Ort abhalten sollte, eine eigene Ordnung. Dabei galt es, die Amts- und Lebensführung der Kirchen- und Schuldiener, der Ältesten und Almosenpfleger, aber auch der Schultheißen, Schöffen und sonstigen weltlichen Amtsträger zu kontrollieren; die Ergebnisse waren zu dokumentieren und vierteljährlich der gräflichen Kanzlei vorzulegen.[99] Auf der Gemeindeebene wurden diese Maßnahmen auf Beschluss der Dillenburger Generalsynode vom 6.5.1582 durch von den Presbyterien vorzunehmende Hausvisitationen (›visitationes domesticae‹) ergänzt, mit denen das religiöse Leben und die Sittlichkeit in den Familien kontrolliert werden sollten.[100] Damit war in Nassau-Dillenburg ein dreistufiges Visitationssystem etabliert.

### 2.4 Hanau-Münzenberg

Kurz vor dem Ende des 16. Jahrhunderts führte Graf Philipp Ludwig II. (reg. 1580–1612) auch die Grafschaft Hanau-Münzenberg zum reformierten Bekenntnis.[101] Bereits in der lutherischen Periode, deren Anfänge in den 1540er Jahren lagen, hatten mehrfach Visitationen stattgefunden. So hatte 1562 die damalige Vormundschaftsregierung die beiden Superintendenten Johann Laubner und Bernhard Bernhardi mit einer umfassenden Schul- und Kirchenvisitation beauftragt.[102] Nachdem einige Zeit lang keine Visitationen mehr erfolgt waren, ordnete Graf Philipp Ludwig I. (reg. 1575–1580) 1577 eine neuerliche Visitation unter Leitung des Rates Ulrich Cubicularius an, für die ein exaktes Itinerar vorgegeben wurde.[103] Nach dem Übergang zum reformierten Bekenntnis wurde die Visitationstätigkeit intensiviert. 1597 fand auf Befehl von Graf Philipp Ludwig II. eine neuerliche Visitation

---

98 Zum Folgenden Münch, Zucht und Ordnung (s. Anm. 60), 157–159; Münch, Kirchenzucht und Nachbarschaft (s. Anm. 97), 231.

99 EKO 10, 36, 165 f (Nr. 18)

100 A. a. O. 167–174 (Nr. 19), hier: 173.

101 Zur Reformation in Hanau-Münzenberg insgesamt vgl. a. a. O. 371–392, zur reformierten Konfessionalisierung Ute Müller-Ludolph, Philipp Ludwig II. von Hanau-Münzenberg (1576–1612). Eine politische Biographie (QFHG 83), Darmstadt 1991, 197–215.

102 EKO 10, 375.

103 A. a. O. 396–399 (Nr. 2a+b).

statt, und aus den folgenden Jahren sind gleich mehrere Kataloge von Visitationsfragen[104] überliefert. Mit der am 3.7.1600 erlassenen Ordnung der Landesverwaltung wurde die Vorbereitung einer neuerlichen Generalvisitation aller Kirchen und Schulen angeordnet, mit der überall Presbyterien eingerichtet sowie Katechisationen und häusliche Visitationen (›visitationes domesticae‹) eingeführt werden sollten.[105] Nicht zuletzt war den Visitatoren die Aufgabe gestellt, alle Beamten, Gerichtspersonen und Älteste, ja alle Untertanen insgesamt über den rechten, nämlich reformierten Glauben zu belehren und Widerstrebende (›refractarii‹) auf den rechten Weg zu bringen.

## 3. Katholische Visitationen

Ein erneuertes katholisches Visitationswesen in der Trägerschaft der Diözesanbischöfe hat sich im Anschluss an das Konzil von Trient vollumfänglich erst im 17. Jahrhundert entwickelt.[106] Doch schon um die Mitte des 16. Jahrhunderts kam es im hessischen Raum zu vereinzelten Visitationen durch katholische Bischöfe mit dem Ziel, die reformatorischen Neuerungen zurückzudrängen. Die Gelegenheit dazu bot die Niederlage der Protestanten im Schmalkaldischen Krieg sowie die Verkündung der kaiserlichen Reformnotel *(Formula reformationis)* vom 15. Juni[107] und des Augsburger Interims vom 30. Juni 1548.

Der Mainzer Erzbischof Sebastian von Heusenstamm[108] (reg. 1546–1555) veranstaltete daraufhin im November 1548 im Mainzer Dom eine Diözesansynode, zu der jedoch nur 79 Kleriker, vor allem aus dem Erzstift, erschienen; den hessischen Geistlichen hatte die Regierung in Kassel die Teilnahme untersagt.[109] Bereits im Oktober 1548 hatte der Erzbischof eine umfangreiche Kirchenvisitation begonnen, die bis zum Mai 1550 dauerte und von

[104] A.a.O. 427–438 (Nr. 9a–c).

[105] A.a.O. 439–442 (Nr. 10), hier: 442.

[106] PETERS, Visitationen (s. Anm. 1), 157–159.

[107] Vgl. EIKE WOLGAST, Die Formula reformationis, in: LUISE SCHORN-SCHÜTTE (Hg.), Das Interim 1548/50. Herrschaftskrise und Glaubenskonflikt (SVRG 203), Gütersloh 2005, 351–358.

[108] ROLF DECOT, Religionsfrieden und Kirchenreform. Der Mainzer Kurfürst und Erzbischof Sebastian von Heusenstamm 1545–1555 (VIEG 100), Wiesbaden 1980.

[109] A.a.O. 135–138; JÜRGENSMEIER, Kurmainz (s. Anm. 34), 77.

Weihbischof Michael Helding (1506–1561) geleitet wurde.[110] Neben dem Erzstift wurden auch protestantische Territorien bereist. So fanden in den Grafschaften Ysenburg-Büdingen, Hanau-Münzenberg, Stolberg-Königstein und Solms sowie in einzelnen Pfarreien der Grafschaft Nassau-Wiesbaden und sogar im nassau-dillenburgischen Amt Siegen mainzische Visitationen statt, bei denen die Einführung und Einhaltung des Interims eingeschärft, aber keine dauerhafte Rekatholisierung erreicht wurde.[111] In Hessen verhinderte der Widerstand der Kasseler Regierung die geplante Visitation;[112] nicht einmal in den erzstiftischen Enklaven Amöneburg und Fritzlar konnte sie stattfinden.

Wie der Mainzer, so versuchte auch der Trierer Erzbischof Johann V. von Isenburg (reg. 1547–1556) die Gunst der Stunde zu nutzen. Bereits 1548 unternahm er einen Versuch, durch den späteren Weihbischof Gregor von Virneburg (ca. 1510/15–1578) im rechtsrheinischen Teil seiner Diözese das Interim durchzusetzen.[113] Am 26. November 1548 veranstaltete Johann von Isenburg eine Diözesansynode und beauftragte seinen Weihbischof Nikolaus Schienen (Tibianus, ca. 1490–1556) mit einer allgemeinen Visitation der Diözese, die auch die protestantischen Territorien mit einschließen sollte. Tatsächlich kamen 1549 nur an einzelnen Orten, namentlich in Trier, Koblenz und Wetzlar solche Visitationen zustande.[114] Im Februar 1549 gelang die Visitation des Walpurgisstifts in Weilburg, dessen Kanoniker förmlich das Augsburger Interim annahmen.[115] Am 25. April 1549 erschien erstmals eine trierische Visitationskommission unter Leitung des bischöflichen Offizials Georg Leonberger im Hauptort der hessischen Niedergrafschaft Katzenelnbogen St. Goar, doch verweigerte ihr der Oberamtmann Reinhard Schenck zu Schweinsberg auf Geheiß der Kasseler Regierung die Unterstützung.[116] Ende Juli musste er schließlich dulden, dass die Trierer Kommission das St. Goarer Stift visitierte. Dabei wurden die Stiftsherren zur Einhaltung des

---

[110] Dazu DECOT, Religionsfrieden (s. Anm. 108), 108–134; JÜRGENSMEIER, Kurmainz (s. Anm. 34), 77 f.

[111] DECOT, Religionsfrieden (s. Anm. 108), 121–133.

[112] UQHRG III, 135–139 (Nr. 714), 146 (Nr. 719), 149 (Nr. 726).

[113] HANSGEORG MOLITOR, Kurtrier, in: ANTON SCHINDLING u. WALTER ZIEGLER (Hg.), Die Territorien des Reichs im Zeitalter der Reformation und Konfessionalisierung, Bd. 5: Der Südwesten, Münster 1993, 50–71, hier: 62.

[114] Ebd.

[115] EICHHOFF, Kirchen-Reformation (s. Anm. 73), 97 f.

[116] UQHRG III, 122 (Nr. 701), 124 f (Nr. 703). Vgl. RITTER, Konfession und Politik (s. Anm. 54), 98–109.

Interims angehalten; man verlangte von ihnen zwar nicht, die Messe zu lesen, doch sollten sie die Tagzeitengebete und die katholischen Zeremonien wieder einführen und vom Trierer Erzbischof die Priesterweihe empfangen. In der St. Goarer Schule sollte Luthers Katechismus durch den Katechismus Johannes Groppers (1503–1559) ersetzt werden.[117] Die dilatorische Haltung des Oberamtmanns und der Kasseler Regierung verhinderten indessen größere Veränderungen.

Mit dem Augsburger Religionsfrieden wurde die geistliche Jurisdiktion der Bischöfe in den protestantischen Territorien rechtsverbindlich suspendiert. Die vom Trienter Konzil verfügte Wiederaufnahme der Visitationstätigkeit konnte daher nur noch in katholischen Territorien erfolgen. Im Gebiet des heutigen Hessen betraf dies, abgesehen von den kurmainzischen Enklaven Amöneburg, Neustadt und Fritzlar, in denen bis Ende des Jahrhunderts das katholische Bekenntnis wiederhergestellt werden konnte,[118] im Wesentlichen nur das Reichsstift Hersfeld. Seit 1373 unter der Schutzherrschaft der hessischen Landgrafen, war das Stift nach dem Bauernkrieg politisch stark von Hessen abhängig und weithin protestantisch geworden. Dem suchte in den 1560er Jahren Abt Michael von Hersfeld (reg. 1556–1571) entgegenzuwirken, wozu er auch drei Visitationen in den Jahren 1560, 1563 und 1565 durchführen ließ.[119] Demgegenüber kam es im Reichsstift Fulda, wo die Ritterschaft ebenfalls beinahe geschlossen evangelisch geworden war, erst im 17. Jahrhundert zu Visitationen.[120]

---

117 UQHRG III, 133–135 (Nr. 713).

118 Jürgensmeier, Kurmainz (s. Anm. 34), 86.

119 Reinhardt u. Schnabel-Schüle, Repertorium Hessen (s. Anm. 3), 91–93; UQHRG III (s. Anm. 44), 279–281 (Nr. 861), 337 f (Nr. 919); 347 f (Nr. 934).

120 A.a.O. 79–87. – Vgl. Johannes Merz, Fulda, in: Schindling u. Ziegler, Die Territorien des Reichs, Bd. 4 (s. Anm. 34), 128–145, hier: 142 f.

*Christiane Schuchard*

# Entstehung, Überlieferung und Inhalt der brandenburgischen Visitationsakten

In der Mark Brandenburg[1] fanden von 1540 bis 1600 mehrere Kirchenvisitationen statt. Die dabei entstandenen Akten sind für die einzelnen Landesteile

[1] Der am 27. November 2014 in Jena vorgetragene Text wurde für den Druck geringfügig erweitert und mit Anmerkungen versehen. Die Literaturangaben beschränken sich auf das Nötigste. – Für neuere Überblicksdarstellungen vgl. JOHANNES SCHULTZE, Die Mark Brandenburg, Bd. 1–5 in einem Band, Berlin ⁴2011; für das Folgende vgl. insbes. DERS., Die Mark Brandenburg, Bd. 4: Von der Reformation bis zum Westfälischen Frieden (1535–1648), Berlin 1964; MANFRED RUDERSDORF u. ANTON SCHINDLING, Kurbrandenburg, in: ANTON SCHINDLING u. WALTER ZIEGLER (Hg.), Die Territorien des Reichs im Zeitalter der Reformation und Konfessionalisierung. Land und Konfession 1500–1650, Bd. 2: Der Nordosten (KLK 50), Münster ³1993, 35–66 (mit Karte, 34); FELIX ESCHER, Das Kurfürstentum Brandenburg im Zeitalter des Konfessionalismus, in: INGO MATERNA u. WOLFGANG RIBBE (Hg.), Brandenburgische Geschichte, Berlin 1995, 231–290; WOLFGANG NEUGEBAUER, Die Hohenzollern, Bd. 1: Anfänge, Landesstaat und monarchische Autokratie bis 1740 (UTB 573), Stuttgart/Berlin/Köln 1996, hier: Abschnitt IV: Die brandenburgischen Hohenzollern im 16. Jahrhundert. Reformation und persönliches Regiment (73–101); ISELIN GUNDERMANN, Kirchenregiment und Verkündigung im Jahrhundert der Reformation (1517 bis 1598), in: GERD HEINRICH (Hg.), Tausend Jahre Kirche in Berlin-Brandenburg, Berlin 1999, 147–241; HEINZ-DIETER HEIMANN, KLAUS NEITMANN u. WINFRIED SCHICH (Hg.), Brandenburgisches Klosterbuch. Handbuch der Klöster, Stifte und Kommenden bis zur Mitte des 16. Jahrhunderts, 2 Bde., Berlin 2007. Vgl. außerdem den in Anm. 38 genannten Sammelband, den in Anm. 32 zitierten Aufsatz von Gerd Heinrich sowie zuletzt ACHIM BEYER, Die Religionspolitik der Hohenzollern im 16. Jahrhundert: Zwischen Autonomie und Abhängigkeit, in: BDLG 148 (2012), 239–275; jetzt auch den Sammelband von KARL-HEINRICH LÜTCKE (Hg.), Quellen und Literatur zur Reformation in der Mark Brandenburg. Beiträge zur Erforschung der brandenburgischen Reformationsgeschichte, Berlin 2015, mit einer Bibliographie zur brandenburgischen Reformationsgeschichte von Andreas Stegmann.

ganz unterschiedlich überliefert: Für die Altmark (also die Gebiete westlich der Elbe) gibt es eine gedruckte Edition (aus den Jahren 1889 bis 1929),[2] für die Neumark (östlich der Oder) sind die Unterlagen schon im 18. Jahrhundert verloren gegangen, und für die Gebiete zwischen Elbe und Oder – Prignitz, Ruppiner Land, Uckermark und Mittelmark – sind sie zum großen Teil seit 1945 verschollen, denn die Bestände des Berliner Konsistorialarchivs waren ausgelagert worden und sind nicht wieder zurückgekehrt. Was es für das Ruppiner Land, die Uckermark und die Mittelmark allerdings gibt, sind moderne Abschriften, die sich heute im Geheimen Staatsarchiv Preußischer Kulturbesitz in Berlin-Dahlem befinden,[3] sowie einige ergänzende Akten aus dem 16. Jahrhundert, die glücklicherweise erhalten geblieben sind.

Die erwähnten Abschriften wurden in den 1920er und 1930er Jahren angefertigt, und zwar als Vorarbeit für eine geplante Edition. Anknüpfend an das Vorbild der damals kurz vor dem Abschluss stehenden Altmark-Edition[4] sollte das Material nach geographischen Gesichtspunkten auf sechs Bände verteilt werden, die in Form von Einzelheften nach und nach erscheinen sollten.

| *Band-Nummer* | *Titel (Gebiet)* | *Inspektionen* |
|---|---|---|
| 1 | Prignitz | Kyritz, Pritzwalk, Putlitz, Perleberg, Lenzen, Havelberg, Wilsnack, Wittstock |
| 2 | Land Ruppin | Neuruppin, Wusterhausen, Gransee, Zehdenick |
| 3 | Uckermark | Angermünde, Lychen, Prenzlau, Templin/ Strasburg |
| 4/1 | Mittlere Mittelmark | Berlin, Cölln, Mittenwalde, Teltow, Trebbin, Zossen |
| 4/2 | Westliche Mittelmark | [Beelitz], Brandenburg Altstadt, Nauen, Potsdam, Rathenow, Spandau, Treuenbrietzen |

---

2 Vgl. JULIUS MÜLLER u. ADOLF PARISIUS (Hg.), Die Abschiede der in den Jahren 1540–1542 in der Altmark gehaltenen ersten General-Kirchen-Visitation mit Berücksichtigung der in den Jahren 1551, 1578–79 und 1600 gehaltenen Visitationen, 2 Bde. (aus je 4 Heften), Magdeburg 1889–1912/Salzwedel 1922/1929 [neu hrsg. von UWE CZUBATYNSKI, Potsdam 2012].

3 Berlin, Geheimes Staatsarchiv Preußischer Kulturbesitz (im Folgenden: GStA PK), X. HA Brandenburg, Rep. 16 Kleine Erwerbungen, Nr. 160 (Land Ruppin), 161 (Uckermark), 162a (Mittlere Mittelmark), 162b (Westliche Mittelmark) und 163 (Östliche Mittelmark). Für die Prignitz siehe unten Anm. 5.

4 Wie oben Anm. 2.

| *Band-Nummer* | *Titel (Gebiet)* | *Inspektionen* |
|---|---|---|
| 5 | Östliche Mittelmark | Oberbarnim, Beeskow-Storkow, Bernau, Eberswalde, Frankfurt an der Oder, Fürstenwalde, Lebus, [Müncheberg,] Strausberg, Wriezen |

Die neue Reihe mit dem Titel *Die brandenburgischen Kirchenvisitations-Abschiede und -Register des XVI. und XVII. Jahrhunderts* war ein Projekt der Historischen Kommission für die Provinz Brandenburg und die Reichshauptstadt Berlin. Seinerzeit erschien allerdings nur der erste Band *(Die Prignitz)* in sieben Einzelheften von 1928 bis 1931,[5] nebenberuflich bearbeitet von dem promovierten Historiker Victor Herold, der im Hauptberuf Lehrer war.[6] Finanzielle Schwierigkeiten der Historischen Kommission[7] verhinderten die Drucklegung der übrigen Teile des Gesamtwerks, an dem Herold dennoch bis in den Zweiten Weltkrieg hinein weiterarbeitete. Es gelang ihm, seine Typoskriptbände über den Krieg zu retten, doch nach 1945 arbeitete er nicht mehr daran weiter.

Dies hatte vermutlich mehrere Gründe. Vor allem standen ihm die Quellen nicht mehr zur Verfügung. Das Konsistorialarchiv war ausgelagert worden und ist bis heute verschollen. Nach Gerd Heinrich sind die Visitationsakten

---

5 Vgl. VICTOR HEROLD (Hg.), Die brandenburgischen Kirchenvisitations-Abschiede und -Register des XVI. und XVII. Jahrhunderts, Bd. 1: Die Prignitz (Veröffentlichungen der Historischen Kommission für die Provinz Brandenburg und die Reichshauptstadt Berlin 4), Berlin [1928–]1931.

6 Vgl. zuletzt CHRISTIANE SCHUCHARD, Victor Herold (1890–1956). Brandenburgischer Reformationshistoriker, Pädagoge, in: FRIEDRICH BECK u. KLAUS NEITMANN (Hg.), Lebensbilder brandenburgischer Archivare und Historiker. Landes-, Kommunal- und Kirchenarchivare, Landes-, Regional- und Kirchenhistoriker, Archäologen, Historische Geografen, Landes- und Volkskundler des 19. und 20. Jahrhunderts (Brandenburgische historische Studien 16 [=Veröffentlichungen des Landesverbandes Brandenburg des Verbandes deutscher Archivarinnen und Archivare e. V. 4]), Berlin 2013, 545–550.

7 Sie »geriet ab 1930 in den Strudel der Weltwirtschaftskrise [..., weil Provinzial- und Stadtverwaltung] sich schrittweise aus der Förderung der Kommission zurückzogen«: KLAUS NEITMANN, Geschichtsvereine und Historische Kommissionen als Organisationsformen der Landesgeschichtsforschung dargestellt am Beispiel der preußischen Provinz Brandenburg, in: WOLFGANG NEUGEBAUER (Hg.), Das Thema »Preußen« in Wissenschaft und Wissenschaftspolitik des 19. und 20. Jahrhunderts (FBPG.B 8), Berlin 2006, 115–181, hier: 154.

»1945 vermutlich am Auslagerungsort Guben verlorengegangen«,[8] während Victor Herold davon ausging, dass sie nach Forst/Lausitz gebracht worden waren;[9] eine dritte Meinung findet sich in dem (1986 erschienenen) Inventar-Band *Brandenburgische Kirchenbücher*: »die im Jahre 1944 [...] in die Neumark verlagerten Belegexemplare des Kurmärkischen Konsistoriums über die ersten nachreformatorischen Generalkirchenvisitationen in den Marken von 1540 bis 1600 werden im Besitz des sowjetischen Archivfonds vermutet« (leider ohne Quellenangabe).[10] Auch das Brandenburgische Provinzialarchiv hielt Herold für verloren.[11] Außerdem sah er vermutlich keine Publikationsmöglichkeit; jedenfalls ist zu seinen Lebzeiten kein weiterer Band im Druck erschienen.

Nach Victor Herolds Tod (1956) gelangte sein wissenschaftlicher Nachlass in das Geheime Staatsarchiv. Im Auftrag der 1959 wiederbegründeten Berliner Historischen Kommission gab 1963 der Historiker Gerd Heinrich den zweiten Band *(Das Land Ruppin)* aus Herolds Nachlass heraus.[12] Danach kam das Unternehmen aber wieder zum Stillstand und wurde erst 2010 erneut in Angriff genommen.[13] Die Verfasserin dieser Zeilen erhielt den Auftrag, zunächst den Teilband für die Mittlere Mittelmark zum Druck zu bringen und gleichzeitig ergänzende Quellen in Berliner und brandenburgischen Archiven aufzuspüren.

---

8 Gerd Heinrich, Landesgeschichte und Kirchengeschichte. Gesichtspunkte des geschichtlichen Denkens und der Stand der Forschungsarbeit in Berlin-Brandenburg, in: JBBKG 64 (2003), 35–52, hier: 44 Anm. 26.

9 Landesarchiv Berlin, A Rep. 001-06 Nr. 12428, Bl. 6r.

10 Brandenburgische Kirchenbücher. Übersicht über die Bestände der Pfarr- und Kirchenarchive in den Sprengeln Cottbus, Eberswalde und Potsdam der Evangelischen Kirche in Berlin-Brandenburg. Gesammelt von Karl Themel. Ergänzt, bearbeitet und eingeleitet von Wolfgang Ribbe unter Mitwirkung von Rosemarie Baudisch u. a. (EHKB 53), Berlin 1986, 95.

11 Wie oben Anm. 9. – Glücklicherweise ein Irrtum; heutige Nachfolgeinstitution ist das Brandenburgische Landeshauptarchiv in Potsdam.

12 Vgl. [Victor Herold (Hg.),] Die brandenburgischen Kirchenvisitations-Abschiede und -Register des XVI. und XVII. Jahrhunderts, Bd. 2: Das Land Ruppin. Inspektionen Neuruppin, Wusterhausen, Gransee und Zehdenick. Aus dem Nachlaß von Victor Herold hrsg. von Gerhard Zimmermann. Bearb. von Gerd Heinrich (VBHK 6: Quellenwerke 2), Berlin 1963.

13 Vgl. Christiane Schuchard, Brandenburgische Visitationsakten des 16. Jahrhunderts. Die Mittelmark, in: Helmut Flachenecker, Janusz Tandecki u. Krzysztof Kopiński (Hg.), Editionswissenschaftliches Kolloquium 2011: Quellen kirchlicher Provenienz. Neue Editionsvorhaben und aktuelle EDV-Projekte, Toruń 2011, 215–228.

Quellen für die Jahre 1540 bis 1545 hatte bereits Victor Herold im Rahmen seiner Dissertation *Zur ersten lutherischen Kirchenvisitation in der Mark Brandenburg 1540–45* zusammengestellt.[14] Visitationsinstruktionen sind hier nicht überliefert.[15] Victor Herold konnte aber anhand der Akten das Itinerar und die Arbeitsweise der Visitations-Kommissionen rekonstruieren. »Überall wurden in den größeren Städten auch die Pfarren, sowie gelegentlich Klöster in der Umgebung visitiert.«[16] Während der ersten Visitation setzte der Leiter der Kommission, der kurfürstliche (Vize-)Kanzler Johann Weinlöben (gest. 1558),[17] »stets beim Abschluß der Visitations-Handlung in Städten oder Klöstern«[18] eigenhändig das Konzept des Abschieds auf. Danach fertigte ein Schreiber in der Regel zwei Abschriften, von denen eine »am Visitationsorte zurückblieb«;[19] diese erste Ausfertigung trug die Siegelabdrücke der drei Visitatoren.[20] Die zweite Abschrift nahm die Visitations-Kommission zu den Akten. Weinlöben schrieb auch eigenhändig das Konzept der Matrikeln, d.h. der Einkommensverzeichnisse. Sein Schreiber fertigte davon anfangs noch eine Reinschrift für die Kommission an, später jedoch nicht mehr.[21] Abschriften für die Visitierten erübrigten sich, weil die Matrikel-Angaben ja

---

14 Vgl. Victor Herold, Zur ersten lutherischen Kirchenvisitation in der Mark Brandenburg 1540–45. Darstellungen auf aktenmäßiger Grundlage, in: JBrKG 20 (1925), 5–104 (1. Teil), JBrKG 21 (1926), 59–128 (2. Teil) und JBrKG 22 (1927), 25–137 (3. Teil).

15 Vgl. Gundermann, Kirchenregiment (s. Anm. 1), 181. Auf den folgenden Seiten (bis 185) beschreibt sie beispielhaft den Ablauf der ersten Visitation in Cölln und Berlin. A.a.O. 183, Abb. einer Seite der »Niederschrift Weinlöbens über die Visitation der Kirchen St. Niclas (Nikolai) und Unser lieben Frauen (Marien) zu Berlin«.

16 Victor Herold, Beiträge zur Geschichte der ersten evangelischen staatlichen Kirchenvisitation in der Mark Brandenburg 1540–1545. Auszug aus der Inaugural-Dissertation [...], Pritzwalk 1923, 4. Vgl. im Einzelnen Herold, Kirchenvisitation (s. Anm. 14), 2. Teil: Verlauf der ersten Kirchenvisitation in der Mark Brandenburg, sowie die »Vorbemerkungen« zu den einzelnen Abschnitten seiner Visitationsakten-Edition. Vgl. auch Herold, Das Land Ruppin (s. Anm. 12), 6: »Zeittafel der Visitationen im Lande Ruppin [... als] eine Art Itinerar der Kommissionen«.

17 Über ihn vgl. Friedrich Holtze [junior], Die ältesten märkischen Kanzler und ihre Familien, in: FBPG 7/2 (1894), 181–233, hier: 224–233 (mit Bild: 229).

18 Herold, Kirchenvisitation (s. Anm. 14), hier: 2. Teil, 76.

19 Ebd.

20 A.a.O. 77. Herold kannte »Original-Abschiede« nur aus Treuenbrietzen, Brandenburg an der Havel (für die Altstadt Brandenburg), Lychen (»mit dem Siegel des Consistoriums [...] im Consistorial-Archiv«), für das »Kapitel zu Stendal« und für einige Städte der Altmark, sowie gerade einmal fünf spätere Abschriften (ebd.).

21 Vgl. a.a.O. 79–81.

auf deren eigenen Aufzeichnungen (Registern, Urkunden, Stadtbüchern und dergleichen) beruhten. Diese Einkommensverzeichnisse wurden in der Regel der Visitationskommission eingereicht, von ihr überprüft, in ihre Matrikel übertragen und dann den Visitierten zurückgegeben (oder aber der Matrikel beigelegt). In den Städten erhielten die Vorsteher des Gemeinen Kastens eine Abschrift, damit sie wussten, welche Einkünfte »in den Kasten geschlagen« worden waren.

Herold fand Indizien dafür, dass die Kommission ihre Abschiede und Matrikeln zunächst in ein »Visitationsbuch« übertrug, von dem es zwei Exemplare gab (Konzept und Reinschrift), dass jedoch diese Praxis bald aufgegeben wurde und die Unterlagen stattdessen »zu Aktenbündeln, teils geheftet, teils lose« jeweils für einen Visitationsort zusammengefasst wurden.[22]

Bei den folgenden Visitationen des 16. Jahrhunderts wurden die Akten der ersten Visitation teils weiterverwendet und überarbeitet, teils »als Makulatur beiseite gestellt«.[23] In den folgenden Jahrhunderten betrachtete man in der Regel die Akten der Visitation von 1600 als maßgebliche Rechtsgrundlage. Auch deshalb kamen Akten der vorherigen Visitationen in Unordnung, wurden zerstreut oder gingen ganz verloren. All dies hat die spätere Edition natürlich sehr erschwert bzw. beeinträchtigt.

Ergänzend zu den Abschieden und Matrikeln wertete Herold systematisch Weinlöbens »Briefregister« im Geheimen Staatsarchiv aus.[24] Es handelt sich dabei um Sammlungen von Briefkonzepten aus den beiden Anfangsjahren der ersten Visitation (die erfreulicherweise heute noch vorhanden sind). Später legte Weinlöben Briefkonzepte lose in die Akten ein, oder er notierte stattdessen nur noch Stichworte darin.[25] Diese und andere inhaltliche Ergänzungen hat Herold in den Fußnoten seiner Edition untergebracht.

Auf seine Editionsprinzipien[26] möchte ich an dieser Stelle nicht eingehen und nur die Gliederung und den Inhalt des Materials beschreiben. Es ist nach geographischen Gesichtspunkten auf die einzelnen Bände und innerhalb der Bände auf die einzelnen Städte und die dazugehörigen Visitationsbezirke aufgeteilt, die Herold als »Inspektionen« bezeichnet, auch wenn sich die

---

[22] A.a.O. 81.

[23] A.a.O. 84.

[24] Vgl. GStA PK, I. HA, Rep. 47 Tit. 14 (MA 135). Beschreibung: vgl. Herold, Kirchenvisitation (s. Anm. 14), 84–86.

[25] A.a.O. 85.

[26] Vgl. Herold, Das Land Ruppin (s. Anm. 12), 8–10.

Visitationsbezirke nicht immer mit den späteren Inspektionen deckten bzw. sich die administrative Zuordnung mancher Orte im Laufe der Zeit änderte.[27]

Für jede Stadt edierte Herold zunächst die Visitationsabschiede in chronologischer Reihenfolge, soweit er nicht auf bereits vorhandene Drucke verweisen konnte, und dann die Visitationsregister für die Pfarrkirche(n) des Ortes und deren einzelne »Lehen«. Es folgt jeweils ein Abschnitt »Dörfer der Inspektion [...]«, also die Umgebung des namengebenden Ortes mit ihren Dörfern, »Flecken« und »Städtlein« (d.h. Mediatstädten) in alphabetischer Reihenfolge. Da die Editoren des frühen 20. Jahrhunderts die Matrikeln in erster Linie als Quellen von lokalgeschichtlicher Bedeutung ansahen, wollten sie mit dieser Anordnung die Benutzung erleichtern.

Die Reihenfolge der Angaben über Rechtsverhältnisse und Einkünfte einer Kirche ist immer gleich, was darauf hindeutet, dass jedes Mal ein Fragenkatalog abgearbeitet wurde; später gab es dafür sogar gedruckte Formulare. Die drei *Mittelmark*-Bände enthalten Daten für fast 500 Orte in zeitlichen Querschnitten für die Jahre 1540 bis 1545, 1551/1558, 1574 bis 1581 sowie 1600 bis 1602.[28] Diese Bestandsaufnahmen der materiellen Grundlagen des kirchlichen Lebens lassen gelegentlich aber auch ältere Sachverhalte durchscheinen, zum Beispiel lassen sie Rückschlüsse auf den Stifter eines »Lehens« zu, oder es ist ein älteres Dokument mit aufgenommen worden, wie etwa eine Kalandsrechnung aus dem zweiten Jahrzehnt des 16. Jahrhunderts aus Rathenow.[29] Gelegentlich enthalten erst die Visitationsakten die erste – und manchmal auch einzige! – Erwähnung eines Altars, einer Kapelle oder eines kleinen Hospitals.

---

27 Die kirchliche Einteilung der Mark Brandenburg stellte Herold in einer – ungedruckt gebliebenen – Monographie mit dem Titel »Kurbrandenburgische Kirchenverwaltung bis zum Bekenntniswechsel Johann Sigismunds (1539–1613)« dar: GStA PK, VIII. HA [zuvor: VI. HA, bzw. früher: Pr. Br. Rep. 16 A], Slg. Viktor Herold, Nr. 1.

28 Vgl. Herold, Das Land Ruppin (s. Anm. 12), 1 f.

29 GStA PK, X. HA, Rep. 16, Nr. 162b, Westliche Mittelmark, Rathenow, Bl. 234–236.

Die Einzelangaben und ihre Reihenfolge sind regelmäßig:

| *Gliederung* | | | *Inhalt/Bemerkungen* |
|---|---|---|---|
| [1] | | [Pfarre] | |
| | [a] | Rechtsverhältnis | Collator(es); ggf. Filialverhältnis |
| | [b] | Name des Pfarrers | (fehlt in Band 4/2) |
| | [c] | Pfarrhaus mit Zubehör (Garten) | |
| | [d] | Hufen, Naturaleinkünfte | |
| | [e] | Zahl der Kommunikanten | bzw. »Opfer(geld)«-Ertrag |
| | [f] | Geldeinkünfte (Gebühren) | Begräbnis, Hochzeit, »Einleitung« einer jungen Mutter, Taufe |
| | [g] | Filialen | (soweit vorhanden) |
| | [h] | Inventar | vorgefundener, durch die »Leute« zu beschaffender und bei Abzug/Tod des Pfarrers zu hinterlassender Hausrat; Getreide, Vieh; Baumaßnahmen |
| [2] | | Küster | (ohne Angabe des Namens) |
| | [a] | Küsterhaus mit Zubehör (Garten) | |
| | [b] | Naturaleinkünfte | |
| | [c] | Geldeinkünfte (Gebühren) | Begräbnis, Hochzeit, »Einleitung« einer jungen Mutter, Taufe |
| [3] | | Kirche | |
| | [a] | Liturgische Geräte und Gewänder | Kelch, Patene, Paxtafel, Monstranz, Viaticum, ggf. Büchse, manchmal mit Angabe des Materials; Textilien, manchmal mit Angabe des Materials und/oder des Zustands; ggf. Verluste und -gründe |
| | [b] | Bücher | (fehlt in Band 4/2) |
| | [c] | Wirtschaftliche Ausstattung, Einkünfte | |
| | [d] | Barvermögen | ggf. auch vergebene Darlehen |

Was findet man (wenn man nicht nur nach Personen und Fakten der Ortsgeschichte und der lokalen Kirchengeschichte sucht)? Und andererseits: Was fehlt?

Die Visitationsabschiede und -register waren das Ergebnis von Verhandlungen, und sie dokumentieren soziale Besitzstände, über die die Visitatoren sich nicht hinwegsetzen konnten. Sie mussten nach vielen Seiten hin Rücksicht nehmen. Die kurfürstlichen Macht- und Geldmittel waren sehr begrenzt. Die kirchlichen Einrichtungen mussten imstande sein, sich und ihr Personal aus eigenen Mitteln zu unterhalten. Die Visitationen hatten nicht zuletzt den Zweck, dafür die Voraussetzungen zu schaffen bzw. zu erhalten. Das gelang, wie die Akten zeigen, mehr oder weniger gut. Den Stadträten und Kirchenvorständen, vor allem aber den Pfarrern, den Lehrern und den übrigen Bediensteten wurde oft viel Geduld und Idealismus abverlangt, wenn die Einnahmen auf unabsehbare Zeit die Ausgaben nicht oder kaum zu decken vermochten.

Die Sozialgeschichte des Pfarrerstandes wird durch die Visitationsakten möglicherweise in ihrer Datengrundlage,[30] auf jeden Fall aber in ihrer wirtschaftlichen Dimension erweitert. Der Landpfarrer tritt hier als Landwirt auf. Doch auch die städtischen »Kirchendiener« wurden mit Geld- *und* mit Naturaleinkünften versorgt.

Die Fachleute für Agrargeschichte werden möglicherweise Rückschlüsse aus den Vermerken über die Selbstbewirtschaftung oder aber Verpachtung der Äcker und Wiesen ziehen können. Geregelt werden Details bis hin zum Fruchtwechsel oder zu der Frage, wem der Dung aus dem Hirtenstall zusteht. Aber es gibt nun auch *datierte* Belege für Spezialkulturen wie etwa Weinberge.

Konflikte – sowohl der Kirchenleute vor Ort als auch der Visitatoren – mit den »Junkern« kommen zur Sprache, Machtverhältnisse werden sichtbar: Die Visitatoren konnten meist nicht mehr tun als höflich formulierte Aufforderungen und (bei deren Nichtbefolgung) Strafandrohungen auszusprechen bzw. Klageführende an das Konsistorium[31] zu verweisen. Der Bemühung der kurfürstlichen Kommissare um die Schaffung eines geregelten, einheitlich gestalteten religiösen Lebens standen althergebrachte Gewohnheiten und Besitzrechte entgegen, die zäh verteidigt wurden. Das gilt auch für die »Leute«, d. h. die Dorfbewohner.

Nur selten ist die Rede von »Missständen«, denen entgegenzuwirken war. *Ein* Punkt allerdings wird durchgängig angesprochen, nämlich die

---

30 Vgl. Otto Fischer (Bearb.), Evangelisches Pfarrerbuch für die Mark Brandenburg seit der Reformation, Berlin 1941.

31 Protokolle sind nicht überliefert; vgl. jedoch Burkhard von Bonin (Hg.), Entscheidungen des Cöllnischen Konsistoriums 1541–1704. Nach der Sammlung des Konsistorialrats und Propstes D. Franz Julius Lütkens [...], Weimar 1926. Vgl. auch Karl Themel, Die Mitglieder und die Leitung des Berliner Konsistoriums von seiner Gründung bis zum Regierungsantritt des Kurfürsten Johann Sigismund 1543–1608, in: JBBKG 38 (1963), 65–96.

Getränkeversorgung der »Leute« bei ihren Arbeitseinsätzen auf dem Kirchenland. Die Visitatoren legten regelmäßig eine Obergrenze für die Menge des Bieres fest, das auf Kosten der Kirche ausgeschenkt wurde. (Ob sie dabei wirklich nur die Kosten als Problem im Auge hatten oder auch den Alkoholkonsum, muss ich offenlassen.)

Sozusagen zwischen den Zeilen lässt sich im Übrigen herauslesen, was schriftlich fixiert war bzw. welche Informationen mündlich weitergegeben wurden. Erwartet wurde jedenfalls eine geordnete, nachvollziehbare Buchführung.

Das in den Visitationsmatrikeln inventarisierte bewegliche Kirchenvermögen erlaubt Rückschlüsse nicht nur auf die wirtschaftliche Situation, sondern indirekt auch auf die Gestaltung des Gottesdienstes und auf die religiösen Lehrinhalte. (Einen Kelch musste es überall geben, eine Monstranz aber nicht.) Liturgische Geräte und Gewänder, auch aus kostspieligem Material, waren durchaus nicht nur in den großen Stadtpfarrkirchen zu finden. Ob ihr Vorhandensein aber (noch) auf den tatsächlichen Gebrauch schließen lässt, ist eine andere Frage; denkbar wäre auch, dass man manchen Gegenstand wegen seines materiellen Wertes oder auch aus Pietät gegenüber der Stifterfamilie weiterhin aufbewahrte. Bei den Büchern handelte es sich dagegen nicht um bibliophile Kostbarkeiten, sondern um das Minimum einer Dienstbibliothek: Es wurde erwartet, dass Bibel, Gesangbuch, Katechismus und Konkordienformel überall vorhanden waren.

Der letzte Punkt des Fragenkatalogs, das Barvermögen, lässt erkennen, dass die Kirche ganz selbstverständlich auch als Kreditanstalt fungierte; die Visitatoren legten Wert darauf, dass vorhandenes Kapital nicht gehortet, sondern gegen Zinsen ausgeliehen wurde, ebenso wie sie darauf drangen, landwirtschaftliche Flächen möglichst gewinnorientiert zu verpachten.

Es fehlen in den brandenburgischen Visitationsakten weitestgehend Beurteilungen des kirchlichen Personals. Möglicherweise durfte man – insbesondere in der Umbruchsituation der Reformationszeit – auch keine allzu strengen Maßstäbe anlegen, sondern musste froh sein, wenn man das vorhandene Personal überhaupt halten konnte.[32] Ebenso fehlen Äußerungen

---

32 Gerd Heinrich hat die Situation um 1540 einmal so beschrieben: »Da sitzen die Dorfpfarrer theologisch im Niemandsland, bewohnen in Dörfern und Kleinstädten windschiefe Katen oder wenig gepflegte Häuser, sind umgeben von drei, vielleicht auch sechs Büchern, einigen wurmstichigen Möbeln und einer alten Kuh. Der Blick des Pfarrers ist durch die blinden Scheiben auf einen halb bewachsenen Acker gerichtet; auf dünne Schlachtesuppe und einige Abgaben der untereinander neidischen Bauern bleibt er angewiesen, und

über das Gemeindeleben, etwa Hinweise auf problematische Sitten und Bräuche. Einzige Ausnahme ist das Verbot, im Dorf Dechtow (im nördlichen Havelland) während des Osterumritts die Kirchenglocke zu läuten.[33]

Allerdings dokumentieren die Visitationsakten nicht ›flächendeckend‹ die gesamte Mark Brandenburg. Der Editor Herold hat bewusst Quellen weggelassen, die bereits an anderer Stelle gedruckt vorlagen: so den Visitationsabschied von 1541 für Kloster Lehnin und den von 1574 für Berlin.[34] In manchen Fällen musste schon Herold Quellenverluste feststellen. Meist waren sie zu einem unbekannten, jedenfalls weit zurückliegenden Zeitpunkt eingetreten,[35] nur in Ausnahmefällen jüngeren Datums.[36] Was in dem Teilband für die *Östliche Mittelmark* völlig fehlt, ist der Abschnitt über die Dörfer der Inspektion Fürstenwalde; die »Vorbemerkung« gibt dafür keine Begründung. Eine schmerzliche Lücke ist außerdem durch den Abbruch von Herolds Arbeit im Zweiten Weltkrieg entstanden: Für Beeskow-Storkow (Städte und Dörfer) gibt es nämlich nur die »Vorbemerkung«. Sie endet mit dem Satz: »Die Matrikeln befinden sich heute noch wohlgebunden in einem Lederfolianten im KA [= Konsistorialarchiv]«[37] – ein Satz, der seit 1945 leider nicht mehr zutrifft.

Doch nicht alle ›weißen Flecken‹ sind auf Quellenverluste zurückzuführen oder darauf, dass Victor Herold mit seiner Sammeltätigkeit nicht ganz fertig geworden ist. Es gab mancherorts auch hinhaltenden Widerstand (wie

---

dann soll er mit dem Evangelium die Herzen der Harten erweichen, denen Luthers oder Melanchthons Gedanken über Gotteswort und Gnade doch schwerlich jemals wirklich eingehen würden.« Gerd Heinrich, Neue Kirchenordnung und »stille« Reformation. Die Residenz Berlin-Cölln, der Landesfürst und die »Luthersache«, in: WJ.NF 1 [= 30./31. Jg.] (1990/91), 49–68, hier: 60f.

33 »Daß notfuhr [?] sol hinfuro bei U.G.H. ernster und unachlesiger straf nit mehr gehalten werden, auch nit leuten, wen die paur im Ostern umbreiten. Auch sollen die vorsteher vor den klockturm eine ture bauen.« GStA PK, X. HA, Rep. 16, Nr. 162b, Westliche Mittelmark, Inspektion Nauen, Dechtow (heute: Gemeinde Fehrbellin, Landkreis Ostprignitz-Ruppin), Bl. 192; das Blatt mit der Quellenangabe fehlt bei Herold.

34 Druck: vgl. EKO 3, hier: 161–172 (Berlin) und 238f (Lehnin).

35 Kurze Darstellung der Überlieferungssituation: vgl. Herold, Das Land Ruppin (s. Anm. 12), 7.

36 Beispielsweise schreibt er in der »Vorbemerkung« zum Abschnitt »Dörfer der Inspektion Strausberg«: »Die Matrikeln von Rehfelde und Lichtenow, die noch im Aktenverzeichnis im KA [= Konsistorialarchiv] bezeichnet werden, fehlen im Aktenschrank, sind vermutlich verlegt.« GStA PK, X. HA, Rep. 16, Nr. 163, Östliche Mittelmark, Bl. 325f.

37 A.a.O. Bl. 397. Bei Herold fehlt in der dazu vorgesehenen Anmerkung die Signaturangabe der Quelle im Konsistorialarchiv.

im Brandenburger Domkapitel[38]) oder offene Gegnerschaft, die eine Visitation zunächst verhinderten (wie im Bistum Lebus[39]).

So wird sowohl im Text als auch ›zwischen den Zeilen‹, aber auch in den Leerstellen der Visitationsakten die vielbeschworene Widersprüchlichkeit des brandenburgischen Reformationsgeschehens konkret sichtbar, oder freundlicher ausgedrückt: sein Kompromisscharakter.[40] Altes und Neues existierten noch lange Zeit nebeneinander. Weniger freundlich gesagt: Die brandenburgische Politik war von Ressourcenmangel und anderen Sachzwängen bestimmt, die auch den Umgang mit der Kirche beeinflussten, an der Spitze wie vor Ort; Wunsch und Wirklichkeit lagen oft weit voneinander entfernt.

---

[38] Vgl. dazu WOLFGANG SCHÖSSLER, Die Reformation im Domstift Brandenburg, in: HANS-ULRICH DELIUS, MAX-OTTOKAR KUNZENDORF u. FRIEDRICH WINTER (Hg.), »Dem Wort nicht entgegen ...«. Aspekte der Reformation in der Mark Brandenburg, Berlin 1988, 49–62 sowie Abb. 26–28 (Transkription: 153f).

[39] Vgl. die »Vorbemerkung« von Victor Herold in: GStA PK, X. HA, Rep. 16, Nr. 163, Östliche Mittelmark, Inspektion Fürstenwalde, Bl. 371–376, sowie im Rahmen eines kurzen Überblicksartikels: DIETRICH KURZE, Bistum Lebus, in: ERWIN GATZ, CLEMENS BRODKORB u. HELMUT FLACHENECKER (Hg.), Die Bistümer des Heiligen Römischen Reiches von ihren Anfängen bis zur Säkularisation, Freiburg i. Br. 2003, 346–356, hier: 355.

[40] Heinz Schilling hat der Mark Brandenburg »die zögerlichste Reformation und die katholischste Kirchenordnung aller protestantischen Reichsstände« bescheinigt: HEINZ SCHILLING, Nochmals »Zweite Reformation« in Deutschland, in: ZHF 23 (1996), 501–524, hier: 508. – Eike Wolgast zufolge suchte Kurfürst Joachim II. »den Mittelweg, wollte eine Kirchenreform in evangelischem Sinne« und war »auf seine kirchlich-theologische Eigenständigkeit« bedacht: EIKE WOLGAST, Die Einwirkung der Wittenberger Theologen auf die Reformation in Brandenburg, in: HerChr 28/29 (2004/2005), 89–101, hier: 91.

*Dagmar Blaha*

# Das »Digitale Archiv der Reformation« – Quellen für Bildung und Forschung

Die Tagung »Reformation vor Ort. Zum Quellenwert von Visitationsprotokollen« befasste sich mit einer Quellengruppe, deren Potential bisher noch nicht annähernd ausgeschöpft ist – den Protokollen der ersten landesherrlichen Visitationen in den einzelnen Gebieten Mitteldeutschlands. Es ist ein sehr umfangreiches, zuweilen auch etwas sprödes Material, das wichtige Informationen zur politischen Durchsetzung der Reformation enthält. Allein die Fülle stellt hohe Anforderungen an die Konzentrationsfähigkeit des auswertenden Historikers. Hinzu kommt, dass diese wichtigen Quellen auf eine ganze Anzahl von Archiven Mitteldeutschlands verteilt sind und die Überlieferungslage alles andere als transparent ist.

Kann hier eine der größten Innovationen unserer Zeit, die Informationstechnologie, helfen, neue Möglichkeiten für die Auswertung und die Arbeit mit dieser Massenüberlieferung aus dem 16. Jahrhundert zu erschließen – und wenn ja, welche und wie? Der Frage nach den Chancen und Grenzen von Editionen archivalischer Quellen mittels Computertechnik soll sich dieser Beitrag am Beispiel der Visitationsprotokolle widmen. Sie wurden für die ersten landesherrlichen Visitationen in den einzelnen Gebieten Mitteldeutschlands im Rahmen des Projektes »Digitales Archiv der Reformation – Schriftzeugnisse aus den staatlichen Archiven Mitteldeutschlands« für die Präsentation im weltweiten Netz ermittelt und editorisch aufbereitet.[1]

---

[1] Bei diesem Beitrag handelt es sich im Wesentlichen um die Darstellung von Erfahrungen und Überlegungen aus der Arbeit am Projekt »Digitales Archiv der Reformation – Schriftzeugnisse aus staatlichen Archiven Mitteldeutschlands«. Den Überlegungen zum Verhältnis zwischen Print- und digitaler Edition liegen zugrunde: Jörg Dieter, Historisch-kritische Editionen im virtuellen Raum. Möglichkeiten und Grenzen elektronischer

Eingangs soll das Projekt »Digitales Archiv der Reformation« kurz vorgestellt werden. Es zeigt Quellen zur Reformationsgeschichte aus den Staatsarchiven in der Mitte Deutschlands in digitaler Form und berücksichtigt dabei ein Nutzerspektrum vom Schüler bis zum Wissenschaftler. An diesem bundesländerübergreifenden Vorhaben arbeiteten von Oktober 2013 bis Oktober 2015 Historiker, Archivare und Informatiker im Freistaat Thüringen sowie in den Ländern Hessen und Sachsen-Anhalt. Der Freistaat Sachsen und das Land Brandenburg unterstützten diese Arbeit durch die Bereitstellung von Quellen. Dieser Beitrag von Staatsarchiven in der Mitte Deutschlands zum Reformationsjubiläum wurde gefördert durch die Bundesbeauftragte für Kultur und Medien, die Sparkassen-Kultur-Stiftung Hessen-Thüringen sowie die Länder Hessen und Sachsen-Anhalt und den Freistaat Thüringen. Die große Spannbreite der angestrebten Zielgruppe stellte eine besondere Herausforderung dar. Die Internetpräsentation soll interessierten Bürgern, Schülern und Studenten etwas bieten, aber auch dem Wissenschaftler und dem Heimatforscher von Nutzen sein. Deshalb wurden zwei verschiedene Module geschaffen, die sich unter Berücksichtigung der unterschiedlichen Bedürfnisse, Kenntnisse, Interessen und Fähigkeiten an zwei Nutzerkreise wenden.

Für Bildungseinrichtungen und historisch interessierte Bürger wurden Dokumente ausgewählt, die vor allem der Vermittlung von Grundwissen über die Reformation und der Illustration der damit verbundenen Vorgänge dienen sollen. Sie werden in einem sogenannten Ausstellungsmodul – dem ›Schaufenster in die Reformationsgeschichte‹ – präsentiert. Es ist vor allem für die breite Öffentlichkeit und schulische Bildungseinrichtungen gedacht, kann aber auch Grundlage für die Ausstellungsplanung von Museen sein.

Die für Wissenschaftler, Heimatforscher und Ortschronisten zur Verfügung gestellten Quellen sollen vorrangig Forschungsgrundlage sein und werden deshalb in einem sogenannten Forschungsmodul präsentiert. Um hier einer gewissen Beliebigkeit bei der Auswahl zu entgehen, wurden folgende Maßstäbe an die Quellenauswahl gelegt: Erstens mussten es Quellen

---

Editionen vor dem Hintergrund einiger Kernprobleme der Editionswissenschaft, 2002, zuletzt abgerufen auf http://www.jolifanto.de am 18. Januar 2016; Bernhard Assmann u. Patrick Sahle, Digital ist besser. Die Monumenta Germaniae Historica mit den dMGH auf dem Weg in die Zukunft – eine Momentaufnahme (Schriften des Instituts für Dokumentologie und Editorik 1), Köln/Trier 2008; Patrick Sahle, Digitale Editionsformen. Zum Umgang mit der Überlieferung unter den Bedingungen des Medienwandels, Teil 2: Befunde, Theorie und Methodik (Schriften des Instituts für Dokumentologie und Editorik 8), Norderstedt 2013. Die beiden letztgenannten Schriften können auch digital abgerufen werden unter http://kups.ub.uni-koeln.de/ (zuletzt abgerufen am 18. Januar 2016).

mit vielfältigen Informationen für die Reformationsforschung sein. Zweitens sollten es Quellen sein, die zur Beantwortung sehr unterschiedlicher Fragestellungen im Spannungsfeld zwischen statistischer Auswertung und Erforschung eines einzelnen Ereignisses dienen können. Dafür kommt in der Regel eine relativ gleichförmige Überlieferung infrage, wie man sie beispielsweise in Amtsbüchern, Rechnungen oder Protokollserien findet. Drittens sollte die Präsentation der Quellen im Internet einen echten Mehrwert gegenüber der Benutzung der Originale in den Archiven vor Ort haben, der über den – selbstverständlich wichtigen – Schutz der Originale hinausgehen sollte. Und viertens mussten es natürlich Quellen sein, die in jedem der beteiligten Bundesländer vorhanden waren und den gleichen Gegenstand betrafen, um untereinander vergleichbar zu sein. Nur so ist eine Bearbeitung nach einheitlichen Vorgaben möglich.

Alle diese Kriterien waren mit der Quellengruppe der Visitationsprotokolle erfüllt. Als zentrale Quellenbestände lassen sie die Reformation als Ereignis von weltgeschichtlicher Bedeutung vor Ort lebendig werden. Sie ermöglichen Forschungen vom lokalen Ereignis bis hin zum epochalen Wandel. Sie sind in jedem der drei zusammenarbeitenden Bundesländer Mitteldeutschlands ebenso vorhanden wie im Freistaat Sachsen und im Land Brandenburg, deren staatliche Archive die Quellenbestände zur Auswertung zur Verfügung stellten. Da die heutigen politischen Strukturen nicht denen des 16. Jahrhunderts entsprechen, sind in etlichen Archiven auch Visitationsprotokolle von Gebieten überliefert, die heute zu einem anderen Bundesland gehören. Die virtuelle und georeferenzierte Vereinigung der Überlieferung in den einzelnen Archiven im Rahmen einer gemeinsamen Präsentation macht die Überlieferungslage für Forscher und Laien transparent und erweitert die Auswertungsmöglichkeit dieser Quellen in hohem Maße. In diesem Sinne stellt die Zusammenführung der Protokolle der ersten landesherrlich veranlassten Visitationen im mitteldeutschen Raum in einem virtuellen Lesesaal für die Wissenschaft und für die Heimatforschung einen hohen Mehrwert dar.

Um archivalische Quellen mit dem »Digitalen Archiv der Reformation« im Internet zu präsentieren, wurden zwei Formen computergestützter Edition verwendet. Sie orientieren sich an den Bedürfnissen und Voraussetzungen der Zielgruppen des jeweiligen Moduls.

Im Ausstellungsmodul wird eine klassische Edition mit elektronischen Möglichkeiten kombiniert: Die dort präsentierten Dokumente werden in drei Formen dargestellt. Ein Digitalisat (1. Form) zeigt ein getreues Abbild des Originals der Quelle. Ein Kurzregest zum Inhalt der Quelle umreißt den wesentlichen Inhalt. Beigegeben wird dem Digitalisat eine Transkription des

Textes (2. Form). Die dafür erarbeiteten Editionsrichtlinien orientieren sich an den ›Empfehlungen zur Edition frühneuzeitlicher Texte‹, die vom Arbeitskreis ›Editionsprobleme der frühen Neuzeit‹ der Arbeitsgemeinschaft historischer Forschungseinrichtungen in der Bundesrepublik Deutschland e. V. empfohlen wurden und die sich bei unterschiedlichen Editionsprojekten in der Praxis bewährt haben. Die Wiedergabe des Quellenoriginals in Form eines Digitalisats reduziert die Anzahl der textkritischen Hinweise erheblich, auch wenn nicht vollständig darauf verzichtet werden kann. Jeder Benutzer kann den transkribierten Text mit der Abbildung des Originals selbst vergleichen. Auch wenn die Zahl der textkritischen Hinweise bei dieser Methode maßgeblich verringert wurde, der Arbeitsaufwand reduzierte sich dadurch keineswegs. Um die Digitalisate im World Wide Web zwischen Milliarden anderer auffindbar zu machen, mussten sie mit einer ganzen Reihe von Metadaten versehen werden.

Bei allen Vorhaben dieser Art wird man immer wieder die Frage beantworten müssen, welchen Aufwand man für den angestrebten Zweck und die anzusprechende Zielgruppe betreiben möchte. Die Nachhaltigkeit, der sich Editionen im Allgemeinen erfreuen, rechtfertigt auf jeden Fall bei sehr bedeutsamen Dokumenten und einer Zielgruppe, die nicht nur aus Fachleuten besteht, aufwendige Präsentationstechniken. Die ›Lesehilfe‹ in Form der Transkription wird sicherlich bei historisch interessierten Laien und in der Lehre besonders begrüßt werden.

Da die meisten Benutzer aus der Zielgruppe der historisch interessierten Laien, Schüler und Studenten nicht über ausreichende Kenntnisse des Frühneuhochdeutschen verfügen, die es ihnen ermöglichen würden, die Texte verstehend zu lesen, wurden sie jeweils in modernes Deutsch übertragen, lateinische Texte wurden ins Deutsche übersetzt (3. Form). Das ist außerordentlich arbeitsintensiv und geht natürlich grundsätzlich über das Anliegen einer historisch-kritischen Edition hinaus. Neben der technischen Umsetzung der Präsentation handelte es sich um die anspruchsvollste Aufgabe bei den Arbeiten am »Digitalen Archiv der Reformation«. Aber wer soll die Besonderheiten einer historischen Epoche verstehen, sich gewissermaßen in sie einfühlen können, wenn er die zeitgenössischen Texte und die darin enthaltenen Gedanken, Vorstellungen und Wünsche nicht versteht? Die Wiedergabe des Inhalts in modernem Deutsch kann zum Abbau von Hemmschwellen und Berührungsängsten mit einer Zeit beitragen, die sich von der modernen doch sehr unterscheidet. Natürlich wird und muss die Zahl der Dokumente, die so intensiv bearbeitet wird, immer sehr beschränkt bleiben. Deshalb gilt es, die Quellen sorgfältig auszuwählen. In ihnen muss sich der historische Prozess mit besonderer Prägnanz widerspiegeln und sie müssen für die Beantwortung vielfältiger Fragestellungen eingesetzt werden können. Die für das Ausstellungsmodul ausgewählten wenig mehr als 100 Schriftstücke erfüllen diese Anforderungen. Dass es daneben noch weitere gibt, die infrage kämen, ist völlig klar. Nach Abschluss des Projektes wird das »Digitale Archiv der Reformation« als Bestandteil eines Reformationsportals für entsprechende ›Einspielungen‹ von anderen Einrichtungen offen stehen. Das ist einer der größten Vorteile gegenüber der Edition zwischen zwei festen Buchdeckeln. Eine elektronische Edition ist in gewisser Weise ein ›work in progress‹, an dem nicht nur die Initiatoren immerwährend arbeiten können, sondern in das auch Beiträge anderer einfließen können.

Ergänzt werden die drei Darstellungsformen des Dokumentes durch eine historische Erläuterung. Auch hier wird der üblichen editorischen Praxis prinzipiell gefolgt, nach der jeder Edition eine Einleitung vorangestellt wird, die auch Ausführungen zum historischen Prozess, den die Dokumente widerspiegeln, enthält. Im Hinblick auf die Zielgruppe wurde jedoch von allgemeinen Ausführungen zu kontroversen Lehrmeinungen über den reformatorischen Prozess in Mitteldeutschland oder von einer Übersicht und Bewertung aller bisherigen Editionen abgesehen. Dazu liegt entsprechende Literatur vor. Im »Digitalen Archiv der Reformation« wird jedes Dokument einzeln in seinem Entstehungszusammenhang besprochen und so Einsicht in ganz konkrete Entwicklungsgänge in einem bestimmten Territorium vermittelt. Das macht es möglich, die Dokumente jeweils einzeln und getrennt voneinander zu benutzen. Zusätzlich werden Literaturhinweise und Hinweise auf gedruckte Editionen gegeben. Vorkommende Orts- und Personennamen wurden in Normsystemen (GND) erfasst und sind somit nicht nur über diesen Index recherchierbar, sondern erlauben auch eine Verknüpfung mit anderen Dokumenten aus anderen Anwendungen zu den entsprechenden Personen und Ortschaften. Da der Protestantismus vor allem im angelsächsischen Kulturkreis eine wichtige Rolle spielt, wurden die in modernes Deutsch übertragenen Transkripte einiger Dokumente (17 %) samt Erläuterungen ins Englische übersetzt. Damit soll auch im Ausland auf die einzigartigen Schätze in den mitteldeutschen Archiven hingewiesen werden.

Das Forschungsmodul stellt an die Kompetenz des Benutzers höhere Anforderungen. Da es sich bei den Visitationsprotokollen um eine Art von Massenquellen handelt – rund 35.000 Einzelseiten –, wäre eine Transkription zu zeitaufwendig. Hier sind nun die Errungenschaften der Informationstechnologie nützlich, die es erlauben, ein Digitalisat als Abbild des Originals zu präsentieren. Gegenüber einer gedruckten Edition ist das natürlich ein

Fortschritt, stellt aber auch höhere Anforderungen an den Benutzer, vor allem an seine Fähigkeiten, die Schrift des 16. Jahrhunderts zu lesen.

Die Visitationsprotokolle wurden mehrstufig erschlossen. In einer ersten Stufe werden die Metadaten der Akte, in der in der Regel mehrere Protokolle überliefert sind, erfasst. Sie erlauben es, das Protokoll in einer bestimmten Akte zu lokalisieren. Neben der Bezeichnung der elektronischen Ressource (URN), mit der das Digitalisat samt Metadaten zitierbar wird, wurde dabei auch die Angabe des Fundortes in der Akte erfasst, damit der zeitnahe Rückgriff auf das Original etwa für Ausstellungszwecke möglich bleibt. Alle Digitalisate aus der betreffenden Akte können vom Nutzer bereits anhand dieser Metadaten eingesehen werden. Er kann sich so ein Bild vom Überlieferungszusammenhang innerhalb der Akteneinheit machen. In einer zweiten Stufe wurden solche Metadaten aufgenommen, die ein Protokoll von einem anderen abgrenzen, darunter Ort und Zeitpunkt der Visitation, die Visitatoren und der Fundort des Protokolls innerhalb einer Akte. Die dritte und unterste Stufe der Erfassung schließlich betrifft die Ortsnamen, die auf den einzelnen Seiten eines Protokolls vorkommen. Durch diese dreistufige Erschließung wird es möglich, sowohl die gesamte Akte, ein einzelnes Visitationsprotokoll, aber auch zielgerichtet Protokollnotizen zu einer einzelnen Gemeinde abzurufen. Die Möglichkeit der Vergrößerung und die sehr gute Qualität der Digitalisate (400 dpi) machen das Lesen am Bildschirm relativ komfortabel.

Die Erfassung der auf den Seiten vorkommenden Ortsnamen stellt die Grundlage für die Georeferenzierung der Visitationsprotokolle dar. Sie wurden in der ursprünglich für das Bibliothekswesen entwickelten Gemeinsamen Normdatei (GND) im wahrsten Sinne des Wortes ›verortet‹, indem für jede Ortsnennung ein entsprechender Eintrag erfolgte. Dabei wurde auch die zeitgenössische Schreibweise der jeweiligen Ortsbezeichnung aufgenommen. Die in der GND gespeicherten Angaben können dadurch der Unterstützung weiterer Vorhaben und Projekte dienen, beispielsweise für die Erstellung historischer Ortslexika. Die Eingaben in diese GND erwiesen sich allerdings als recht zeitaufwendig, insbesondere dann, wenn neue Datensätze angelegt werden mussten. Bei der Entscheidung für die Verwendung der GND als Index wurde davon ausgegangen, dass der erreichbare Mehrwert den hohen Mehraufwand durchaus rechtfertigt.

Ein großer Vorteil elektronischer Editionen gegenüber den gedruckten stellt die Möglichkeit von kombinierten Suchanfragen dar, die Ergebnisse innerhalb kurzer Zeit bereitstellen. Gemeinsam mit der in Jena ansässigen Firma Justorange und den Informatikern der Thüringer Universitäts- und Landesbibliothek wurde zudem ein attraktives Suchportal – das Reformationsportal

Mitteldeutschland (www.reformationsportal.de) – entwickelt, um die Suche, die in reinen Datenverwaltungsprogrammen häufig nicht sehr komfortabel ist, einfacher und intuitiv zu gestalten. Es ist so angelegt, dass es neben dem ›Digitalen Archiv der Reformation‹ auch noch für weitere digitale Angebote zur Reformationszeit genutzt werden kann. Gedacht ist dabei etwa an Flugblätter und Flugschriften aus dieser Zeit oder auch an den in der Thüringer Universitäts- und Landesbibliothek befindlichen Nachlass Georg Rörers bis hin – und das ist noch eine Vision – zu Bildern und Plastiken, historischen Gegenständen und historischen Karten.

Dieses Suchportal zur Reformationsgeschichte in Mitteldeutschland besteht aus einem zentralen Rechercheportal, dem zunächst eine Europa-Karte zugrunde liegt. Durch Scrollen kann man sie entsprechend vergrößern und verkleinern bis hin zur Hausadresse innerhalb eines Ortes. Ein Suchschlitz nimmt Stichworte für die Volltextsuche auf, die mit drei untereinander kombinierbaren Filtern (Zeitraum, Orte, Personen) eingeschränkt werden können. Die Treffer werden, sofern sie einen geographischen Bezug haben, auf der Karte angezeigt, aufgeteilt in die Kategorien Dokumente, Visitationsprotokolle, Karten, Objekte, Bilder. Für jede Kategorie werden die einzelnen Treffer in einer Liste mit einer kurzen Inhaltsangabe sowie dem Zeitraum, auf den er sich bezieht, aufgeführt. Hier hat man die Möglichkeit der Abwahl der für das eigene Thema nicht aussagekräftigen Titel. Eine Collectors-Box (›Warenkorb‹) nimmt all die Treffer auf, die man einzusehen wünscht. Präsentiert werden die Digitalisate mit ihren Metadaten (im Falle der Visitationsakten) sowie die zusätzlichen Hilfsangebote (für Dokumente aus dem Ausstellungsmodul) in einem in der Thüringer Universitäts- und Landesbibliothek eigens dafür entwickelten Viewer. Zusätzlich können Digitalisate und Metadaten der Visitationsprotokolle, und darüber hinaus Transkriptionen, Übersetzungen und Übertragungen in modernes Deutsch sowie die Erläuterungen bei den Dokumenten des Ausstellungmoduls als pdf-Dokument gespeichert und ausgedruckt werden.

In einer Zeitleiste werden die Treffer zusätzlich noch einmal jahrweise visualisiert: je mehr Treffer, desto höher ist der Balken, der ein Jahr kennzeichnet. Ähnlich ist es auf der Karte: Je mehr Treffer zu einem Ort erzielt wurden, desto größer wird das Treffersymbol für den jeweiligen Ort. Zusätzlich wird die genaue Anzahl der Treffer angegeben. Die Treffer werden im entsprechenden Kartenausschnitt auf der Karte angezeigt. Umgekehrt kann aber auch der Nutzer einen spezifischen Kartenausschnitt für seine Recherche festlegen.

Die im Ausstellungmodul präsentierten Dokumente findet man natürlich auch über das Rechercheportal mittels Orts-, Personen- und/oder Zeitsuche. Hierfür wurde aber, ausgehend von den Bedürfnissen und den Kenntnissen der Zielgruppe und orientiert an der Idee des ›Schaufensters in die Reformationsgeschichte‹, noch ein anderer Zugang geschaffen. Intuitive und spielerische Recherchemöglichkeiten sollen die Freude am Entdecken wecken und zu weiteren Nachforschungen anregen. Dazu wurde jedes der Dokumente mit zwei bis drei signifikanten Begriffen verknüpft, wie beispielsweise ›Bauernkrieg‹ oder ›Thomas Müntzer‹. Mehrfachverknüpfungen waren möglich. Jedem Begriff wurde ein Button in Form einer Kachel mit einer am Thema orientierten Abbildung und dem entsprechenden Stichwort zugewiesen. Durch die spalten- und reihenweise Anordnung entsteht nun tatsächlich der Eindruck eines ›Schaufensters in die Reformationsgeschichte‹. Damit besteht die Möglichkeit für den Lehrer und den Schüler, den Ausstellungskurator und den interessierten Bürger, sich Dokumente mit Transkription, Übertragung in modernes Deutsch und historischer Erläuterung zu einer bestimmten Sachthematik anzeigen zu lassen.

Abschließend sollen noch einmal die Überlegungen zur digitalen Edition und der herkömmlichen Buchedition gegenübergestellt werden:

- Die Herstellung einer Buchedition ist teuer, ihre Anschaffung für eine Privatperson häufig unerschwinglich oder aufgrund des hohen Preises nicht lohnend. Es bleibt der Weg in die Bibliothek. Ist das Buch aber bereits in Benutzung, steht die Information in diesem Moment auch nur der einen Person zur Verfügung, die das Buch vor sich liegen hat. Digitale Editionen sind auch teuer, jede andere Aussage ist Augenauswischerei. Die eigentliche Herstellung mag möglicherweise preisgünstiger sein als die Publikation in Buchform und eine digitale Edition kann jedem Computerbesitzer nahezu kostenfrei zur Verfügung gestellt werden. Allerdings bedarf es häufig speziell entwickelter Software für die Datenerfassung, eigener Retrieval-Software und teurer Hardware – und das alles will und muss auch nachhaltig gepflegt werden. Der entscheidende Vorteil gegenüber dem Buch ist, dass eine Vielzahl von Interessenten zu jedem Zeitpunkt auf die Informationen zugreifen kann.
- Mit dem Buch als Informationsträger ist jeder vertraut. Eine digitale Edition hingegen setzt in der Benutzung eine entwickelte Medienkompetenz voraus. Während der Aufbau eines Buches bekannt ist, ist eine digitale Präsentation nicht auf den ersten – und häufig auch nicht auf den zweiten – Blick zu durchschauen. Wie gelangt man zu einer Information,

welche Fragestellungen, welche Suchbegriffe muss man eingeben und wie miteinander kombinieren, um zum Ziel zu kommen? Wie gelangt man zur vorherigen Information zurück? – All das beansprucht kognitive Ressourcen, die nicht für die eigentliche Auswertung der edierten Texte eingesetzt werden können. Der digitalen Edition muss also, will sie handhabbar sein, ein ausgeklügeltes Navigationssystem beigegeben werden.

- Ist eine Buchedition einmal erschienen, ist sie in der Regel abgeschlossen, Mehrauflagen sind bei historisch-kritischen Editionen höchst selten. Dagegen kann eine digitale Edition ein ›work in progress‹ sein. Das heißt nicht nur, dass ständig neue Erkenntnisse einfließen und erkannte Fehler jederzeit korrigiert werden können, sondern auch, dass von verschiedenen Personen, im Idealfall sogar fachübergreifend, über einen relativ langen Zeitraum an der Edition gearbeitet werden kann. Das birgt natürlich auch die Gefahr in sich, dass zu viele Halbfertigfabrikate – etwa mit der Dauer-Signatur: ›Dokument in Bearbeitung‹ eingestellt werden. Hier gilt es bereits vor der Präsentation im Netz Mindestanforderungen an die Qualität der präsentierten Objekte zu formulieren. Das kann sicherlich nicht pauschal erfolgen, sondern ist von Projekt zu Projekt unterschiedlich und muss jeweils spezifisch festgelegt werden.
- Der Platz in einem Buch ist erfahrungsgemäß beschränkt. Das führt beispielsweise dazu, dass dort Faksimiles des Originals nur ausnahmsweise und vorwiegend als beispielhafte Abbildung aufgenommen werden können. Bei digitalen Editionen ist der Platz im Prinzip unbegrenzt. Dadurch ist es möglich, das Dokument auf verschiedene Art wiederzugeben: als Digitalisat des Originals, als Transkription, als Übertragung in modernes Deutsch und letztlich auch als Übersetzung in eine oder mehrere Fremdsprachen. Gerade das Digitalisat bietet dem Nutzer die Möglichkeit, unklare Lesarten zu überprüfen; auch die häufig umständliche Beschreibung von Streichungen, Randbemerkungen oder Überschreibungen macht sich durch das zur Verfügung stehende Faksimile nahezu überflüssig. Hinzu kommt, dass unterschiedliche Visualisierungen des Faksimiles möglich sind, etwa durch Vergrößerungen oder Verkleinerungen, um die Übersicht über ein Dokument oder seine Lesbarkeit zu erhöhen. In einem Buch liest es sich allerdings leichter als am Bildschirm. Das liegt vor allem daran, dass der am Bildschirm zur Verfügung stehende Textausschnitt in der Regel kleiner ist als die Buchseite, und das Blättern im Buch leichter fällt als das Scrollen am Bildschirm.

- Die in digitalen Editionen gespeicherte Datenmenge kann auf unterschiedlichste Weise miteinander in Beziehung gesetzt werden. Für Fragestellungen, die mithilfe einer Printedition erst nach monatelanger Kleinarbeit beantwortet werden können, gibt die Rechentechnik in sehr kurzer Zeit eine Antwort. Das erfasste Material kann für viele Zwecke genutzt und unter dem Blickwinkel immer wieder neuer Problemstellungen untersucht werden. Aus der umfangreichen, theoretisch unbegrenzten Materialfülle kann sich der Benutzer letztlich eine auf seine Bedürfnisse zugeschnittene ›Teiledition‹ erstellen. Das macht eine nachhaltige Nutzung der Texte möglich, die allerdings durch eine Printedition grundsätzlich auch gewährleistet wird. Hier braucht es nur unvergleichlich viel mehr Zeit, bis Auswertungsergebnisse zu verzeichnen sind.
- Die fertige Buchedition will verkauft sein, bedarf aber ansonsten keiner weiteren Pflege. Und genau hierin liegt eines der größten Risiken elektronischer Editionen: Sie müssen ständig gepflegt und gewissermaßen am Leben gehalten werden. Kümmert sich niemand mehr um sie, werden sie eines Tages sterben, das heißt sie werden aus der virtuellen Welt verschwinden. Das ist keine Zukunftsvision – solche ›Friedhöfe‹ gibt es bereits massenhaft. Auf den Grabsteinen steht »Diese Seite konnte nicht gefunden werden«. Leider wird gerade bei Beginn von Digitalisierungsprojekten noch zu wenig bedacht, wie ihre Nachhaltigkeit gesichert werden soll. Auch das braucht Zeit, Fachkräfte und nicht zuletzt finanzielle Mittel.

Diese Gegenüberstellung zeigt mehrere Vorteile digitaler Editionen gegenüber den gedruckten Büchern. Es will so scheinen, als sei ›digital‹ wirklich besser. Allerdings soll auch der große Nachteil nicht verschwiegen werden. Eine digitale Edition, liegt sie einmal vor, ist wesentlich pflegeintensiver als ein Buch. Soll die investierte Arbeit über lange Zeit Früchte tragen, dann muss die digitale Edition gehegt und gepflegt werden, solange sie lebt. Ob die dafür benötigten Ressourcen für einen Zeitraum, der über Generationen reichen kann, von der Gesellschaft aktiviert werden können, wird die Zukunft zeigen.

# Abkürzungsverzeichnis

Die Abkürzungen richten sich nach Siegfried M. Schwertner, IATG[3] – Internationales Abkürzungsverzeichnis für Theologie und Grenzgebiete, Berlin/Boston 2014. Zusätzlich werden folgende Abkürzungen verwendet:

| | |
|---|---|
| **AGBM** | Akten zur Geschichte des Bauernkrieges in Mitteldeutschland, Bd. 1/1 u. 1/2, hrsg. von Otto Merx u. Günther Franz, Leipzig 1923–1934; Bd. 2, hrsg. von Günther Franz u. Walther Peter Fuchs, Jena 1942 (Nachdruck Aalen 1964) |
| **dMGH** | Die digitalen Monumenta Germaniae Historica |
| **EGA** | Ernestinisches Gesamtarchiv |
| **ELA** | Carl August Hugo Burkhardt (Bearb.), Ernestinische Landtagsakten, Bd. 1: Die Landtage von 1487–1532 (Thüringische Geschichtsquellen 8/1), Jena 1902 |
| **FB Gotha** | Forschungsbibliothek Gotha |
| **GHA** | Gemeinschaftliches Hennebergisches Archiv |
| **GND** | Gemeinsame Normdatei |
| **GStA PK** | Geheimes Staatsarchiv Berlin Preußischer Kulturbesitz |
| **HStAD** | Hessisches Staatsarchiv Darmstadt |
| **LASA** | Landesarchiv Sachsen-Anhalt |
| **LStRLO** | LEUCOREA-Studien zur Geschichte der Reformation und der Lutherischen Orthodoxie, hrsg. von Irene Dingel, Armin Kohnle u. Udo Sträter im Auftrag des Zentrums für Reformationsgeschichte und Lutherische Orthodoxie der Stiftung LEUCOREA, Leipzig 2002 ff. |
| **MD** | Magdeburg |
| **PfarrA WB** | Pfarrarchiv der Stadtkirche St. Marien in Wittenberg |
| **RatsA WB** | Ratsarchiv Wittenberg |

| | |
|---|---|
| **SäStA HD** | Sächsisches Staatsarchiv – Hauptstaatsarchiv Dresden |
| **StA EF** | Stadtarchiv Erfurt |
| **StA MR** | Staatsarchiv Marburg |
| **ThHStAW** | Thüringisches Hauptstaatsarchiv Weimar |
| **ThMA** | Thomas-Müntzer-Ausgabe. Kritische Gesamtausgabe. Im Auftrag der Sächsischen Akademie der Wissenschaften zu Leipzig hrsg. von Helmar Junghans u. Armin Kohnle, Leipzig 2004 ff. |
| **ThStAA** | Thüringisches Staatsarchiv Altenburg |
| **ThStAGo** | Thüringisches Staatsarchiv Gotha |
| **ThStAM** | Thüringisches Staatsarchiv Meiningen |
| **ThStAR** | Thüringisches Staatsarchiv Rudolstadt |
| **UdV** | Der Unterricht der Visitatoren (1528) |
| **UQHRG** | Urkundliche Quellen zur hessischen Reformationsgeschichte |
| **VD16** | Verzeichnis der im deutschen Sprachbereich erschienenen Drucke des 16. Jahrhunderts |

# Personenregister


Adolf, Bischof von Merseburg ......... 40f, 60
Albrecht von Brandenburg, Erzbischof von Magdeburg u. Kurfürst von Mainz ...................... 51
Aleander, Hieronymus ............................ 10
Alveldt, Augustin von ............................. 12f
Alvensleben, Gebhard von ...................... 50
Alvensleben, Joachim von .......... 44, 47, 50
Amsdorf, Nikolaus von......... 187–200, 202, 214, 224
Aquila, Caspar ......................................... 204
Arnim, Moritz von .................................. 44f
Arnoldus, Ionas ....................................... 220
Asseburg, August von der ................48–50
August, Kurfürst von Sachsen ..... 185, 190

Bachmann, Ruprecht .............................. 157
Baptista, Johannes .................................. 218
Bärwald, Zacharias ................................. 201
Bauer, Joachim ........................................... 34
Balduin, Urban ......................................... 147
Barge, Hermann ....................................... 139
Bernhardi, Bartholomäus ......................... 17
Bernhardi, Bernhard ..................... 244, 246
Beyer, Christian ............................. 150, 177
Blaschke, Karlheinz ................................... 32
Boethius, Andreas ................................... 187
Boethius, Sebastian ................................... 43
Börner, Johann ......................................... 202
Brandenstein, Ewald von ...... 77, 198, 214
Brecht, Bertolt ............................................ 55
Brecht, Gunther ....................................... 219
Breitenbach, Georg von ............................ 40
Brem, Peter ............................................... 217
Brenz, Johannes ....................................... 205
Bresnitzer, Alexius .................................. 202
Brück, Christian ........... 192, 198, 214, 217
Brück, Gregor von ........ 27, 61, 65, 68, 117
Bucer, Martin ........................................... 230
Bugenhagen, Johannes .......... 28, 125, 144, 148, 155, 162, 209
Büler, Christopherus ............................... 219
Bünz, Enno ......................................... 57, 207
Burckhardi, Gallus ................................... 219
Burkhardt, Carl August Hugo ..........57, 71, 108f, 119
Butt, Arne .................................................... 38

Cajetan (Tommaso de Vio), Kardinal ........9
Calixtus, Pfarrer in Apollensdorf ......... 127
Christianus, Martinus ............................. 219
Celius, Michael ......................................... 224
Cram, Burkhard von ................................ 238
Cranach, Lucas (d. J.) .............................. 198
Crell, Wolfgang ......................................... 245
Crispinus, Leonhard ................................ 238
Cubicularius, Ulrich ................................ 246
Cyprian, Ernst Salomon .......................... 215

Danckloff, Panthaleon (Panthaleen) .... 219
Discigerus, Jeremias ................................ 219
Dorothea Susanna, Herzogin von Sachsen-Weimar ..... 190
Dörnberg, Hermann von ......................... 233
Draconites (Draco), Johannes ...........66, 75, 80f, 114

Eck, Johannes ...............................................9
Eggerdes, Petrus ...................................... 202
Ende, Niklas (Niclas) vom ..... 68, 113–118

Eulner, Johannes ... 245
Eysen, Jacob ... 156

Fabricius, Andreas ... 226
Fabritius, Philippus ... 220
Feilitzsch, Fabian ... 64
Flacius, Matthias ... 187f, 199–202, 212
Förstemann, Carl Eduard ... 57
Francus, Ionas ... 218
Franz, Günther ... 104
Freudemann, Anton ... 45, 47
Friebs, Katharina ... 73
Friedrich II., Herzog von Sachsen-Gotha-Altenburg ... 216
Friedrich III. (der Weise), Kurfürst von Sachsen ... 10, 19, 23f, 26, 29, 41, 59, 62f, 110, 144f
Fröschel, Sebastian ... 155
Fuchs, Johan ... 219
Funcke, Simon ... 160

Gaisberg, Elgin ... 136
Geldenhauer, Gerhard Eoban ... 245
Gentzel, Andreß ... 196, 200
Georg (der Bärtige), Herzog von Sachsen ... 11, 40f, 95
Georg, Markgraf von Brandenburg ... 67
Georgii, Martinus ... 127
Gerhard, Johann ... 185, 208, 215f
Gerhard, Johann Ernst ... 215f
Goldacker, Christoph ... 101
Goldacker, Dietzmann ... 66, 75, 114
Goldstein, Kilian ... 125
Goltwurm, Kaspar ... 243
Gornerus, Thomas ... 219
Gräfendorf, Hans von ... 68, 113–116, 118f
Grau, Johannes ... 187
Gregor von Virneburg ... 248
Gropper, Johannes ... 249
Grüner, Johann ... 200
Grunewald, Johann ... 238

Hacus, Nicolaus ... 219
Hake, Johann ... 241
Hammer, Andreas ... 218
Hantzsch, Georg ... 212
Hartung, Simon ... 204f, 211
Hase, Karl August von ... 108
Haubitz, Asmus von ... 42, 76
Hausmann, Nikolaus ... 26, 59
Hedio, Caspar ... 223
Heerdegen, Arno ... 57
Hefentreger, Johannes (gen. Trygophorus) ... 241f
Heinrich, Gerd ... 250, 252f, 259
Helding, Michael, Bischof ... 248
Herold, Victor ... 31, 252–256, 260f
Herrmann, Rudolph ... 57, 61, 65, 109
Hersfeld, Michael von, Abt ... 249
Herwagen, Günther ... 117
Heshusius, Tilemann ... 43, 190
Hesse, Martinus ... 219
Heusenstamm, Sebastian von, Erzbischof ... 247
Hilarius, Abt ... 40
Hirschfeld, Bernhard von ... 125
Hohl, Guilielmus ... 219
Hocker, Erasmus ... 218
Hoffmann, Christopher ... 219
Höpffener, Gregorius ... 219
Höpffner, Nicolaus ... 219
Hornigk, Jodocus ... 219
Hügel, Andreas ... 199, 212
Hund, Otto ... 233
Hund[t], Burkhard (Burchar[d|t) ... 24, 62–64, 75, 87
Hus, Jan ... 239
Hylman, Martinus ... 218
Hyperius, Andreas ... 238

Jadatz, Heiko ... 42, 128, 133, 207
Jauernig, Reinhold ... 109
Joachim II., Kurfürst von Brandenburg ... 53, 261
Joachim Friedrich, Kurfürst von Brandenburg ... 46
Johann V. von Isenburg, Erzbischof ... 248
Johann VI., Graf von Nassau-Diez ... 244f
Johann (der Beständige), Kurfürst von Sachsen ... 10f, 23f, 26, 28, 30, 41, 58–70, 75f, 78f, 94, 96, 110f, 115, 117f, 124f, 137
Johann von der Sachsen ... 234
Johann Friedrich I. (der Großmütige), Kurfürst von Sachsen ... 11, 23f, 28, 59, 62, 64, 91, 100f, 116, 125, 135, 198, 235

Johann Friedrich II. (der Mittlere), Herzog von Sachsen ...........188f, 192f, 198-200, 209, 212, 216-218, 220
Johann Friedrich III. (der Jüngere), Herzog von Sachsen ........................ 198
Johann Sigismund, Kurfürst von Brandenburg ........................... 256
Johann Wilhelm I., Herzog von Sachsen-Weimar ........... 190, 198, 216
Jocobi, Heinricus .................................... 219
Jonas, Justus .................................. 125, 177

Kalbitz, Johannes .................................. 219
Kalckoffenn, Johann ............................... 156
Karant-Nunn, Susan .............................. 206
Kasimir, Markgraf von Brandenburg-Ansbach u. Kulmbach ...................................... 70
Karlstadt, Andreas Bodenstein von ............................16, 18-20, 24, 62
Kayser, Martinus .................................. 173
Kestnerus, Cunradus ............................. 218
Kirn, Paul ................................................. 57

Kersten, Andreas (gen. Christiani) ...... 245
Kiswetter, Simon .................................. 220
Klob, Joannis .......................................... 219
Klödt, Stephan ...................................... 217
Kötteritzsch, Sebastian von .................. 125
Krafft, Adam ................230, 232-235, 237, 241, 243
Kramer, Nicodemus ............................... 227
Kues, Nikolaus von ................................. 39
Kupke, Anne-Kristin ................................ 74

Lambert, Franz von Avignon ................ 231
Langepeter, Johannes 205-208, 211, 221-223
Laubner, Johann .................................... 246
Leo, Ioannes ........................................... 220
Leonberger, Georg ................................. 248
Link, Wenzeslaus ...................................... 12
Löser, Hans ............................................. 131
Lüder, Heinz von .......................... 233, 237
Lufft, Hans ......................................... 70, 162
Luther, Johann ...................................... 218
Luther, Martin ......................... 9-30, 34, 38f, 41f, 52, 58f, 61f, 66, 68, 78f, 95, 109, 111f, 116f, 119, 122-124, 131, 139f, 144f, 157, 162, 165, 177, 196, 198, 203, 206, 208-210, 230-234, 249, 260

Magdeburg, Joachim ..................... 201, 218
Maior, Georg ........................................... 226
Mantel, Johann ....................................... 155
Mebes, Burtius ....................................... 157
Mechler, Aegidius ................................... 213
Medder, Franciscus ................................ 220
Mehlhose, Philipp ..................................... 75
Melanchthon, Philipp ...............16f, 27, 34, 42, 62, 69, 76, 124, 137, 162, 187, 209, 230, 234, 260
Menius, Justus ............................186f, 213f
Met(z)sch, Hans von .........42, 69, 125, 146
Meyendorf, Andreas von ......................... 44
Michael, Abt von Bürgel ....................... 113
Michel, Stefan ....................................34, 42
Mochau, Anna von .................................... 19
Moeller, Bernd ........................................ 104
Monner, Basilius .................................. 199f
Moresfeldt, Johannes ........................... 220
Moritz, Herzog u. Kurfürst von Sachsen ........................................ 43
Moritz, Landgraf von Hessen-Kassel ............................... 239f
Mörlin, Ioachim ...................................... 227
Mörlin, Maximilian ................................ 244
Müller, Nicolaus ........................... 139, 142
Müntzer, Thomas .................... 24, 61f, 269
Musa, Anton .............................................. 77
Musculus, Andreas ................................ 224
Myconius, Friedrich ...........66, 75, 77, 80f, 84-88, 100, 114, 116, 168, 186
Mylius, Heinricus ................................... 219

Nater, Gregorius ..................................... 120
Nebelsieck, Heinrich .............................. 128
Nentwick, Nicolaus ................................ 220
Neutwick, Petrus .................................... 220
Nicolai, Ciriacus ...................................... 219

Obernitz, Hans Veit von (?) .................... 218
Oecolampad, Johannes .......................... 225
Oehmig, Stefan ............................. 139, 153
Olearius, Johann ...................................46, 49
Opfermann, Bernhard ............................ 110
Öring, Heinricus ...................................... 178

Ossa, Melchior von ... 40
Osiander, Andreas ... 224
Oswalt, Johann ... 64

Pallas, Karl ... 57, 123, , 139, 142
Pauli, Benedikt ... 42, 125, 146, 161
Pfeffinger, Johannes ... 52
Philipp I. (der Großmütige), Landgraf von Hessen ... 230–232, 234f, 237
Philipp III., Graf von Waldeck-Eisenberg ... 241f
Philipp IV., Graf von Waldeck-Wildungen ... 241
Philipp Ludwig I., Graf von Hanau-Münzenberg ... 246
Philipp Ludwig II., Graf von Hanau-Münzenberg ... 246
Pilger, Johannes ... 245
Planitz, Christoph von der ... 77
Planitz, Hans [Edler] von der ... 42, 76, 117
Prätorius, Jacob ... 43

Rauting, Andreas ... 245
Regius, Paulus ... 219
Regius, Urbanus ... 226
Reich, Stephan ... 204
Reichenbach, Philipp ... 147
Reinecker, Paulus ... 219
Reinhardt, Christa ... 229
Reinhardt, Martin ... 24
Ribloß, Bartholomeus ... 176
Richter, Christoff ... 127
Ritter, Caspar ... 128
Ritter, Johannes ... 150
Rhinau, Valentinus ... 127
Röbel, Michael ... 187
Rödinger, Christian ... 210
Rogge, Joachim ... 58
Rohr, Hieronymus ... 219
Rörer, Georg ... 155, 210, 268
Röse, Bernhard ... 71
Rosinus (Rosfeld), Bartholomäus ... 184–195, 200–202, 206, 210–216, 218–220
Rost, Joannes ... 219
Rudolf, Johann ... 193, 217
Sachs, Johann ... 128
Sack, Siegfried ... 46, 49
Sander, Berndt ... 48
Sarcerius, Erasmus ... 243
Schade, Herwarth von ... 206
Scheible, Heinz ... 85
Scheitlichius, Joannis ... 227
Schenck, Reinhard ... 248
Schiemell, Casparus ... 220
Schilling, Heinz ... 261
Schleinitz, Ernst von ... 41
Schmalstieg, Christian ... 234
Schnabel-Schüle, Helga ... 229
Schnepf, Erhard ... 198f, 214, 242
Schnepf, Johannes ... 244
Schopper, Johann ... 67
Schrott, Georg ... 162
Schulenburg, Christoph von der ... 54
Schulenburg, Daniel von der ... 50
Schulenburg, Levin von der ... 54
Schulmeister, Brose ... 154
Schultheiß, Johann ... 46
Schummanus, Volfgangus ... 219
Schurff, Hieronymus ... 42, 69, 76
Schwan, Valentius ... 126
Schwertzell, Georg ... 238
Sehling, Emil ... 57, 76
Seibt, Joachim ... 121
Selnecker, Nikolaus ... 216
Seydensticker, Christoph ... 158
Severin, Paul ... 133
Sicelius, Vincentius ... 220
Sigismund von Brabant, Erzbischof von Magdeburg ... 43
Spalatin, Georg ... 12, 23, 41, 59, 61f, 64, 66, 71, 75–77, 204, 225
Spangenberg, Cyriacus ... 225, 227
Spangenberg, Johannes ... 226
Sporer, Valentin ... 43
Stackelbeck, Hermann ... 94
Stegmann, Andreas ... 250
Stein, Severus ... 218
Stein, Wolfgang ... 61f
Stheynius, Johannes ... 218
Stoltz, Johann ... 197f, 214f
Straßen, Michael von der ... 41, 66, 75
Strauß, Jakob ... 24, 61–65, 67, 74f, 77, 80, 84, 86, 235
Streck, Petrus ... 215
Strigel, Victorin ... 189, 199, 208, 212

Stroß, Heinrich, genannt Romanus ..... 242f
Stumpf, Castulus ..... 212, 219
Sybille, Gemahlin Johann Friedrichs I. von Sachsen ..... 198
Sylvius, Petrus ..... 224

Taubenheim, Hans von ..... 42, 125, 145f
Thann, Eberhard von der ..... 187f, 218
Thomas, Ralf ..... 70
Thomber, Balthasar ..... 218
Thüringius, Conradus ..... 219
Thüringer, Walter ..... 85
Thyll, Conradus ..... 219
Tischer, Bartel ..... 140
Titio, Ioannes ..... 219
Trausch, Ruprecht ..... 218
Trotha, Christoph von ..... 44

Ude, Bartholomäus ..... 45, 47, 49
Ulner, Peter ..... 46, 49

Veltheim, Achaz von ..... 48–50
Veltheim, Gertrud von ..... 50
Volkmar, Christoph ..... 57, 95

Wagner, Leonard ..... 244
Warbeck, Veit ..... 62
Wartenberg, Günther ..... 32
Weiblingen, Rudolf von ..... 232
Weinlöben, Johann ..... 254
Weinrich, Georg ..... 216
Weiters, Jost von ..... 234
Weitolshausen, Balthasar von ..... 232
Wenceslaus, Pfarrer aus Feldheim ..... 127
Werbelius, Theodericus ..... 218
Westphal, Joachim ..... 201
Wigand, Johann ..... 190, 212
Wigand, Leonhard ..... 219
Wilhelm I. (der Reiche), Graf von Nassau-Weilburg ..... 244f
Wilhelm II. (der Mittlere) von Hessen ..... 231
Wilhelm III. (der Jüngere) von Hessen-Marburg ..... 231
Winter, Balthasar ..... 199f
Winter, Franz ..... 123
Wolf, Johannes ..... 201
Wolf, Paul ..... 184, 201
Wolgast, Eike ..... 261
Wolrad II., Graf von Waldeck-Eisenberg ..... 241
Wust, Michael ..... 219

Zachariae, Friedrich Wilhelm ..... 215
Zach[a]rias, Johann ..... 220f
Žak, Johann ..... 41
Zeeden, Ernst Walter ..... 31
Zepper, Wilhelm ..... 245
Zindel, Christian ..... 239
Zülich, Bernhard ..... 206
Zwilling, Gabriel ..... 19
Zwingli, Huldrych ..... 230

# Ortsregister


Allendorf ... 117
Allstedt ... 62, 123
Altenburg ... 75f, 83, 111, 202, 216
Altenhausen ... 50
Altenweddingen ... 49
Alperstedt ... 203, 220
Amöneburg ... 248f
Angermünde ... 251
Annaburg ... 88
Apolda ... 113, 218
Apollensdorf ... 122, 126f, 129, 132, 134
Aspach ... 83, 96

Ballstedt ... 219
Beelitz ... 251
Beeskow-Storkow ... 252, 260
Beetzendorf ... 53–55
Beilstein ... 244
Belzig ... 88
Berge ... 46
Bergwitz ... 122f, 132
Bergsulza ... 218
Berlin ... 251f, 255, 260
Berlin-Dahlem ... 251
Bernau ... 252
Beutnitz ... 93
Bibra ... 92
Bietegast ... 122, 129
Bitterfeld ... 88
Bleddin ... 122, 127, 130, 132, 134
Blönsdorf ... 122, 127f
Boilstädt ... 83, 96, 101f
Borna ... 26, 40f, 59, 66f, 75, 77, 80–84, 86, 88f, 109, 124
Borken ... 232

Braunschweig ... 209
Brehna ... 115
Brixen ... 39
Buch ... 115
Büdingen ... 229
Bufleben ... 101
Bülzig ... 122, 128
Bürgel ... 113f, 117
Burkersdorf ... 172
Buttelstedt ... 193, 219
Buttstädt ... 211–213, 219

Calbe ... 43
Camburg ... 103
Chemnitz ... 30
Colditz ... 40, 88
Cölln ... 251, 254
Coswig ... 151
Creuzburg ... 65, 75, 114, 116, 118
Crimmitschau ... 115, 118
Cronschwitz ... 85, 119

Daasdorf ... 219
Dabrun ... 122
Darmstadt ... 234f
Dechtow (Fehrbellin) ... 260
Denstedt ... 219
Derenburg ... 48
Dielsdorf ... 202, 220
Diesdorf ... 55
Dillenburg ... 242–246, 248
Dobien ... 122, 126-129
Dobra ... 96
Dorna ... 122, 130
Dornburg ... 103

Dreileben 48
Dreitzsch 102
Dresden 70
Düben 88
Dutenhofen 243

Eberswalde 252f
Eckmannsdorf 122, 127, 134
Eckstedt 202, 220
Eichenberg 92
Eichstätt 39
Eilenburg 88
Eischleben 99
Eisenach 24, 51, 59, 61–65, 75, 109, 114–117, 119, 187f, 213
Eisenberg 76, 113, 116f
Elster 122, 126, 129, 151, 154
Erfurt 61, 70, 94, 100f, 202
Ermstedt 94
Ettersburg 114f, 117
Eutzsch 122f, 128, 132

Falkenstein 49
Feldheim 122, 127
Fleck Sulza 218
Forchheim 63
Forst (Lausitz) 253

Frankenhausen 115, 117, 201
Frankfurt (Oder) 213, 252
Friedberg 241
Friedeburg 50
Frielendorf 236
Fritzlar 248f
Fulda 229f, 249
Fürstenwalde 252, 260

Gaberndorf 100
Gallien 151
Gamstädt 100
Gebstedt 193f, 219
Gelmeroda 206
Georgenthal 102, 111, 114, 116f, 119
Gera 97
Gerstungen 65, 75
Globig 122, 133f
Gollmuthhausen 179
Gommern 88
Gommlo 122f, 133
Gotha 66, 100–102, 114, 116, 118, 186, 197, 202, 212, 215f, 221
Grebenstein 232
Grimma 40, 88, 117
Gräfenhainichen 88
Gräfenwarth 97
Gransee 251
Großbrembach 219
Großen-Linden 238, 243
Großenlupnitz 98
Großkromsdorf 218
Großmölsen 202, 220
Großobringen 206
Großrudestedt 220
Gudensberg 232
Gut(h)mannshausen 202, 219

Haarhausen 94
Hadamar 244
Haina 178, 180, 237
Hainichen 100
Halberstadt 32, 40, 49
Haldensleben 48
Halle 43, 45, 128, 137
Hamburg 209
Harbke 48–51
Hardisleben 219
Hartroda 96
Hausbreitenbach 65, 75
Havelberg 251
Heichelheim 219
Heldburg 185, 208
Helmershausen 180
Herborn 242, 245
Herbsleben 220
Herrenhof 102
Herzberg 154
Heuchelheim 243
Heusdorf (Haußdorff) 113, 119, 202, 218
Heilsbronn 67
Hofheim 237
Hohenkirchen 102
Hohndorf 123, 151
Homberg (Efze) 231–233, 236
Hörselgau 93
Hottelstedt 219
Hüttenberg 238

Ichtershausen ... 96, 114, 118
Idstein ... 242
Ingolstadt ... 9

Jena ... 24, 70, 76-78, 108, 110 113, 116, 118, 185, 187, 189f, 193, 199-201, 203f, 207f, 210-212, 216, 227, 250, 267
Jenaprießnitz ... 99
Jericho ... 14
Jessen ... 128
Johannistal ... 118

Kahla ... 24, 91, 103, 204
Kakau ... 96
Kaltensundheim ... 174
Kapellendorf ... 115, 118, 193, 205, 207, 211, 218, 222f, 225
Kassel ... 232, 234-236, 240, 247, 249
Kemberg ... 17, 122f, 130, 154
Kirchgöns ... 243
Klebitz ... 122, 128
Kleinbrembach ... 219
Kleinrettbach ... 100f
Klöden ... 122
Koblenz ... 248
Kralwitz ... 202
Krautheim ... 219
Krölpa ... 90
Kyritz ... 251

Lammsdorf ... 122, 129
Landau ... 241
Lausnitz (Klosterlausnitz) ... 113, 116, 118
Lebus ... 252, 261
Leetza ... 122, 127f
Legefeld ... 206
Lehnin ... 260
Lengenfeld ... 174
Leipzig ... 12, 52, 70, 201, 212-214, 216, 224
Leisnig ... 21f, 88, 142, 148
Lenzen ... 251
Leuchtenburg ... 91
Lichtenhain ... 200
Lichtenow ... 260
Liebenwerda ... 88
Liesenitz (Kröpstädt) ... 122, 127
Lindig ... 91,103
Lobschütz ... 91, 103
Löbstedt ... 99
Lochau ... 88
Lübeck ... 209
Lützellinden ... 243
Lychen ... 251, 254

Magdeburg ... 40, 43f, 46f, 50-52, 54, 70, 137
Mainz ... 39, 90, 94f, 247
Mannstedt ... 219
Marburg ... 70, 232-236, 238, 240, 242
Markvippach ... 220
Marzahna ... 122, 127
Maua ... 99
Meißen ... 40, 60, 88, 209
Merxhausen ... 237
Merseburg ... 40, 60
Meuro ... 122f, 128, 132
Mittelhausen ... 202, 220
Mittenwalde ... 251
Mölbis ... 81
Molbitz ... 102
Mönchröden ... 115
Müncheberg ... 252
Münster ... 229

Nauen ... 251, 260
Nauendorf ... 115
Neindorf ... 49f
Neukirchen ... 99
Neunhofen ... 90, 102
Neuruppin ... 251
Neustadt an der Orla ... 77, 85, 91, 109, 116, 118, 202
Neustadt (Hessen) ... 249
Nieder-Ense ... 242
Niedergrunstedt ... 97
Niederroßla ... 218
Niederwildungen ... 241
Niederzimmern ... 94
Nürnberg ... 70

Oberbarnim ... 252
Oberellen ... 115, 118
Obernissa ... 202
Oberroßla ... 218
Oberweimar ... 113f, 118

Olbersleben ... 219
Orlamünde ... 24, 94, 116, 118
Ostheim (vor der Rhön) ... 180
Oßmannstedt ... 201, 218
Ottmanshausen ... 219

Perleberg ... 251
Petersberg ... 113, 116, 118
Pfiffelbach ... 218
Plauen ... 171f
Potsdam ... 251, 253
Pößneck ... 77, 186
Prag ... 41
Pratau ... 122, 130, 133
Prenzlau ... 251
Pretzsch ... 122f, 127, 129–131
Prießnitz ... 81
Prignitz ... 251
Pritzwalk ... 251
Prühlitz ... 123, 151
Putlitz ... 251

Rahnsdorf ... 122, 127, 133
Rackith ... 122, 127, 129, 133
Radis ... 122f, 128
Ramsla ... 99, 202, 219
Rastenberg ... 219
Rathenow ... 251, 256
Ratzeburg ... 55
Regensburg ... 39, 190f
Reinhardsbrunn ... 65, 111, 114, 116, 119
Reinstädt ... 103
Reisdorf ... 219
Reiskirchen ... 243
Renthendorf ... 100
Riethnordhausen ... 202, 220
Ringleben ... 193, 202, 218–220
Roda (Stadtroda) ... 116, 118
Rohrbach ... 219
Rom ... 14
Ronneburg ... 202
Roskilde ... 70
Rostock ... 45
Rothenstein ... 94, 98
Rotta ... 122, 129
Roßla ... 193, 200, 218
Rudolstadt ... 97
Ruhla ... 99
Saalburg ... 97
Saalfeld ... 77, 79, 82, 85f, 115, 204
Sachsenburg ... 193, 196, 200, 218
Saltzungen ... 65, 75
Sangerhausen ... 201
Saufeld (Thangelstedt) ... 202, 211
Schlieben ... 88
Schmiedeberg ... 122f
Schrautenbach ... 232
Schönburg ... 189, 225
Schulenburg ... 54
Schmalkalden ... 237
Schwabhausen ... 102
Schwabsdorf ... 219
Schwansee ... 193
Schweinitz ... 88, 123
Schweinsberg ... 248
Schwerstedt ... 219
Seegrehna ... 122f, 127
Seehausen ... 49
Seifertshain ... 176
Siegen ... 242–245, 248
Sitzenrode ... 115
Spandau ... 251
Speyer ... 23, 27, 68
Spieskappel ... 236
Sprötau ... 219
St. Goar ... 235, 239, 248f
Stiebritz ... 100
Straach ... 122, 130
Strasburg (Uckermark) ... 251
Strausberg ... 252, 260

Tannroda ... 202
Teichwitz ... 172
Teltow ... 251
Templin ... 251
Tenneberg ... 26, 65, 67, 75, 79–82, 84, 87–89, 101, 109, 168f
Teutleben ... 202, 219
Thalborn ... 202
Thalbürgel ... 102, 110, 116
Tiefurt ... 219
Torgau ... 68, 88, 111
Trages ... 81
Trahjuhn ... 151
Trebbin ... 251
Trebitz ... 122, 127
Treppendorf ... 173
Treuenbriezen ... 251, 254

Treysa ... 236
Trier ... 244, 248
Trient ... 247, 249
Tröbsdorf ... 100
Troistedt ... 219
Tübingen ... 31, 229

Uelleben ... 96
Uhlstädt ... 97f, 100

Vacha ... 232
Veilsdorf ... 115
Vigo di Fassa ... 39
Vippachedelhausen ... 220
Vogelsberg ... 219

Wachsenburg ... 94
Waldeck ... 240f
Waldenburg ... 189
Waltershausen ... 66, 75, 77, 79
Wangenheim ... 215
Wartburg ... 16f, 20, 29, 65, 75
Wartenburg ... 122, 133
Weida ... 75f, 119, 172
Weilburg ... 242, 248
Weimar ... 23, 32, 61-63, 65, 94, 97, 99, 108, 112, 114, 116, 184f, 187, 190-195, 197-203, 205f, 212, 216-220
Weißen ... 100
Weißensee ... 64
Wenigenbuttstädt ... 219
Wetzlar ... 248
Wichmar ... 103
Wiesbaden ... 242
Willingshausen ... 238
Wilsdorf ... 103f
Wilsnack ... 251
Wittenberg ... 9f, 16-20, 28f, 34, 42, 60, 62-65, 68, 70, 88, 110, 120-123, 128, 136-142, 144-152, 154, 156-158, 160f, 163-165, 186, 190, 196, 203, 213, 233
Wittstock ... 251
Wriezen ... 252
Wolfersdorf ... 97
Wolfhagen ... 232
Worms ... 10, 16, 144-158
Wormsdorf ... 49
Würchhausen ... 103
Wurzen ... 176
Wusterhausen ... 251

Zahna ... 122f, 151
Zehdenick ... 251
Zellendorf ... 122
Zerbst ... 157
Ziegenhain (Jena) ... 116
Ziegenhain (Schwalmstadt) ... 233
Zierenberg ... 232
Zossen ... 251
Zwickau ... 19, 26, 59, 111

# Autorenverzeichnis

**Apl. Prof. Dr. Joachim Bauer** ist Leiter des Universitätsarchivs der Friedrich-Schiller-Universität Jena.

**Dagmar Blaha** ist Leiterin der Abteilung für Ältere Bestände beim Thüringischen Hauptstaatsarchiv Weimar und war von 2013 bis 2015 Koordinatorin des Projektes »Digitales Archiv der Reformation«.

**Dr. Daniel Gehrt** ist wissenschaftlicher Mitarbeiter an der Forschungsbibliothek Gotha im DFG-Projekt »Die reformationsgeschichtlichen und historiographischen Quellen des frühen 18. Jahrhunderts auf Schloss Friedenstein Gotha«.

**Friedhelm Gleiß** ist Doktorand in Kirchengeschichte (Evangelische Theologie) an der Johannes Gutenberg-Universität Mainz und war von 2013 bis 2015 Mitarbeiter im Projekt »Digitales Archiv der Reformation«.

**Antje J. Gornig** ist freiberufliche Historikerin und war von 2009 bis 2015 Mitarbeiterin im LEUCOREA-Projekt »Das ernestinische Wittenberg«.

**PD Dr. Stefan Michel** ist Arbeitsstellenleiter des Projektes »Briefe und Akten zur Kirchenpolitik Friedrichs des Weisen und Johanns des Beständigen 1513 bis 1532. Reformation im Kontext frühneuzeitlicher Staatswerdung« an der Sächsischen Akademie der Wissenschaften zu Leipzig.

**Vicky Rothe** ist wissenschaftliche Mitarbeiterin am Lehrstuhl für Sächsische Landesgeschichte der Universität Leipzig und war von 2014 bis 2015 Mitarbeiterin im Projekt »Digitales Archiv der Reformation«.

**Prof. Dr. Wolf-Friedrich Schäufele** ist Lehrstuhlinhaber für Kirchengeschichte am Fachbereich Evangelische Theologie der Philipps-Universität Marburg.

**Annette Scherer** war von 2013 bis 2015 Mitarbeiterin im Projekt »Digitales Archiv der Reformation«.

**Dr. Christiane Schuchard** ist Oberarchivrätin am Landesarchiv Berlin und beauftragt mit der Drucklegung der kurbrandenburgischen Kirchenvisitationsakten des 16. Jahrhunderts für die Mittelmark.

**Martin Sladeczek** ist Stipendiat des Projektes »Thüringen im Jahrhundert der Reformation«.

**Prof. Dr. Christopher Spehr** ist Lehrstuhlinhaber für Kirchengeschichte an der Theologischen Fakultät der Friedrich-Schiller-Universität Jena.

**Dr. Christoph Volkmar** ist Leiter des Stadtarchivs Magdeburg. Er war von 2013 bis 2015 als Dezernent im Landesarchiv Sachsen-Anhalt für das Projekt »Digitales Archiv der Reformation« zuständig.